U0507060

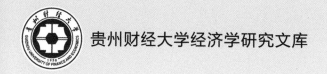

贵州财经大学经济学研究文库

区域经济理论与实践

单晓娅 等 / 著

中国社会科学出版社

图书在版编目（CIP）数据

区域经济理论与实践/单晓娅等著.—北京：中国社会科学
出版社，2017.12
ISBN 978 - 7 - 5203 - 1563 - 0

Ⅰ.①区… Ⅱ.①单… Ⅲ.①区域经济发展—研究—贵州
Ⅳ.①F127

中国版本图书馆 CIP 数据核字（2017）第 287266 号

出 版 人	赵剑英
责任编辑	谢欣露
责任校对	周晓东
责任印制	王 超

出　　版	中国社会科学出版社
社　　址	北京鼓楼西大街甲 158 号
邮　　编	100720
网　　址	http：//www.csspw.cn
发 行 部	010 - 84083685
门 市 部	010 - 84029450
经　　销	新华书店及其他书店

印　　刷	北京明恒达印务有限公司
装　　订	廊坊市广阳区广增装订厂
版　　次	2017 年 12 月第 1 版
印　　次	2017 年 12 月第 1 次印刷

开　　本	710×1000　1/16
印　　张	24.25
插　　页	2
字　　数	395 千字
定　　价	100.00 元

凡购买中国社会科学出版社图书，如有质量问题请与本社营销中心联系调换
电话：010 - 84083683
版权所有　侵权必究

序　言

　　区域经济学是一门以研究区域经济发展规律、区域经济联系、空间结构变化和有关政府决策的应用性学科。简言之，就是以区域经济学的角度看待和解决区域内及区域间出现的问题。与其他经济学科相比，区域经济学是一门年轻的学科，但随着经济全球化和各国经济合作程度的不断加深，其理论体系和研究方法也日渐完善，并逐渐成为经济学研究领域的重点之一。我国幅员辽阔，各地区自然、经济、社会各方面的差异很大，自 20 世纪 80 年代以来，我国逐渐引入区域经济学科并加以研究，三十多年来，在区域经济理论的指导下，我国先后施行了东部经济特区对外开放、西部大开发、中部崛起和振兴东北老工业基地的区域战略措施，并取得不错的成效。因此，区域经济学在解决我国区域问题、协调区域关系以及缩小区域之间差距方面提供了有效的理论指导并具有非常重要的实践意义。

　　本书主要从理论和实践两个角度分别对区域经济这一核心理念进行阐述：

　　首先，理论部分。从区域经济发展理论、区域经济空间理论、区域经济关系理论和区域经济政策理论四大方面，着手对区域经济学所包含的理论知识进行宏观的介绍与阐述，并将其作为实践部分的理论支撑。区域经济空间理论和区域经济关系理论研究过程中所出现的问题，是基于区域经济的不断发展而产生的。因此，本书将区域经济发展理论列为优先章节。在区域经济发展理论中，以其基本概念、影响要素和基本标志作为先导，重点介绍了两种区域经济增长理论和五类增长模式以及区域发展均衡理论和非均衡理论。在区域经济空间理论和区域经济关系理论方面，同样以理论概述作为章节的先导，开门见山地将理论与基本内涵、影响因素和类型介绍清楚，再围绕各自具体的理论展开。理论部分最后的章节将对区域经济的政策问题展开研究。人们在社会经济活动中所面临的任何问题都与对应的空间和阶段相联系，因此不同的空间或者区域都需要有"因地制宜"的发展战略做支撑，而战略则是在政策的实施下展开的。因此，区域经济政策理论作为理论部分分析的最后一个理论，不单是对理论本身的概述，更是对前述三大理论的总结。

其次，实践部分。自改革开放以来，贵州省的经济水平有了较大的提升，基础设施和人民的生活水平也有了很大的改观。但是，经济总量低、产业结构不合理以及粗放型的增长方式等区域问题依旧困扰着贵州省的经济发展。本书的实践部分正是基于贵州省的经济社会发展背景，对贵州省一些突出的区域问题和部分区域面临的难题进行剖析和研究，并致力于找寻正确的解决路径和方法。研究主要涉及的内容包括：贵阳市劳动力就业与失业现状及趋势；贵州省农村人力资源研究；贵州省城镇化带动战略中的科技支撑研究；扩大融资促进贵州省经济社会发展的对策研究；交通建设的理论与实践；贵州省城市化与产业集聚问题；贵州省扶贫开发整村推进规划问题。

愿本书可以为贵州省乃至我国的区域经济研究献一份绵薄之力，也恳切希望得到读者们的反馈意见。

目　录

第一部分　区域经济理论

第二部分　区域经济实践

第一部分

区域经济理论

第一章　区域经济发展理论

第一节　区域经济发展理论概述

一　区域经济发展的基本概念

区域经济发展是与区域经济增长密切相关的问题。区域经济增长是区域经济发展的基础。区域经济发展是一个包括经济增长、结构升级、技术创新、社会进步、人民福利提高等在内的更为宽泛、更为深刻的过程。

区域经济发展是区域内总产出不断增加、区域产业结构及空间结构不断优化、区际引力与辐射能力不断提高的过程。区域经济发展与一般经济发展的概念既相互联系又有区别。共性特征是：二者均表现为财富和福利的增长，是一个动态的过程。但区域经济发展强调的是在特定的地域空间上的经济发展，具有时间与空间相结合的特殊属性。[①]

二　区域经济发展的基本要素

对区域经济发展要素的分析，是研究区域经济发展的起点。亚当·斯密认为，劳动、资本、土地的数量决定一国的总产出，所以可以把影响区域经济发展的要素概括为自然资源、劳动力资源、资本、技术条件等。

（一）自然资源

自然资源是指在自然界中一切能被人类利用的自然物质要素，包括地壳的矿物岩石、地表形态、土壤覆盖层、地上与地下资源、海洋资源、水资源、太阳光能、热能、降水以及生物圈的动植物资源。

---

① 孙翠兰：《区域经济学教程》，北京大学出版社 2008 年版。

自然资源是生产力的重要组成部分。生产力是指开发、利用自然的能力，它由劳动力、生产工具、劳动对象和科学技术组成。而自然条件和自然资源则是直接的劳动对象。虽然随着科学技术的不断发展，劳动对象的范围在不断扩大，内容在不断增多，但所有劳动对象最初之源泉，仍然是自然资源。因此，恩格斯在《自然辩证法》一书中谈道：政治经济学家说，劳动是一切财富的源泉。其实劳动和自然界一起才是一切财富的源泉，自然界为劳动提供材料，劳动把材料变为财富。

（二）劳动力资源

劳动力资源是指区域内的人口总体所具有的劳动能力的总和，是存在于人的生命机体中的一种经济资源。从理论上讲，人口本身并不是劳动力资源，人口是劳动力资源存在的自然基础。研究区域内劳动力资源必须从数量和质量两方面来考虑。劳动力的多少，是数量的体现；而劳动力的体质和智能两方面的统一，则是其质量的反映。劳动力的体质是产生劳动能力的生理基础，劳动力的智能则包括所具有的科学技术知识、专门的劳动技能和生产经验。

劳动力是生产力的主体。掌握生产工具的人是生产力的诸要素中最积极、最活跃的因素。任何经济活动，无论是物质生产领域，还是非物质生产领域，都需要劳动者的积极参与才能进行。

任何区域的经济发展，都必须首先具有一定数量的劳动力。一个区域的劳动力资源丰富，则为该区域的经济发展提供最基本的条件。假如劳动力资源缺乏，那么推动区域经济发展所必需的人力资源就得不到保障，从而影响经济的进一步发展。劳动力数量对区域经济发展的作用，首先表现在劳动力投入数量的增加可以提高区域经济的产出水平。在一定的技术条件下，投入经济活动的劳动力越多，能够推动的生产资料也就越多，所生产的产品就越多，经济发展就越快。其次是影响要素投入结构。在劳动力资源丰富、资金相对不足的区域，为了充分利用劳动力的数量优势，一般优先引进和发展劳动密集型产业，这样可以最大限度地摆脱资金不足的约束，使区域经济获得稳定、持续的增长；而在劳动力资源较为短缺、资金较为充裕的区域，宜引进和发展资本密集型产业，使各类生产要素得到最合理的配置与优化，从而促使区域经济获得长期稳定的发展。

（三）资本

在现代经济发展中，生产投入的要素主要有自然资源、劳动力和资本三个方面。所谓资本，指的是以机器、设备及厂房为主的物质资本。任何区域的自然资源都是恒常要素，而其中的环境因素对区域经济发展会产生一定的影响，但不会对区域经济发展进程起决定性作用。对于我国各区域来讲，劳动力是比较充裕的投入要素，一般不会成为经济增长的约束条件。而资本存量的多寡，特别是资本增量形成的快慢，往往成为促进或阻碍区域经济发展的基本要素。著名经济学家刘易斯最早阐明了资本形成对经济发展具有决定性影响，他在《劳动力无限供给条件下的经济发展》一文中指出："经济发展的中心问题是要理解一个社会由原先储蓄和投资还不到国家收入的4%—5%转变为自愿的储蓄达到国民收入的12%—15%以上这个过程。它之所以成为中心问题，是因为经济发展的中心事实是快速的资本积累（包括运用资本的知识和技术）。如果不能说明储蓄相对于国民收入增长的原因，也就不能说明任何工业革命。"[1]在市场经济优越性不断体现和经济全球化的背景下，现代经济发展过程也就是工业化、城市化过程。而工业化和城市化的实现与提高，必然伴随着农村剩余劳动力向城市工业部门转移，但这种转移是以城市工业部门的扩张和对劳动力需求的扩大为前提，而城市工业生产的扩张规模与速度需要大量的引资与投资做支持。

（四）技术条件

在现代经济发展中，人们似乎不再怀疑技术进步对经济发展的作用了。作为推动经济发展的重要因素，技术、自然资源、劳动、资本的表现形式和经济利益实现方式又有明显的不同。从要素投入的角度来讲，技术是通过改变其他要素的形态和质量来实现自身价值的，无法从其他要素中分离出来；从产出角度来看，一般是用产出增长减去其他要素的投入增长来表现技术进步对经济的贡献。[2]

三　区域经济发展的基本标志

区域经济发展是通过技术创新、产业结构升级以及社会进步来实现区域经济发展质量的提高和结构的优化的。区域经济发展的基本标志主

---

[1]　参见陈金良《"大推进"工业化模式及其对策研究》，《生产力研究》2011年第4期。

[2]　孙翠兰：《区域经济学教程》，北京大学出版社2008年版。

要包括三个方面。

（一）时间维度上的区域经济增长

区域经济增长是指特定区域商品和劳务的数量增长，即以货币形式表示的国民生产总值不断增加的过程。现代经济增长理论的重要特征是数量化和模型化，即利用数学计量手段将与经济增长有关的变量联系起来，建立数理模型，并以此来推导结论、预测未来的区域经济发展趋势。具有代表性的理论主要有哈罗德—多马模型、新古典增长模型、新剑桥增长模型和新增长模型。现代经济增长理论是主流经济学的一个重要理论分支，以时间序列数据为建立模型的基础，沿时间维度推导结论，描述未来。

（二）空间维度上的空间结构演化

空间是人类社会经济活动的基本场所，各种社会经济活动都要在空间内开展与运作。而空间里开展的各类社会经济活动会在多种区位因素共同影响下集中与扩散，从而造成区域经济的非均衡增长。最终，区域经济的非均衡增长又会使一定空间范围内原有的各种社会经济客体和现在的位置在市场经济内部运行机制的作用下结合起来，最终形成集聚规模及其形态发生相应变化。

经济空间的运动，是人类社会经济活动区位选择的结果；是各种社会经济活动在地域空间分化、组合、集聚的动态过程；是社会经济系统与其环境之间、系统内部各子系统之间频繁的相互联系和相互作用在地域空间上的表现；也是它们之间的人流、物流、资金流、能源流、信息流等传输的动态过程。区域经济空间的运动过程，即区域空间结构的演化过程。同时考察区域经济增长与区域空间结构演化，并寻找两者的内在联系与联动机制，是区域经济学有别于其他经济学研究最显著的特征。

（三）区际关系上的吸引与辐射的交互作用

由于资源禀赋在空间上的非匀质分布，出现了区际劳动分工；又由于人类社会的制度性空间分割即带有一定程度或范围的排他性产权的建立（其表现形式为具有行政管辖疆界的区域或国家的出现），明确和强化了生产的专业化和劳动分工界限。劳动分工的演进，实质是不同空间区域资源配置变换和制度变迁的过程，这种过程同时又促进了不同区域之间的经济联系。①

在市场经济条件下，区域是一个开放的系统，区域之间存在合作与竞争的双重关系。区域之间既相互吸引又相互辐射，所谓吸引是指在集聚力的作用下，特定区域从其他区域集聚与积累其经济发展所需的要素和资源的过程；辐射则是指特定区域的经济活动对其他区域的经济活动产生了正面或者负面影响。由于区域要素禀赋、分工与专业化程度、产业结构等差异的存在，区域间的经济发展处于不平衡状态，具有比较优势的强势区域在区际关系中表现出具有较强的吸引与辐射的能力，弱势区域则表现出较弱的吸引和辐射能力。

第二节　区域经济增长理论

一　古典经济增长理论

经济增长是经济理论最基本的范畴，是一切社会形态存在和发展的物质前提和经济基础。人们对经济增长问题可以追溯到很久远的年代，随着古典经济学的形成和成熟，人们开始了对经济增长较为系统的研究。

（一）重商主义与重农主义关于经济增长的认识

重商主义是资产阶级最初的经济学说，它产生和发展于欧洲资本原始积累时期，反映了这个时期商业资本的利益和要求，它对资本主义生产方式进行了最初的理论考察。重农主义把研究对象从流通领域转向生产领域，法国重农学派的布阿吉尔贝尔只把研究领域局限于农业生产领域，认为只有农业部门才是唯一创造财富的生产部门。虽然重农学派在政治经济学的研究上取得了成就，提出了劳动创造价值和其他一些重要的经济观点，但由于其研究领域的局限性和缺乏较完整的理论体系，因而没有确立真正独立的政治经济学。

早在古典经济学产生以前，人们就开始探讨经济增长的原因。重商主义者认为，经济增长的本质是货币财富的积累，因此认为要增加财富就要加大对外贸易中的出口份额，依靠贸易的出超不断增加贵金属的存量；而重农主义者则认为，只有农业才是生产。因此，一国的经济增长

---

① 陈金良：《"大推进"工业化模式及其对策研究》，《生产力研究》2011 年第 4 期。

以农业收成的多寡而定，只有大力发展农业才能增加社会财富。

（二）亚当·斯密的经济增长理论

对于国民财富的看法，重农学派认为纯农产品是重要的财富，重商主义者认为贵金属是国家财富的象征，而斯密指出：贵金属的高价值可能并不是任何特殊国家贫困或富裕的证明，它仅仅证明向商业世界提供贵金属时期所发现的金矿的贫瘠。对斯密来说，国民财富不是用贵金属的价值来衡量的，而是"用一国土地和劳动年生产物的可交换价值来衡量的"。宏观经济学理论中所用的 GDP 是指一定时期内一国生产的最终产品和提供劳务的市场价值的总值。可见，斯密对国民财富的定义和 GDP 概念的含义很接近。经济增长理论也是在这个概念的基础上进行讨论的。斯密是最早在理论上系统研究经济增长问题的经济学家，其划时代的著作《国富论》全面论述了经济增长的性质、因素和如何为经济增长创造有利条件。斯密认为，经济增长是人均产出的增加，或劳动产品即社会纯收入的增加。斯密将经济增长因素归结为五个方面：劳动、资本、土地、技术进步和社会经济制度环境。

（三）大卫·李嘉图的经济增长理论

大卫·李嘉图从考察经济增长问题转向收入分配问题，着重分析地租、工资、利润等收入的变化规律，以及分配比重如何通过影响资本积累从而影响经济增长。

李嘉图认为，推动经济增长的主要原因是资本家将其净收入中除消费外的剩余部分追加投入生产中所形成的资本积累。经济剩余多，用于再生产上的资源就越多，生产能力扩大就快，生产增长率也快。同时，他还认为土地、劳动、资本的边际产量均递减。由于边际收益递减，生活资料价格上升，则工资的自然价格提高，地租率提高，利润率必然下降，利润在收入分配中的比率相应下降，资本积累因而趋于萎缩，经济增长放慢。因此，任何促进边际生产率提高的措施都会提高利润，从而提高资本形成率，加快经济增长。

（四）马克思的经济增长理论

马克思的经济增长理论指的是马克思的社会总资本再生产理论。

马克思在经济思想史上第一次提出了社会总资本再生产和流通的科学理论体系。这一理论体系批判地继承了英国和法国古典经济学有关理论遗产的成果，也是批判斯密教条的成果。马克思着重研究了社会总资本再生产的核心问题，即社会总产品一方面在实物形式上如何补偿，另一方面在价值形式上如何补偿的问题。

马克思创立社会总资本再生产理论时，首先科学地建立了两个基本前提。这两个基本前提曾经是长期困扰英国和法国古典经济学家的难题。一是社会总产品在价值形式上由不变资本、可变资本和剩余价值三个部分构成；二是在实物形式上由生产资料的第一部类和生产消费品的第二部类两个部分构成。①

二　现代经济增长理论

（一）哈罗德—多马经济增长模型

1. 哈罗德模型的基本假设与逻辑

哈罗德从一个只生产一种产品，使用劳动 L 和资本 K 两种生产要素的封闭经济系统开始分析。在这个经济系统中，储蓄 S 与国民收入 Y 存在某种简单的固定比重关系，即 $s=S/Y$，s 表示边际储蓄倾向，也表示储蓄率；单位产出增加所需的资本量不变，也就是说规模报酬不变（或者说资本—产出比不变）；劳动力 L 的增长率是外生变量。他进一步假定资本和劳动之间不能相互替代，也就是说，不存在技术进步；不存在政府干预和国际贸易。在这些假定条件下，哈罗德从充分就业的初始状态着手分析经济增长现象。

哈罗德提出了实际经济增长率、有保证的经济增长率和自然增长率三个概念。根据凯恩斯经济学的总量模型，即总投资等于总储蓄，得出有保证的经济增长率；社会上众多独立生产者分散活动的结果而产生的有效需求，决定实际增长率；如果把人口和技术等因素的变化考虑进来，就是自然增长率。一个国家或地区的国民经济要实现理想的长期增长，就必须保证实际增长率、有保证的增长率和自然增长率相等。

2. 哈罗德模型的主要内容和结论

哈罗德把实际增长率定义为 $G=s/v$，G 表示国民收入的增长率 $\Delta Y/Y$；把有保证的经济增长率定义为 $G_w=S_d/V_d$，S_d 表示人们的意愿储蓄率，V_d 表示追求利润最大化的厂商满意的资本—产出率；自然增长率是指潜在的最大的经济增长率，是在充分就业的情况下，适应劳动力增长、技术进步和资本积累等的最大增长率，即 $G_n=n+a$。哈罗德认为，假定经济

---

① 聂华林、王成勇：《区域经济学通论》，社会科学文献出版社 2006 年版。

一开始处于充分就业状态，要保持长期充分就业，就必须保证 $G = G_n$；要保持稳定的经济增长且充分利用生产能力，就必须保证 $G = G_w$。如果实际增长率大于有保证的增长率，投资就会超过储蓄，引发通货膨胀；反之，投资就会小于储蓄，引起失业。如果自然增长率大于有保证的增长率，经济增长就不会受到劳动力和技术的限制，经济出现长期繁荣的趋势；相反，经济增长就会受到劳动力和技术的限制，经济则出现长期停滞。这样一来，哈罗德提出了一个国家或地区长期保持充分就业的稳定经济增长的实现条件，即 $G = G_w = G_n$。

哈罗德的理论集中在有保证的经济增长率上。他指出，由于乘数原理和加速数原理的共同作用，一旦 $G \neq G_n$ 或 $G \neq G_w$，就无法调整到均衡状态，而且两者之间的背离会越来越大，任何高于均衡经济增长的实际增长速度都会不断增加，任何低于均衡经济增长的实际增长速度都会不断减少，结果是经济停滞或长期通货膨胀。因此，经济增长具有内在的不稳定性。[①]

（二）索洛新古典经济增长模型

哈罗德—多马虽然承认资本—劳动比和资本—产出比实际上是变化的，但是他们在分析中却假定它们是固定不变的，也就是说假定生产技术固定不变。这一假定排除了技术进步对经济增长的影响，从而把经济增长的解释变量限定为资本积累和人口增长。这一点受到许多经济学家的批评。20 世纪 50 年代，索洛修正了这一假定，以总量生产函数为基础，提出了新古典经济增长理论。

1. 新古典经济增长理论的基本假设以及主要内容

索洛认为，除资本—产出比不变，哈罗德—多马模型的其他所有前提假设都可以采纳。索洛采用的基本方法是：把因技术变化而导致的劳动生产率的变化，与因人均资本变化而导致的劳动生产率的变化分离开来。他以完全竞争为前提，劳动、资本和商品市场处于竞争均衡状态，各种生产要素的报酬等于其边际成本，劳动投入和资本投入存在某种正的且平滑的替代弹性。索洛通过总量生产函数，把产出同资本和劳动的投入联系起来了。具体地说，他假定：资本与劳动存在替代关系，因而资本—劳动比率可变；产出的增长主要由资本和劳动两种生产要素所推

---

① 安虎森：《新区域经济学》，东北财经大学出版社 2006 年版。

动，资本和劳动的产出遵循边际生产力递减规律；市场是完全竞争的，价格机制起着主要的调节作用，资本和劳动可以通过市场竞争实现替代；存在技术进步，但是，技术进步系数是一个有着固定趋势的常数，也就是说，技术进步属于"哈罗德中性"，技术的变化不影响资本—产出比，因而，规模收益保持不变。

2. 新古典经济增长理论的基本结论

新古典经济增长理论认为，经济体系的增长源于储蓄率、人口增长和技术进步等外生因素，没有这些因素，经济将无法实现持续增长。发达国家或地区资本充裕，资本的边际生产力较低，而比较落后的国家或地区的资本稀缺，资本的边际生产力较高，资本将从发达国家或地区流向比较落后的国家或地区。这样，随着经济发展，各个国家或地区的经济增长将出现趋同的趋势，各个国家或地区政府的政策对经济的长期增长没有影响。

新古典经济增长理论使总量生产函数和储蓄率不变的假定相结合，构建了一个简单的经济增长的一般均衡模型，换个角度说，它是从供给方面分析经济增长，这是它与哈罗德—多马模型的主要区别。新古典经济增长理论与哈罗德—多马模型的另外一个主要区别是它允许资本和劳动之间的相互替代。新古典增长理论的主要贡献在于把经济增长研究的重点明确地转到技术进步上来，强调了技术进步对经济增长的主要推动作用。

新古典经济增长理论的一个主要特征是生产要素的边际收益递减，因此，在没有技术进步的情况下，长期的人均经济增长率趋于零。也就是说，长期持续的经济增长只能用外生的技术进步来解释。①

（三）新经济增长理论

新经济增长理论又称为内生增长理论，是由经济系统内部因素引起经济增长的模型框架，实际上就是把新古典经济增长理论下外生的技术进步内生化。准确地说，新经济增长理论是由一些持有相同或相似观点的众多增长模型组成的松散集合，它不像新古典经济增长理论那样有一个基本的模型框架。

---

① 施祖麟：《区域经济发展：理论与实践》，社会科学文献出版社 2007 年版。

1. 新经济增长理论的基本逻辑

新经济增长理论仍然假设经济增长只依靠资本积累来驱动，这里的资本包括物质资本（机器设备）、人力资本（技能）和知识资本（技术）。新古典经济增长模型被称为外生经济增长模型，是因为它关注的是物质资本的积累。但物质资本受到规模收益递减规律的影响，当资本和劳动比率达到一种稳定状态时，人均资本就停留在某一水平，经济处于稳定状态。当经济处于稳定状态以后，经济增长只有通过外生变量（如外生的技术进步）才能驱动。要把长期增长率内生化，就必须抛弃资本积累的规模收益递减规律。

2. 新经济增长理论的主要内容

新经济增长理论大体上是沿着两个方向发展的：一是把知识积累看作是经济增长的原动力；二是把资本作为增长的关键，这里的资本既包括物质资本，也包括人力资本。第一种发展方向基本上是沿着阿罗的干中学模型进行发展的，代表人物有保罗·罗默、格罗斯曼等。第二种发展方向则是对舒尔茨等早期构建的人力资本模型的扩展，代表人物有卢卡斯、曼昆等。

阿罗把技术进步视为资本积累的副产品，实物资本存量增加的同时知识水平也会提高。在完全竞争的假设前提下，厂商可以通过积累生产经验提高其劳动生产率。同时，其他厂商可以通过学习该厂商的经验而提高生产率。因此，投资能够产生溢出效应。在阿罗的模型中，整个经济系统是按规模收益递增原则运行的，这种收益递增对单个企业来说则是外在的，这决定了竞争均衡的存在。但是，持续的人均增长必须用外生的人口增长来解释。

保罗·罗默对阿罗的干中学模型做出重大修正和改进，于 1986 年提出了知识溢出模型。在罗默的基础模型中，知识是生产函数中的一个独立变量。罗默认为，作为经济增长源泉的技术进步是经济系统的内生变量，由于外部性的存在，物质产品的生产具有规模收益递增的特点。但是，知识的私人边际产出低于社会最优的边际产出。因此，竞争均衡下的经济增长率低于社会最优的增长率。

另一种重要的内生增长理论模型是人力资本溢出模型。20 世纪 60 年代，宇泽弘文根据舒尔茨的人力资本理论，构建了一个两部门模型，强调人力资本在经济增长中的作用。他假定经济体中存在一个生产人力资本的教育部门，从而把物质资本和人力资本都纳入模型中去，但是，这两种资本投资的私人收益和社会收益仅仅取决于这两种资本存量的比率。尽管该模型不存在收益递增和外部性，但是，他假定教育部门的生产函数是规模收益不变的线性形式，即使经济系统中不存在任何固定的生产要素，也能实现平衡增长。

卢卡斯吸收了宇泽弘文的建模思想，但是放弃了两部门结构，把舒尔茨的人力资本理论和索洛模型相结合，构建了人力资本溢出模型。他把人力资本看作是索洛模型中技术进步的另一种形式，整个经济系统的外部性是由人力资本的溢出效应所导致的。

3. 新经济增长理论的基本结论

新经济增长理论是对传统经济增长理论的一次重大修正。与新古典经济增长理论相比，新经济增长理论认为：第一，经济增长是经济系统中内生因素作用的结果，在存在外部性或垄断因素的条件下，经济可以实现持续的均衡增长，但是，这种动态均衡是一种次优增长，只有通过政府的干预，消除市场机制造成的资源配置扭曲，才能实现帕累托最优；第二，技术进步是追求利润最大化的厂商进行投资的结果，这种内生的技术进步是经济增长的决定因素，技术（或知识）、人力资本的溢出效应是经济实现持续增长的不可或缺的条件；第三，经济政策（如税收政策、贸易政策、产业政策等）能够影响经济的长期增长率，通常情况下，政府为研发、教育和培训等提供补贴有助于促进经济长期增长。

第三节　区域经济增长模式

在前文，我们重点地讨论了区域经济增长的一般理论。实践证明，这些理论的"落脚"点是非常重要的。由于不同国家或地区的资源要素禀赋不同，起始点不同，所采取的发展道路（模式）不一定相同，有些国家或地区，靠内部资源发展起来，而有些国家或地区靠外部资源发展；有些国家或地区优先发展工业而有些地区优先发展农业；有些国家或地区采取出口导向战略等。采取何种发展道路取决于国情和区情，绝不能盲目地生搬硬套。

一 工业化的一般模式

所谓工业化的一般模式，指的是英、美等西方发达国家的工业化过程。

英国是工业革命的鼻祖，18 世纪后期，随着蒸汽机的发明和纺织技术的突破及其在生产中的应用，纺织业从此摆脱了传统手工操作的落后生产方式，动力机械和其他许多操作过程由机器代替了人力，从而大大提高了劳动生产率。蒸汽机的大量使用和纺织业的发展，带动了煤炭开采业、钢铁工业的发展，同时也改变了农业的土地利用方式。为了给纺织业和其他工业的发展提供原料和劳动力，英国开始"圈地运动"，迫使丧失土地的农民进城从事工业生产。英国本土市场狭小，难以满足纺织业和其他工业发展的需要，因此，在海外广泛开辟市场，这样，又带动了造船业和军火业的发展。随着海外市场的拓展，英国本土的农业已难以提供纺织业发展所需的原料，海外殖民地不仅向英国输入粮食，而且输入棉花、羊毛等纺织原料，英国则向海外输出纺织产品、煤炭。这样，不仅本国的农牧民及工人成为英国工业资本积累的源泉，而且，广大海外殖民地作为农产品供应地，成为其资本积累的重要源泉。[1]

随着英国的工业生产技术在欧美其他国家的扩散，这些国家也先后开始了工业革命。进而，由于欧美等其他国家的竞争，英国传统的海外殖民地市场逐渐缩小，到 19 世纪末期，美国已取代英国成为最大工业品制造国。随着欧美工业的迅速发展，为争夺海外市场和原料，尤其是一些后起的工业化国家，不满足于在海外市场所占的份额，因此，在 20 世纪上半叶发生了两次世界大战。

第二次世界大战后，世界进入了相对和平的环境，欧美等资本主义国家先后完成了工业化，并进入后工业化社会。过去工业化国家主要通过和经济落后国家进行贸易，以获取资金和原料。第二次世界大战后，虽然这种和发展中国家之间的垂直分工仍然在国际贸易中占有相当比重，但发达国家之间的水平分工在国际贸易中的地位日益上升，这反映了现代经济发展的技术需要。这种分工又进一步推动了技术进步，使发达国家的工业化进入以技术和知识投入为主的阶段。[2]

---

[1] 郝寿义、安虎森：《区域经济学》，经济科学出版社 2015 年版。
[2] 陈秀山、张可云：《区域经济理论》，商务印书馆 2003 年版。

二 重工业化优先发展模式

重工业优先发展模式是一种非均衡发展模式,其基本含义就是在经济发展过程中,采取各种经济的和非经济的措施,优先发展重工业,从而带动整个国民经济的高速增长。苏联从 20 世纪 20 年代中期到 70 年代末期,采取的是优先发展重工业的战略方针。日本在 20 世纪 50 年代中期至 70 年代经济高速发展时期及中国在改革开放前,也都实行这种发展模式,巴西和印度等国也曾在一定时期实行过这种模式。

重工业优先发展模式的基本特征是:(1)它是一种以高速度经济增长为主要目标的赶超发展模式;(2)它以重工业部门为经济发展的中心和动力;(3)这种发展模式的实现以高积累、高投入为保证。这种模式的基本特征和利弊如下。

(一)经济发展目标:高速经济增长

重工业优先发展模式的一个重要特征,就是通过经济高速增长实现赶超发达国家的目标。为此,实行这种发展模式的国家都制订了含有较高经济增长率的经济发展计划,期望以高速增长为条件,在经济、技术水平上尽快缩小或赶上甚至超过发达国家。

(二)经济发展的途径和手段:优先发展重工业

为了实现国民经济的高速增长,实行这种模式的国家都将重工业的发展作为整个经济发展的中心。优先发展重工业最早由列宁提出。他指出,生产资料生产是各部门中增长最快的,而生产资料生产的优先增长表现为重工业的优先发展。重工业是社会主义的经济基础。但同时认为,重工业不能脱离农业和轻工业而独立发展。

(三)高速增长的源泉:高积累

任何国家要实现国民经济的高速增长,都必须积累数额巨大的资金,尤其是资本密集型的重工业的发展对资金的需求更为庞大。[1]

三 进口替代发展模式

(一)进口替代发展模式的含义、目标

进口替代发展模式,就是通过建立和发展本国制造业和其他工业,替代过去的制成品进口,以带动其经济增长,实现国家工业化。

进口替代发展模式的主要目标是:减少进口,以缓解经济对国外的

---

[1] 安虎森:《新区域经济学》,东北财经大学出版社 2006 年版。

依赖；节省外汇，平衡国际收支；发展制成品的生产和出口，改善贸易条件；实行保护措施，扶持本国工业品的生产和出口；增加工业部门劳动就业，改变二元经济结构；等等。[①]

（二）进口替代发展模式的成效和缺陷

1. 进口替代发展模式的成效

进口替代发展模式是发展中国家在工业化过程中最早实施的一种模式，对促进发展中国家的经济发展有着不可忽视的作用。

首先，这种模式促进了制造业和整个国民经济的迅速发展。1950—1960 年，亚洲、非洲和拉丁美洲国家和地区制造业年均增长率为 16.9%，1960—1970 年为 8.1%，这一速度不仅大大超过发展中国家的历史纪录，也超过同期发达国家制造业的增长速度。大多数实行这种模式的国家，其工业增长速度都较快。

其次，促进了工业化水平的提高。这种模式使制造业在国民经济中的地位上升，农业地位相对下降，如 1960—1973 年为拉丁美洲进口替代工业化高潮时期，工业占国内生产总值的比重由 20% 上升到 24.2%，农业由 17.96% 降至 13.44%。

2. 进口替代发展模式的缺陷

随着进口替代的深入发展，这一模式也产生了许多问题，对发展中国家的经济增长产生了一些消极影响。

首先，造成外汇短缺和国际收支失衡，强化了对国外的依赖。进口替代工业的发展，虽然使国外工业消费品的进口大大减少，节省了部分外汇，但由于这种工业发展需要大量的资本品、中间产品和原材料的进口，并且需要从国外引进技术和管理人才，因而需要大量外汇。因此，进口替代工业规模越大，外汇短缺问题就越严重。

其次，造成经济结构不合理。进口替代发展模式鼓励制造业的发展，而对电力、能源、基础设施重视不够，尤其忽视农业的发展。结果是农产品价格压在很低的水平上，从而使工农产品的价格"剪刀差"不断扩大，造成农业生产发展缓慢甚至衰退，许多国家的粮食自给程度日益下降，粮食的进口越来越多。

---

① 陈秀山、张可云：《区域经济理论》，商务印书馆 2003 年版。

四 出口导向发展模式

（一）出口导向发展模式的含义和目标

出口导向发展模式的基本含义，就是使工业生产直接面向国际市场，并以制成品的出口逐步替代过去的初级产品出口。出口导向发展模式事实上是对进口替代发展模式的替代和发展。在 20 世纪 60 年代中期，由于实施进口替代发展模式造成一系列问题，实施这种模式的一些国家和地区，首先是东亚的新加坡、韩国及中国台湾在实行了一段时期的进口替代之后，转而实行出口导向发展模式。这些国家和地区希望利用自身的廉价劳动力优势，通过积极引进外国资本和技术、进口国外廉价的原料和能源，发展劳动密集型的加工装备工业，并以出口来带动经济增长。之后，巴西、墨西哥、菲律宾、马来西亚、泰国等国家也先后不同程度地转而实行出口导向发展模式，或采取进口替代与出口导向相结合的发展模式。

实行出口导向发展模式具有以下基本目标：

一是利用本国或本地区自然条件优越或劳动力价格低廉等优势，发展劳动密集型的、技术先进的产品，通过扩大出口来带动整个经济增长。

二是出口的扩大可以增加就业，提高人均收入水平，促进工业基础的加强和经济现代化，可以提高技术水平和劳动生产率，使产业结构高级化。

三是由于出口导向发展模式主要是发展加工工业和制成品工业，扩大出口有利于改善贸易条件。

（二）出口导向发展模式的成效与缺陷

出口导向发展模式对推动一些发展中国家和地区的工业化和经济发展起到了不可忽视的作用，促进了一些国家和地区的经济腾飞，甚至创造了经济奇迹。

1. 出口导向发展模式的经济成效

出口导向发展模式的经济成效主要表现在：

首先，促进了经济的较快增长。制成品大量出口，不仅积累了发展资金，为提高国内投资率、增加国外资本品及中间产品的进口提供了可能，同时也直接推动了与出口工业有关的其他经济部门的发展，从而有助于整个国民经济取得较高的增长速度。

其次，进一步改变了经济结构。制造业的高速发展，使其经济结构发生了变化，制造业在国民经济中所占比重显著上升。

最后，出口量迅速增加，出口结构得到改善。由于吸收了国外资金、技术和管理经验，并采取一系列出口鼓励政策，出口劳动密集型产品逐渐在国际市场上打开了销路，出口量迅速增长，而且通过进口替代再转向出口导向，不断提高出口产品的技术结构。

2. 出口导向发展模式的缺陷

出口导向发展模式的缺陷主要表现在：

首先，经济发展的对外依赖性增强。实行这种模式的国家和地区，在原材料、机械设备、资金、技术、市场等方面都严重依赖于国外。

其次，造成经济结构失衡。实行这种模式的国家和地区，采取措施大力发展外向型经济，促进了出口加工工业和与出口有关的部门的迅速发展，但为国内市场生产产品的部门因缺乏资源而发展缓慢，甚至处于萎缩状态，从而在一定程度上造成这些国家和地区的经济结构失衡，如农业发展缓慢，内需工业发展相对滞后。①

五　农业发展模式

农业发展模式是指农业在经济中占重要地位，通过农业发展带动其他相关产业的发展，进而推动经济增长的方式。

（一）农业在经济发展中的作用

农业在经济发展中的作用，主要表现在：为工业化和经济发展提供农产品。只有当农产品以一个适当的比率增长时，使用农产品作为原料的工业部门的增长率才能提高，因此，工业化的速度是以农产品增长率为条件的。农业的发展为经济增长提供资本和劳动力。

（二）农业技术进步道路

在农业发展史上，技术进步基本反映了农业资源的相对稀缺性。在土地丰富而劳动稀缺的国家里，农业技术按照替代劳动的方向发展，被称为劳动节约型技术；在土地稀缺而劳动力丰富的经济中，农业技术是按照替代土地的方向发展的，被称为土地节约型技术。一般认为，劳动节约型技术是与机械技术相一致的，它被设计出来促进动力和机器对劳动的替代，机械技术进步的结果是劳动生产率的提高；土地节约型技术

---

① 高洪深：《区域经济学》，中国人民大学出版社 2014 年版。

是与化学和生物技术相一致的，它被发明出来促进劳动和其他投入对土地的替代。

发生于20世纪60年代末和70年代初的"绿色革命"是发展中国家在农业生产技术方面的一次重大变革，"绿色革命"实际上就是一种生物技术变革，它反映了大多数发展中国家，特别是亚洲国家人多地少这个显著的特点。

20世纪60年代后期，在墨西哥、菲律宾、巴基斯坦、印度、泰国等发展中国家的一些农业地区，大面积地推广和种植新型高产小麦和水稻品种，使粮食产量比大幅度增加。这种以种子改良为中心、大规模提高土地生产率的活动就是"绿色革命"。

"绿色革命"是在发展中国家人口膨胀和农业停滞的巨大压力下发生的。由于大多数亚洲国家和一些拉美国家土地稀缺，通过扩大耕地面积来增加产出已相当困难，因而研究和发明提高土地单位面积产量的生物技术就成为必要途径。[1]

"绿色革命"的发生给发展中国家经济发展和人民生活带来重大影响。自20世纪60年代以来，发展中国家由于人口增长很快，农村存在大量的剩余劳动，这些劳动者因在农村找不到新的工作机会而纷纷流入城市，从而导致了城市失业问题的严重性。20世纪60年代中后期，发展中国家引进新型高产良种以后，农业劳动投入需求量增加了。绿色革命开始以后，在大面积种植新型高产良种的国家和地区，粮食产量大幅度增加了。如在1974—1975年，所有发展中国家大米的总供给大约比20世纪60年代中期以前把同样资源用于传统品种的生产所达到的大米总供给要多12%。粮食的增长有利于低收入者，因为低收入者的粮食支出占家庭总支出中的比重高于高收入者。同时，在发展中国家，人们的收入普遍较低，粮食供给的增加，有利于稳定粮食价格，抑制通货膨胀。

总之，发展中国家的经济发展与农业的发展密切相关，只有持续不断地发展农业，才能确保经济的持续、健康发展。[2]

---

[1]　高洪深：《区域经济学》，中国人民大学出版社2014年版。

[2]　孙久文、叶裕民：《区域经济学教程》，中国人民大学出版社2010年版。

第四节　区域发展均衡理论

一　大推进理论

英国著名的发展经济学家保罗·罗森斯坦—罗丹（P. N. Rosenstein - Rodan）是大推进理论的主要代表人。这一理论的核心是外部经济效应，也就是说，通过对互补行业或部门的同步投资，一方面可以相互创造市场，解决市场需求不足的问题；另一方面可以降低生产成本，增加利润，提高储蓄率，进一步扩大投资。罗森斯坦—罗丹认为，发展中国家要从根本上解决贫困落后问题，关键在于实现工业化，而工业化的主要障碍是资本形成不足。在资本的形成过程中，由于资本供给、储蓄和市场需求具有不可分性，小规模的、个别部门或产业的投资难以从根本上解决问题，因此该理论主张发展中国家和地区在全面发展工业的过程中，必须对各个产业部门按相同比重进行大规模投资，实行"大推进"式的发展战略，才能保证产品的生产和需求达到均衡，实现工业化目标。大推进理论是建立在三个令人信赖的不可分性理论基础之上。

（一）资本供给（尤其是社会分摊资本供给）的不可分性

罗森斯坦—罗丹认为，凡是投资项目，尤其是社会基础设施建设投资，都是不能无限细分的。所以，对社会分摊资本项目的投资，只能对各个部门全面地进行大量投资，才能形成生产能力，实现工业的大发展。

（二）需求的不可分性

投资成功与否同市场需求密切相关，由于发展中国家或地区面临市场规模小、收入水平低的现实，在没有充分的可供选择的国外市场存在的情况下，需求具有不可分性。为避免只对一个产业或部门投资造成的需求不足的情况，就必须适应需求的不可分性，在各个部门和各个行业同时进行必要的投资，形成彼此联系的广大国内市场。

（三）储蓄的不可分性

经济发展过程中，投资主要来源于储蓄，由于储蓄的增长不是随收入的增长同比重增长的，只有收入的增长达到一定程度以后，储蓄才会快速增加，如果储蓄不足，与基础设施投资需求之间将会形成储蓄缺口。发展中国家或地区打破这个"储蓄缺口"的唯一方法是必须保证边际储蓄率高于平均储蓄率，让吸纳的宝贵资金投向基础设施。

罗森斯坦—罗丹的大推进理论对发展中国家和欠发达地区的发展起到了一定的积极作用。但该理论过分依赖于计划和国家干预，忽视市场机制的调节作用；过分注重物质资本投资，忽视人力资本和制度变革的作用。"二战"后，很多发展中国家的投资率很高，却并未实现经济上的起飞；有的增长率很高，但有增长而无发展。[①]

二 贫困恶性循环理论

英国著名发展经济学家纳克斯（R. Nurkse）于1953年在其代表作《不发达国家的资本形成问题》一书中提出了贫困恶性循环理论。纳克斯认为，发展中国家之所以长期贫困，并不是由于国内资源不足，而是因为经济中存在互相联系、互相作用的"恶性循环系列"，其中主要是贫困恶性循环。纳克斯指出，发展中国家的贫穷是人均收入太低导致供给方面储蓄水平太低，需求方面市场容量太小，投资引诱不足，从而造成了贫困恶性循环。要打破这一困境，必须同时对国民经济的各个部门进行大量投资，使经济增长率达到一定高度，人均收入增长突破一定限度，只有这样才能形成广大的市场，产生足够的投资刺激，为投资规模的持续扩大和经济的持续增长创造条件，从而突破低收入造成的贫困恶性循环"瓶颈"，实现经济的快速发展。他特别强调了市场规模对经济增长的决定性作用，提出只有全面地在消费品生产、资本品生产和基础设施等各部门进行投资，使各行业间能够相互支持，才能大幅度扩大市场规模，产生强大的投资刺激，从而实现整个国民经济的全面快速增长、打破贫困的恶性循环。

尽管他认为国民经济的各部门、行业必须进行同时且全面的投资和发展，但是，纳克斯并不主张各部门之间按照相同的比重发展，而是主张按不同的比重对各产业进行投资和发展。纳克斯的贫困恶性循环理论的提出，一方面受到来自不同学派的学者的批评；另一方面受到一些发展中国家和地区决策层的重视，并对这些国家和地区的经济发展起到过积极作用。

---

① 郝寿义、安虎森：《区域经济学》，经济科学出版社2015年版。

第五节 区域发展非均衡理论

一 不平衡发展理论

赫希曼在 1958 年出版的《经济发展战略》一书中，从资源稀缺性出发，指出平衡增长的不可行性，同时提出了不平衡增长理论。赫希曼在深入研究了经济增长在区域间和国际的传导机制后，从资源配置的角度阐述了增长点对其他地区的影响。他认为，经济进步不可能在任何地方同时出现，而且它一旦出现，某些强有力的因素必然使经济增长集中在起点附近发生；增长在国际或区际的不平衡是增长自身不可避免的伴生物和前提条件。

赫希曼通过极化效应和溢出效应，分析了区域间的不平衡增长。他把一个国家分为发达地区和落后地区两部分。发达地区的经济增长对落后地区具有极化和溢出两种效应。极化效应是指由于发达地区具有工资收入高、投资收益率高、生产条件完善、投资环境较好等优势，从而不断吸引落后地区的资金、技术和人才，使落后地区的经济发展日益衰落，这对落后地区的经济增长是不利的。溢出效应则是指由于发达地区向落后地区购买投入品、进行投资以及落后地区向发达地区移民，从而提高落后地区的劳动边际生产率和人均消费水平，促进落后地区的经济发展，这种效应有助于缩小区域经济发展差距。

赫希曼认为，经济发展并不主要取决于资本形成，而是取决于使用现有资源并最大限度地发挥其效率的能力，赫希曼特别强调了产业间的关联效应。赫希曼指出，关联效应是国民经济中各个产业存在着某种联系，这种关系决定了各产业之间的互相联系、互相依存的关系。产业之间的这种关系分为前向联系和后向联系两种形式。前向联系是指某个产业与为其提供投入品的产业间的联系；后向联系则是某个产业与把其产品作为投入品的产业部门的联系。他认为，一个国家或地区在选择投资发展项目时，应该利用关联效应，优先发展那些能产生最大引致投资的产业，也就是选择那些具有显著的前向联系和后向联系效应的产业；通过这种产业的优先增长来带动国民经济其他产业部门的发展。关联效应最大的产业就是产品需求价格弹性和收入弹性最大的产业，在发展中国家通常是进口替代产业。

二　循环累积因果理论

瑞典经济学家缪尔达尔在《经济发展与不发达地区》（1957）一书中首次提出了循环累积因果理论。缪尔达尔认为，社会经济制度是一个不断演进的过程，这种演进是由技术进步以及社会、经济、政治和文化等因素的演变造成的。在缪尔达尔看来，社会经济发展过程是一个动态的、各种因素相互作用、互为因果、循环累积的非均衡发展过程。任何一个因素的变化都会引起其他因素发生相应变化，并促使初始因素再一次发生强化的变化。这样通过循环过程不断地累积，导致经济过程沿初始因素运动发展的方向不断地发展。

缪尔达尔指出，在不发达国家的经济中存在一种地理上的二元经济，即经济发达的地区和不发达的地区之间存在二元结构的现象。缪尔达尔用循环累积因果关系说明地理上的二元经济的形成。地理上的二元经济产生的原因在于各地区经济发展存在不同，这种差别主要是生产要素收益的地区差别。在经济发展的初始阶段，各个地区的要素收益差距并不大，由于生产要素在区域间是可以自由流动的，如果某个区域受到某个外部因素的影响，经济增长明显快于其他地区，这种经济增长累积到一定程度，那么区域间的经济发展水平、生产要素收益均会产生差异，于是循环累积因果效应就发生了。

缪尔达尔由此提出了区域发展的政策主张：在经济发展的初期，采用不平衡发展战略，通过发展计划和投资，优先发展那些发展势头比较强劲的地区，以获得良好的投资收益、促进经济的快速增长；当经济发展到一定水平时，为了防止累积因果循环造成地区之间贫富差距的不断扩大，需要制定一系列特殊的区域经济政策，刺激落后地区的发展，缩小区域经济差异。

三　增长极理论

法国经济学家弗朗索瓦·佩鲁（Francois Perrous）在《经济空间：理论的应用》（1950）和《略论增长极的概念》（1955）等著述中，针对新古典增长理论的均衡增长观点，最早提出以增长极为标志的非平衡发展理论。佩鲁指出：增长并非同时出现在所有地方，它以不同的强度首先出现于一些增长点或增长极上，然后通过不同的渠道向外扩散，并对整个经济产生不同的最终影响。增长极理论的核心是，在经济增长中，由于某些主导部门或者有创新能力的企业在一些区域聚集，从而形成一种资本、技术高度集中，具有规模经济效应，自身增长速度较快，并且能对周围区域产生辐射推动作用的增长极，通过具有增长极的地区的先增长，可以带动周围区域的共同发展。因此，佩鲁认为，经济增长不是均衡的，而是存在着极化效应。在经济非均衡增长过程中，创新将起到重要的作用。

增长极的形成依赖于一些具有特殊优点的企业，佩鲁把这些企业称为推进型企业。推进型企业是一些规模不断加大，增长速度较快，与其他产业联系紧密，具有创新能力和增长潜力的企业。佩鲁继承了熊彼特的创新理论，他在该理论的基础上阐述了增长极的形成条件。首先，增长极的形成必须存在有创新能力的企业和企业家人才。其次，增长极的形成需要良好的投资环境和生产环境。最后，增长极的形成必须具备一定的规模经济效益。

增长极在形成与发展的过程中会产生两种效应即极化效应和扩散效应。佩鲁认为，极化效应促使各种生产要素向增长极回流和聚集；扩散效应促使各种生产要素由增长极向周围不发达地区扩散。在发展的初级阶段，主要表现为极化效应，当增长极发展到一定程度后，集聚效应减弱，扩散效应增强。

自增长极理论提出以来，由于其对社会发展过程描述比较真实，理论重视创新和推进型企业，同时该理论还提出了一些便于操作的有效政策，政策制定者容易接受，所以该理论被许多国家用来解决不同区域的发展和规划问题。

四　梯度推移理论

自 20 世纪下半叶以来，区域经济学家克鲁默和海特等以弗农等人首创的工业生产生命周期理论为依据，提出了区域经济发展梯度推移理论。该理论指出，经济的发展趋势将是由发达地区向次发达地区，再向落后地区的推进。根据产业等级化的时空序列将区域分为低级、中级和高级产业区，通过高级产业区的试验作用和示范效应，将新技术、新产品扩散到低级产业区，从而带动整个区域的发展。梯度推移理论主要包括以下几个方面：

第一，区域经济的兴衰主要取决于它的产业结构，而产业结构的优劣取决于地区经济部门，特别是主导专业化部门在工业生产生命周期中所处的发展阶段。如果一个地区主导专业化部门处于创新或发展阶段，这将会促进该地区经济的高速增长及人均收入水平的提高，该地区就是一个高梯度地区；如果一个地区主导专业化部门处于成熟阶段后期或衰退阶段，这将会促进该地区经济的增长缓慢及人均收入水平下降，该地区就是一个经济发展的低梯度地区。

第二，创新活动是决定区域发展梯度层次的决定性因素。技术创新及管理创新等一系列创新是保持一个地区竞争优势的关键。大部分的新兴产业部门、新产品、新技术等均产生于高梯度地区，随着产品生命周期的变化，按顺序从高梯度地区向低梯度地区转移。

第三，梯度推移主要是通过多层次城市系统传递的。创新在空间上的扩散主要有两种形式。一种是局部范围的扩散，这种扩散是指创新活动由发源地按距离的远近向经济联系紧密的地区城市转移；另一种是大范围扩散，创新活动按全国行政区域城市系统"蛙跳式"向广大地区扩展。因为只有第二梯度上的城市才有能力接受、消化吸收来自第一梯度城市上的创新产业或创新产品，并随着产业或产品的成熟与老化，逐渐向第三梯度、第四梯度上的城市推移，直到乡镇农村。

产生这种有序梯度推移主要是由区域经济发展和生产力布局决定的。首先，处于创新阶段的工业部门大都布局在少数科技力强、产业结构好、经济实力强的大城市，这些城市具备一定的技术条件、市场环境和基础设施，所以这些城市具有创新和接受创新成果的能力和优势；其次，创新产业或产品由创新阶段向发展阶段过渡的过程中需要扩大市场，受市场驱动的需求，这些发展阶段的工业部门就需要从大城市向第二梯度上一些条件具备的城市推移；最后，处于成熟或衰退阶段的工业部门，技术成熟，生产完全标准化，生产由技术密集型转化为劳动密集型，高梯度地区该类产品市场需求达到饱和，由于发展中或落后地区地价低、工资低、原材料便宜等优势，这些部门就会向这些低梯度地区推移。

五　核心边缘理论

美国城市与区域规划学家约翰·弗里德曼（J. R. Friedman）于1966年在其撰写的《区域发展政策》一书中提出中心—边缘理论。弗里德曼认为，经济发展是一个不连续但是逐渐累积的创新过程。这里的创新不仅包括技术创新，还包括组织形式等方面的制度创新。发展通常源于区域内的少数变革中心，并由这些中心自上而下、由内及外地向创新潜能较低的周边地区扩散。创新变革中心就是中心区，而组成特定空间系统的其他地区则属于外围区。中心区处于支配地位，而外围区则处于依附地位。中心区通过支配效应、信息效应、心理效应、现代化效应、链锁效应和生产效应六种反馈机制来巩固和强化自身的支配效应。

弗里德曼认为，资源、市场、技术和环境等区域分布差异是客观存在的，这决定了任何国家的区域系统都是由中心和外围两个子空间系统组成的。当某些区域的空间聚集形成累积发展之势时，就会获得经济竞争优势，形成区域经济体系的中心（发达地区）；没有获得竞争优势的地区就会处于外围（落后地区），由于外围地区依附中心地区，缺乏经济自主，从而形成了空间二元结构，并随着时间的推移而不断强化。但是，政府的作用和区际人口的流动会影响要素的流向，并且随着市场的扩大、交通条件的改善和城市化的加快，中心与外围的界限会逐步消失，从而推动空间经济的一体化发展。总的来看，弗里德曼认为，区域发展过程是不平衡的，中心区的经济增长会扩大它与外围区的经济发展差距。

不仅如此，弗里德曼认为，区域经济发展经历了四个阶段：第一，工业化前期阶段。在该阶段，资源要素流动较慢，虽存在若干等级的核心，但是彼此缺乏联系。第二，工业化起始阶段。在该阶段，边缘区资源要素大量流入核心区，核心区发展速度加快，核心区与边缘区经济发展差距拉大。第三，工业化成熟阶段。在该阶段，核心区要素开始向边缘区扩散，边缘区发展速度加快，出现次中心，核心区与边缘区经济发展差距开始缩小。第四，后工业化阶段。在该阶段，资源要素在整个区域内全方位流动，边缘地区的次中心发展到与原中心区相等的规模，区域空间实现一体化。①

六 辐射理论

辐射是一个物理学概念，是指能量高的物体和能量低的物体通过一定的媒介相互传送能量的过程。辐射具有六个特点：第一，辐射是一个双向的过程，不同能量的物体互相辐射；第二，辐射的结果是随着能量的传递而逐渐拉平物体之间的能量；第三，一个物体的能量只要高于周围其他物体，净辐射出去的能量数量就大于自然吸收的能量数量；第四，两个物体距离越近，能量辐射越大；第五，两个物体能量落差越大，辐

---

① 吴传清：《区域经济学原理》，武汉大学出版社 2008 年版。

射越强烈；第六，辐射的速度和程度还与辐射的媒介有关，辐射媒介越有效，辐射越充分。

经济辐射主要有三种形式：点辐射、线辐射和面辐射①。

（一）点辐射

点辐射一般以大中城市为中心向周边地区推开，如同平静水面上投下一块石头，产生的波浪由中心向外扩散，逐步扩散到较远的地区。中心城市的现代化进程与经济发展水平相对较高，技术、资金、人才要素比较充足，但自然资源与劳动力相对来说比较匮乏，而周边落后地区恰恰相反。如果周边落后地区与中心城市实现优势互补，那么以中心城市为核心的地区可以加快现代化进程的步伐。

在点辐射过程中，资本向投资回报率高的地区流动。点辐射初期，城市的资本边际效率较高，资本就会由周边地区向中心城市流动，但是随着资本向中心城市的流入，中心城市的资本边际效率会逐渐下降，周边地区资本边际效率反而不断提高，于是出现资本由中心城市向周边地区逆流的现象，周边地区现代化进程加快。

在点辐射过程中，技术通常由中心城市向周边地区流动。因为中心城市技术进步条件和环境相对周边地区要好得多，技术进步较快。技术共享使得中心城市和周边地区技术需求差异较小，但是由于中心城市基础设施和条件比较好，技术的边际效率在中心城市可能较高。于是技术进步很可能首先在中心城市得到利用，周边落后地区对技术进步的分享可能会有一个时滞。

在点辐射过程中，人才流动比较复杂。在点辐射初期，中心城市的发展机会和生活条件都相对较好，因此周边落后地区的人才可能会向中心城市流动，这样一方面促进了中心城市的进一步发展，而另一方面可能会导致周边落后地区的人才流失进而出现人才严重不足的情况。由于人才生存的环境和面临的机遇对每个人都十分重要，所以周边落后地区要实现人才回流需要较长时期且要付出巨大的代价吸引中心城市的人才流入周边落后地区。

点辐射的形成需要良好的辐射媒介，比如，良好的交通条件、信息传播手段和市场机制。在交通方面，中心城市与周边落后地区之间应该

---

① 张秀生、魏鹏鹏：《区域经济理论》，武汉大学出版社 2005 年版。

建设发达的铁路、公路网络来降低辐射的交易成本，提高辐射效率；在信息传播方面，应加大通信网络的建设力度，健全现代化通信体系，加强中心城市与周边落后地区的联系。

（二）线辐射

线辐射一般以铁路干线、公路干线、大江大河以及大湖沿边航道和濒临沿海的陆地带为辐射的带状源，向两翼地区或上下游地区推开。通常辐射干线上的城市或地区经济发展水平和现代化进程相对较高，辐射干线两翼的经济发展水平和现代化进程相对较低。这样，辐射干线上的城市或地区的资本、技术、人才与先进的思想观念、思维方式和生活方式就会与两翼落后地区相互传播，实现优势互补。

在辐射干线上，尽管上下游城市和地区经济发展水平和现代化进程相对两翼而言是比较高的，但在上下游之间也存在一定的差异。比如，处于辐射干线上的中心城市相对于辐射干线上的中小城市的经济发展水平和现代化进程较高，这就决定了它们之间也存在辐射效应。在辐射干线上，上下游之间交通便利，人员流动频繁，经济交易成本较小，经济资源周转较快，信息更加畅通，因此相对于两翼而言，辐射效率更高。于是，辐射干线上经济发展水平和现代化进程较高的城市或地区在向两翼辐射的同时，更加容易向上下游之间辐射。

在线辐射过程中，上下游的纵向线辐射和向两翼的垂直线辐射就同时向两个方向推开，形成一个有效的线辐射体系，辐射的范围和程度都比点辐射宽广。因此，我们在高度关注点辐射的同时，应该更加重视线辐射的作用。

（三）面辐射

点辐射和线辐射大大加快了辐射区域的经济发展速度和现代化进程，同时形成了以中心城市或辐射干线为核心的经济发展水平和现代化进程相对较高的区域，例如，长江三角洲、珠江三角洲、环渤海经济区等。这些地区的中心城市和中小城市连成一片，形成了具有较强能力的辐射源，并进一步和周边落后地区相互辐射。在地图上，这些区域表现为一个面，这样的辐射我们称为面辐射。

面辐射分为两类：一类是摊饼式辐射，另一类是跳跃式辐射。摊饼式辐射是指经济发展水平和现代化程度相对较高的地区逐渐与周边地区进行资本、技术、人才、市场信息、自然资源等的流动和传播，使后者发展速度进一步加快，并逐渐向外推移。这样的辐射从时间上看是渐进的，从空间看是连续的，先进区与落后区之间没有盲区。跳跃式辐射是指经济发展水平和现代化程度相对较高的地区跨过一些地区，直接与落后地区进行资本、技术、人才、市场信息、自然资源等的传播与交流，使后者发展速度进一步加快。这种辐射在空间上来看是跳跃式的，先进区与落后区之间会有盲区。

在面辐射中，摊饼式辐射通常具有更大的现实性。因为摊饼式辐射的辐射距离短，流动成本小，辐射效率更高；居民间的思想观念、思维方式和生活习惯差异较小，推进过程中的阻碍较小。

七 点轴开发理论

点轴开发理论最早由波兰经济家萨伦巴和马利士提出。点轴开发模式是增长极理论的延伸，从区域经济发展的过程看，经济中心总是首先集中在少数条件较好的区位，成斑点状分布。这种经济中心既可称为区域增长极，也是点轴开发模式的点。随着经济的发展，经济中心逐渐增加，点与点之间，由于生产要素交换需要交通线路以及动力供应线、水源供应线等，相互连接起来就是轴线。这种轴线首先是为区域增长极服务的，但轴线一经形成，对人口、产业也具有吸引力，吸引人口、产业向轴线两侧集聚，并产生新的增长点。点轴贯通，就形成点轴系统。因此，点轴开发可以理解为从发达区域大大小小的经济中心（点）沿交通线路向不发达区域纵深地发展推移。

点轴渐进扩散过程具有空间和时间上的动态连续特征，是极化能量摆脱单点的限制走向整个空间的第一步。点轴开发开始将开发重点由点转向了轴线，而多个点轴的交织就构成了网络，点轴开发成了网络形成的过渡阶段。随着区域网络的完善，极化作用减弱，扩散作用增强，区域经济逐渐趋于均衡。因此，点轴渐进是区域不平衡向平衡转化的过程。对于欠发达地区来说，也是二元经济结构逐渐消除的过程。可见，对于区域开发与规划实践来说，点轴渐进扩散理论除回答了经济发展和集聚过程外，更重要的是还提供了极化方向和时序控制这一新手段。[①]

八 钱纳里工业化阶段理论

美国经济学家钱纳里利用第二次世界大战后发展中国家，特别是其

---

① 吴传清：《区域经济学原理》，武汉大学出版社 2008 年版。

中的 9 个准工业化国家（地区）1960—1980 年的历史资料，利用回归方程建立了 GDP 市场占有率模型，即提出了标准产业结构。即根据人均 GDP，将不发达经济到成熟工业经济整个变化过程划分为六个阶段，从任何一个发展阶段向更高一个阶段的跃进都是通过产业结构转化来推动的。第一阶段是不发达经济阶段。产业结构以农业为主，没有或极少有现代工业，生产力水平很低。第二阶段是工业化初期阶段。产业结构由以农业为主的传统结构逐步向以现代化工业为主的工业化结构转变，工业中则以食品、烟草、采掘、建材等初级产品的生产为主。这一时期的产业主要是以劳动密集型产业为主。第三阶段是工业化中期阶段。制造业内部由轻型工业的迅速增长转向重型工业的迅速增长，非农业劳动力开始占主体，第三产业开始迅速发展，也就是所谓的重化工业阶段。重化工业的大规模发展是支持区域经济高速增长的关键因素，这一阶段产业大部分属于资本密集型产业。第四阶段是工业化后期阶段。在第一产业、第二产业协调发展的同时，第三产业开始由平稳增长转入持续高速增长，并成为区域经济增长的主要力量。这一时期发展最快的领域是第三产业，特别是新兴服务业，如金融、信息、广告、公用事业、咨询服务等。第五阶段是后工业化社会。制造业内部结构由资本密集型产业为主导向以技术密集型产业为主导转换，同时生活方式现代化，高档耐用消费品得到推广普及。技术密集型产业的迅速发展是这一时期的主要特征。第六阶段是现代化社会。第三产业开始分化，知识密集型产业开始从服务业中分离出来，并占主导地位，人们消费的欲望呈现出多样性和多边性，追求个性。

第二章 区域经济空间理论

第一节 区域经济的空间理论概述

一 区域经济空间的基本概念

区域空间的结构指的是在一定地区范围内各经济要素之间的相对区位关系和分布形式，这是人类经济活动和区位选择在长期经济发展过程中的结果，是经济活动的空间表现形式。

区域经济的空间结构反映了经济活动的区位特点以及区域空间的相互关系。区域经济结构既能对区域经济的发展起到主导性作用，同时又受到经济发展的影响，这就要求区域经济的空间结构一定要与所处经济发展实际要求相适应，值得注意的是，区域经济的空间结构具有稳定性，所以经济空间的结构变动常常落后于经济发展本身的速度。因此，区域经济的空间结构合理与否不仅会影响区域的经济效益，而且还会影响区域未来的发展趋势。区域规划需要合理规划区域经济的空间结构，既要合理规划适用于本区域的产业结构，又要考虑各个产业之间的相互作用。[①]

二 区域经济空间的要素

区域经济的空间结构包括节点、线路、网络以及域面这四个基本要素。

（一）节点

节点指的是各种经济活动由于在地理空间上的集聚从而形成的点状分布形态，一般包括工业点、商业网点、服务网点、城市等类型，其表

---

① 聂华林、王成勇：《区域经济学通论》，中国社会科学出版社 2006 年版。

现形式一般为乡村聚落、集镇或者城市。节点的规模一般以人口数来表示，从一般意义上来看，节点的规模越大，其等级相应地也就越高，一个区域内的不同节点间规模差异在客观上构成了节点规模的等级系统。

不同的节点之间既有相同的职能，又有不同的职能，我们把前者称为一般职能，后者称为特殊职能。一般职能指的就是每一个节点都必须具备的某一部分职能，比如，为居民服务的商业、运输业、建筑业以及食品加工业等。那么特殊职能反映的就是节点在区域经济中的分工职能。[1]

节点在空间的分布情况既可以是规则的，又可以是不规则的，也可以归纳为均匀的、集聚的和随机的。节点的空间分布情况通常用节点密度或者节点集中指数来表示。节点密度是用来反映节点在空间上的疏密程度，通常使用每万平方千米城镇的数量或者是每百平方千米村落的数量表示。节点集中指数是用来衡量节点的空间集中程度，节点集中指数的公式为：

$$C = 100 - \frac{H}{P} \times 100$$

其中，H 指的是达到节点总值半数时所在区域的人口数，P 指的是区域内总人口数。

（二）线路

线路是指某些经济活动在地理空间上呈现出的线状分布状态，像人流、物流、信息流、资金流等这样的通道，比如交通线路（由铁路、公路、水运、航空等组成）、通信线路（由各种通信设施组成）、供水排水线路（由各种水利设施组成）、能源供应线路（由各种能源设施组成）等。判断线路的空间位置我们需要考虑线路的起点、方向和长度等因素。

在线路的设计方面，我们需要充分考虑各线路的安全、效率、便捷性，各种线路的建设都需要有统一规范的标准和设计要求。我们一般用线路的长度与区域总面积之比来计算线路的密度。

（三）网络

网络指的是有相关性的点和线相互连接所形成的，它是区域空间中节点和线路的载体，网络存在的意义就是为了补充节点和线路不能单独

---

[1] 吴传清：《区域经济学原理》，武汉大学出版社 2008 年版。

完成的内容。网络的存在使区域空间的经济发展产生商品流、资金流、信息流和人流等。

网络的类型包括单一性网络和综合性网络。单一性网络是由单一性质的节点和线路组成的，比如交通网络、通信网络、能源供给网络等；综合性网络是由不同性质的节点和线路组成的。

（四）域面

域面指的是某些经济活动在地理空间上表现出的面状分布状态。比如，有农业空间分布呈现的域面、各种市场所形成的域面、城市经济辐射力所形成的域面等，还有其他一些经济活动在一定的地理空间范围内分布较密集且连续，同样可以看作是域面。

三　区域经济空间的类型

在不同地区和不同发展阶段，区域经济空间结构既有共性又有差异，比较典型的类型有极核式空间结构、点轴式空间结构和网络式空间结构。

（一）极核式空间结构

在经济发展早期，内部经济发展水平差异不大，但每个区域的区位条件不同，也就是区域间的资源禀赋是有差异的。因此，在空间分布上有集聚需求的组织会选择区位条件较好的区域作为发展场地，从而产生了集聚地，也就是集聚极。

如果在区域中已经有了经济活动的集聚极，那么这些集聚极在现实经济活动的行业构成、经济发展的资源、区位条件等方面都存在差异，所以区域间的发展潜力也是存在差异的，这就使经济发展速度出现差异。在这种情况下，经济发展较好的集聚极发展就会越来越快，最后其发展规模和居民点规模等都会远远超过其他集聚极，从而就形成了区域的增长极。

一旦增长极形成，区域内的经济活动格局也就发生重大变化。增长极区域有很大的竞争优势，投资环境优于其他区域，发展的机会高于其他区域。所以，对于增长极周围区域来说，资金、劳动力、技术等要素的生产就有很大的吸引力，这些要素会向增长极区域集聚。要素的集聚会使区域内各种自然资源和人文资源得到集聚，这就产生了区域要素流动的极化过程。在极化的过程中资源和要素不断向增长极集聚，从而产生区域空间差异。增长极会成为区域经济和社会活动的极核，这对其他地方的经济及社会发展会产生主导作用。

（二）点轴式空间结构

点轴式空间结构指的是在区域中有不同等级的点和轴线，其相互连接构成有序的点轴空间。点轴式空间结构是在极核式空间结构的基础上发展起来的。在发展初期，除了增长极，还存在其他的经济活动相对集中的点。增长极的发展过程中会对周围的点产生很多影响：第一，增长极的不断发展需要从周边的点获取要素，这使周边的点在提供资源的同时增加了收益；第二，增长极在发展的同时会给周边的点带去相应的生产资料、生产技术、新信息和新观念等，进而给周边的点带去发展机会；第三，随着经济联系上的不断紧密，增长极和周边点之间的联系也会逐渐紧密，同样会带动周边点的发展。①

从供求关系来看，增长极和周边点的联系中，会有越来越多的要素有运输需求，这就意味着增长极和周边点之间有着互补的关系。为了更便捷地联系，实现互补性，增长极和周边点之间会建立各种交通、通信等线路。这些线路一旦形成，将进一步方便增长极和周边点的发展，同时各种线路的建成和完善会提高区位优势。那么，区域的资源和要素在不断向增长极和周边点集聚的时候，也开始向沿线区域集聚。于是沿线区域逐渐发展成经济活动集聚区，形成区域发展的轴线。② 轴线的形成会使在轴线上的点更好地发展，这时增长极和轴线上的点规模都会不断增大，于是轴线规模也相应增大，并且逐渐向外扩散。这就在区域中形成了不同等级的点和轴线，它们之间的相互联系就构成了分布有秩序的点轴空间结构。

（三）网络式空间结构

网络式空间结构是点轴系统发展的结果，这是由于点轴系统发展过程中，在轴线上不同等级的点之间的联系会进一步加强。为满足要素资源和开拓市场，一个点会与周围的多个点发生联系。于是，点和点之间就会建立多途径的通道，形成纵横交错的网络。在网络上各个点会对周围地区的经济社会发展起到带动作用，并且在此基础上构成区域增长中心。网络联通了区域内各个地区，在区域内传输各种要素资源，从而构成网络空间结构。

---

① 马国霞、甘国辉：《区域经济发展空间研究进展》，《地理科学进展》2005 年第 2 期。
② 梁琦、刘厚俊：《空间经济学的渊源与发展》，《江苏社会科学》2002 年第 6 期。

　　网络空间结构是区域经济和社会活动进行空间分布与组合的框架。其依托网络空间结构，充分利用各种经济社会联系就能够把区域内分散的资源、要素、企业、经济部门及地区组织成为一个具有不同层次、功能各异、分工合作的区域经济系统。

四　区域经济空间的方法

　　区域经济空间结构的研究方法可以分为学科研究的思维方法和技术方法，目前数理方法和计算机模拟的方法逐渐成为研究区域经济空间结构的方法。

　　数理方法主要是运用线性回归、多元回归、聚类分析、主成分分析等方法，这种方法的使用频率很高，比如，王铮和梁进社等利用计量经济学模型对区域经济发展的空间问题进行了深入的研究。还有一种数理方法是建立在空间相互作用的基础上的，比如，陈彦光和刘继生推导出了引力模型的幂函数形式，将其从经验模型上升到理论模型，并且还研究了点轴式空间结构的分型演化及其规律，论证了点轴式空间系统的数理本质是空间复杂性中的"唯一巨型组件"。

　　计算机模拟方法在区域经济空间上的应用，能够利用地理信息系统和遥感技术方法将区域的空间结构特点予以更精准的分析和可视化的表达，这为把握空间结构演化规律和提炼相应的空间结构模型提供了更好的平台。王劲峰运用 GIS 技术对区域模型、增长极的空间效应进行了模拟研究。李双成、许月卿等在 GIS 的基础上，利用 ANN 模型对中国区域贫困化问题进行了空间的模拟分析。朱文明在景观空间分析和区域经济理论的基础上，运用 RS 技术和 GIS 技术分析了长江三角洲的空间结构和区域经济特征之间的相关性问题。

第二节　增长极理论

一　佩鲁对增长极的研究

　　增长极的理论最初是在 20 世纪 50 年代中期出现的，是由法国经济学家佩鲁提出的，该理论被认为是西方区域经济学中经济区域观念的基石，是不平衡发展论的依据之一。增长极理论认为：一个国家要实现平衡发展只是一种理想，在现实中是不可能的，经济增长通常是从一个或数个

"增长中心"逐渐向其他部门或地区传导。因此，应选择特定的地理空间作为增长极，以带动经济发展。佩鲁认为，如果把发生支配效应的经济空间看作力场，那么位于这个力场中推进性单元就可以描述为增长极。增长极是围绕推进性的主导工业部门而组织的有活力的高度联合的一组产业，它不仅能迅速增长，而且能通过乘数效应推动其他部门的增长。因此，增长并非出现在所有地方，而是以不同强度首先出现在一些增长点或增长极上，这些增长点或增长极通过不同的渠道向外扩散，对整个经济产生不同的最终影响。他借用了磁场内部运动在磁极最强这一规律，称经济发展的这种区域极化为增长极。

佩鲁提出的增长极理论主要包括狭义经济增长极和广义经济增长极。狭义经济增长极有三种类型，包括产业增长极、城市增长极和潜在的经济增长极。广义经济增长极指的是能够促进经济增长的积极因素和生产点，如制度创新点。

增长极理论的基本点包括地理空间表现为一定规模的城市、必须存在推进型的主导工业部门和不断扩大的工业综合体、具有扩散和回流效应。在增长极的理论下，经济的增长通常被认为是由点到面、由局部到整体的依次推进，有相互联系的系统。[①]

佩鲁的增长极理论是在现代系统科学和现代自然科学的基础上发展的非均衡发展理论，他从系统论、控制论、信息论、耗散结构理论中归纳出一个基本的观点：发展可以导致物质与能量远离平衡位置的亚稳状态。并且认为：假如排除纯粹语言上的变换之外，这种观点就为物理的、生物的和信息的、熵和负熵的研究，以及它们在经济系统与社会系统应用结果的研究开辟了一条道路。

二　布代维尔对增长极概念的专业化

在佩鲁提出增长极理论之后，法国经济学家布代维尔将增长极理论引入到区域经济理论中。他认为，经济空间是经济变量在地理空间之中或者之上的运用，增长极在拥有推进型产业的复合体城镇中出现，他定义的增长极是指在城市配置不断扩大的工业综合体，并且在影响范围内引导经济活动的进一步发展。布代维尔认为，通过"最有效地规划配置增长极并且通过推进工业的机制"来促进区域经济发展。

---

① 李小建：《经济地理学》，高等教育出版社1999年版。

三　缪尔达尔的循环累积因果理论

循环累积因果理论是由著名的经济学家缪尔达尔在 1957 年提出的，后来经过卡尔多等的发展逐渐具体化为模型。

缪尔达尔等认为，在一个动态的社会过程中，社会经济各因素之间存在着循环累积的因果关系。某一社会经济因素的变化，会引起另一社会经济因素的变化，后一因素的变化，反过来又加强了前一个因素的变化，并导致社会经济过程沿着最初那个因素变化的方向发展，从而形成累积性的循环发展趋势。市场力量的作用一般趋向于强化而不是弱化区域间的不平衡，即如果某一地区由于初始的优势而比别的地区发展得快一些，那么它凭借已有优势，在以后的日子里会发展得更快一些。在经济循环累积过程中，这种累积效应有两种相反的效应，即回流效应和扩散效应。前者指落后地区的资金、劳动力向发达地区流动，导致落后地区要素不足，发展更慢；后者指发达地区的资金和劳动力向落后地区流动，促进落后地区的发展。总之，循环累积因果论认为，经济发展过程首先是从一些较好的地区开始，一旦这些区域由于初始发展优势而比其他区域超前发展时，这些区域就通过累积因果过程，不断积累有利因素继续超前发展，导致增长区域和滞后区域之间发生空间相互作用。

缪尔达尔用循环累积因果关系解释了"地理上二元经济"的消除问题，他认为，循环累积因果关系将对地区经济发展产生两种效应：一是回波效应，即劳动力、资金、技术等生产要素受收益差异的影响，由落后地区向发达地区流动。回波效应将导致地区间发展差距的进一步扩大。二是扩散效应。由于回波效应的作用并不是无节制的，地区间发展差距的扩大也是有限度的，当发达地区发展到一定程度后，由于人口稠密、交通拥挤、污染严重、资本过剩、自然资源相对不足等原因，生产成本上升，外部经济效益逐渐变小，从而减弱了经济增长的势头。这时，发达地区生产规模的进一步扩大将变得不经济，资本、劳动力、技术就自然而然地向落后地区扩散，缪尔达尔把这一过程称之为扩散效应。扩散效应有助于落后地区的发展。同时缪尔达尔认为，发达地区经济增长的减速会使社会增加对不发达地区产品的需求，从而刺激这些地区经济的发展，进而导致落后地区与发达地区发展差距的缩小。[①] 在缪尔达尔之

---

①　周起业、刘再兴：《区域经济学》，中国人民大学出版社 1999 年版。

后，卡尔多又对循环累积因果理论予以发展。卡尔多提出了效率工资概念，并用以解释循环累积效应的形成。卡尔多指出，各地区的效率工资，即货币工资与生产率比值的大小，决定了各地区的经济增长趋势。效率工资低的地区，经济增长率高；效率工资高的地区，经济增长率低。从理论上来讲，一国之内各地区的效率工资应该相同。但在繁荣地区，由于经济聚集引致规模报酬递增，生产率较高，降低了效率工资，因而经济增长率高。经济增长率的提高，又提高了生产率，进而又降低了效率工资，反过来又使经济增长率提高。如此循环累积，繁荣地区将更加繁荣，落后地区更加落后。

四 赫尔希曼的极化效应和涓滴效应

赫尔希曼是著名的发展经济学家，他对一个国家内各区域之间的经济关系进行了深入的研究，提出了极化—涓滴效应学说，用以解释经济发达区域与欠发达区域之间的经济相互作用及影响。该学说是他在《不发达国家中的投资政策与"二元性"》一文中提出的，后又在《经济发展战略》一书中进一步做了阐述。赫尔希曼认为，如果一个国家的经济增长率先在某个区域发生，那么它就会对其他区域产生作用。为了解释方便，他把经济相对发达区域称为北方，欠发达区域称为南方。北方的增长对南方将产生不利和有利的作用，分别称之为极化效应和涓滴效应。

赫尔希曼认为，在区域经济发展中，涓滴效应最终会大于极化效应而占据优势，原因是北方的发展长期来看将带动南方的经济增长。尤其是，北方的发展会出现城市拥挤等环境问题，南方的落后则从国内市场需求方面限制了北方的经济扩张，国家经济发展也将因南方的资源没有得到充分利用而受到损害，于是国家将出面来干预经济发展，加强北方的涓滴效应，促进南方的经济发展，同时，也有利于北方的经济继续增长。

涓滴效应体现在北方吸收南方的劳动力，在一定程度上可以缓解南方的就业压力，有利于南方解决失业问题。在互补的情况下，北方向南方购买商品和投资的增加，会给南方带来发展的机会，刺激南方的经济增长。特别是北方的先进技术、管理方式、思想观念、价值观念和行为方式等经济和社会方面的进步因素向南方的涓滴，将对南方的经济和社会进步产生多方面的推动作用。

五　威尔伯·汤普森的"城市规模棘轮"假设

美国城市经济学家威尔伯·汤普森对增长极的城市规模与数量做了历史的归纳研究，提出了"城市规模棘轮"假设。他指出城市增长极的人口的规模越小越脆弱。人口规模一旦小于 10 万，潜在的增长中心发展受挫的可能性就会越来越大，而越过"城市规模棘轮"的制约，决定性最小规模是 25 万人口左右。因此，工业投资应在一定规模的城市集中。

六　对增长极的评述

（一）增长极理论的局限性

增长极理论的局限性主要体现在五个方面。一是增长极的极化作用。增长极主导产业和推动性工业的发展，具有相对利益，产生吸引力和向心力，使周围地区劳动力、资金、技术等要素转移到核心地区，剥夺了周围区域的发展机会，使核心地区域周围地区的经济发展差距扩大，这是增长极对周围区域产生的负效果。二是扩散阶段前的极化阶段时间过于漫长。扩散作用是极化作用的反向过程，两者作用力的大小是不等的。缪尔达尔认为，市场力的作用通常是倾向扩大而不是缩小地区间的差异，在增长极的作用过程中，如果不加强国家干预，极化效应总是大于扩散效应。但赫尔希曼认为，增长的累积性不会无限地进行下去，从长期看地理上的涓滴效应将足以缩小区域之间的差距。无论哪种观点，增长极的扩散效应不可否认，扩散阶段前的极化阶段无疑是漫长的。然而，要度过这个漫长的时间，落后地区的人民要继续忍受贫困，政治不安定的因素可能增加。对于讲求政绩的政府官员，在短期内看不到政策的显著效果，也在一定程度上对增长极政策的实施起到阻碍。三是推动性产业的性质决定增长极不能带来很多的就业机会。推动性产业是同主导产业紧密配合的新兴产业，具有很强的技术创新能力，属于迅速增长的企业类型，而且具有较大的规模。推动性产业的性质决定了增长极一般以现代工业为目标，技术装备和管理方法较为先进，因此培育增长极并不能解决很多的就业问题，反而容易形成"飞地"型的增长极。四是新区开发给投资带来一定难度。上文已经论述从政府角度增长极政策实施的难度。在投资商角度上，增长极一般以城镇为依托，又常不在已有建成区，这些地方交通一般不便，生活服务设施相对较差，投资者往往不愿意为这种新区投资，而基础设施的建设需要政府的投入，如果政府不采取积极的态度，增长极政策的实施困难很大。五是增长极理论是一种"自上而下"的区域发展政策，它若单纯依靠外力，可能造成脆弱的国民经济。在全球化与本地化趋势并存的世界经济中，寻求依靠内力发展地方经济的道路，以知识和技术为本的区域发展战略越来越受到很多国家政府的重视。①

（二）增长极理论的优势

增长极理论的优势主要体现在三个方面。第一，增长极理论对社会发展过程的描述更加真实。新古典经济学学者提倡均衡说，认为空间经济要素配置可以达到帕累托最优，即使短期内出现偏离，长期内也会回到均衡位置。佩鲁则主张非对称的支配关系，认为经济一旦偏离初始均衡，就会继续沿着这个方向运动，除非有外在的反方向力量推动才会回到均衡位置。这一点非常符合地区差异存在的现实。第二，增长极概念非常重视创新和推进型企业的重要作用，鼓励技术革新，符合社会进步的动态趋势。第三，增长极概念形式简单明了，易于了解，对政策制定者很有吸引力。同时，增长极理论提出了一些便于操作的有效政策，使政策制定者容易接受。

第三节　核心—外围理论

核心—外围理论亦称为核心—边缘论，它是一种关于城市空间相互作用和扩散的理论。以核心和外围作为基本的结构要素，核心区是社会地域组织的一个次系统，能产生和吸引大量的革新；外围区是另一个次系统，与核心区相互依存，其发展方向主要取决于核心区。核心区与外围区共同组成一个完整的空间系统。同时，该理论也是解释经济空间结构演变模式的一种理论，试图解释一个区域如何由互不关联、孤立发展，而变成彼此联系、发展不平衡，又由极不平衡发展变为相互关联的平衡发展的区域系统。

该理论最早是由美国的区域发展与区域规划专家弗里德曼（J. R. Friedman）于1966年在他的学术著作《区域发展政策》中正式提出。弗里德曼利用熊彼特的创新思想建立了空间极化理论，他认为发展

---

① 张文忠：《经济区位论》，科学出版社2000年版。

可以看作一种由基本创新群最终汇成大规模创新系统的不连续积累过程，而迅速发展的大城市系统，通常具备有利于创新活动的条件。创新往往是从大城市向外围地区进行扩散的。基于此他创建了核心—外围理论。

本节主要介绍了经济增长的空间动态过程、经济生活的空间结构形态、核心区域与外围区域的划分，最后对核心—外围理论进行评述。

一 经济增长的空间动态过程

核心—外围理论表明，一个区域经济增长的同时，必然伴随着其经济空间结构的改变和变化。所以，随着经济的发展和时间的推移，区域经济空间结构的变化可以简单划分为四个时期，每个时期都能反映核心区域与外围区域的关系及形态。

（一）前工业化时期

前工业化时期主要的社会面貌包括社会经济很不发达，社会生产力低下，区域的经济结构以农业为主，工业占比小，一般工业产值比重不超过10%，第三产业几乎不存在。各个区域商品的生产不活跃，各个地方也基本上是自给自足，所以，各个区域的经济发展水平差异较小，区域与区域之间的经济几乎没有联系，处于孤立的状态。因此，城镇的出现速度和发展速度都极慢，各自呈现独立的中心状态。

（二）工业化初期

在工业化初期，社会的生产力开始得到加强，社会的分工也逐渐深化，商品的交换日益频繁。在一些拥有丰富的自然资源、交通便利的地方，加工制造业得到最先的发展，经济增长的速度十分迅速，逐步成为该区域的核心，这个核心就是最初的城市。同时，相对于这个核心而言，其周边地区就是它的外围。因此，核心—外围区域的出现就是从该时期开始。在该时期，区域经济结构还是以农业为主，不过工业在经济中的占比不断上升，一般工业产值达到10%—25%。随着工业化初期的进展，核心区域与外围区域的经济增长速度差距扩大，而这种关系一旦形成，核心区域就会凭借其主宰地位，不断吸引外围区域的资金、资源以及劳动力，使核心区域具有更大的发展优势，从而产生了回流效应。回流效应最终会导致核心区域与外围区域经济发展不平衡的状况进一步扩大。

（三）工业化成熟期

在工业化成熟时期，工业产值在经济中的占比一般为25%—50%，几乎与农业产值各占经济总产值的半壁江山。核心区域的发展更加迅速，此时，核心区域与外围区域已经形成了明显的不平衡关系。同时存在着四个基本的矛盾：一是权利的分配问题。核心区域主宰着该地区或区域的经济发展，也是决定着政治权利的区域。所以，权利一般分配在核心区，而外围区仅仅是听从和服从指挥。二是科技的创新问题。核心区域因为经济发达，所以其集中了绝大多数的高校、科研机构等。因此，科技的创新一般都来源于核心区，而外围区则几乎没有。三是资金的流动问题。一般来说，核心区的经济高速发达，投资者更加青睐于该区域，所以大量资金都会流入该区域。四是人口的流动问题。核心区的经济发展，自然而然会产生大量的劳动力需求，因此外围区的劳动力会大量地流入到核心区。所以，人口一般是从外围区流入到核心区。①

由于核心区域的效应驱动以及核心与外围之间的四大矛盾越来越突出，外围区域内部相对优越的地方则会出现一些规模较小的核心区域，而把原来的外围区域分开。由于次一级核心区的形成，会使外围区不断缩小，最终使外围区逐渐分开并且并入到一个或者几个核心区中。

（四）工业化后期

该时期亦称为空间相对均衡的时期。也就是说，该时期核心区与外围区的发展达到相对均衡的状态。因为核心区对外围区的扩散和辐射作用不断加强，比如核心区从外围区若要得到更多的原材料和农产品等，其规模经济的剩余资本也投入到了外围区，并且核心区的先进技术和高端科技也向外围区域扩散。因此，外围区域产生的次中心会逐渐发展，并趋向于发展到和原来核心区同样的规模，基本达到相互平衡的状态。

二 经济活动的空间结构形态

经济活动的空间结构形态与社会经济发展的程度密切相关，在不同的经济发展时期，区域的经济结构会呈现不同的形态。经济活动的空间结构形态一般可以分为四种，即分散型、集聚型、辐射型、均衡型。

（一）分散型

经济发展水平低下，社会生产能力不足，工业发展欠缺，城市化水平不够，这就是分散型空间结构形态的最为基本的表现形式。在该空间结构形态下，经济活动的空间范围孤立、分散、封闭，同时城镇之间的

---

① 郭腾云、徐勇、马国霞、王志强：《区域经济空间结构理论与方法的回顾》，《地理科学进展》2009 年第 1 期。

经济活动联系松散。这与经济增长的空间动态过程中的前工业化时期相互对应。

（二）集聚型

商品经济的不断发展，社会分工的不断深化，使区域中具有区位优势的城镇快速发展和成长，形成了极化发展的空间结构。同级城镇之间联系逐渐紧密，以至于中心城市逐步形成。城市首位度提升，城镇数量增加，城市化进程加快。

（三）辐射型

进入到工业化成熟期时，中心城市已有相当大的规模，对区域的辐射作用日益增加，周围城镇得到发展，由此形成了新的增长点。随着中心城市辐射周围城镇的作用日益加强，城市等系列规模和城市群框架基本形成，各个城市基础设施日益完善，城市之间的职能分工逐渐明显。

（四）均衡型

此时，区域经济的发展已经进入高速发展、繁荣发展的高科技、高产能的时期。知识和信息则成为推动经济发展的核心动力。在区域生产力逐步向均衡型发展时，极化和辐射作用也出现了均衡，城市之间的联系最为密切。

三　核心区域与外围区域的划分

对于核心区域与外围区域的划分标准，一般认为，核心区域是由一个城市或城市集群及其周围地区所组成。边缘的界限由核心与外围的关系来确定。弗里德曼划分的区域类型有如下几种。

（一）核心区域

弗里德曼所指的核心区域一般是指城市或城市集聚区，它工业发达，技术水平较高，资本集中，人口密集，经济增长速度快。人才、科技、生产力主要集中在这个区域。

（二）外围区域

外围区域是国内经济较为落后的区域，或者是城市周边的郊区和农村。它又可分为两类：过渡区域和资源前沿区域。过渡区域又可以分为两类：

1. 上过渡区域

这是联结两个或多个核心区域的开发走廊，一般是处在核心区域的外围，与核心区域之间已建立一定程度的经济联系，经济发展呈上升趋势，就业机会增加，具有资源集约利用和经济持续增长等特征。该区域有新城市、附属的或次级中心形成的可能。

2. 下过渡区域

其社会经济特征处于停滞或衰落的向下发展状态。其衰落向下的原因，可能是由于初级资源的消耗、产业部门的老化，以及缺乏某些成长机制的传递，放弃原有的工业部门，与核心区域的联系不紧密。

四　对核心—外围理论的评述

弗里德曼提出的核心—外围理论，其理论目的是解释一个区域如何由互不关联、孤立发展，变成彼此联系、发展不平衡，又由极不平衡发展变为相互关联的平衡发展的区域系统。

核心区域和外围区域是反映区域经济空间结构的一个重要层面，同时，核心区域和外围区域的变化说明哪些区域是经济增长的动力与支柱，哪些区域在经济增长中的动力不足。

（一）核心—外围理论的局限性

核心—外围理论最先由弗里德曼提出，但是弗里德曼自身对"核心"与"边缘"没有明确的界定，只是形成一种相对的概念。那到底什么是核心区域，什么是外围区域？目前所有的空间极化理论都对此没有确切的定义。

而后，弗里德曼为了弄清楚区域发展不平衡和差异的程度，有针对性地制定区域发展政策，曾经认为任何一个国家都是由核心区域和外围区域构成。弗里德曼也曾经预言，核心区域扩展的极限可最终达到全人类居住范围内只有一个核心区域为止。

最后，核心—外围理论在实际运用中操作难度非常大，比如处理发达国家与发展中国家的关系时，着重处理国家之间外部的联系和合作关系，而忽略了国家内部的政策主张以及政策的实施。

虽然核心—外围理论存在以上部分的局限，但是该理论对于经济发展与空间结构的变化都具有较高的解释价值，对区域规划师具有较大的吸引力。该理论的建立，能够吸引诸多区域经济学者将理论运用到实践中去。

（二）核心—外围理论的优势

核心—外围理论不仅丰富了整个区域经济空间理论的体系，而且能够在实践中加以运用，特别是运用于区域的规划中。

1. 世界范围内的运用

核心—外围理论可以将洲际域之间进行核心区域与外围区域的划分，比如将北美洲、欧洲、部分大洋洲划分为核心区域，将亚洲、非洲、南美洲等划分为外围区域。

2. 我国范围内的运用

我国目前的核心区域主要是：京津冀区域、长江三角洲区域、珠江三角洲区域以及部分沿海和沿江（长江）区域等，而外围区域主要就是西部地区。

第四节　圈层结构理论

170 多年前，德国著名的经济家冯·杜能在其名著《孤立国》中就已经指出，城市郊区的农业经济活动，将会以城市为中心，围绕城市呈向心环状分布。从中心向外，分别为自由农作区、林业区、轮作农业区、谷草农作区、三圃区畜牧业区。这种圈层空间结构模式就是著名的"杜能环"。

杜能的主要观点是，城市在区域经济发展中起主导作用，城市对区域经济的促进作用与空间距离成反比，区域经济的发展应以城市为中心，以圈层状的空间分布为特点逐步向外发展。

一　圈层结构理论的内涵

城市是一个不断变动着的区域实体。从外表形态来说，它是指有相当非农业人口规模的社会经济活动的实际范围。城市空间大体上可分为两大部分：一部分是建成区；另一部分是正在城市化的、与市区有频繁联系的郊区。城市与周围地区有密切的联系，城市对区域的作用受空间相互作用的"距离衰减律"法则的制约，必然导致区域形成以建成区为核心的集聚和扩散的圈层状的空间分布结构。由建成区至外围，由城市的核心至郊外，各种生活方式、经济活动、用地方式都是有规律变化的，如土地利用性质、建筑密度、建筑式样、人口密度、土地等级、地租价格、产业结构、道路密度、社会文化生活方式、公共服务设施等，都从中心向外围呈现出有规则的变化。

同时，城市与区域是相互依存、互补互利的一个有机整体。在这个整体中，城市在区域中起着中心作用的功能，并且对区域具有辐射和扩散的功能，城市对周边区域各个地方的辐射和扩散功能的强度是不同的，主要的制约因素是各个地方离城市距离的远近。

二 圈层结构的基本特征

圈层结构的基本特征是："圈"意味着向心性，即以一个中心为集中点而聚拢。"层"体现了层次分异的客观特征，即一种差异性。所以，圈层结构反映着城市的社会经济景观由核心向外围呈规则性的向心空间层次分化。

所以，综观世界城市及其周围地区，由内到外可以至少分为三个圈层，即内圈层、中圈层、外圈层。各个圈层的特征如下。

（一）内圈层的特征

内圈层，即中心城区或城市中心区，也称为城市的核心建成区。这个圈层是完全城市化的区域，基本没有种植业和其他相关的农业活动，主要以第三产业为主，如商业、金融业、服务业在这个区域高度集中。同时，该圈层集聚了绝大多数的科技人才以及创新点，人口和建筑密度高度集中，地价十分昂贵。因此，内圈层是区域经济中最为核心的部分，同时也是城市向外辐射和扩散的发源地。

（二）中圈层的特征

中圈层又称为城市边缘区域，它是中心城区向乡村的过渡地带，是城市用地轮廓线向外扩展的前缘。中圈层既不同于中心城区即核心建成区，也不同于一般的乡村，所以它既有中心城区的特征，也有乡村的基本特征，还会保留乡村的某些景观。最终表现出来的状态就是：半城市，半乡村。

其实，中圈层或者说城市边缘区就是城乡接合部，也可通俗地称为城中村。当然，可能部分居民的户籍是城镇户口，部分居民的户籍是农村户口。

中圈层的居民点密度相对内圈层来说较低，但是比外圈层的居民点密度高很多。因为该圈层除了本地的居民居住，还会有大量的外地人和外来务工者居住。主要原因是该圈层的土地价格较低廉，房租价格和商品房价格较低。一般该圈层以第二产业为主，城市工业园、新的住宅区、科研和文教区、公园、污水处理厂、大型的集贸市场、中转仓库、机场和港口等分布在该区域。①

（三）外圈层的特征

外圈层可称为城市影响区，土地利用以农业为主，农业活动在经济中占绝对优势，与城市景观有明显差别，居民点密度低，建筑密度小。外圈层中也许会产生城市工业区、新居住区的"飞地"，并且一般在远郊区都有城市卫星镇或农村集镇或中小城市。

三 城市圈层扩展的周期波动性和方向性

（一）城市圈层扩展的周期波动性

城市圈层向外扩展往往表现出周期波动性的特征，这与经济增长周期性波动现象密切相关。所以，经济活动的周期性波动使得城市圈层扩展出现相应的周期性变动，从而形成经济高速发展时期、经济萎缩时期、经济复苏时期这三个时期的变化状态。

1. 经济高速发展时期

在该时期，城市工业投资增加，居民住宅、工业小区和道路建设大规模展开，边缘区土地被征用，改变为工业、商业、文化、娱乐、城市住宅和基础设施等建设用地，城市建成区规模迅速扩大。

2. 经济萎缩时期

在该时期，基本建设项目少，大建设项目停建或缓建，投资减少，就业率下降，失业人员增多，厂商、生产企业和消费者都出现悲观情绪，城市人口规模停止增长甚至减少，城市圈层扩展基本上就停止下来，处于稳定状态。

3. 经济复苏时期

该时期是城市社会经济从萎缩向增长的转折点，城市建设主要在原有圈层内进行结构调整，边缘区向外圈层扩展的能力极为有限，只有当经济再次进入高速增长时期，城市圈层结构才会产生变动，产生扩大、向外延伸等新的阶段。

（二）城市圈层扩展的方向性

城市圈层扩展是在城市张力和外围区域吸引力共同作用下进行的。城市张力和外围区域吸引力在边缘区和外圈层的各个方向并非均等。在城市对外交通干线方向上，引力最大，张力也最强，使城市圈层扩展具

---

① 陆大道：《关于"点—轴"空间结构系统的形成机理分析》，《地理科学》2002 年。

有明显的方向性。因此，区域性的交通干线往往也成为城市对外扩展的伸展轴线，使城市圈层扩展沿交通干线逐步向外延伸。

四 对圈层结构理论的评述

圈层结构理论总结了城市扩展和发展的一般规律，对发展城市经济、推动区域经济发展具有重大指导意义。

（一）圈层结构理论的局限性

圈层结构理论的主要观点是：城市在区域经济发展中起主导作用，城市对区域经济的促进作用与空间距离成反比，区域经济的发展应以城市为中心，以圈层状的空间分布为特点逐步向外发展。但是，在分析其他因素对各个区位的影响时，运费成本却成为最重要和决定性的作用。这是杜能未能考虑到或者是无法解决的时期，所以这就是该理论主要的局限性。

（二）圈层结构理论的优势

圈层结构理论运用于实践的可能性很强，可操作性也很强。这就是该理论最大的优势之处。我国以及各省正在大力发展小城镇，提高城市化的进程和水平，对于我们合理规划和发展城市经济、合理规划小城镇的发展具有很大的现实意义。

目前，该理论已经被广泛地应用于不同类型、不同性质、不同层次的空间规划的实践中。比如，圈层结构理论在日本已经成为国土综合规划的重要指导思想，并且发展成为大城市经济圈构造理论，已经远远超出了城市圈层结构的基本概念，转化为大区域经济圈模式。圈层式空间结构理论也广泛地应用于城市经济区和综合经济区的研究。同时，还有部分学者和专家将该圈层理论应用于经济区的宏观研究，提出南中国海经济圈、东亚经济圈、环太平洋经济圈等圈层结构模式。

第三章 区域经济关系理论

第一节 区域经济关系理论概述

一 区域经济关系理论的基本概念

空间联系的概念属于经济地理范畴，指的是区域社会经济背景中的相互作用，反映了以相互作用和地区差异等地理概念为基础的地区间的关系，将相互联系的原因及运作的环境相结合，显示出联系的各种要素如何在一个整体性的空间内结合并产生作用。具体来讲，区域层面的空间联系，是在区域社会经济和政治的作用和制约中，其独特的生产要素和技术组合状况所构成的社会经济联系。表现为区域发展中的自然联系、经济联系、人口运动联系、社会相互作用联系、服务传输联系、信息联系以及政治行政组织联系等。由这些联系共同构成了错综复杂、区域相互分工的联系网络。在这些联系方式中，经济联系是最主要的，也是最普遍的。区域之间的经济联系是指不同区域之间经济要素的流动与交流，其作为一个综合的概念，经济联系可以细分为人员的来往、货物的交换、资金的移动、信息的交流等。区域之间经济联系强度的大小，也就是相互作用的强弱，可以直观地用人员、货物、资金、信息等联系数量的大小来表现。

区域经济关系理论，也称区域经济联系理论，指相关区域之间在商品、劳务、资金、技术和信息方面的交流，以及在此基础上发生的关联性和参与性经济行为，即各经济主体在经济活动过程中产生的经济联系的集合。区域经济联系以区域经济发展差异为基础，两者的相互作用和相互转换推动了区域经济发展，并随经济发展而动态演进。

从实际情况观察分析，单类的联系要素在区域间形成的相互作用基本上是不存在的，绝大多数的联系是在多要素共同作用下形成的。不同的联系要素会影响联系的范围、广度和深度等。

二 区域经济关系理论的特点

区域经济关系理论的外延是区域关系（区际关系）。既然区域是为了描述、分析、管理、计划或制定政策等目的而作为一个应用性整体加以考察的一片地区，那么，区域就必然是国家领土的一部分。区域有大有小，有强有弱，彼此相连，会产生各种关系。尤其是从经济角度来考察区域，区域之间或区域内各组成部分之间都不可避免地会产生联系，彼此间既会有积极的推动，也会有消极的摩擦和冲突。因此，必须关注对区域关系的考察。区域经济关系理论可以分为两大类：一类是区域内部的关系理论；另一类是区域之间的关系理论。但不管哪种关系理论，都是通过各种经济活动的相互作用方式反映出来的。这些关系可以分为下面几种主要类型。

（一）水平关系

区域内外的水平关系主要反映在相似单位之间的竞争上，这既可以是市场区域的竞争，也可以是供给区域的竞争。因此，水平关系是区域内外对于市场或原料的各类活动的竞争，是一系列活动的组合。

正如胡佛所指出的那样，在区域经济增长和发展中，至关重要的是不同活动对于稀缺、不易开拓的地方性资源的竞争。在区域内部，由于使用这类地方性资源的新活动的不断增加将提高这些活动成本，这就有可能妨碍或阻止需要相同资源的其他活动的进入。因此，一个整体区域在这种竞争面前采取什么样的政策——例如，是让用水工业优先占用沿河地段、使用水源以致造成水资源污染，还是为居民、机关的使用保留一部分洁净的水源——这是很难抉择的。区域外部的水平关系只是区域内部水平关系范围的扩大，其竞争在本质上是基本一致的，都是市场区结构或供给区结构在空间上的相互排斥。由此，这就决定了区域规划和区域政策在区域经济发展中具有重要意义。

（二）垂直关系

这是区域关系中一种活动的产出表现为另一种活动的投入时所结成的相互吸引的关系。因为随着两种活动场所的接近，转移成本就会减少，两者在一定程度上就会增强对对方活动所在区位进行选择的吸引力。这种相互吸引所形成的关系就是垂直关系。垂直关系一般有两种情况：一种是后向联系，另一种则是前向联系。后向联系是针对供给性活动的相互吸引，它含有将一种活动的结果依照操作顺序不断向后传递，使自然资源和劳动力之类的初级投入转化为最终消费产品的过程。前向联系则是指由变化产生的影响通过一系列操作过程传向另一种活动，它是买方被卖方吸引的结果。受前向联系影响的区位必然对于价格或投入物的供给具有较强的敏感性。例如，一座城市是否能够提供大量的外部聚集经济，包括良好的公用基础设施和服务，在地区经济发展中至关重要。这就是强调基础设施前向联系的关键性作用的表现。

（三）互补关系

区域活动之间存在着十分普遍的互补关系，这是由于区域效应往往都是区域之间的相互吸引所导致的。无论是区域内部还是区域外部，一种活动的增加都可能促进互补活动的增加。这种互补情况既可以表现在互补产品供应者之间的相互吸引，也可以表现为附带供给品使用者之间的相互吸引。例如，在市场区，服装生产商就发现群集的区位模式比分散更有利，图书经销商也得出了同样的结论。在区域之间，互补关系就更具有意义。例如，原材料生产地和产品加工地之间的互补性就是不言而喻的。

三 区域经济关系理论的形成与历史变迁

（一）亚当·斯密的绝对成本学说

绝对成本论是早期的分工贸易理论的主要内容之一。亚当·斯密认为，每个国家或每个地区都有对自己有利的自然资源和气候条件，如果各国、各地区都按照各自有利的生产条件进行生产，然后将产品相互交换，互通有无，将会使各国、各地区的资源、劳动力和资本得到最有效的利用，将会大大提高劳动生产率并增加物质财富。但是，绝对利益理论的运用有一个前提条件——双方可以自由地交易他们的产品，如果没有自由贸易，没有商品的自由流通，就不可能获得地域分工带来的益处。而分工可以提高劳动生产率，因为：（1）分工能提高劳动的熟练程度；（2）分工使每个人专门从事某项作业，节省与生产没有直接关系的时间；（3）分工有利于发明创造和改进工具。

（二）大卫·李嘉图的比较成本学说

比较成本是指设定不同厂商、不同生产地域、不同季节、不同流通地域等参数后的成本比较。比较成本理论与绝对成本理论相比更加具有指导意义。比较成本理论是在绝对成本理论的基础上发展起来的。英国古典经济学家大卫·李嘉图进一步发展了亚当·斯密的观点。他认为每个国家不一定要生产各种商品，而应该集中力量生产那些利益较大或不利较小的商品，然后通过国际贸易，在资本和劳动力不变的情况下，生产总量将会增加，如此形成的国际分工对贸易各国都有利。

比较成本理论又称为比较利益论。大卫·李嘉图认为，应该按照生产成本相对差距进行国际分工和自由贸易，这样对分工和交换的双方都有好处。一国即使生产不出成本绝对低的商品，只要能生产出成本相对低的商品，就可以同另一国进行贸易，并使贸易双方都得到好处。例如，葡萄牙生产一单位葡萄酒需要 80 个劳动日，生产一单位呢绒需要 90 个劳动日；英国生产一单位葡萄酒需要 120 个劳动日，生产一单位呢绒需要 100 个劳动日。在这两种商品的生产上，葡萄牙都处于绝对有利地位。在这样的条件下采取什么样的国际分工和交换才有利呢？依照比较成本学说，葡萄牙应把葡萄酒输往英国，换取英国的呢绒。这样对葡萄牙来说比较有利，因其国内用一单位葡萄酒只能换 0.89 单位呢绒，若用葡萄酒同英国呢绒交换，则可得 1.2 单位呢绒，比本国多得 0.31 单位。而英国用呢绒换葡萄酒，较之国内自行交换也更为有利。因为在英国一单位呢绒只能换 0.83 单位葡萄酒，而把呢绒输往葡萄牙则可得 1.125 单位葡萄酒，多换 0.295 单位。这就是说，当甲乙两国相比，乙国的各种生产率都低于甲国时，乙国应选择与甲国效率相差最小的产品进行生产，甲国则从乙国进口该产品，这样对甲乙两国都有利。

（三）要素禀赋论

该理论又称赫克歇尔—俄林理论，简称 H—O 理论，是现代国际贸易理论的新开端，被誉为国际贸易理论的又一大柱石，其基本内容有狭义和广义之分。狭义的要素禀赋论用生产要素丰缺来解释国际贸易的产生和一国的进出口贸易类型。广义的要素禀赋论则包括狭义的要素禀赋论和要素价格均等化学说。根据要素禀赋论，一国的比较优势产品是应出口的产品，是在生产上密集使用该国相对充裕而便宜的生产要素生产的产品，而进口的产品是在生产上密集使用该国相对稀缺而昂贵的生产要素生产的产品。

（四）雁行模式

最早提出雁行模式的是日本经济学家赤松要，他主要是用其来分析日本棉纺工业发展模式的。日本一桥大学教授、著名国际经济学家小岛清在深入分析"二战"后日本企业对外直接投资和美国跨国公司对外直接投资的不同特点后，吸收借鉴美国等发达国家的对外直接投资理论，提出了适合日本国情的对外直接投资理论比较优势论，将雁行模式提升到新的理论高度。由此，雁行模式作为解释日本与东亚地区间的国际劳动分工、各地区产业结构相对优势由较先进的国家或地区不断向后进国家或地区转移的传导机制，被国际经济学界尤其东亚学者所普遍接受。在雁行模式中，日本被看作雁首，处于科学技术与经济的核心地位，它通过资金技术的供应、市场吸收和传统产业的转移，带动该地区的经济增长；亚洲"四小龙"是雁翼，是雁阵中的承接者，它们积极利用日本的资金和技术市场来发展资金和技术密集型产业，又将失去竞争力的劳动密集型产业转移到身处雁尾的东盟，这样就完成了产业的"雁行模式"。在此过程中，处于雁尾的东盟对作为雁首的日本有着很强的依附性，基本上严重依赖于日本。日本经济的好坏决定了雁翼与雁尾的发展。在20世纪七八十年代日本经济发展的黄金时期，在这一模式的引导下，东亚国家和地区（主要是所谓亚洲"四小龙""四小虎"）大量吸收日本的资金和技术，接受日本的产业转移，充分发挥了后发优势，利用相对自由的国际贸易环境，大力发展外向型经济，产生了奇迹般的腾飞。这也是雁行模式曾备受推崇的原因。

雁行产业发展形态认为，一个有发展潜力的产业要实现由幼小产业发展成为世界性生产基地，必须经过如下三个阶段。

第一阶段，大量进口该产业的产品，开拓国内市场，同时引进技术，消化吸收，提高国产化水平，为国内大规模生产做好准备。

第二阶段，国内规模化生产。这时该产业的技术已经完全标准化，产品质量提高，价格下降，产业开始具备较强的国际竞争力。

第三阶段，产品大规模出口，成为世界性的生产基地。

第二节　区域间竞争理论

一　区域竞争力的基本内涵

（一）区域竞争力概述

区域竞争力是指区域内各经济主体在市场竞争的过程中形成并表现

出来的争夺资源或市场的能力，或者说是一个区域在更大区域中相对于其他同类区域的资源优化配置能力。区域竞争力分为三个层次：基础竞争力、核心竞争力和主导竞争力。基础竞争力是由自然资源、劳动力、资本、设施、科技等基础性要素产生的竞争力；区域的核心竞争力亦即区域的产业竞争力，是指区域内的产业在一定的经济体制和经济运行环境下，所表现出来的综合实力及其发展潜力强弱的程度；区域主导竞争力是指区域经济辐射与聚集能力的大小。

在区域竞争力的三个层次中，基础竞争力是其他竞争力的前提条件，没有基础竞争力的要素，其他竞争力都无从谈起，任何产业没有基础设施都不可能形成，区域的聚集力和辐射力也只有在趋于基本条件具备的情况下才能获得。

（二）区域竞争力内涵

经济区域通过在全球范围内吸引和有效配置资源，均衡地生产出比其竞争对手（其他同类区域）更多的财富，占领更大份额的国内外市场，以实现区域经济持续增长的能力。区域竞争力内涵应注意和突出以下要点：

（1）竞争主体是一国内具有相对独立发展能力的经济区域。

（2）区域竞争是全球化背景下的开放式、国际化竞争，特定区域的竞争对手并不限于国内，还包括所有基于特定资源、要素或有利条件形成竞争关系的国外区域。

（3）区域竞争力的强弱直接表现为区域内产业（或企业）相对于其他区域内产业（或企业）创造财富、争夺国内外市场能力的强弱，其根本目标在于保持区域经济持续增长，而这种能力的形成与强化则主要得益于该区域对全球资源的吸引、整合和有效配置。

二 区域竞争力的影响因素

（一）产业竞争力

一个国家不同区域的竞争力的差异，其直接体现就是产业的发展现状和前景。各种资源配置最终必须落实到各个产业部门，并形成强弱不同的产业整体竞争力，进而决定创造财富的大小。因此，区域内产业越具有吸引力，资源优化配置能力越强，就表明该区域的产业竞争力越强，区域竞争力也越强。可见，产业竞争力是区域竞争力的核心。

一个区域产业的发展及其规模既要受到其他产业的影响，又影响着其他产业。如果地区各产业、各生产部门在生产上相互衔接、紧密配合，并形成合理的比重，则地区资源在各部门之间将得到合理的配置，相应地为地区创造的财富就会越多，地区的经济实力就会越强，竞争力也会越强。但是，由地区的自然、社会、政治、经济、技术和对外关系所形成的地区特定的供给结构，地区产业结构和产业组织与其相适应，则地区要素比较优势得以发挥，并实现生产成本的低廉化，实现产品价格的上升，地区产业竞争力也得以提升。同时，只有地区的产业结构适应了市场需求的变化，才能使产品的价值得以实现，产业结构的应变能力才能提高，才能向地区所需的方向调整，才能增加地区产业的吸引力，资源配置的能力才会越强，区域竞争力也会越强。

（二）企业竞争力

产业又是企业集合而成的，产业竞争力归根结底要落实到企业竞争力上来，缺乏企业竞争力，产业就失去了根底。因为，企业竞争力是产业竞争力的基石。一方面，企业竞争力的增强有助于区域内产业竞争力整体的增强；另一方面，产业竞争力的提升反过来又会促进企业竞争力的进一步增强。如此，便可实现产业竞争力与企业竞争力的互动性循环。

企业是经济的基本组织单元，只有具备人才、资金、技术、管理和规模优势的企业，才能在市场竞争中取胜。企业只有能够利用、把握市场机会，能够开发新的生产技术，能够对变化竞争环境做出迅速的反应并适应需求的变化，才能使地区经济充满活力，应变能力增强，产业发展健全，最终实现地区经济的增长。

（三）对外开放竞争力

开放竞争力是指区域在国际市场环境中的竞争力。它实际是产业竞争力与企业竞争力的特殊组成部分，如企业国际竞争力与产业国际竞争力就是指涉外竞争力。在经济全球化大背景下，开放竞争力被单独列出，显示了区域对外开放活动的重要意义，它为资源的优化配置提供了一个更为广大的空间。在改革开放的今天，区域的对外开放活动体现出前所未有的意义。开放竞争力首先表现为企业整体的国际化经营能力，其次表现为产业整体国际化经营能力。因此，一方面，开放竞争力的强弱直接影响到企业竞争力和产业竞争力；另一方面，企业竞争力和产业竞争力的增强，也有助于为区域内企业和产业的国际化经营奠定更为坚实的基础。

地区开放程度决定生产要素合理流动和合理配置的程度。地区开放程度高，生产要素流动性高，企业能够有效地引进、输出、迅速合理地配置生产要素，有效地降低生产成本和交易成本，提高产品竞争力。对外开放加强了地区与地区和国际之间的联系，通过吸收和引进知识、技术、技能、制度、文化和管理，企业可以进行创新，增强自身的竞争力。开放既可以创造新资源，培养新优势；又可以扩大原有产业规模，提高产业层次；而且还可以通过发展高技术的创新产业，实现产业的高级化，促进资源的合理配置。

（四）科学技术竞争力

一个地区的科学、技术和知识资源影响着地区的产业结构，而地区科技水平和科技综合实力则是产业整体素质的技术基础。一个地区没有足够的科技力，特别是没有足够的科技成果转化能力，地区的产业结构的整体技术水平不会高，提高速度也不会快。科技力影响着高技术产业的发展。科技力越强，特别是在某一些代表全球科技发展方向的重要应用科技领域拥有优势，并且地区的科技成果转化能力强，则地区的高新技术产业发展就有了一定的可能性。科技力影响着企业的组织结构。一方面，新科技在产业中的应用可以重新调整生产工序和环节，通过新的分工，提高生产专业化的水平，扩大企业规模。另一方面，知识经济时代的到来，需要企业进行不断的观念、技术、组织结构的创新，而创新需要知识的生产、占有、有效利用，这需要以科学技术作为先导，引导企业进行创新，使企业竞争能力得到增强，进而增强区域竞争力。

（五）劳动力（人力资本）竞争力

劳动力即人力资本，是创造价值的主体。劳动力的构成，特别是劳动力知识技术的构成影响地区的产业结构。高素质专业化人才集聚的地方，具备了产业专业化和产业高级化的条件，可以成为高新技术创新产业的聚集区。劳动力利用自己掌握的知识和技术，不断地进行创新，把新工艺、新技术应用在产品的加工制造过程中，提高企业制造系统的使用寿命，降低成本，使产品占有市场并提高市场占有率，进而提高企业经济效益，增强企业竞争力。劳动力素质高和资源丰富的地区，有利于吸引外部的投资，促使资金、技术、管理及知识大量流入该区域。这样，不仅促进了地区经济的发展，而且带动了地区全方位的对外开放。劳动力的构成状况决定了基础设施的构成状况。一个地区专业化人力比重高、规模大，就需要与之配套的科研基础设施，从而对地区的基础设施提出更多的要求，推动了基础设施的建设。

以上这几个因素能够对区域经济发展产生重要的影响，并且它们之间又相互影响、相互作用，为区域竞争力的模型设计奠定了一定的基础，成为区域竞争力的重要因素。

三　波特区域竞争力模型——钻石理论

（一）波特钻石模型理论的基本内容

20 世纪 90 年代初，著名产业竞争力学家迈克尔·波特（Michael E. Porter）教授经过对许多国家的产业国际竞争力研究之后，以产业结构"五力竞争模型"为基础，逐渐适应经济全球化环境的产业国际竞争力分析框架和方法，即形成了所谓的波特钻石模型理论（PDM）。该理论认为：某一国的特定产业是否具有国际竞争力，取决于要素条件、需求状况、支持性产业和相关产业、企业战略结构与竞争、机遇、政府作用六大因素，其中前四个因素是影响产业国际竞争力的决定因素。[①]

1. 要素条件

在 PDM 理论中，要素可归为人力资源、物质资源、知识资源和资本资源等。要素有初级要素和高级要素、专门要素和一般要素之分。初级要素是被动继承的，来源广泛，随着科技的发展对其的需求会减少。高级要素则是竞争优势的长远来源，它需要长期地对人力资本、物质资本的积累投资才能获得，因而是相对稀缺的要素。一般要素是一些适用范围广泛的要素，而专业要素则是指专门领域的专门人才、特殊的基础设施、特定领域的专门人才等。通常专门要素比一般要素重要，因为前者更能为产业提供持久的竞争优势。

2. 需求状况

波特认为，国内需求是影响产业竞争力的重要因素，国内需求的重要性是国外需求所取代不了的，而且国内需求对产业竞争力最重要的影响是通过国内买方的结构和买方的性质实现的。如果一国的买方需求领先于他国，则一国的产业就能获得竞争优势。因为，国内领先需求使企业先一步意识到国际需求的到来，并开发出新产品满足这些需求，促进产业升级。

---

① ［美］迈克尔·波特：《国家竞争优势》，华夏出版社 2002 年版。

3. 支持性产业和相关产业

支持性产业是为某个产业提供支持的若干产业，相关产业是指具有互补性的产业。有竞争力的几种相关产业往往同时在一国产生。支持性产业和相关产业对某一特定产业的促进作用主要表现在：首先，它最有可能促进产业创新；其次，相关产业的国际成功也带动了其他产业成功。

4. 企业战略结构与竞争

模型客观反映了一个国家内部市场的竞争结构会对企业的国际竞争力产生重大影响。国内竞争会迫使企业不断更新产品，提高生产效率并形成与之相适应的战略结构，以取得持久、独特的优势地位。此外，激烈的国内竞争还会迫使企业走出国门参与国际竞争。

5. 机遇

在 PDM 理论中，机遇是指那些超出企业控制范围内的突发事件，如技术的重大创新、石油危机、战争等。机遇的重要性在于它可能打断事物的发展进程，改变产业的竞争结构，使原来处于领先地位的企业的竞争优势无效，落后的企业如果能顺应局势的变化，利用新机会便可能获得竞争优势。

6. 政府的作用

政府可以通过补贴、对资本市场加以干预并制定教育政策等影响要素条件，通过确定地方产品标准、制定规则等方式影响买方需求（政府本身也是某些产品或服务的大买主）。政府也能以各种方式决定相关产业和支持产业的环境间接影响企业的竞争结构及其竞争状况等。

（二）波特钻石模型对区域经济竞争力研究的启发

如前所述，区域经济学的基本理论分别从区位、空间结构、集聚经济、地域生产综合体及区域经济发展梯度等方面剖析了区域经济发展的基本条件。然而，随着现代经济技术的发展，要素在区域间的流动性大大加强，区域经济竞争力的来源也应该相应发生变化，从区域本身具有的比较优势转向区域在整个国家甚至全球环境中的竞争优势。波特的钻石模型本是用来分析一个国家的某个产业的竞争力，但对区域经济的竞争力来源的分析也同样具有很强的启示。区域经济的中流砥柱是区域主导产业，区域主导产业竞争力的分析完全可以借助波特的钻石模型，影响一国某产业竞争力的六个因素同样是区域主导产业竞争力的影响因素。传统的区域经济学基本理论认为，影响区域发展的因素主要有自然条件因素、人口和劳动力因素、资本因素、技术进步因素、资源配置因素和区际贸易因素几个方面。这些要素条件和需求条件固然是区域经济发展的主要因素，但随着区域间竞争的加剧与资源流动性的加强，区域经济发展的关键因素和区域经济竞争力的来源更多地转向区域的制度、主导产业的竞争战略、原有的产业结构以及外部机遇等方面。

基于波特钻石模型我们认为，区域的竞争优势来源大致与波特钻石模型的六要素相同，包括产业的要素条件、需求状况支持与配套产业情况及企业的战略结构与竞争。稍有不同的是，区际合作与竞争和制度环境对区域经济竞争力有相当重大的影响。良好的区际合作与竞争态势是区域间协调发展、持续发展的重要因素。"长三角""珠三角"经济的高速发展与其内部区域的分工合作、良性竞争是分不开的。江西、湖南积极融入"泛珠三角"也在此种利益机制的驱动之下。制度环境是影响区域产业竞争力的又一个关键因素，且随着要素流动限制的降低会变得越来越重要。制度包括正式制度与非正式制度。正式制度是人们有意识地建立起来的并以正式方式加以确定的各种制度安排，包括政治规则、经济规则和契约。非正式制度是指人们在长期的社会生活中逐步形成的习惯习俗、伦理道德、文化传统、价值观念及意识形态等对人们行为产生的非正式约束的规则。卢现祥（2003）认为，制度具有五个方面的功能：（1）降低交易成本；（2）为实现合作创造条件；（3）提供人们关于行动的信息；（4）为个人选择提供激励系统；（5）约束主体的机会主义行为。这五个方面的内容能够降低经济运行的不确定性、提供对个人和企业激励、提高经济运行的效率，从而节约成本、鼓励创新。因此，制度环境是区域经济竞争力的一个重要来源。"长三角"地区经济的高速发展很大方面是因为当地良好的正式制度和非正式制度。[①]

四 IMD 区域竞争力模型

IMD 即瑞士洛桑国际管理学院。IMD 区域竞争力模型认为，区域竞争力就是一个国家或一个公司在世界市场上生产出比其竞争对手更多财富的能力。

（一）早期 IMD 区域竞争力模型

IMD 早期模型把区域竞争力分解为八大方面，包括企业管理、经济

---

① 卢现祥：《新制度经济学》，武汉大学出版社 2003 年版。

实力、科学技术、国民素质、政府作用、国际化度、基础设施和金融环境。其核心是企业竞争力，其关键是可持续性发展。这几方面构成的区域竞争力优势在本地化与全球化、吸引力与扩张力、资产与过程、和谐与冒险四种因素环境中所形成的，具体模型见图3-1。

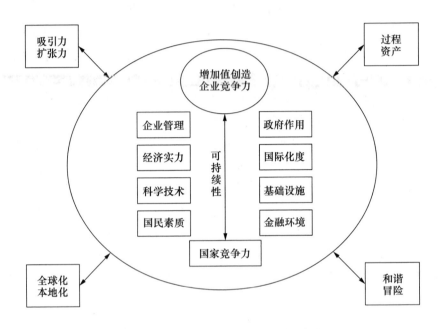

图3-1　早期IMD区域竞争力模型框架

（二）现代IMD区域竞争力模型

IMD现代模型，是在早期模型的基础上做了较大的调整后得到的。它用四个要素替代了原先的八个要素，它们分别是：经济表现、政府效率、商务效率、基础设施。每个要素又各自包括五个子要素，经济表现包含的子要素为经济实力、国际贸易、国际投资、就业、物价；政府效率包含的子要素为公共财政、财政政策、机构框架、商务法规、社会框架；商务效率包含的子要素为生产力、劳务市场、金融、管理实践、态度与价值；基础设施包含的子要素为基础性基础设施、技术性基础设施、科学性基础设施、健康与环境、教育。具体模型见图3-2。

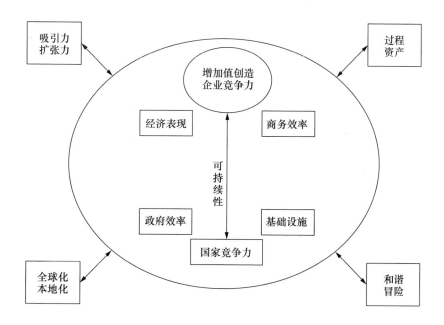

图 3 - 2　现代 IMD 区域竞争力模型框架

IMD 区域竞争力模型有一套自己的指标体系，每年都会根据新理论、新数据和世界经济的变化而对评价指标进行革新，因此每年所使用的指标出现了一定的差距。比如，2007 年 IMD 区域竞争力的指标体系分成 4 类（经济表现、商务效率、政府效率和基础设施）共计 312 项指标，而在 2000 年只有 290 个指标。

各个国家竞争力排名，首先给每个评价指标确立一个评价标准值，然后根据指标排序得到标准值。在大多数情况下，数值越高则情况越理想。但也有一些指标数值是最低的最好，如消费者物价指数。

第三节　区域间合作理论

一　区域经济合作理论概述

（一）要素禀赋理论

俄林的要素禀赋理论将国际贸易和区际贸易的领域由产品拓展到生产要素，并认为正是各地区生产要素禀赋的不同决定了地区之间的贸易格局，而生产要素的区际流动能够改变地区要素禀赋之不足，从而有利于提高地区生产效率。俄林的要素禀赋理论为区域经济合作奠定了基本的理论基础。

（二）新要素学说理论

国际贸易新要素理论认为，应赋予生产要素以新的含义，扩展生产要素的范围，生产要素不仅是生产要素禀赋理论所说的劳动、资本和土地，而且技术、人力资本、研究与开发、信息以及管理等都是生产要素。这些无形的"软件"要素越来越成为贸易的基础，它决定着一国比较优势格局。新要素理论当然是对要素禀赋理论的发展，但就分析方法而言，新要素理论与传统要素贸易理论并无本质的不同。新要素学说理论主要包括人力资本学说、研究与开发学说、创新理论、技术进展论和信息贸易理论。

1. 人力资本学说

劳动力实质上是一种不同质的生产要素。人们通过对劳动力进行投资，使一定量的资本与劳动力相结合，就会使劳动力的质量得到提高，从而产生出一种新的生产要素，即人力资本。人力资本实质上是指高素质的劳动力。

2. 研究与开发学说

研究与开发学说是20世纪60年代美国经济学家格鲁伯、弗农等提出的。他们认为，随着经济发展和技术进步，无形的生产要素正起着日益重要的作用，研究与开发就是最重要的一种无形的生产要素。

如果一个国家研究与开发力量雄厚，则在研究与开发领域中的投资能够获得更高的效率，从而促使本国新兴产业的发展，形成新的区域比较优势，提高本国在国际劳动分工中的地位。如果一个国家和地区要提高自己的地位，就必须在技术领域保持领先。

3. 创新理论

创新包括企业创新、国家创新和区域创新。

（1）创新及其内涵。经济增长只是年复一年的人口与财富的增加，其主要动力是从外部追加各种生产要素，纯粹的经济增长不能够在质上产生新的现象。创新包括以下五种情况：一是引入一种新的产品或提高一种产品的质量；二是采用一种新的生产方法；三是开辟一个新的市场；四是获得一种原料或半成品的新的供给来源；五是实行一种新的企业组织形式。

（2）国家创新。国家创新系统是指有利于促进一个国家研究开发、引进、运用、扩散各种新技术的公共部门和私人部门机构所组成的网络，以及与此相关的一系列具体的国家制度。

（3）区域创新。区域创新是指一个地区研究、开发、运用和扩散新技术和新知识，并以此促进地区技术进步和产业结构升级，提升区域竞争力的过程。

4. 技术进展论

这种理论认为，技术是过去对研究与开发进行投资的结果，也可以作为一个独立的生产要素。技术进展同人力技能、研究与发展等要素一样，也决定着一国生产要素禀赋状况及其在国际贸易中的比较利益。由于该理论是在上述理论的基础上发展起来的，所以，强调技术进展对国际贸易比较优势的决定作用，实际上也是强调研究与发展要素的作用。

在此基础上，后来又有人进一步提出了技术差距论，认为由于各国技术投资和技术革新的进展不一致，因而存在一定的技术差距。这样就使技术资源相对丰裕或技术领先的国家具有较强开发新产品和新工艺的能力，从而有可能暂时享有生产和出口某类高技术产品的比较优势。该理论补充了要素禀赋论，并根据创新活动的连续性使要素禀赋论动态化。

5. 信息贸易理论

信息是能够创造价值并进行交换的一种无形资源，是现代生产要素的组成部分。信息本身同时又是可以交换的商品，是一种软件要素，而且是一种无限的资源，占据信息意味着比较优势的改变，可以促进一国贸易格局的变化。目前该理论并不很完善，但它却代表着重要的发展方向。

（三）区域发展的相互依赖理论

区域发展的相互依赖理论阐明了国家与国家之间、地区与地区之间经济社会发展不是独立的，而是彼此依存、相互联系的。世界各国经济社会发展之所以相互依赖，主要源于如下三个方面。第一，政治军事力量的制衡。第二，经济技术的发展。经济技术的不均衡格局使各国都必须依赖于其他国家的经济技术力量完成本国的技术进步和经济发展。第三，随着世界范围内工业化程度的加深，产生了一系列足以影响全球经济社会生活的重大问题。

1. 关税同盟理论

对关税同盟理论研究最有影响的是美国经济学家范纳（Jacok Viner）和李普西（K. G. Lipsey）。按照范纳的关税同盟理论，完全形态的关税同盟应具备以下三个特征：一是完全取消各成员国间的关税；二是对来自成员国以外的国家和地区的进口设置统一的关税；三是通过协商方式在成员国之间分配关税收入。这种自由贸易和保护贸易相结合的结构，使关税同盟对整个世界经济福利的影响呈现双重性，即贸易创造和贸易转移并存。

所谓关税同盟的静态效应，是指假定在经济资源总量不变、技术条件没有改进的情况下，关税同盟对集团内外国家经济发展以及物质福利的影响。关税同盟的静态效应主要是指贸易创造效应和贸易转移效应。

2. 大市场理论

大市场理论的提出者认为，以前各国之间推行狭隘的只顾本国利益的贸易保护政策，把市场分割得狭小而又缺乏适度的弹性，只能为本国生产厂商提供狭窄的市场，无法实现规模经济和大批量生产的利益。

3. 协议性国际分工原理

协议性国际分工原理是由日本著名教授小岛清提出的。所谓协议性国际分工，是指一个国家放弃某种商品的生产并把国内市场提供给另一国，而另一国则放弃另外一种商品的生产并把国内市场提供给对方，即两国达成相互提供市场的协议，实行协议性国际分工。协议性分工不能指望通过价格机制自动地实现，而必须通过当事国的某种协议来实现，也就是通过经济一体化的制度把协议性分工组织化。如拉美中部共同市场统一产业政策，以及由国家间的计划决定的分工就是典型的协议性国际分工。

（四）综合发展战略理论

综合发展战略理论认为，经济一体化是发展中国家的一种发展战略，要求强有力的共同机构和政治意志来保护较不发达国家的优势。所以，有效的政府干预对于经济一体化是很重要的，发展中国家的经济一体化是变革世界经济格局、建立国际经济新秩序的要素。

二　国际依附论

（一）国际依附论概念

国际依附论又称外围—中心论，是一种研究发展中国家与发达国家间相互关系的理论学说。产生于20世纪五六十年代，主要代表人物有阿根廷的劳尔·普雷维什、埃及的萨米尔·阿明、英国的 A. G. 弗兰克和美国的 I. 沃勒斯坦等。他们认为，世界被分为中心国家（发达国家）和外围国家（发展中国家），前者在世界经济中居支配地位，后者受前者的剥削和控制，后者依附于前者。由于中心与外围之间国际地位的不平等，中心与外围之间的贫富分化越来越严重。各国学者对于如何解决这种不平等的依附的观点大相径庭。

依附论是企图解释经济发达和不发达原因的一种思想学派。该理论虽然包括一大批体现多种概念和方法的论著，但所有依附论作家都有一个显著特点，即把不发达国家的社会和经济发展看成是由外部力量制约的，也就是说，是其他的较强大的国家在制约着不发达国家。这使依附论思想家都采用一种流通论的方法。他们认为，可以从交换中的支配关系出发来解释不发达的原因，这就把生产力和生产关系的分析几乎排斥在外了。

（二）依附论的产生及其理论渊源

第二次世界大战后，广大亚非拉国家虽然先后摆脱了西方发达国家的殖民统治，建立了拥有独立主权的民族国家，但是并未从此走上富裕富强之路，它们在经济上依然依附于西方发达国家。依附论是基于解释这种现状，即发达资本主义国家构成世界经济的中心，发展中国家处于其外围并受剥削与控制的现状而产生的。战后拉美经济对西方发达国家的依附更为鲜明，因此，依附论首先于 20 世纪 60 年代初期至 70 年代中期在拉丁美洲产生并发展起来是再自然不过了。

与帝国主义理论主要研究帝国主义中心的扩张过程和对世界的统治不同，依附论更侧重于研究资本主义经济体系中居于外围的国家，主要研究垄断资本主义的世界性扩张对外围国家经济和社会结构变化的影响，以及外围国家的变化对世界资本主义积累的总进程的影响。从这一点来看，可以把依附论看作帝国主义理论的补充和有机组成部分。因此，依附论有时也被称为新帝国主义理论。

关于依附论的理论渊源，不可否认的是，它来源于马克思主义的帝国主义理论，同时也借鉴了结构主义分析方法。西方流行的现代化理论则构成了依附论的"反题"。一般认为，依附论的直接理论来源，是拉美经委会学者在 20 世纪 50 年代提出的早期依附理论或不发达理论，其间接来源则是德裔学者安德烈·冈德·弗兰克在 20 世纪 60 年代后期提出的殖民地资本主义理论。

（三）依附论的中心议题和主要观点

作为批判性解释外围国家和地区"依附"发展特点的理论，依附论把外围国家和地区的发展作为自己的中心议题。绝大多数依附论者都认为，外围地区的不发达与依附的形成，在于世界性的资本主义生产体系及其形成的国际分工格局、国际交换体系和不平等的国际经济秩序。

对于如何改变这种状况，依附论者大多倾向于走社会主义道路，或者说至少是反对外围地区实行全盘西化的。依附论的著名人物、埃及经济学家萨米尔·阿明就认为，外围国家要真正彻底地摆脱自己的依附局面，只能走社会主义道路。

三　新国际分工理论

（一）新国际分工理论解释

新国际分工是指跨国公司在全球范围内合理配置资源，寻找满意的生产地，尤其是将一些常规的、技术含量低的生产过程转移到欠发达国家，改变了以往只在这些国家进行原料生产或初级加工，而在发达国家进行最终产品生产的国际劳动分工格局。

新国际分工可以概括为"基于跨国公司的全球生产网络的产品内分工"。跨国公司全球生产网络的每一部分都由分工链（或者国际分工或者国内分工）组成，它将世界各地的个人、企业、国家、地区以及世界各种资源整合到国际分工体系中来，形成一个基于分工网络的共同利益。第一，新国际分工是跨国公司生产网络主导的；第二，导致了新的生产现象——产品内分工：从"产品在一个民族经济中完成制造的过程"，逐渐转变到"不再有民族的产品或技术、民族工业乃至民族经济"。①

新国际分工发生的根本原因是：（1）技术进步使得距离和地理位置对于生产的重要性减少了；（2）技术进步、企业组织的改进使得复杂的生产过程可以分解为基本的简单步骤，受教育很少的人也可以很快学会；（3）发展中国家有大量廉价的劳动力。

（二）新国际分工理论重要观点

弗洛布尔将20世纪60年代以来的国际分工与此前旧的国际分工进行了比较。通过对德国纺织与服装业的全球区位演变的分析，发现此前形

---

① 张苏：《论新国际分工》，博士学位论文，中国人民大学，2005年。

成的极少数工业化国家从事工业生产，其他绝大多数欠发达国家则为前者提供原材料，并主要从事农业生产的国际分工格局正在打破，跨国公司将一批批劳动密集型的生产线，开始从工业国家向欠发达国家转移。欠发达国家由此涌现出越来越多与世界经济体系相关联的生产部门。世界经济体系的联系也由此发生了重大改变，从"贸易"转向"生产"。自从弗洛布尔（1978）的著名论文《新的国际分工》发表以来，很多学者开始讨论新的国际分工现象，可谓仁者见仁、智者见智。

1. 新国际分工是跨国公司生产体系向第三世界国家的扩展

金德尔柏格、赫里克（1986）论述的新国际分工传承了弗洛布尔的思想，并进一步揭示出了资本—生产关系在国际分工中的改变。他将1973—1974 年的石油危机作为国际分工的分水岭，并认为在此之前是传统的国际分工占据主导地位，基本特征是美国、西欧、日本等国家用制造品换取第三世界国家的原材料；之后，体现为第三世界国家用制造品换取西方工业国家的资本品。这种改变显然也是跨国公司生产体系向第三世界国家扩展的结果。①

2. 新国际分工是国际垂直一体化

格罗斯曼和哈特（1986）虽然没有明确指出垂直一体化将成为一种重要的新国际分工。但我们从 20 世纪 90 年代以来的世界经济的发展看到，他们对于垂直一体化的所有权优势提供了准确的预见，越来越多的跨国企业开始采用这种分工方式，并成为一种重要的新国际分工模式。20 世纪 80 年代晚期后，跨国公司采取垂直一体化方式的 FDI 开始大量流向发展中国家。1990—1995 年，采用垂直一体化分工模式的 FDI 每年增长了 20%，而 1996—2000 年，则每年增长了 40%。②

3. 新国际分工是"订单制造"（或者"外包"）

罗斯杰将订单制造（contract manufacturing，CM）称为网络时代的新国际分工。罗斯杰对于订单制造的定义是：大型公司把部分（或全部）零件设计、程序工艺、装配设备、后勤、营销渠道、仓储、售后服务等环节用合同的方式外包给其他企业，产品和服务贴发包公司的品牌，承

---

① ［美］查尔斯·金德尔伯格、布鲁斯·赫里克：《经济发展》，上海译文出版社 1986 年版。

② ［美］桑福德·格罗斯曼、奥利弗·哈特：《所有权的成本与收益：纵向一体化和横向一体化的理论》，《政治经济学杂志》1986 年第 4 期。

包企业则一般没有品牌。订单制造是 IT 行业增长最快的一个亮点，每年达到 20%—25% 的增长率。而 IT 产业的迅猛发展使 CM 从"美国模式"变成了全球的大规模生产模式。CM 不限于 IT 行业，通信行业、汽车行业、空间技术等行业都有。订单制造导致了专门从事订单制造企业的产生。订单制造业开始成为行业的"基础设施"，而订单企业则成为跨国分工网络的载体。

4. 新国际分工是产品内分工对福特制、丰田制分工模式的替代

首先是企业内分工，以始于 20 世纪初的福特制分工模式为代表。以福特汽车公司为例，其生产方式是：从大湖附近矿山运来煤炭和矿石，全部过程包括热处理、制模、铣削、冲压、焊接、抛光、喷漆、总装等数百种工艺，都在底特律的雷格工厂完成。其次是企业间分工，以 20 世纪 80 年代风行世界的丰田制为代表。以丰田汽车为例，这是一种多层次生产方式。总公司只进行最终组装和基本原材料供应；数以百计的企业在第一层，进行次级组装及大部件生产；数以千计的企业在第二层，进行单个部件生产；数以万计的企业在第三层，提供工程性服务。此后就是产品内分工，即以产品为对象的分工——以工序、区段为对象的分工体系。这开辟了生产率提升和经济增长的新源泉。为发达国家对全球资源进行整合提供了方便，为发展中国家融入国际分工提供了新的切入点。这正是跨国公司全球价值网络的细密化。

5. 新国际分工是随资源禀赋变化的国际分工

弗朗西斯认为，弗洛布尔的新国际分工理论没有考虑到发展中国家资源禀赋的动态发展，而 20 世纪 80 年代"亚洲四虎"的崛起就是最好的证明。他认为，20 世纪 60 年代以来，发展中国家的人力资源有了巨大的增长。发展中国家这种资源禀赋的进步具有重要意义。因为，按照里德尔（1996）的研究，一个国家有没有绝对数量的技术人力资源，对于这个国家能否参与基于知识的经济活动具有关键的意义。

6. 新国际分工是基于全球商品链的国际分工

格里等（1998）将"全球商品链"定义为：一系列企业围绕着一种最终产品而建立起来的劳动和生产过程的组织间网络。这一网络将居民、企业、国家融合到世界经济体系之中。新的企业不断通过整合到这种全球商品链参与国际分工，使全球商品链条越来越庞大，其作用开始超越

国家政府之间的经济交往作用。①

7. 新国际分工是基于跨国公司关系网络的国际分工

孟庆民、李国平和杨开忠（2000）这样描述 20 世纪 60 年代以来的新国际分工的基本内涵：跨国公司是新国际分工的主角，推动跨国公司促进新国际分工格局的动力是市场需求、契约转让、生产一体化以及降低成本的要素构成和生产组织的改革，新国际分工的直接动力是对外直接投资和跨国生产。新国际分工的全球格局存在着明显的空间差异：发达国家之间的分工格局、发达国家与欠发达国家之间的分工格局的差异，以及分工中区域分工优势的升级转换规律。此外，新国际分工促使企业国际化、区域一体化。因而，企业、地方在新国际分工中的地位和作用越来越重要；企业、地方、国家在新国际分工中的角色发生了显著的变化，为了追求各种利益，参与新国际分工，竞争成为新国际分工的基本机制。②

8. 新国际分工使由市场价格引导的国际分工演变为由跨国公司引导的国际分工

冼国民（1994）认为，主权国家对于要素流动的限制、对本国工业和市场的保护，以及地理距离等因素的存在，使价格机制对国际分工的调节受到一定的限制。跨国公司的成长改变了传统国际分工的性质及其协调机制。随着传统国际分工部分被跨国公司内部国际分工所替代，世界市场机制被跨国公司的层级管理制所替代。"看得见的手"因此替代了"看不见的手"来协调各国企业之间的分工与协作，调节资源在各国企业之间的配置。正是在这个意义上，跨国公司改变了传统国际分工的性质，使当代国际分工出现了转型。在由盲目的市场机制协调的国际分工中，出现了由跨国公司内部有意识地、有计划地予以协调的企业内部国际分工。这样，当代国际分工就成为由跨国公司占主导地位的，包括其他传统类型国际分工的混合结构。③

9. 新国际分工使国际分工的性质从剥削转向经济互补

多杜辛（1993）注意到这样的现象，尽管 18—19 世纪的古典经济学

---

① ［英］格里·约翰逊、凯万·斯科尔斯：《公司战略教程》，华夏出版社 2002 年版。

② 孟庆民、李国平、杨开忠：《新国际分工的动态：概念与机制》，《中国软科学》2000 年第 9 期。

③ 冼国明：《跨国公司与当代国际分工》，南开大学出版社 1994 年版。

家证明了不仅个人之间可以实现高效率的分工，国家之间也是可以的，但由于殖民地时代的阴影，"二战"后，发展中国家的很多经济学家和政策制定者因为害怕"资本主义的剥削"以及受"自立发展"思想的影响，低估了国际分工带来的机会，拒绝参与国际分工。在《互补性——国际分工的新趋势》这本书中，多杜辛认为，殖民地时代的国际分工是以"剥削"为特征的，而 20 世纪 50 年代以来的国际分工是以"经济互补"为特征的——国际分工同样为发展中国家带来了机会，发展中国家可以利用国外要素弥补自己的不足，通过国内国外要素的组合实现经济、社会的更高效率。[①]

10. 新国际分工使国际分工从为国家服务演变成为跨国公司服务

在《新国际分工中的后工业化》中，伍（1994）从 20 世纪八九十年代以来跨国公司的"企业内交换"已经超过了国际贸易的一半这一事实出发，认为近来跨国公司的快速成长使企业内交换逐渐将市场平衡社会经济的功能弱化了，国际分工也就发生了新的变化：尽管新的国际分工与旧的国际分工相比，减少了传统剥削，增加了经济互补作用，但这是以扭曲所在国的市场功能为代价的。伍认为，跨国公司力量的来源是对产品的创新和多样化具有控制力，这使它们与当地政府讨价还价的能力很强，最终将发展为当地政府与其说是参与国际分工，不如说是参与跨国公司的企业内分工。

四 新经济地理理论

新经济地理理论（NEG 理论）是 20 世纪 90 年代由保罗·克鲁格曼等开创的，新经济地理理论将运输成本纳入理论分析框架之中，认为运输成本的减少会引发聚集经济、外部性、规模经济等问题，把这些要素融入企业区位选择、区域经济增长及其收敛与发散性问题中，就会得出不同于传统区域经济理论的观点。所以，克鲁格曼提出，新经济地理理论是继新产业组织理论、新贸易理论、新增长理论之后最新的经济理论前沿。

（一）新经济地理理论概述

1991 年，克鲁格曼在《政治经济学杂志》上发表了论文《收益递增

---

① Do Duc Dinh, *Complementarily – A New Trend in the International Division of Labour*, UNESCO, 1993.

与经济地理》，对新经济地理理论进行了初步探讨，并在随后的一系列论著中对其思想进行了深入的阐述。传统的区域经济理论主要建立在新古典经济学基础之上，通过无差异空间、无运输成本等严格假定，提出相应的区位理论、区域增长理论等。克鲁格曼认为，以往的主流经济学，正是由于缺乏分析规模经济和不完全竞争的工具，空间问题才长期被排斥在主流经济学之外。现在，由于规模经济、不完全竞争等分析工具的发展，有望将空间问题纳入主流经济学的范畴。

（二）新经济地理理论研究内容

克鲁格曼的新经济地理理论主要研究报酬递增规律如何影响产业的空间集聚，即市场和地理之间的相互联系。他的基本观点是，产业在空间上的分布不均匀性是报酬递增的结果。现实经济生活中报酬递增现象广泛存在，而且可以应用到多个领域。举个例子来说，如果我们把一家工厂孤立地建在大荒原上，无论工厂如何做大做强，最终也逃脱不了规模报酬递减的命运。但是，如果我们把工厂设立在大城市里，情况就大不相同。因为城市的规模越大，一般来说工业基础就越健全。这样，无论所建工厂在原料供给上有什么新要求，在生产工艺上有什么新标准，就都可以在城市这个空间范围内得到满足。伴随着工厂的扩张和城市的发展，劳动生产率会越来越高，收益也随之提高，这样就实现了报酬递增。克鲁格曼认为这才是真正把握住了现代国际贸易的核心。

克鲁格曼运用了一个简单的"核心—外围"模型，分析一个国家内部产业集聚的形成原因。在这个模型中，处于中心或核心的是制造业地区，外围是农业地区，区位因素取决于规模经济和交通成本的相互影响。假设工业生产具有报酬递增的特点，而农业生产的规模报酬不变，那么随着时间的推移，工业生产活动将趋向于空间集聚。在资源不可流动的假设下，生产总是聚集在最大的市场，从而使运输成本最小并取得递增报酬。但需要注意的是，经济地理集中的形成是某种力量积累的历史过程。中心—外围理论的意义，在于它可以预测一个经济体中经济地理模式的渐进化过程：初始状态时，一个国家的地理区位可能有某种优势，它对另一地区的特定厂商具有一定的吸引力，并导致这些厂商生产区位的改变，一旦某个区位形成行业的地理集中，则该地区的聚集经济就会迅速发展，并获得地区垄断竞争优势。

克鲁格曼还进一步详细论述了产业集聚的形成过程。他肯定了早期马歇尔的外部经济性思想，认为这是经济活动在地理位置上趋向集中。在此基础上，克鲁格曼又重新诠释了马歇尔的观点，认为基本要素、中间投入品和技术的使用都产生了供应方面的外部经济性。第一，劳动力市场的蓄水池效应。在同一个地方，来自同一行业众多企业的集聚力量，可以吸引越来越多的技术工人。这个蓄水池的不断扩大，可以帮助企业克服种种不确定性，加上规模经济的作用，报酬递增的效应便出现了。第二，中间投入品效应。一种产业长期集聚在某地，可以吸引许多提供特定投入和专业化服务的供应商，并使之逐渐成为地区的生产中心；由于规模经济和范围经济的作用，这种生产中心规模越来越大，就会吸引更多有效率的供应商。第三，技术的外溢效应。假设有关新技术、新产品和新工艺的信息，在某地区内部比其他地区更容易流动和获得，那么相对于远离该地区的企业来说，集聚在该地区的企业更容易获得正的外部性效应。

作为区域经济理论的最新进展，新经济地理理论也需要不断地发展和完善。在某种程度上说，新经济地理学的区位选择，反映的是运输成本、外部性收益递增与产业聚集之间的一种取舍。然而，蔓延全球的网络经济对这种观念提出了挑战。其原因是网络经济使运输成本大大降低，整个世界变成了一个无成本、无重量的世界。其中，最受影响的产业就是那些提供无形产品及服务的部门，例如，金融与咨询服务业、软件业、保健咨询业、音乐与娱乐业等。国外学者夸（Quah，1999）提出，在网络经济时代，金融与软件等产业的区位特征会有悖于原有的区位理论而存在。这就是网络经济对新经济地理理论提出的新挑战，需要经济学者进一步研究和探索。毫无疑问，在区域经济理论创新方面，该问题也给中国学者留下一片有待探索的处女地。

（三）新经济地理理论核心原理

NEG 理论的核心是核心—外围模型。在核心—外围模型中，三种基本效应组成了该模型的基本机制：一是本地市场效应，其含义是指垄断竞争厂商倾向于选择市场规模较大的地区进行生产并向市场规模较小的地区出售其产品。二是价格指数效应，其含义是指厂商的区位选择对于当地居民生活成本的影响。在产业集聚的地区，商品（这里指制造品）一般来说比其他地区要便宜一些。这是因为本地生产的产品种类和数量较多，从外地输入的产品种类和数量较少，因而本地居民支付较少的运输成本。三是市场拥挤效应，其含义是指不完全竞争厂商喜欢在竞争者较少的区位进行生产。前两种效应形成了集聚力，促使厂商的空间集聚，而后一种效应形成了分散力，促使厂商的空间扩散。

产业的集聚还是分散取决于这两种作用力的大小。如果集聚力大于分散力将会导致产业集聚，反之亦然。那么如何衡量这两种作用力的大小呢？可以利用贸易成本的高低来衡量。其中，高的贸易成本意味着贸易自由化的程度较低；反之，则意味着贸易自由化程度较高。

第四章 区域经济政策理论

第一节 区域经济政策理论概述

一 区域经济政策的基本概念

区域经济政策是政府处理区域性事务的工具和手段，是由政府针对区域问题而制定的一系列政策的总和，是典型的政府行为，也是区域经济学应用性的具体体现。政府制定区域经济政策着重点在于区域经济发展，以有效的区域经济政策纠正市场机制在资源的空间配置方面的不足。

区域经济政策就像一只"看得见的手"对一个国家或一个行政区域中的各项经济活动产生影响。各项区域经济政策在实践中主要作为有关政府部门调控宏观经济职能的行为准则。各项国家宏观经济政策共同起作用时，整个国民经济的运行都是其调控对象。实际上，区域经济政策是国家宏观经济政策在不同领域中的体现。它们既可以有着相同的目标，起到强化国家宏观经济调控的作用，也可以相互制约，降低国家宏观经济调控所带来的副作用。[①]

虽然区域经济政策对于一个国家或一个行政区范围内整个国民经济运行会产生影响，但其必须以国家宏观经济政策为基础，不应与之产生矛盾和冲突。所有的区域经济政策无论是国家区域经济政策还是地方区域经济政策，都只能属于国家宏观经济政策在地方尺度上的延伸。由中央政府及其所属的各有关机关制订的各项国家区域经济政策，主要是从维护国家整体利益出发，在国家宏观经济政策的基础上制定，与国家宏

---

① 孙久文、叶裕民：《区域经济学教程》，中国人民大学出版社 2003 年版。

观经济政策是一脉相承的，是国家宏观经济政策中不可缺少的组成部分。①

二　区域经济政策的理论基础

区域经济政策的理论基础是，政府以及相关部门正确制定区域经济政策，确保区域经济政策有效实施，使区域经济得以非均衡协调发展的重要保证。区域经济政策的三大理论基础是地域分工理论、区域发展阶段理论、非均衡协调发展理论。

（一）地域分工理论

地域分工理论是区域经济政策制定的理论依据。它的主体是比较优势理论和地区主导产业论。

比较优势理论包括静态比较优势理论和动态比较优势理论。静态比较优势是由当地自然条件形成的比较优势。静态比较优势可以通过区域与其他区域之间的差异体现出来。自然因素、社会历史因素和经济因素是构成差异性的主要因素。人类的生产活动不是独立的，在任何情况下都需依托自然条件。自然条件是社会物质生产的客观因素，不同的区域在自然条件上存在明显的差异。正是每个地区的差异性造就了生产要素禀赋的不同，为了更有效地进行生产经营，各个区域在地域分工上就需要有效利用各种生产要素，利用该区域禀赋、相对丰富的生产要素来从事生产经营活动，才能处于比较有利的地位。根据地域分工中静态比较优势理论，劳动力资源丰富地区发展劳动密集型产业比较有利；矿产资源富集区发展资源密集型产业比较有利；资金供给比较充分的地区发展资金密集型产业比较有利。因为若一地区有丰富资源，都可以或是降低地区特定部门的产品生产成本，或是提高产品质量，或是两者兼而有之，其结果都会增大产业利润。区域的自然资源优势越能促进特定部门的利润增加，则区域对这种部门的吸引力也就越大。此外，由于自然资源、人力资源和资本资源是经济发展的基础，各地区在这三种资源的禀赋条件、稀缺程度和分布组合上都存在着差异，各地区在资源条件上各有优劣，长短互见。正是资源需求和资源分布的不对称性的存在推动了各地区间的相互依赖、互相补充，成为制定区域协作政策的重要基础。我们需合理利用比较优势进行地域分工，发挥各地区特有的优势，使社会生

---

① 朱明春：《区域经济理论与政策》，湖南科学技术出版社 1991 年版。

产经营更有效率。

地区的比较优势不是一成不变的，而是会发生变化的，由此，动态比较优势是对静态比较优势的发展和完善。静态比较优势从资源禀赋的角度出发，却忽视了技术进步和时间因素。随着科学技术的进步，社会生产力得到了发展，静态比较优势原有的适用环境发生变化。伴随着时代的发展，原先的优势条件变更甚至丧失，这时必须做出改变。原先有些产业不具备好的发展条件，而随着时间的推移，不利条件向有利方面转化，这时需逐渐放弃原有产业，扶持和培育新的产业，实现产业的改造升级和比较优势的转化。新技术革命出现后，比较优势在地区分工上发生了变化，应更加注重动态比较优势在地区分工上的运用。

在地域分工理论中，地区主导产业理论也是基本理论理论之一。在一个地区区域经济发展中各产业在地位和作用上同样具有差异性。处于主要支配地位的产业构成主导产业。要优化地区的产业结构，本质上就是选择适合该地区的主导产业，并以此为核心，协调与其他产业之间的关系。确定主导产业发展规模和速度既可增强地区之间的产业在经济方面的互补性，又可使区内产业紧密相连。围绕主导产业更易形成多种产业配套发展的局面，尤其是具有优势性的主导产业，可以更好地促进区域内各产业共同发展。

（二）区域发展阶段理论

区域发展的不同阶段，都将形成一定特征的区域结构，而区域要素之间的联系表现在功能上的联系与空间位置关系两个方面。这两个方面分别体现于区域经济结构和空间结构上。随着生产力的不断发展，区域经济空间不断扩大，要素之间的结构和空间结合也日趋复杂化和多样化，这是一种不以人的意志为转移的一般规律。区域经济就是这样一种遵循此一般规律并通过不断地发展进行自我完善的过程。随着生产力和经济社会的不断发展，区域经济也经历了一个成长的过程。区域经济发展阶段理论分为五个阶段：自给自足阶段、乡村工业崛起阶段、农业生产结构变迁阶段、工业化阶段和服务业输出阶段。这是在封闭的区域经济条件下来研讨区域经济发展的阶段理论。以开放程度为标准，区域经济发展可分为三个阶段：自给自足的自然经济阶段、国内开放的区域经济发展阶段和面向国际市场的开放型区域经济发展阶段。①

政府部门和有关机构在区域发展的不同阶段制定区域经济政策时，都应适应当前区域经济发展的不同情况。处于不同的发展阶段的区域有着不同的区域经济结构和空间结构，因此，需确定一个区域目前所处阶段，进而深入了解该区域的经济结构和空间结构，并以此作为基础，制定出更合理有效的区域经济政策。

（三）非均衡协调发展理论

均衡发展、非均衡发展与非均衡协调发展是区域经济发展理论中的基本理论。非均衡协调发展理论不是对另外两者的否定，而是在借鉴了两种理论基础上提出的一种新的理论。非均衡协调发展的含义是在一个区域经济发展的过程中将非均衡发展和协调发展有机结合在一起。在区域经济发展中非均衡是普遍存在的。例如，在资源有限的条件下保证整体经济实力的快速提高以及达到效益最大化，就不可能实行区域间的均衡发展。应该使具有资源禀赋条件、经济社会发展条件较好的地区和具有优势产业的地区形成经济的增长极，以此带动其他地区的发展。然而，一个国家或整个区域是一个不可分割的整体，这就必然要求在非均衡发展的过程中促进区域之间、城乡之间、产业之间的经济发展与资源环境之间的协调发展，即在非均衡中实现动态协调，形成一个在资源有限的前提下国民经济得以长期持续增长，各地区的比较优势都可以得到发挥，区域之间协调发展、相互扶持的区域经济可持续发展的新局面。区域经济非均衡发展理论认为，区域之间的非均衡发展是不可避免的，而协调发展又是一个区域经济发展得以长期持续所必须要实现的重要目标。② 应将两者有机结合，以非均衡发展为动力机制促进协调发展，协调发展又有利于支持非均衡发展持续稳定地进行。因此，非均衡发展与协调发展的有机统一是非均衡协调发展理论的核心。

三　区域经济政策的目标、内容、特点、工具和作用

（一）区域经济政策目标

区域经济政策的总目标是追求经济效率和社会公平的最大化，即实现效率与公平的统一。作为人类实践活动的两种重要价值观，经济效率

---

① 孙久文、叶裕民：《区域经济学教程》，中国人民大学出版社 2003 年版。
② 朱明春：《区域经济理论与政策》，湖南科学技术出版社 1991 年版。

与社会公平之间的关系问题历来是各国政府和学术界普遍关注的重大课题。也就是说，两者是既矛盾又统一的辩证关系。如何正确处理两者之间的关系，如何在实际执行过程中兼顾效率与公平，是制定区域经济政策遇到的首要问题。首先，效率决定公平的存在及其发展。只有当效率提高剩余产品出现后，公平才会发生，而且随着效率的不断提高，公平也会不断发展。其次，效率是实现公平的物质基础。没有一定的效率，国家就不可能积累足够的资金用来支持落后地区的开发。区域间的不平衡只有在经济向前发展的过程中才能得到纠正。这一时期，公平和效率之间是正相关关系，区域经济政策的重心则是追求社会公平的目标，因此，区域经济政策目标的选择应根据区域发展现状及目标需求来共同确定。

由于各国国情和面临的区域问题性质不同，其区域经济的目标不会完全相同，但一般都包括经济目标、社会目标、生态目标、政治目标四大目标，四大目标又可进一步分成若干总目标和具体目标（见表4－1）。而且，区域经济政策的目标是不断发生变化的。在经济发展的初级阶段，经济目标占据主导地位；随着经济的发展，社会目标上升为主导地位；在经济发达阶段，生态目标和政治目标将占主导地位。

表4－1　　　　　　　　　　　区域经济政策目标

区域经济政策目标	总目标	具体目标
经济目标	解决区域经济问题	缩小区际经济发展水平差距 生产力的合理布局 经济空间的扩大和新区开发 促进落后地区经济增长 衰退地区的复兴 核心地区经济活动的扩散 提高衰退地区、落后地区就业率 降低衰退地区、落后地区迁移率 实现地区经济一体化
社会目标	解决区域社会问题	缩小区域社会发展水平的差异 缩小区际生活质量的差异 改善落后地区教育、文化、卫生状况

区域经济政策目标	总目标	具体目标
生态目标	解决区域生态环境问题	环境保护 国土整治 资源的合理利用 "三废"的治理 生态环境的恢复和重建 生态文明的建设
政治目标	解决区域政治问题	区域政治一体化 国防安全 少数民族地区、边境地区的安全与稳定

(二) 区域经济政策主要内容

在确定了区域经济政策目标之后，就应该针对各项区域经济政策目标，科学拟定相应的区域经济政策体系，运用合适的政策手段和工具，以确保区域经济政策目标的实现。从层次上讲，包括宏观和微观的政策体系；从性质上讲，包括支持性和限制性的政策体系；从手段上讲，包括经济手段、法律手段、行政手段等；从内容上讲，包括区域财政政策、区域金融政策、区域投资政策、区域产业政策、区域就业政策以及特殊地区的特殊政策等；从实践中讲，各种政策手段和工具常常是相互交织在一起共同使用的。[①]

1. 区域财政政策

区域财政政策，是世界上大多数国家的中央政府在多数情况下都要实行的一种国家区域经济政策。它通过利用税收、政府支出和公债的运转，以预定的方式影响各个区域的经济活动，并通过干预公共部门和私人部门之间的资源配置及使用，以达到区域经济政策目标。区域财政政策主要包括区域补偿性政策和区域税收政策。

2. 区域金融政策

区域金融政策主要是国家通过对区域间货币和资本的供给与流通状况进行调控，以此来影响区域经济发展空间格局的一种区域经济政策，它常常用于活化问题区域，尤其是不发达地区的经济开发。在不发达地

[①] 安虎森：《区域经济学通论》，经济科学出版社 2004 年版。

区，由于没有或者缺少足够的熟练劳动力和投资环境，该类地区缺少货币和资本的流入。区域金融政策就是为了弥补不发达地区的缺陷，通过一定的货币金融手段，为不发达地区的开发人为地创造吸引力。具体措施包括对不发达地区提供投资补助、对在不发达地区的人员提供就业补助、政策性投资、贷款优惠、培育区域资本市场等。

3. 区域投资政策

区域投资政策是指中央政府通过投资决策权或一些经济调节手段、杠杆来调整区域投资、优化区域投资结构而实施的一项区域经济政策，它包括国家直接投资、国家间接投资。

国家直接投资政策是指国家利用它们在基础设施及生产性项目建设上的投资决策权，选择一部分地区作为基础设施及生产性项目建设的重点投资地区，通过它们所属的投资机构注入建设资金来促进这些特定地区的经济发展。国家间接投资政策是中央政府综合运用经济杠杆，通过制定若干政策和采取相应措施，来引导、调节、规范和补救各种利益主体的投资行为，进而促进区域投资结构的优化。

4. 区域产业政策

区域产业政策是指政府根据区域分工和整个国民经济发展的要求所制定的调节和控制区域产业结构和产业空间配置的相关政策的总和。其目的是根据区域经济差异和区域经济优势，确定主导产业部门，形成各具特色的区域产业结构，实现区际的产业分工、产业结构的有机耦合。区域产业政策从影响内容上可分为区域产业结构政策、区域产业组织政策、区域产业技术政策以及区域产业布局政策四个方面。

区域产业结构政策是以促进区域产业结构合理化和高级化为目标的政策，其政策设计的重点是区域产业选择。区域产业组织政策是指调控一个产业内的资源配置结构的一种经济政策。对于区域而言，不仅要求每一个区域规划各产业内部企业的合理规模，使其充分发挥规模经济效益，而且要求保证区域产业内部企业的一定数量，使企业间能够展开平等竞争。有效的区域技术政策对实现区域产业结构的合理化、推动产业技术进步具有重要意义。区域产业布局政策就是国家调整资源在地理空间配置结构的一种经济政策，其目标是既要提高区域经济的整体效益，又要缩小区域间经济发展的水平差距。

5. 区域就业政策

区域经济政策的主要目标之一就是缩小失业率的地区差异，实现充分就业。区域就业政策主要指政府为有效调节区域间的劳动存量，合理配置劳动力资源，最大限度减少失业，实现区域充分就业而制定的相关性政策法规。由于问题区域及区域问题在不同国家和地区存在形式不同，区域就业政策在不同的国家侧重点也有所不同，其主要内容包括以持续增长的经济活力创造就业机会、建立健全的失业保障制度、减少结构性失业、完善劳务市场机制四个方面。

6. 区域法律政策

许多国家通过立法手段，使区域财政政策、区域金融政策、区域投资政策等的实施有法可依，特别是在发达的市场经济国家。如英国 1934 年的《特别地区（发展与改善）法》，被认为是一部针对区域问题的立法，旨在解决巨大的事业差距。美国则于 20 世纪 60 年代颁布了一系列法案，如《地区再开发法案》等，以促进问题区域的经济发展。

（三）区域经济政策特点

1. 差异性

这是区域经济政策本质的体现。区域经济政策是为解决区域经济发展中的各种问题而制定和实施的，由于各个区域之间的区域经济发展所面临的问题不尽相同，差异明显，区域经济政策只有针对不同的区域的具体情况，采取不同的政策，才能有效解决它们各自的问题。

2. 系统性

区域经济政策是由政策内容、目标、手段和政策效应评价等一系列相互关联的子系统构成的复合体系，而且虽然这一体系的内容和手段十分庞杂，但是由于区域发展的目标是一致的，各子系统的作用方向是相同的，它们相互衔接、相互配套，以体系的力量发挥作用。

3. 稳定性

区域经济发展中包含了各种各样的目标冲突和利益矛盾，要促使区域经济协调发展，实现共同富裕，就需要一个相对稳定的政策体系，在相对平衡的准则约束下，协调解决这些目标冲突和利益矛盾。

4. 阶段性

区域经济政策是针对区域问题而设计的。在区域经济发展的不同阶段，区域经济问题具有一定的特性，区域经济应该针对这些特性来制定实施，并根据情况的变化适时调整和完善，一劳永逸的区域经济政策是不存在的。

（四）区域经济政策工具

在明确了区域经济政策的主要内容后，区域政策实际操作要解决的另一个关键问题是选择何种区域政策的具体手段，也就是区域政策发挥作用的基本工具。区域经济政策工具，是为实现区域经济政策目标而运用的具体方法与措施。区域经济政策的目标一般不是单一的，而是一个体系。因此，要达成区域经济政策目标，必须组合多种区域经济政策工具。区域经济政策工具划分为六种类型：公共投资、转移支付、经济刺激、直接控制、政府采购和公共区位（见表4-2）。明确了区域经济政策目标，选择具体操作层面的政策手段，有效地达成区域经济政策的目标。[①]

表4-2　　　　　　　　　　区域政策工具的分类

类型	操作形式
公共投资	公共基础设施（包括新城和工业园区）
	农业基础设施项目
	环境改善项目
	区域发展基金
	国有公司
转移支付	专项转移支付（有条件补助）
	一般转移支付（无条件补助）
经济刺激	工业投资补贴
	就业或工资补贴
	租金补贴
	居住区调整补贴
	所得税、进口设备关税、出口利润税收减免
	区位调整的税收返还和特许权
	运费调整和补贴
	特别折旧率
	优惠政策
	信贷担保
	社会保险支付特许权
	土地征收和抵偿
	低价出租或出售厂房
	技术援助、培训和信息咨询服务

---

① 张可云：《区域经济政策》，商务印书馆2005年版。

续表

类型	操作形式
直接控制	新建扩建企业许可证制度 城市功能区划分
政府采购	对落后地区公司的强制性采购比重
公共区位	政府机构和公营企业单位的扩散或区位调整

（五）区域经济政策的作用

1. 有利于促进国民经济的持续、健康、快速发展

一国国土是由若干个相互联系的区域构成的，各区域的经济社会发展水平与发展速度是不同的，从而形成国土区域经济格局。经济格局（特别是其中的区域经济差距）对国民经济和社会发展具有重大的影响。政府通过区域经济政策进行宏观调控，缩小区域经济差距，解决区域经济格局失衡、区域不合理竞争等引起的较高的通货膨胀和失业率，优化产业结构、贸易结构、地域结构，从而使国民经济持续、健康、快速发展。

2. 促进资源配置的优化

区域经济政策是一项配置性政策，其最根本的任务和最主要的作用是实现资源在社会生产中配置的优化。在现实经济中，由于规模经济、外部经济、迁移成本、心理成本等的存在，资本和劳动力的流动具有地理惰性，存在流动壁垒。因此，市场机制在资源配置中存在缺陷，需要政府这只"有形的手"去弥补。

3. 促进战略性发展

在国土幅员广阔的大国，其区域发展的不均衡程度一般也更强，区域经济格局转变中蕴藏着广阔的经济发展空间，区域经济政策的战略性作用因此也更强。如我国的西部大开发为重点的区域经济政策，即实现将国民经济的发展建立在主要依靠国内市场的发展战略的重要构成部分之一，担负着促进中西部地区经济社会发展和化解东部地区再发展面临的资源、市场、生态环境问题的双重重任。

4. 促进就业与社会公平

不同地区由于经济发展水平和人口压力的不同，其就业水平也不同。失业不仅是国家人力资源的浪费，还会引发一系列社会问题。因此，区

域的失业问题，必须依靠以区域经济政策为主体的多种政策干预，通过区域经济的发展或失业群体的迁移，才能有效化解。

5. 促进国防空间结构、民族空间结构等的合理化

自由市场经济下的区域经济格局通常不能满足国防空间结构、民族空间结构的要求。这类非经济性的空间结构的优化当然可通过非经济的干预手段实现，但区域经济政策在这些方面的作用也不容忽视。[①]

第二节　区域经济政策评价

一　区域经济政策评价的类型

区域经济政策效应评价有多种分类法，从不同的角度出发有不同类型划分。按评价对象，可分为区域财政政策效应的评价、区域产业政策效应的评价、区域投资政策效应的评价等；按评价工作与区域政策实施在实践上的关系，可分为区域经济政策效应的事前评价、中期评价和事后评价；按评价的目的，可分为区域经济政策效应的过程性评价和总结性评价；按评价者，可分为区域经济政策效应的内部评价和外部评价；按评价的详略程度，可分为区域经济政策效应的概略评价和详细评价等。区域经济政策效应的评价类型的划分，便于对其深化认识和进行有针对性的分析，保证评价工作能有效地进行。区域经济政策评价的类型不同，其评价的对象和目的有侧重，评价的条件和背景有差异，反映在评价的要求、内容和方法上也必然有所区别。[②]

二　区域经济政策评价的阶段和步骤

作为正确制定、选择和适时调整区域经济政策的基础工作，区域经济政策效应评价是一项经常性的工作，是连续的、动态的系统反馈，从发现区域问题到制定及实施区域经济政策来解决区域问题，需要经过问题的提出、目标确定、政策设计、效应评价、实施政策再到效应评价等一系列阶段性的工作。

（一）区域问题分析

区域经济政策的制定和实施，主要是为了解决已发生和将要发生的

---

① 储东涛：《区域经济学通论》，人民出版社 2003 年版。
② 安虎森：《区域经济学通论》，经济科学出版社 2004 年版。

区域差异问题。区域问题分析应包括对问题类型、特点、性质、成因、程度和对国家及地区未来社会经济发展的影响等多方面的内容。区域问题随着社会经济的发展和区域经济政策的实施会不断地发生变化，因而需要定期对其进行追踪分析。问题分析的重心是确定区域问题的重点和关键所在。

（二）区域经济目标的确定

区域经济政策的目标是制定区域经济政策的起点和终点，同时也是区域经济政策评估的依据、标准和工具。目标的确定应注意以下五个方面的问题：（1）要有针对性，即针对要解决的区域问题的类型、性质和特点等；（2）要适度合理，即要考虑到未来国家及地区解决区域问题的各种客观条件和能力等；（3）要从多角度、多方面考虑目标的设计，即应从解决区域差异问题、促进地区协调发展和国家及地区社会经济持续发展等多方面来考虑其目标的设计，建立包括社会、经济、政治、环境、资源等在内的目标体系；（4）要具体化和定量化，即为了便于区域政策效应的预估和评价，应将区域经济政策目标尽可能地细化并确定目标的具体数值；（5）要有阶段性，即在确定区域经济政策目标的同时，应说明其可能的环境、条件和阶段。

（三）区域经济政策的设计

应根据要解决的问题和要达到的目标来进行区域经济政策的设计。包括：（1）区域经济政策宏观调控参数方案的设计；（2）侧重于解决区域某方面问题的某类区域经济政策；（3）有若干既相互独立又相互联系的区域经济政策手段组成的区域经济政策体系。在区域经济政策设计过程中应注意以下几方面的问题：（1）应根据要解决的区域问题和所确定的目标提出特定时期的区域经济政策方案；（2）所设计的区域经济政策不能独立于国家宏观政策大系统；（3）一个完整的区域经济政策体系的设计，应包括区域经济政策的种类，各类区域经济政策之间的区别与联系；（4）应尽可能设计多套区域经济政策方案供评价和择优；（5）区域经济政策方案应尽可能细化并加以数量说明。

（四）事前评价

其主要任务是运用多种方法和手段，对已设计的若干区域经济政策方案在未来实施过程中的结果和效益进行系统评价和综合分析。事前评价的主要内容有：（1）对影响区域经济政策方案实施的各种条件和因素进行分析和预测；（2）根据区域经济政策目标，确定出评价指标和评价标准；（3）对影响区域经济政策投入产出的有关信息、资料进行收集和处理，选择和确定有关评价参数值；（4）根据评价的对象、条件和要求，选择并确定评价方法；（5）对区域经济政策方案的投入产出的项目构成进行分解和估算，用已确定的评价方法对区域经济政策未来实施过程中的结果和效益进行评价和分析；（6）根据评价分析结果的具体情况，或提出较好的方案供有关部门选择，或重复上述各步骤工作。评价过程中应根据区域经济政策的类型及特点选择适用的评价方法，并尽可能选择多种方法和手段进行系统评价和综合分析。

（五）区域经济政策的选择和实施

区域经济政策选择，是区域经济政策制定部门和决策者根据存在的问题区域、区域经济政策目标、区域经济政策方案及其评价报告，综合考虑和全面衡量各方面的情况及条件，对未来推出的区域经济政策方案或区域经济政策体系所作出的选择。区域经济政策被确定下来后，就应适时地推出、实施。在实施过程中，应注意政策的稳定性和灵活性的有机结合。应采取经济、法律和行政等多种有力的手段，使区域经济政策能够得到有效实施，应对实施过程中所产生的结果和所遇到的问题进行定期的监测和追踪。

（六）事后评价

区域经济政策实施到一定阶段，应对其实施背景、条件、结果、效益等再进行系统评价和综合分析。事后评估的主要内容包括：（1）对已实施的区域经济政策的结果和效益进行计算，并和预期的目标进行比较，对区域经济政策效果及政策方案本身等作出评价和分析；（2）对区域经济政策的背景、基础、因素和条件等进行分析，对其变化程度、类型和特点进行判断；（3）根据上述两个方面的评估结果的组合类型，确定不同的策略，或继续实施原区域经济政策方案，或对原区域经济政策方案进行调整，或重新制定新的区域经济政策方案。[①]

三　区域经济政策评价的方法

区域经济政策评价方法是区域经济政策评价的重要内容。评价方法选择的合理性，直接决定了区域经济政策效应评估结果的真实性，并进

---

① 李京文：《走向 21 世纪的中国区域经济》，广西人民出版社 1999 年版。

而影响到区域经济政策选择。区域经济政策评价的方法可以分为直接评价法、部分评价法、综合评价法三大类。

（一）直接评价法

直接评价法是通过分析事前确定的评价标准在不同时间、不同空间、不同部门或不同条件下的各种变化来衡量区域经济政策可能产生影响的一种评价方法。根据评价标准的不同，该方法又可以细分为劳动力标准评价法、资本标准评价法、环境标准评价法和社会福利标准评价法等。

（二）部分评价法

部分评价法是对区域经济政策某单项政策目标实现状况进行分析评价的一种方法。它通过分析受援地区的某单项指标（如就业、投资、工业等）变化情况来评价区域经济政策对受援地区的具体影响。

（三）综合评价法

有关综合评价法的定义和具体范围目前无确切标准，一般认为综合评价法是指将区域经济政策的全部成本和利益进行综合分析的一种分析方法，即区域政策成本效益分析方法。与其他评价方法相比，它具有三大特点：一是综合程度高，需要将区域经济政策的所有成本和所有效益进行对比分析。二是工作难度大，但评估价值较高。从理论上讲，区域经济政策成本效益分析包含经济、社会、政治、生态等在内的多个方面，其影响范围包括区域内所有核算单位和个人，只有估算出其全部的成本和效益才能进行科学的评价。三是使用灵活，既可以用于事前评估，又可以用于事后评估。

第三节　区域经济政策规律

一　不同阶段的区域经济政策重点

（一）基本概念

在探寻区域经济政策制定具有何种规律前，必须明确两个基本的概念，即区域问题和问题区域。

区域问题，是指区域发展过程中政治、经济、文化等各个方面所出现的困难和阻碍。在区域经济研究的领域中，区域问题主要表现在三个方面：其一，发展速度缓慢，总体水平较低。这是世界上每个国家在社会经济发展初期都会具有的通病。由于经济社会刚刚起步，各方面的基础设施都较为落后，技术水平和教育水平跟不上时代进步的步伐，失业率高，人民的生活得不到保障。其二，经济过热，通货膨胀，社会经济结构极易崩塌。这种现象在资本主义几百年的经济发展进程中已经被视为顽疾，国家的经济发展态势直线上升，直至不能被控制，经济过热造就的虚假繁荣充斥社会的各个角落，使整个社会的经济发展摇摇欲坠。其三，经济呈现负增长的现象，各行各业萎靡不振，一片萧条景象。这类问题通常出现在经济虚假繁荣之后，此时的社会生产力低下，失业率高，产业结构由先进转为落后，从而社会动荡，民不聊生。

问题区域是指中央政府区域管理机构根据一定的规则和程序确定的受援对象，是患有一种或多种区域病并且若无中央政府援助则难以靠自身力量医治这些病症的区域。问题区域依据不同的划分方式可以分为许多种类，就以上述区域问题为划分标准可以划分为：产业结构以农业为主，深居内陆，交通不便，自然条件较差的落后区域；以落后的传统产业为主，并逐渐衰退的萧条区域；经济过热，各类产业发展过于集中和拥挤的膨胀区域。每一片问题区域都相应地存在不同的区域问题，区域问题的变化经历了从经济落后到发展过快直至经济萧条的三个阶段，因此，问题区域也会随着这些区域问题的不断变化而变化，所以，区域问题和问题区域是动态变化的，具有阶段化的发展特征。[1]

（二）发展阶段区域

经济政策的制定就是旨在解决各类区域问题，帮助问题区域摆脱困难，协调各区域之间的共同发展。正是问题区域和区域问题具有不断变化的阶段性的特征，使区域经济政策在制定的过程中也会随着区域问题的变化而改变。美国经济学家钱纳里（Hollis B. Chenery），根据人均国内生产总值将不发达经济到成熟经济的发展过程分为了三个时期六个阶段，并做了详细阐述。

1. 初期产业时期

初期产业时期中包含有两个阶段：第一阶段是以农业为主、生产力水平非常低下的不发达经济阶段。该阶段尚未步入工业化，许多空间布局和组织问题并未得到关注，因此区域经济政策还未能形成。第二阶段

---

[1]　朱明春：《区域经济理论与政策》，湖南科学技术出版社 1991 年版。

是国家产业结构从传统的农业为主转向现代工业为主的工业化结构。虽然此阶段的工业化水平较低，但是国家已经迈入了工业化社会，区域经济政策的萌芽已经出现。

2. 中期产业时期

经过工业化的短暂发展，国家步入中期产业时期，在该时期同样经历了两个发展阶段。

第三阶段的工业化水平有了显著的提升，工业生产结构在社会中的支柱作用越发明显，国家正式步入了工业化社会。在工业化社会，人们虽然取得了伟大的成就，但是许多的区域问题也开始逐渐地暴露出来。（1）工业化的发展扩大了城市的规模，具备工业化发展优势的地区得到了人们的广泛关注和政府的大力支持，而落后偏远的农村和不具备优势的地区逐渐被工业化的浪潮所淹没，地区之间的差距越发悬殊。（2）在一些工业化高度发展的地区，已经开始出现了严重的通货膨胀和经济萧条的现象，需要强大的政策力度予以扶持和平衡。（3）生产力的提高促使大量不同种类的工业产品充斥市场，市场范围进一步扩大，完善的市场监管成为必不可少的部分。在这一阶段，区域经济政策的重要性得到了前所未有的重视，为了解决出现的各种问题，这一阶段政府需要加大区域经济政策的力度。

3. 国家发展阶段

第四阶段以及后期产业时期的两个阶段分别是工业化后期阶段、后工业化阶段和现代社会阶段，这三个阶段归纳为国家发展阶段。这个阶段可以看作是后工业化社会，第一产业、第二产业已经进入了协调发展阶段，第三产业兴起并快速增长直至占据社会产业结构的主要位置，社会经济发展基本上实现了空间一体化，区域经济政策的制定重点从促进经济增长逐渐转向改善生态环境质量和提升人们的生活水平上来。[①]

除钱纳里教授的工业化阶段理论为区域经济政策的阶段性规律提供了依据之外，我们还可以从其他西方经济学家对工业化阶段的论述中窥探出区域经济政策制定的阶段性特征。1931 年，德国经济学家霍夫曼通过分析制造业中消费资料工业生产与资本资料工业生产的比重关系，得出了霍夫曼比重，并据此将工业化进程划分为四个阶段：消费资料工业

---

① 陈映：《区域经济发展阶段理论评述》，《求索》2005 年第 2 期。

占主导地位；生产资料工业发展迅速，但所占比重依然很小；生产资料工业和消费资料工业平分秋色；生产资料工业超过消费资料工业，标志着进入重工业化的阶段。四种阶段的划分也验证了国家从工业化早期直至后期的不同阶段在制定区域经济政策时所面临的重点和侧重点。此外，1966 年，约翰·弗里德曼在其《区域发展政策：委内瑞拉案例研究》一文中也指出，区域经济政策的制定与国家经济发展的不同阶段有直接联系。①

区域问题和问题区域产生于农业社会向工业社会和工业社会向现代社会的转型时期，是时代发展的产物，每次社会转型都会产生不同的发展阶段，而诸多的问题和困难也都产生于各个阶段之中。因此，在确定区域经济政策时，一定要结合各个阶段区域问题的特点，准确把握各个问题出现的社会经济背景和产生原因，对症下药。

二 区域经济政策方向的争论

凯恩斯主义所强调的政府干预经济，即由政府主导实施强有力的区域经济政策的手段，在挽救 1929 年全球经济危机方面做出了重大的贡献，政府在经济活动中的作用不断增强，因而很多经济政策朝着政府积极干预的方向制定。但是，1973 年 10 月爆发的第四次战争使石油价格激增两倍有余，从而触发了"二战"后最为严重的一场经济危机，为期三年的石油危机给西方资本主义国家造成了沉重的打击。"二战"后，凯恩斯主义的"反周期"思想盛行于西方发达国家，即当私人经济出现麻烦，生产的商品不能以有利可图的价格卖掉时，生产会跌落到现有的潜力之下。到 20 世纪 60 年代，部分干预主义者发展了凯恩斯主义的这种思想，即在经济好转的时候会使政府的税收增加从而对经济复苏起刹车作用。这样，经济复苏就难以充分实现而造成一种复苏贫血症。他们认为，由此产生的实际生产和潜在生产能力之间的差额应当用扩大公共开支、减税、放松银根、降低利率来加以消灭。②

无论这些区域经济政策取得了何种功效，但是它没能阻止或改善 20 世纪 70 年代中后期出现的石油危机和经济滞胀现象，随后对区域经济政策的方向问题的讨论接踵而至。在 1979 年，麦克伦南和帕尔在其著作

---

① 荼洪旺：《区域经济发展的第三种理论》，《学术月刊》2008 年第 10 期。
② 安虎森：《区域经济学通论》，经济科学出版社 2004 年版。

《区域政策：过去的经验和未来的方向》中认为，在对区域经济政策的众多争论中，大致可以分为两个派别，即激进的改革主义和渐进的改良主义。改革主义着重运用控制手段强化区域经济政策。在实施策略上，以政府为主体在最大范围内对企业进行有效干预，尤其对于占据大部分市场份额的大企业，必须要采取最为强有力的方式达到控制的目的。以美国为例，美国联邦政府对于企业尤其是大型企业历来持有非常宽容的态度。从19世纪末20世纪初开始，美国共经历了三次企业兼并的浪潮，第一次兼并浪潮发生于19世纪末20世纪初，主要为同一产业部门的大企业吞并小企业。第二次兼并浪潮发生在20世纪20年代，其特点是从控制生产开始，到控制原料的供应和加工，直至最终控制销售市场。第三次兼并浪潮则发生在"二战"后，从50年代中期至70年代，其特点为混合合并，即在产品的生产和销售上互不联系的企业进行合并和吞并，从而形成混合联合公司，大型企业在政府优惠政策的庇护之下不断地扩张，发展至20世纪70年代已经严重抑制了中小企业的生长，全社会经济活力明显下降，成为美国经济出现滞胀现象的一个重要原因。基于此，改革主义者认为，这些掌握了庞大资源的企业家拥有足够的力量与区域经济政策制定的目标背道而驰，因此它们主张大企业在进行大项目投资时，应该与政府协调，获取政府对投资计划的批准，而政府应该认真监督并确保计划的有效实施。虽然此类主张在规范国内市场秩序、激发企业创造活力方面十分有益，但是也可能造成资本外逃现象的发生。①

主张以渐进手段干预经济的改良主义者们则有不同的看法，他们认为制定区域经济政策应当同时具备四个特性：第一，协调性。各个地方政府在制定各地发展政策的时候势必会出现矛盾与冲突，此时就需要中央政府进行协调，明确各地区区域政策项目实施的责任。第二，选择性。增强选择性强调政府在选择投资项目和规划布局时应当经过慎重考虑再作出决议。一般情况下，应当将稀缺资源优先提供给最有发展前途的区域。第三，灵活性。如前文所述，区域问题和问题区域都是动态变化的，问题的多变势必要求政策的灵活性，区域经济政策契合区域环境对于政策的有效性十分重要。第四，创新性。在激发企业活力上，主张以区域劳动力补贴、区域信贷政策和运用财政资源建立公共部门三种方式为主

---

① 赵晓晨：《动态比较优势在实践中的发展》，《经济经纬》2007年第3期。

要方向制定区域经济政策。①

小 结

　　区域经济学作为一门着重研究社会经济活动的空间布局与区域协调的应用型科学，虽然其发展的历史较短，但由于其兼具较强的应用性和综合性，该学科已经发展成为了具有坚定发展方向且具备巨大潜力与实践价值的成熟的经济学科。在人类经济研究史上，人们对于空间问题做了许多的探讨和尝试，最早可追溯到 1826 年杜能关于农业土地区位选择的经典分析，并且在"二战"前后，以韦伯、帕兰德、霍特林、普雷德尔、克里斯泰勒和廖什为代表的经济学家在空间经济分析方面做出了各种开创性的研究，发展至 20 世纪 50 年代后，区域经济学作为空间经济问题的分析框架逐渐为世人所接受，并发展成为了一门独立的经济学分支学科之一。时至今日，区域经济学的理论框架已经趋于成熟，可以归纳为四大理论：区域经济发展理论、区域经济空间理论、区际关系理论和区域经济政策理论。

　　区域经济发展是指区域内总产出不断增加、区域产业结构及空间结构不断优化、区际引力与辐射能力不断提高的过程。区域经济发展与一般经济发展的概念既相互联系又有区别。共性特征是：二者均表现为财富和福利的增长，是一个动态的过程。在这一过程中，亚当·斯密认为，自然资源、劳动力、资本和技术条件是影响一个区域经济发展的主要因素，这四个要素相辅相成，共同构建了区域经济的良性发展。在此基础上，本书还简单地阐述了几个重要问题和理论。第一，在评判标准方面。区域经济发展主要可以从时间空间维度和区际关系入手，将经济增长、空间结构演化和区域间的交互作用视为评判一个地域经济发展是否处于健康和良性发展状态的标尺。第二，在区域经济发展理论的研究内容方面。主要包括区域经济增长理论、区域经济增长模式和均衡非均衡理论。关于区域经济增长理论的发展主要经历了从古典经济增长理论向现代经济增长理论的转变。亚当·斯密作为古典经济增长理论的代表之一，认

---

① 茶洪旺：《区域经济发展的第三种理论》，《学术月刊》2008 年第 10 期。

为贵金属的高价值可能并不是任何特殊国家贫困或富裕的证明，它仅仅证明向商业世界提供贵金属时期所发现的金矿的贫瘠。在现代经济增长理论中，以保罗·罗默、卢卡斯和格罗斯曼等为代表的经济学家经过大量研究，最终得出了新增长理论的三个基本结论：经济增长是经济系统中内生因素作用的结果；技术进步是追求利润最大化的厂商进行投资的结果，内生的技术进步是经济增长的决定因素；经济政策能够影响经济的长期增长率。第三，在区域经济增长模式方面。由于不同国家或地区的资源要素禀赋不同，起始点不同，所采取的发展道路不一定相同，据此区域经济增长模式可以分为五类，即工业化的一般模式、重工业优化发展模式、进口替代发展模式、出口导向发展模式和农业发展模式。每一种模式都与国家的经济发展相关，且都有其利弊，只有运用得当才能够促进区域经济的良性发展。第四，均衡与非均衡发展理论。均衡发展与非均衡发展贯穿于区域经济发展的始末，是一对对立统一的矛盾体，二者相互交替，共同推动着区域空间从低层次向高层次的演化。在均衡理论中，以英国经济学家保罗·罗森斯坦—罗丹的大推进理论和纳科斯的贫困恶性循环理论最为典型。罗丹认为，资本供给、储蓄、需求具有不可分性。基于此，他主张发展中国家和地区在全面发展工业的过程中，必须对各个产业部门按相同比重进行大规模投资，实行"大推进"式的发展战略，才能保证产品的生产和需求达到均衡，实现工业化目标。纳科斯特别强调了市场规模对经济增长的决定性作用，提出只有全面地在消费品生产、资本品生产和基础设施等各部门进行投资才能实现整个国民经济的全面快速增长，打破贫困的恶性循环。非均衡发展理论的研究较多，较为典型的有不平衡发展理论、循环累积因果理论、增长极理论、梯度推移理论、核心边缘理论、辐射理论和点轴开发理论。区域经济的差异一直是区域经济学研究的核心问题，因此，该理论在区域开发与规划的过程中能够提供良好的战略选择和理论基础。

区域空间的结构指的是在一定地区范围内，各经济要素之间的相对区位关系和分布形式。这是人类经济活动和区位选择在长期的经济发展过程中的结果，是经济活动的空间表现形式。首先，区域空间结构主要由节点、线路、网络以及域面四个基本要素组成。节点指的是各种经济活动由于在地理空间上的集聚从而形成的点状分布形态，其分布形态既可以是规则的，又可以是不规则的，也可以归纳为均匀的、集聚的和随机的。线路是指某些经济活动在地理空间上呈现出的线状分布的状态。网络指的是有相关性的点和线相互连接所形成的，它是区域空间中节点和线路的载体；域面指的是某些经济活动在地理空间上表现出的面状分布的状态。总而言之，空间结构就是由点到线再到面的发展过程的结合体。其次，在点向面发展的过程中逐渐形成了三种，区域经济空间的类型：极核式空间结构、点轴式空间结构、网络式空间结构。三种区域经济空间类型既有特征上的差异性，也有时间上的延续性。再次，在区域经济空间研究方法方面，主要分为学科研究的思维方法和技术方法，目前数理方法和计算机模拟的方法逐渐成为研究区域经济空间结构的方法。最后，西方许多经济学家在对区域经济空间结构的研究中提出了诸多理论，其中增长极理论、中心—外围理论和圈层结构理论为经济空间结构的研究提供了很好的理论基础。增长极理论，由法国经济学家弗朗索瓦·佩鲁在20世纪50年代中期首次提出。该理论认为，实现平衡发展只是一个国家的一种理想，在现实中是不可能的，经济增长通常是从一个或数个"增长中心"逐渐向其他部门或地区传导。因此，应选择特定的地理空间作为增长极，以带动经济发展。该理论的出现为西方区域经济学的发展奠定了基础，随后在该理论的基础之上，许多的西方学者对增长极理论进行了继承和发展，例如，布达维尔对增长极概念的专业化解释、缪尔达尔的循环累积因果理论、赫希曼提出的极化效应和涓滴效应以及威尔伯·汤普森的城市规模棘轮假设等。关于中心—外围理论，最早由美国经济学家弗里德曼于1966年在其著书《区域发展政策》中提出。他认为，发展可以看作一种由基本创新群最终汇成大规模创新系统的不连续积累过程，而迅速发展的大城市系统，通常具备有利于创新活动的条件。创新往往是从大城市向外围地区进行扩散的。总而言之，该理论主要包括经济增长的空间动态的过程、空间结构的基本形态和核心区域与外围区域的简单划分三个模块的内容。中心—外围理论虽然存在着一些局限性，但是该理论丰富了区域空间理论体系，具备一定的实际意义。关于圈层结构理论，19世纪，德国经济学家杜能在其著书《孤立国》中提出的"杜能环"即早期圈层空间结构模式的代表。该理论认为，城市在区域经济发展中起主导作用，城市对区域经济的促进作用与空间距离成反比，区域经济的发展应以城市为中心，以圈层状的空间分布为特点逐步向外发展。圈层结构具有非常重要的实践意义，目前，该理论已经被广泛地应用于不同类型、不同性质、不同层次的空间规划之中。

区域经济关系是指相关区域之间在商品、劳务、资金、技术和信息方面的交流，及在此基础上发生的关联性和参与性经济行为。一般而言，区域经济关系可以分为区域内部关系和区域之间关系两大类，或者水平关系、垂直关系和互补关系三种类型。其中，水平关系是区域内外对于市场或原料的竞争，是一系列活动的组合；垂直关系是区域关系中一种活动的产出作为另一种活动的投入时所结成的相互吸引的关系；互补关系往往产生于区域效应的相互吸引。总而言之，对于区域经济关系理论的阐述，主要可以从以下两大模块进行：区域间竞争理论和区域间合作理论。关于竞争理论，区域竞争力的研究是其核心点。区域竞争力指区域内各经济主体在市场竞争的过程中形成并表现出来的争夺资源或市场的能力，或者说是一个区域在更大区域中相对于其他同类区域的资源优化配置能力。在一国综合竞争力的发展过程中也同样受诸多因素的影响，较具有代表性的因素有产业发展程度、企业竞争力、对外开放程度、科学技术水平和劳动力水平等。这些因素之间相互影响、相互作用，为区域竞争力模型的构建奠定了基础。在区域竞争力模型的构建中，钻石模型和 IMD 区域竞争力模型比较具有代表性。20 世纪 90 年代初，美国经济学家迈克尔·波特通过对不同国家产业国际竞争力的大量研究，基于产业结构的五力模型提出了该理论，该理论认为某一国的特定产业是否具有国际竞争力，取决于要素条件、需求状况、支持性产业和相关产业、企业战略结构与竞争、机遇、政府作用六大因素，其中前四个因素是影响产业国际竞争力的决定因素。IMD 区域竞争力模型诞生于瑞士洛桑国际管理学院，该理论认为，区域竞争力就是一个国家或一个公司在世界市场上生产出比其竞争对手更多财富的能力。这两大模型对于区域经济竞争关系的研究做出了巨大贡献。在经济全球化步伐逐渐加快的今天，世界上的每一个国家甚至每一片区域都不可能独善其身，经济交流日渐频繁，区域合作也显得越发的重要。具有代表性的区域合作理论包括区域经济一体化理论、国际依附论、新国际分工理论和新经济地理理论。

区域经济政策是政府处理区域性事务的工具和手段，是由政府针对区域问题而制定的一系列政策的总和，是典型的政府行为，也是区域经济学应用性的具体体现。政府及相关部门在制定政策时，为确保政策制定方向的正确性和实施的有效性，需要建立在三大理论基础之上：地域分工理论、区域发展阶段理论、非均衡协调发展理论。地域分工理论主要以地区之间的优劣条件和主导产业发展为研究对象，是区域经济政策制定的依据。区域发展阶段理论则详尽阐述了"区域发展的不同阶段，都将形成一定特征的区域结构"这一基本规律，突出政策制定符合实际情况的重要性。非均衡协调发展理论是基于上述两大理论而提出的新理论，是区域经济发展的基本理论。在这三个重要理论的基础之上，区域经济政策理论可以从以下几个方面切入：第一，区域经济政策的内容及政策工具。在内容方面主要包括区域财政政策、区域金融政策、区域投资政策、区域产业政策、区域就业政策以及特殊地区的特殊政策等。区域经济政策工具则可概括为公共投资、转移支付、经济刺激、直接控制、政府采购和公共区位六种类型，每种工具都有其优势和局限，综合使用才能够使其效用最大化。第二，区域经济政策的评价方法和步骤。在评价方法上主要有直接评价法、部分评价法、综合评价法三大类。区域经济政策评价方法是区域经济政策评价的重要内容，评价方法选择的合理性，直接决定了区域经济政策效应评估结果的真实性，并进而影响到区域经济政策选择。对政策评价则需要经过问题的提出、目标确定、政策设计、效应评价、实施政策再到效应评价等一系列阶段的工作。第三，政策制定的阶段性特征。每一片问题区域都相应地存在着不同的区域问题，区域问题的变化经历了从经济落后到发展过快直至经济萧条的三个阶段。因此，问题区域也会随着这些区域问题的不断变化而变化。所以，作为应对措施的区域经济政策必然和这些问题的变化密切相关，从而显示出阶段化的变化规律。该规律在许多西方经济学家对于工业发展阶段的论述中皆有所体现。

区域经济学的四大理论虽然在研究对象、研究内容以及致力于解决的问题方面存在很多的不同，但是同属于区域经济学这一总体的理论框架，对解决区域经济发展中所出现的矛盾和困难做出了巨大的贡献。

第二部分

区域经济实践

第五章 贵阳市劳动力、就业与失业分析

第一节 劳动力、就业与失业的内涵及特征

一 劳动力的内涵及特征

马克思在剩余价值论中把劳动力表述为人的劳动能力，即人在劳动过程中所运用的体力和智力的总和。在经济学中，劳动力有狭义与广义之分。狭义的劳动力是指在一定的年龄范围内，具有劳动能力并愿意参加有报酬的市场性劳动的全部人口。同时，经济学界对劳动力的界定又分为三种：一是人的劳动能力；二是具有劳动能力的个体；三是整个社会具有劳动能力的个体的总和。广义上的劳动力即是指后两者。此外，不在特定的年龄范围或没有就业意愿的都不属于劳动力的范畴。不同的国家对劳动力年龄范围的规定不同，我国在人口统计中常把男性16—60岁、女性16—55岁的人口划分到劳动年龄组①。因此，我国的劳动力是指此年龄范围内有劳动能力的人口。

劳动力是劳动能力的载体，劳动能力包括体力、智力、知识、技术等能够在劳动过程中发挥作用的因素。因此，劳动力在质量上表现为劳动者所具有的这些因素，在数量上表现为具有劳动能力的人口。一定时空范围内的劳动力数量与该范围内的人口数量呈正相关关系，但两者并不一定相等，在一般情况下前者小于后者。一定时间和地域空间范围内劳动力人口所具有的现实和潜在体力、智力、知识和技能的总和就构成了劳动力资源。劳动力资源是一种重要而特殊的资源，它是人类社会财富生产和增加的源泉，它的载体是有思想、有社会性、有主观能动性的

---

① 国家统计局网站。

人。在人类社会发展过程中，随着生产中技术含量不断提高及内涵式再生产的扩展，劳动力资源尤其是人力资本的社会经济价值正在迅速提高。劳动力资源是社会经济发展的基础，是科技和生产力进步的前提条件，在社会生产中有着不可替代的地位。因此，开发劳动力资源，增加社会劳动力资源现实存量，提高劳动力资源质量，是世界各国一致的目标。①

劳动力作为经济活动中的生产要素，具有其自身的特点。首先，劳动力具有生物性和时限性。人首先是一种生物，劳动力存在于人体之中，是有生命的"活"资源，与人的自然生理特征相联系。人的最基本的生理需要带有某些生物性的特征。在应用中，要了解人的自然属性，根据人的自然属性与生理特征发挥它的作用。作为生物有机体的劳动力，其生命是有周期的，每个人都要经历幼年期、少年期、青年期、中年期和老年期。其中具有劳动能力的时间是生命周期中的一部分，其各个时期生产率不相同。也就是说，劳动力的形成和产出效率要受其生命周期的限制，即时限性。如果其未能在这一时期充分利用（劳动力失业），就会导致劳动力资源的浪费。其次，劳动力具有再生性和增值性。劳动力的再生性，是基于人口的再生产，通过人口总体内个体的不断更替和"劳动力耗费—劳动力生产—劳动力再次耗费—劳动力再次生产"的过程得以实现。同时，劳动力的知识与技能可以通过培训和再学习等手段得到更新。此外，劳动力再生过程也是一种增值的过程。劳动力使用过程中，一方面可以创造财富，另一方面通过知识经验的积累、更新，提升自身的知识和技能，从而使其实现价值增值。最后，劳动力具有社会性和能动性。人处在一定的社会之中，是以社会的存在为前提条件的。劳动力的社会性，主要表现为在经济活动中人与人之间的交往及由此产生的联系。个体劳动力的素质，必将形成高水平的劳动力资源。但是，在高度社会化大生产的条件下，个体劳动力要通过一定的群体来发挥作用，合理的群体组织结构有助于个体的成长及高效地发挥作用，不合理的群体组织结构则会对个体构成压抑。能动性是劳动力区别于其他生产要素的本质所在，其他资源在生产过程中完全处于被动的地位。劳动力则不同，它有思维与情感，能够主动学习与自主地选择职业，能够发挥主观能动性，能够在经济活动中发挥创造性的作用。

---

① 徐林清：《中国劳动力市场分割问题研究》，经济科学出版社 2006 年版。

劳动力既是人口学、管理学问题，更是经济学问题。第一，劳动力资源就是人力资源，是区域经济发展的重要资源，属于经济学范畴；第二，劳动力资源通过培养、使用、流动、配置等环节的开发，使劳动力资源转化为劳动力资本，因此这个过程又是劳动力资本的形成过程；第三，劳动力资源必须与其他经济资源相结合，才能发挥其价值，因此劳动力就业与失业本质上是一种劳动力资源开发配置过程；第四，劳动力资源开发与区域特定资源禀赋、历史基础、文化底蕴等密切相关，因此从区域经济学角度来看，劳动力就业与失业是一个区域经济学问题。①

二　就业的内涵及特征

就业是指劳动力从事合法社会劳动，并获得相应的劳动报酬或经营收入的状态。它是劳动力和社会岗位匹配的一种社会经济现象。从不同的角度对就业现象进行分类，可以更清楚准确地认识一定区域内的就业状况。英国经济学家凯恩斯在其著作《就业、利息与货币通论》中提出了充分就业的概念，即在某一工资水平下，所有愿意接受这种工资的人都能得到工作。这一概念揭示的是社会现存劳动力和总体就业水平的关系。充分就业是国家宏观经济政策的第一目标，政府运用各种经济手段来干预，努力使其就业水平接近充分就业。

就业是劳动力获取生存和发展物质资料的基本途径，同时为社会经济的持续发展提供支撑和动力。就业作为一种经济现象具有的特征有：一是双向性，即劳动力可以自由择业，职位提供者也可以根据职位要求选择适合的劳动力；二是产出性，就业必须是就业者的劳动能够为企业或社会创造物质或精神财富，如果没有产出，也就不能成为经济活动中的生产要素，就不存在市场需求；三是有偿性，劳动力就业是为了获得报酬，如果劳动没有报酬，劳动力市场就会出现无限需求和零供给的极端现象，甚至不会形成劳动力市场。

三　失业的内涵及特征

失业与就业是相对立的状态，是指劳动力没有工作而又在寻找工作的状态。失业能够对一国的社会和经济产生严重影响，各国都重视失业问题，国外及国内学者都对失业进行了比较系统的研究。在宏观经济学中，根据失业的原因，将失业分为三种类型：摩擦性失业、结构性失

---

① 单晓娅：《贵州省城镇劳动力资源可持续发展研究》，贵州人民出版社 2007 年版。

业、周期性失业。前两者又称为自然失业，与之相对应的是充分就业。如果只存在自然失业，意味着实现了充分就业。宏观经济学认为，自然失业是经济社会在任何时期一直存在着的一定比重的失业人口，为此，用自然失业率（自然失业人口与劳动力人数的比率）来衡量失业问题的严重程度及是否实现充分就业。我国针对失业情况主要的统计口径为城镇登记失业人员和城镇登记失业率。城镇登记失业人员指有非农业户口、在一定的劳动年龄内（16 周岁至退休年龄）、有劳动能力、无业而要求就业，并在当地劳动保障部门进行失业登记的人员。城镇登记失业率是指城镇登记失业人员与城镇单位就业人员（扣除使用的农村劳动力、聘用的离退休人员、港澳台地区及外方人员）、城镇单位中的不在岗职工、城镇私营业主、个体户主、城镇私营企业和个体就业人员、城镇登记失业人员之和的比。这种统计口径仅限于城镇，不包括农村的失业人员，同时仅限于在当地就业服务机构正式登记的失业人员，没有正式登记的未计算在失业之内。所以，这样统计出来的失业率肯定会低于实际失业率。

失业是劳动者和生产资料分离、暂时没有把劳动力这种要素投入生产的状态。因此，它最明显的特征就是没有产出，也就没有了报酬①。和就业相比，失业既可能是双向性的，也可能是单向性的。自愿失业大多具备双向性特征，劳动力不满意职位而宁愿选择失业，同时用人单位也认为求职者不合适，或者认为求职者提出的工资及福利条件与求职者本身能力不符。目前，失业主要是由于劳动力市场上劳动力供给大于需求导致的，也就是用人单位对劳动力的选择。失业问题不仅关系经济发展，还影响政治和社会的稳定。

四 劳动力资源、就业与失业的相互关系

劳动力资源是所有劳动力的总和，如果把劳动力资源看成是一个集合，则就业人口是它的子集，失业人口是就业人口的补集。在一定区域、一定时期内，劳动力资源是相对稳定的，就业与失业是相对的，就业人口增加，失业人口就会下降。但是，一般情况下劳动力资源是变动的，可能存在就业人口和失业人口同时增加的情况。西方经济学家通常用失业率来衡量就业的程度，而失业率的下降，必然会使就业率上

---

① 这里所指的报酬不包括政府救济、补助或者私人捐赠。

升，这是在任何情况下都存在的。如何降低失业率，实现充分就业，既是各国政府重视的问题，也是宏观经济政策的目标。① 但是关于充分就业时的失业率究竟是多少，各地区经济社会情况不一样，没有统一的界定。

劳动力资源与就业的关系，可以从劳动力的数量和质量方面来研究。从数量上来说，劳动力资源与就业没有绝对的关系，劳动力是否存在就业困难的问题，是相对于劳动力需求来说的。在经济平稳发展的背景下，劳动力需求的增加小于供给增加，尤其是先进设备的引进和应用，很多人工岗位用机器来替代，进一步制约了对劳动力的需求。从数量上来说，劳动力增加会增加就业困难，失业率上升；从质量上来说，单个劳动力素质高或经过教育培训提高，一般情况下就业机会大。但是在实现充分就业的情况下，社会中整体劳动力的素质高，并一定意味着低失业率，整体劳动力素质的提高，未必就一定会增加就业。在这种情况下增加就业率，需要减少劳动力数量或者加快经济的发展。劳动力资源与失业的关系，正好相反。

第二节　贵阳市劳动力、就业与失业的现状

一　劳动力现状

（一）劳动力总量与性别结构

表 5 - 1　　　　　　　贵阳市 2010 年劳动力总量与性别结构　　　　　单位：人

合计		男性		女性	
总人口	劳动适龄人口	总人口	劳动适龄人口	总人口	劳动适龄人口
4324561	2942641	2221896	1563868	2100715	1378773

资料来源：根据贵阳市第六次人口普查资料整理计算而得。

据表 5 - 1 显示，在总人口中男性人口总数大于女性，人口总数是影响劳动力数量的重要原因。贵阳市男性劳动适龄人口要多于女性，并且

---

① 罗润东、刘文：《区域发展与人力资本的关系》，经济科学出版社 2009 年版。

男性劳动适龄人口占男性总人口的比重为70.38%，大于女性适龄人口占女性总人口的比重65.63%。总体上看，贵阳市劳动力资源丰富，男性劳动力要多于女性劳动力。

（二）劳动力的文化结构

从文化程度来看，在法定劳动年龄内的人口中，具有初中文化程度的劳动力最多，占劳动力总数的将近40%；其次是小学和高中，所占比重均为18%；具有大学专科以上文化程度的劳动力较少，所占比重为21%，其中大学专科和大学本科所占比重差不多，研究生所占比重最小，只占总数的不到1%（见图5-1）。由此可以得知，贵阳市劳动力的文化程度整体不高，未上过学和具有高文化程度的劳动力较少①，既说明贵阳市义务教育事业发展迅速，同时也说明高等教育有待进一步发展。

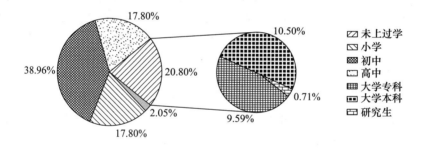

图5-1　2010年贵阳市劳动力文化素质构成

（三）劳动力流动状况

据贵阳市第六次人口普查资料计算，贵阳市常住人口发生流动的占总人口的21.18%，未发生流动的人口占78.82%。在总流动人口中，劳动适龄人口所占比重较大，男性劳动力流动人口数量大于女性劳动力，并且在省内流动的人数大于流向省外的人数，流动主体仍是由农村流向城镇，由欠发达地区流向发达地区。具体数据如表5-2所示。②

---

① 吕亚非：《我国就业与人力资源开发面临的教育制约》，《经济学动态》2004年第6期。
② 徐林清：《中国劳动力市场分割问题研究》，经济科学出版社2006年版。

表 5－2　　　　　2010 年贵阳市分年龄、性别的外出半年以上人口　　　　单位：人

年龄	合计			省内			省外		
	合计	男	女	合计	男	女	合计	男	女
合计	249383	134986	114397	203381	106505	96876	46002	28481	17521
0—4 岁	16259	8764	7495	13122	7068	6054	3137	1696	1441
5—9 岁	6839	3668	3171	5939	3171	2768	900	497	403
10—14 岁	8156	4221	3935	7517	3878	3639	639	343	296
15—19 岁	58930	29356	29574	53708	26459	27249	5222	2897	2325
20—24 岁	50565	26905	23660	41769	21686	20083	8796	5219	3577
25—29 岁	24533	13668	10865	18819	10092	8727	5714	3576	2138
30—34 岁	18054	10648	7406	13966	7990	5976	4088	2658	1430
35—39 岁	18776	11291	7485	13571	7759	5812	5205	3532	1673
40—44 岁	15148	9126	6022	10490	5956	4534	4658	3170	1488
45—49 岁	10557	6203	4354	7468	4099	3369	3089	2104	985
50—54 岁	6173	3488	2685	4620	2455	2165	1553	1033	520
55—59 岁	5312	2741	2571	3939	1868	2071	1373	873	500
60—64 岁	3797	1921	1876	3053	1471	1582	744	450	294
65 岁及以上	6284	2986	3298	5400	2553	2847	884	433	451

资料来源：根据贵阳市第六次人口普查资料整理计算而得。

二　就业现状

（一）贵阳市就业规模及评价

2010 年年末全市从业人员 241.46 万人，占劳动适龄人口的 82.16%，与 2000 年相比，从业人员增加了 37.17 万人。其中，在岗职工 69.84 万人（按经济类型分，国有单位在岗职工 41.18 万人，城镇集体单位在岗职工 2.35 万人，其他经济类型在岗职工 26.41 万人），城镇私营个体 46.65 万人，农村从业人员 118.83 万人，其他从业人员 6.14 万人。从总体上来说，虽然贵阳市就业人口增加，但就业率不高，农村从业人员所占比重较大，不利于进一步的城镇化建设。

（二）就业人口产业结构

就业人口在三次产业结构中主要表现为第三产业比重最大，其次是第一产业，第二产业比重最小。

从图 5-2 中可以看出，就业人口 43% 以上分布在第三产业，第三产业机械化程度和有机构成较低，具有较强的吸纳劳动力的能力，随着我市产业结构的调整，第三产业迅速发展，对劳动力需求大幅度增加。此外，随着农业生产现代化程度和农业劳动生产率的提高，从事农作物种植业的劳动力，逐步转移到城市，从事第三产业，这反映了贵阳市劳动力产业结构调整所取得的进展。

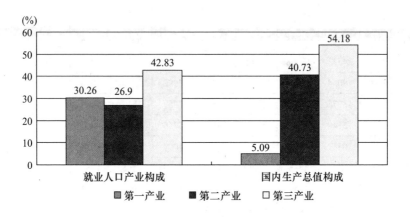

图 5-2　2010 年贵阳市就业人口产业构成和国内生产总值构成

就业人口产业分布与国内生产总值产业分布不一致，即就业人口产业分布比重从高到低依次为第三产业、第一产业、第二产业；而国内生产总值的产业分布比重从高到低依次为第三产业、第二产业、第一产业。第一产业就业人口所占比重较第二产业高，但创造的国内生产总值所占的比重却低，说明农业现代化程度和农业劳动生产率仍然较低，占用的劳动力较多。第二产业就业人口所占比重虽然较低，但其创造的国内生产总值比重却高。第三产业就业人口比重和国内生产总值比重都是最高的，说明贵阳市产业结构调整和大力发展第三产业收到了一定的效果。

三　失业现状

（一）城镇登记失业率下降，但实际失业率上升

2010 年年末贵阳市城镇登记失业率为 3.21%，低于同年年末全国城镇登记失业率 4.1%，但是由于中国统计失业的口径小于国际失业统计的口径，我国的失业人员限定在持有城镇户口的劳动力中，《中国统计年

鉴》中，没有"失业人员"指标，只有"城镇失业登记人员"指标。也就是说，只有城镇登记失业人员才被认为是失业人员，也只有他们才能享受失业保险，在城镇登记失业率里乡村的剩余劳动力、下岗人员及失业未登记的情况并没有得到反映，因此统计的失业率小于实际失业率。2010 年初中及以上毕业生总数为 180438 人①，农村富余劳动力转移人数 29736 人，这些人口中有很大一部分将成为新生劳动力进入劳动力市场，和新增就业岗位相比，差距较大，说明就业人口和失业人口都呈上升趋势，并且就业人数的增加超过了就业岗位的增加。

（二）失业类型主要为摩擦性失业和结构性失业

从贵阳市劳动力市场供求看，失业的类型主要为摩擦性失业和结构性失业。摩擦性失业产生的原因，包括职业市场的信息不完全和信息不对称，以及在有职位空缺的雇主和寻找工作的人之间持续流动过程中产生的时间成本。对贵阳市摩擦性失业具有映射作用的是城镇化所带来的农村富余劳动力的转移。2010 年贵阳市城镇人口为 294.63 万人，占全省城镇人口总量的 25.08%，城镇化率高达 68.13%，高于全省及省内各地区。较快的城市化会产生大量农村富余劳动力，他们进入城市寻找工作的过程中，可获得的绝大部分工作信息来源是同乡或者亲戚介绍，如果没有介绍源，找工作会变得十分困难。因此，农村富余劳动力所依赖的信息渠道有限、单一是导致摩擦性失业的主要原因。

结构性失业是由于工作类型与寻找工作的人的不匹配产生的，它反映出的矛盾主要在于求职者不能按照自己的意愿找到合适的岗位，而用人单位又很难寻找到具有某种特殊技能素质的人才，市场上同时存在岗位空缺和失业者，甚至从长期看，也不会很容易匹配。随着贵阳市经济的发展，大多数用人单位对劳动力文化程度和职业技能要求逐渐提高，而目前贵阳市劳动力普遍受教育程度较低，拥有职业技能的劳动力较少，尤其是拥有中、高级职业技能的更少，所以出现了受教育程度低和没有或者职业技能低的劳动力供给大于需求，而受教育程度高和具有职业技能的劳动力需求大于供给的不对称现象，失业人员绝大多数为无技术等级或职称，而有职业技能或职称的劳动力供不应求，大量要求职业技能的岗位空缺。

---

① 注：这里略去毕业后继续深造和不在当地就业的情况。

第三节 贵阳市就业与失业存在的主要问题

一 劳动力供求的总量矛盾和结构矛盾仍将持续

（一）劳动力供给和需求同时增加，但从供求关系来看，供给大于需求，失业人口增加

劳动力供给的根本来源是人口增长，虽然从2000年到2010年贵阳市人口增长率下降，但仍保持了较高的增长率，而劳动需求的增长主要来源于经济增长，贵阳市经济虽然得到了较快发展，但国内生产总值与全国及省会城市和副省级城市相比仍然较低，经济增长所增加的就业岗位，远少于劳动力对就业岗位需求的增加。虽然总体上劳动力供给和需求同时增加，但从供求关系来看，供给大于需求。

（二）总体上劳动力供给大于需求，但从劳动力结构来看符合用人要求的劳动力供给小于需求

劳动力的文化程度也是影响其就业的重要因素，用人单位有95%以上的需求对劳动力的文化程度有要求，2010年贵阳市按文化程度分组的季度求人倍率如图5-3所示。

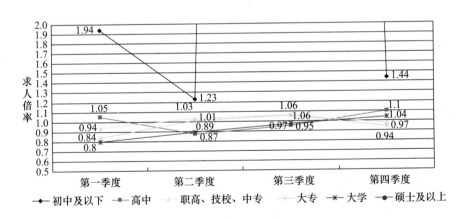

图5-3 按文化程度分组的供求人数对比

从文化程度的角度来看，四个季度中大学文化程度的求人倍率均大于1，且在第三季度达到19.1，其他文化程度的求人倍率在1左右徘徊。

这说明劳动力市场中对具有大学文化程度劳动力的需求持续大于供给，要求有大学文化程度的岗位存在空缺，其他文化程度的供求状况随着经济、社会及劳动力自身的原因等出现不同幅度的波动，初中及以下和职高、技校、中专这两种文化程度的供求状况波动较大，且供给大于需求的幅度大于需求大于供给的幅度，说明这类劳动力存在相对过剩的现象。① 由此可见，劳动需求与供给在劳动力的文化程度方面存在着矛盾。

从用人需求对技术等级要求看，虽然对技术等级有明确要求的人数占总需求人数的比重不到5%，但是从劳动力的技术等级构成来看劳动力供求状况，不同技术等级的求人倍率差距很大，具体情况如图5－4所示。

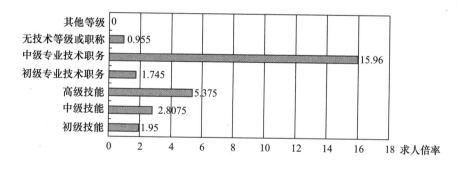

图5－4　按技术等级分组的供求状况

图5－4显示，从供求关系来看，劳动力需求大于供给的有初、中、高级技能和初、中级专业技术职务，尤其是具有高级技能和中级专业技术职务的劳动力，这类劳动力严重短缺。② 同时无技术等级或职称的劳动力供求大于供给，呈现出在劳动力供求在技术等级方面的矛盾。

二　城镇就业困难群体人员数量多、范围大

根据最新《贵阳市就业困难人员认定办法》，城镇就业困难人员的范围是指登记失业人员中的下列人员：城镇女40—55周岁，男50—60周岁内人员（以下简称"4050"人员）；已领取《残疾证》或经劳动能力鉴

① 吕亚非：《我国就业与人力资源开发面临的教育制约》，《经济学动态》2004年第6期。
② 同上。

定机构鉴定为五级至十级伤残人员；享受城镇居民最低生活保障期间的劳动适龄失业人员；登记失业一年以上的人员；因土地被征用，失去土地的人员；零就业家庭中的劳动适龄成员；符合下列条件之一的高校毕业生：（1）城镇零就业家庭或享受最低生活保障家庭的高校毕业生；（2）在校期间申请并获得了助学贷款的高校毕业生；（3）父母双方（单方）持《残疾证》，全部或部分丧失劳动能力或本人持《残疾证》的高校毕业生；（4）学生在校期间家庭发生重大变故或灾难，经民政部门认定属社会扶助对象的高校毕业生；（5）毕业年度内未就业并登记失业的高校毕业生；其他就业困难人员。这类群体多属于城镇弱势群体，解决他们的就业问题，有利于其增加收入，缩小收入差距和社会稳定。

（一）就业困难人员数量多，其中"4050"人员和享受城镇居民最低生活保障人员所占比重大，他们的就业问题较严重，迫切需要得到解决

2010 年年末贵阳市城镇登记失业率为 3.21%，全市法定劳动年龄内的常住人口为 2902214，总体上来说，城镇登记失业人员较多，其中的就业困难人员也就相应较多。年龄在 45 岁以上的劳动力一般都面临着较大的经济压力和家庭负担，既面临子女上学、结婚的问题，又有赡养老人的责任，对工作的需求大。但从用人单位对劳动者的年龄要求看，大多数的用人单位对劳动者的年龄都有所要求，使这一年龄段劳动力供给人数远大于需求。除此之外，这类劳动力就业技能偏低，学习能力比较弱，除被一些技能要求比较低的岗位招用外，许多用人单位都不愿意招用这类人员，并且这些劳动力中许多是企业的职工，对工资、上班时间也有要求和挑选，因此他们很难找到工作，从而构成了劳动力市场就业困难人员的重要组成部分。2010 年贵阳城乡居民享受最低生活保障的人数达 13.82 万人，其中城镇最低生活保障人数为 7.62 万人，这类人群也是困难就业人员来源，他们的人口数量与就业困难人员呈正相关。由此可见，就业困难人员数量多，再加上他们生活水平和收入水平较低，迫切需要通过就业来增加收入，而单纯通过自身和市场作用无法在短时间内实现就业，所以解决就业困难群体的就业问题尤为重要。

（二）城镇就业困难人员范围的扩大，使城镇就业困难人员增加

为贯彻落实《中华人民共和国就业促进法》《贵阳市人民政府关于贯彻〈省人民政府办公厅关于实施更加积极就业政策进一步做好促进就业

工作的通知〉的实施意见》及《贵州省 2010 高校毕业生就业推进行动实施意见》等有关法律和文件精神，为进一步健全就业困难人员认定制度，规范就业困难人员认定行为，贵阳市对《贵阳市就业困难人员认定办法》进行了修改，扩大了就业困难人员的范围，把符合条件的高校毕业生认定为困难就业人员，使得就业困难人员的数量大大增加。从劳动力市场中的求职者类别来看，高校毕业生在所有求职者中所占比重最大，高校毕业生就业问题不仅关系到经济发展，而且影响到社会稳定。此外，随着城镇化的推进，大量本市农村人员因土地被征用而大量涌入劳动力市场求职。因为他们一般学历低，就业技能缺乏，所以比较难找到工作，面临就业困难的问题。①

三　新生劳动力的就业问题日趋突出

新生劳动力一般指初次进入劳动市场找工作的劳动者，主要包括新成长失业青年、转移的农村富余劳动力及其他失业人员②。新生劳动力是中国失业问题的一个重要变量和影响因子。新成长失业青年既包括进入法定劳动年龄的经济活动人口，也包括新进入劳动力市场寻找工作的各类毕业生，他们所占比重较大，对劳动力市场的供求关系有重要影响，也是解决就业问题、降低失业率的关键。由于这类劳动力没有工作经验，就业比较困难，而他们的就业问题不仅关系着现在和将来社会经济的发展，而且在一定程度上关系到社会治安和稳定，进而成为国家重点关注的问题之一。在新成长失业青年中，应届高校毕业生和中等职业学校毕业生所占的比重为 50% 以上，近几年来随着高校和中等职业学校招生规模的扩张，毕业生的就业压力日趋增加。高校毕业生就业问题成为社会关注的重点、热点和难点问题之一。2010 年贵阳市高校和中等职业教育毕业生人数为 108188 人，具体情况如表 5 - 3 所示。在这种情况下，大量高校毕业生在同一时间段进入劳动力市场，就业岗位很难与求职者同时相应增加，就可能会在较短时间内增加失业人数。此外，高校毕业生文化程度较高，与相同人数的较低文化程度失业人员相比，他们失业可能会造成更大的资源浪费和产出损失。

---

① 吕亚非：《我国就业与人力资源开发面临的教育制约》，《经济学动态》2004 年第 6 期。
② 由于其他失业人口和本市农村求职人员中初次进入劳动力市场的人数难以统计，所以用其他失业人数来计算新生劳动力中的其他失业人数，将本市农村求职人员人数归于转移的农村富余劳动力。

表 5-3 　　　　　　　　2010 年贵阳市高等院校毕业生人数 　　　　　　单位：人

毕业生类型	毕业生人数	毕业生类型	毕业生人数
研究生	2638	中等职业教育	39962
高等学校	2577	普通中等学校	27946
普通高等学校	63011	职业高中	7628
普通高等学校	45139	成人中专学校	4388
成人高等教育	17872		

资料来源：根据贵阳第六次人口普查资料整理计算而得。

从转移的农村富余劳动力来看，由于贵州自然环境独特，多山地丘陵，人均耕地面积少，农村劳动力就业不充分，农村存在大量的隐性失业。即使在第一产业能够充分就业，也只能吸收容纳一部分农业劳动力，还有大量农村富余劳动力需要向大中型城市大规模转移。贵阳作为贵州的省会城市，其经济、社会和基础设施相对其他地区较完善，具有较大的吸引力，已经成为农村富余劳动力转移的重要目标选择，就业的聚集效应较明显。此外，近年来贵阳市的城镇化率明显加快，2010 年城镇化率达到 68.13%，高于全省的 33.8% 和全国的 49.68%，快速的城市化也必然导致农村富余劳动力向城市的转移和城镇人口规模增大。这样，给有限的就业机会造成新的需求压力。因此，新增加的劳动力对整个就业形势的影响是必然的。

第四节　贵阳市劳动力供求及就业、失业的变动趋势分析

一　劳动力供求变动趋势

（一）随着人口增加，劳动人口数量增加，劳动力供给呈上升趋势

根据第六次普查登记结果，贵阳全市常住人口为 4324561 人，同第五次人口普查 2000 年 3718449 人相比，十年共增加 606112 人，增长 16.3%，年平均递增 1.52%。其中，0—14 岁人口为 742747 人，占 17.17%；15—64 岁人口为 3239483 人，占 74.91%；65 岁及以上人口为 342331 人，占 7.92%。同 2000 年第五次人口普查相比，15—64 岁人口

的比重上升3.83个百分点，此年龄阶段的人口在总人口中所占的比重大，且呈上升趋势，所以其自然增长率大于总人口增长率，再加上基数大，人口增长较快。15—64岁人口是劳动力供给的根本来源，这个年龄段人数的较快增长将会使劳动力供给增加，并且这种趋势会持续较长的时期。

（二）经济增长使劳动力需求增加，三大产业吸纳劳动力的程度不同，产业结构调整使劳动力在第三产业就业的比重呈上升趋势

劳动力需求与经济增长呈正相关。经济增长需要更多生产要素的投入，劳动力作为一种生产要素，其需求会随着经济增长而增加。[①] 2006—2010年贵阳市生产总值持续增长，增长率均保持在13%以上，具体情况见图5-5。经济较快的增长需要更多的劳动力投入生产，对劳动力的需求就会增加。

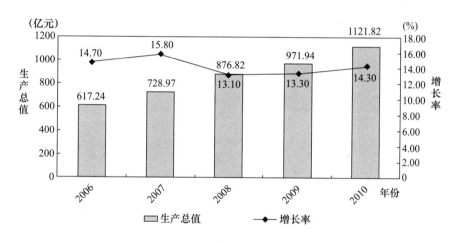

图5-5　2006—2010年贵阳市生产总值及增长率

分产业看，2006—2010年各产业的增长速度不同，三次产业结构也在发生变化，具体数据如图5-6所示。

三大产业对劳动力的需求在数量和结构上不同。由于在第一产业和第二产业中可以采取机械化，用机器来代替人力，而第三产业中资本有机构成较低，需要的劳动力多，所以，一般来说第三产业对劳动力的吸纳能力更强。所以，在产值增加同等比重的情况下，第三产业比第一产业和

---

① 徐林清：《中国劳动力市场分割问题研究》，经济科学出版社2006年版。

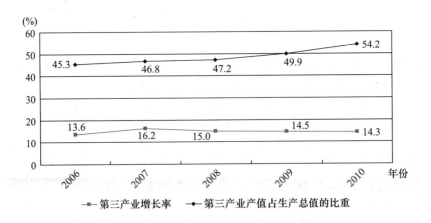

图 5-6　2006—2010 年贵阳市第三产业增长率及第三产业的比重

第二产业可能需要更多的劳动力，其比重的上升会需要更多的劳动力，创造更多就业岗位，第三产业的发展更有利于就业问题的解决。总体上来看，劳动力需求呈上升趋势。

（三）劳动力供给大于需求的趋势未发生改变

劳动力供给和需求同时增加，但仍未改变供给大于需求的发展趋势。从 2010 年与 2011 年的劳动力供求状况可以看出，一年当中大部分时间劳动力需求大于供给，只有在第四季度劳动力总需求才会大于供给，这主要是因为有些省（江苏、深圳、浙江等）企业需要大量的员工，然而，由于年度时间过半，本季度愿意外出的人却大大减少，许多人觉得赚不了多少钱，外地企业根本不容易找到人。市内许多服务性岗位（如保洁、保安、客房服务）人员流动性较大，部分岗位出现招工很难的局面。再加上临近年关有些外出务工人员陆续返乡，进入市场的求职人员相应减少，企业用人需求也有所下降，但是许多企业仍然在持续不断地招用人员，尤其是外地企业和一些本地服务企业。

虽然人口的自然增长率在下降，但是由于人口基数大，人口增长较快，再加上近年来贵阳市城镇化的加快，大量农村富余劳动力转移，进入城市就业，这使得劳动力供给增加。近年来，贵阳市经济持续增长创造了较多的就业岗位，并且政府实施的各项就业促进政策，也增加了劳动力需求。劳动力供给与需求同时增加，但两者增加的速度和数量有所不同。尽管经济的快速增长，可以吸纳更多的劳动力，但是经济的快速增长还不能与人口（尤其劳动力人口）的高速增长相适应，不适应经济发展水平要求的劳动力供给总量过剩。此外，政府促进就业的政策和举措虽然可以提供一定数量的就业岗位，在一定程度上增加就业人数，但毕竟是有限的，并且很多情况下是针对特定人群，和新增就业人数相比，只是杯水车薪。因此，从劳动力供求关系的总体趋势来看，就业人数和失业人数将呈上升趋势，但就业的人数增加超过了就业岗位的增加，劳动力供给大于需求的状况将持续存在。

二　就业结构变动趋势

（一）就业人口的年龄构成发生变化，在就业程度方面，青年组有所下降，成年组呈上升趋势，就业人口由年轻型向成年型转变

25 岁以下组就业人口的比重从 2009 年的 25.31% 下降到 2010 年的 21.32%，一年内下降了 3.99 个百分点。这与 25 岁以下人口中的在读人数增加有关。由于国家教育政策的改革，高校扩招及各种职业教育力度的加大，岗位对求职者文化程度要求的提高，教育观念的改变等原因，25 岁以下人口中的在读人数增加，其占就业人口的比重下降。而 25 岁及以上组就业人口的比重加大，从 2009 年的 74.69% 提高到 2000 年的 78.68%（见表 5-4）。由于年龄构成的变化，贵阳市就业人口整体的年龄提高。

表 5-4　　　　　　　　贵阳市就业人口年龄构成　　　　　　单位:%

年龄组	就业人员构成	
	2009 年	2010 年
16—24 岁	25.31	21.32
25—34 岁	46.90	48.87
35—44 岁	24.04	25.18
45 岁以上	3.30	4.34

资料来源：根据 2010 年贵阳市人口普查资料整理而得。

（二）就业人口的文化程度提高，具有大专以上文化程度的就业人员所占比重呈上升趋势

2010 年，全市常住人口中具有大学（指大专以上）文化程度的人口为 660054 人，具有高中（含中专）文化程度的人口为 598094 人，具有

初中文化程度的人口为 1430248 人，具有小学文化程度的人口为 1161722
人（以上各种受教育程度的人包括各类学校的毕业生、肄业生和在校
生）。同 2000 年第五次人口普查相比，每 10 万人中具有大学文化程度的
由 7357 人上升为 15263 人，具有高中文化程度的由 13380 人上升为 13830
人，具有初中文化程度的由 28598 人上升为 33073 人，具有小学文化程度
的由 34336 人下降为 26863 人。文盲人口（15 岁及以上不识字的人）为
167667 人，同 2000 年第五次人口普查相比，文盲人口减少 86356 人，文
盲率由 6.83% 下降为 3.88%，下降 2.95 个百分点。人口文化程度的提高
意味着劳动力及就业人口文化程度的提高，这种提高是整体性的。[①]

（三）劳动力继续从第一产业向第二产业、第三产业转移，第三产业
就业人数所占三次产业就业总量的比重呈上升趋势

从 2000 年到 2010 年从业人员总人数和其在三次产业中的分布来看，
劳动力从业人数总量增加，并且从业人员的产业结构呈现出从第一产业
向第二产业、第三产业转移的趋势，第三产业从业人员数量增加较快，
所占比重呈上升的趋势，具体情况如表 5-5 所示。

表 5-5　　　　　　　2010 年贵阳市从业人员的产业分布　　　　单位：万人

年份	从业人员	第一产业从业人员	第二产业从业人员	第三产业从业人员
2000	204.29	87.01	53.70	63.58
2001	201.75	79.52	52.21	71.02
2002	205.06	76.39	51.41	77.26
2003	210.15	77.95	52.75	79.45
2004	211.66	72.98	55.33	83.35
2005	214.75	76.40	54.10	84.24
2006	216.89	74.16	56.48	86.25
2007	220.94	68.5	59.91	92.53
2008	226.56	70.06	61.44	98.12
2009	229.07	69.32	61.63	98.12
2010	241.46	67.51	61.37	112.58

资料来源：根据贵阳市第六次人口普查、《贵阳统计年鉴》资料整理计算而得。

---

① 吕亚非：《我国就业与人力资源开发面临的教育制约》，《经济学动态》2004 年第 6 期。

2010 年全市常住人口中，居住在城镇的人口为 2946323 人，占 68.13%；居住在乡村的人口为 1378238 人，占 31.87%。同 2000 年相比，城镇人口增加 671611 人，乡村人口减少 65499 人，城镇人口比重上升 6.96 个百分点。乡村减少的人口绝大部分是从农村转移到城镇，也就是从在乡村所从事的第一产业中脱离出来，转移到城镇中，从事第二产业、第三产业。三次产业增长率和结构的变化，会对就业人数和就业结构产生重要影响。2010 年实现生产总值 1121.82 亿元，比上年增长 14.3%。分产业看，第一产业增长 8.0%，第二产业增长 15.1%，第三产业增长 14.3%。三次产业结构由 2009 年的 5.5:44.6:49.9 调整为 5.1:40.7:54.2。第一产业比重下降 0.4 个百分点，第二产业比重下降 3.9 个百分点，第三产业比重提高 4.3 个百分点。经济增长与劳动力需求成正比，三次产业产值的快速增长必然会增加就业人数。但是从三次产业结构变动来看，第一产业和第二产业比重下降，第一产业下降幅度远大于第二产业，也就使在第一产业的就业人数比重下降。第三产业比重上升，并且第三产业对劳动力具有较强的吸纳能力，所以第三产业就业人数所占三次产业就业总量的比重上升。

三　失业原因及变动趋势

（一）摩擦性失业和结构性失业成为失业问题的主要原因，这两类失业所引起的失业人口数量呈上升趋势，而需求不足引起的失业人数呈下降趋势

在一个动态的经济中，各行业、各部门与各地区间劳动力需求的变动是经常发生的。这种变动必然导致劳动力的流动，在劳动力的流动过程中，总有一部分人处于失业状态，所以这种失业的存在也是正常的。在这里摩擦性失业主要表现为高校毕业生、农村劳动力向城市转移的富余劳动力，同时劳动力市场的不完善和就业信息的不对称，延长了这部分劳动力的失业状态。2010 年贵阳市各类高校和中等职业教育毕业生人数为 108188 人，并且由于近几年高校扩招毕业生人数每年逐渐增加，同时，由于农村生产率水平逐渐提高，富余劳动力增加，再加上城镇化水平的提高，大量农民向城市转移，而由于主客观的原因，他们在城市一时又难以找到工作，从而构成摩擦性失业。[1]

----

[1]　罗润东、刘文：《区域发展与人力资本的关系》，经济科学出版社 2009 年版。

结构性失业是由经济产业结构变化或者产业迁移导致的，这些经济变化引起特定市场和区域中的特定类型劳动力的需求相对低于其供给。经济结构的变动必然要求劳动力的流动来适应这些变动，但由于整体劳动力的既定技术结构、地区结构、性别结构在短期内难以改变，从而就会出现结构性失业，即劳动力供求结构脱节所造成的失业。实证分析表明，在经济结构变动中，劳动力需求收缩的产业释放出的劳动力大多是低素质的蓝领工人，而劳动力需求扩张的产业需求的劳动力往往是受过良好教育和训练的白领工人。不同产业间劳动力的供需结构错位，许多低素质的非技术工人就会进入结构性失业大军。改革开放多年来，贵阳市经济发展出现阶段性变化，进入了结构变换和升级的时期，三次产业的结构由 2000 年的 9.1：50.9：40.0 调整为 2010 年的 5.1：40.7：54.2。第一产业的劳动力向第二产业和第三产业转移，第二产业由于技术水平和资本密集程度提高，对资源和人力投入减少，需要的是具有专业技术的人才，不能吸纳足够多的低素质、低技能劳动力就业，特别是表现在年龄偏大的普通劳动力身上。

需求不足失业是指失业是因为社会总需求下降而造成的。当经济发展衰退时，由于社会对商品的需求不足，在现有投资水平和条件下，不足以使生产吸收愿意工作的人而造成失业。社会总需求是由投资和消费两部分构成，投资和消费的增加会使社会总需求上升，从而减少由此引起的失业人数。2010 年贵阳市国民经济和社会发展统计显示，2006—2010 年社会固定资产投资和社会消费品零售总额呈上升趋势，增长较快，有利于减少失业。

（二）城镇化的加快和经济体制改革的深入，使隐性失业人口数量减少，隐性失业显性化[1]

隐性失业是指劳动者工作时间大于零但不能参加全部工作，工薪收入大于零但不能拿到全额报酬的状态。这种形式下，劳动力与生产资料只是形式上的结合，而没有在内容上结合或结合得不合理、不充分。隐性失业者虽然表面上有工作，但实际上对生产并未做出贡献，即有"职"无"工"。当经济中减少就业人员而产量并未下降时，即可认为存在隐性失业。美国著名经济学家威廉·阿瑟·刘易斯（William Arthur Lewis）曾

---

[1] 单晓娅：《贵州省城镇劳动力资源可持续发展研究》，贵州人民出版社 2007 年版。

指出，隐性失业不仅在农村存在，而且在城市也存在，隐性失业成为许多国家城市的一种普遍现象。

在贵阳，隐性失业主要存在于农村和国有企业中。农村农业劳动的边际生产率在大范围内处于极低的状态，因此可以把一部分富余劳动力从农业转移出去，而不会减少农业产量。从 2000—2010 年贵阳市农村从业人员的变化情况来看，虽然人数总量在增加，但其所占从业人员总人数的比重呈下降趋势，具体数据如表 5 - 6 所示。农村生产率的提高和城镇化建设是农村从业人员减少的主要原因，劳动力从农村向城市转移也就使得隐性失业显性化。

表 5 - 6　　　　　2000—2010 年贵阳市农村从业人员人数及比重

单位：万人、%

年份	从业人员	农村从业人员	比重
2000	204.29	116.83	57.19
2001	201.75	105.69	52.57
2002	205.06	106.04	51.71
2003	210.15	109.38	52.04
2004	211.66	110.24	52.08
2005	214.75	111.08	51.73
2006	216.89	115.19	53.11
2007	220.94	114.75	51.94
2008	226.56	117.60	51.91
2009	229.07	116.66	50.93
2010	241.46	118.83	49.21

资料来源：根据贵阳市第六次人口普查、《贵阳统计年鉴》资料整理计算而得。

计划经济体制下的国有企业隐性失业情况严重。一方面，劳动力资源得不到充分利用，劳动力的流动受到影响；另一方面，又形成不必要的管理投入，使企业的管理效率降低。企业要为这些人员支付工资、承担其再就业的费用，造成企业成本的上升和产品价格竞争力的下降。随着经济体制改革的深化，贵阳市国有企业数量减少，从 2000—2010 年贵阳市职工人数总数和国有企业职工人数、集体企业职工人数、其他企业职工人数的变动情况来看（见表5-7），国有企业职工人数的绝对数虽然增加，但所占职工人数总量的比重呈下降趋势，减少的那部分的劳动力也就是隐性失业人数减少。隐性失业显性化是失业率上升的一个因素，是从一种失业类型转化为另一种失业类型，但是它是完善市场经济体制的客观要求，有利于提高资源利用率和劳动生产率。

表5-7　　　　2000—2010年贵阳市职工人数（按经济类型分）

单位：万人、%

年份	职工人数	国有企业		集体企业	其他企业
		人数	比重		
2000	53.62	38.00	70.87	7.44	8.18
2001	50.11	36.09	72.02	5.57	8.45
2002	53.95	37.82	70.10	5.22	10.91
2003	55.45	35.26	63.59	5.06	15.13
2004	57.30	34.98	61.05	4.53	17.79
2005	60.59	36.73	60.62	4.13	19.73
2006	59.12	35.58	60.19	3.44	20.10
2007	65.30	39.76	60.88	3.26	22.28
2008	64.52	38.93	60.34	3.13	22.46
2009	66.25	37.86	57.15	2.60	25.79
2010	68.25	41.05	60.16	2.35	24.85

资料来源：根据贵阳市第六次人口普查、《贵阳统计年鉴》资料整理计算而得。

第五节　贵阳市就业与失业和社会经济发展的关系

一　就业对社会经济发展的影响

就业对社会经济发展具有重要的影响，它对社会经济发展起到了促进或延缓作用。如果就业人口和就业结构与某一地区的社会经济条件、自然资源环境相适应，就会促进社会经济的发展。反之，则会阻碍或延缓经济的发展。

（一）贵阳市就业人口对社会经济发展的正面影响

总的来说，改革开放以来，贵阳市就业状况所发生的积极变化，对贵阳社会经济的发展起到了很大的促进作用。

1. 就业人口数量的增加促进了经济的增长

首先，从劳动力作为生产要素的角度来分析就业人口增加对经济增长的促进作用。在西方经济学中，生产要素一般被划分为劳动、土地、资本和企业家才能四种类型。劳动是指人类在生产过程中提供的体力和智力的总和。劳动力作为一种与产出具有函数关系的生产要素，可以用生产函数来表示劳动投入量与产出量的关系。由数学家柯布和经济学家道格拉斯于20世纪30年代提出的柯布—道格拉斯函数是一种很有用的函数。该函数的一般形式为：

$Q = AL^{\alpha}K^{\beta}$

式中，Q 为产量，L 和 K 分别为劳动和资本投入量，A、α、β 为三个参数，α、$\beta \subset (0, 1)$。

从这个函数可以看出，在一定条件下，如果参数没有变，资本的投入量没有增加，劳动投入量增加会使产出增加。各行业产出增加，也就推动了经济的增长。就业人口的增加也就是在生产中劳动力要素投入量增加，从而推动经济增长。

以上是从微观经济学的角度来分析劳动力与经济增长的关系。在宏观经济学中，同样把劳动力看作经济增长因素。丹尼森把经济增长因素分为两大类：生产要素投入和生产要素生产率。关于生产要素投入量，丹尼森把经济增长看成是劳动、资本和土地投入的结果，其中土地可以看作是不变的，其他两个则是可变的。丹尼森还进行了经济增长分析，通过量化研究，把产量增长率按照各个增长因素的贡献分解到各个增长因素，分解的结果用来比较长期经济增长中各个因素的相对重要性。[①] 分析结果显示，劳动的产出弹性相对较大，劳动增长率有较大的权数，所以劳动力增加对经济增长的贡献相当大。

2010年，贵阳市在岗职工68.23万人，全年城乡统筹就业人数达88388人，比上年增长8.3%，就业困难对象实现再就业10449人。农村

---

① 罗润东、刘文：《区域发展与人力资本的关系》，经济科学出版社2009年版。

富余劳动力转移人数 29736 人。新增就业人数 58652 人，比上年增长
6.7%。年末城镇登记失业率为 3.21%，比上年下降 0.1 个百分点。2000
年，全市在岗职工 53.6 万人，下岗职工实现再就业 1.74 万人，年末城镇
登记失业率 3.98%。相比之下从 2000 年到 2010 年就业人口数量有较大
的增加。2010 年贵阳实现生产总值 1121.82 亿元，增长率为 14.3%，与
2000 年国内生产总值 264.81 亿元和增长率 10.6% 相比，生产总值增加了
857.01 亿元，增长率提高 3.7 个百分点。[①] 虽然就业人口增加不是促进经
济增长的唯一因素，但它对经济增长具有较大贡献。

其次，劳动力既是经济活动中的生产要素也是消费主体。就单个劳
动力来说，就业可以增加劳动力及其家庭的收入，收入增加消费支出也
随着增加，形成社会需求，需求的增长带动了经济增长。2000—2010 年，
贵阳市城镇居民和农民收入增长较快，具体数据如表 5 - 8 所示，收入增
加中的一部分转化为需求，成为拉动经济增长的要素。

表 5 - 8　　　　　　　贵阳市城镇居民和农民收入增长情况　　　　　　单位：元、%

年份	城镇居民人均可支配收入	实际增长率	农民人均纯收入	实际增长率
2010	16597	7.2	5976	9.6
2000	6453	6.1	1453	2.5

资料来源：根据贵阳市第六次人口普查、《贵阳统计年鉴》资料整理计算而得。

2. 就业人口素质的提高，增强了贵阳经济发展后劲

劳动力是生产要素，这种生产要素的生产率主要取决于劳动力素质，
它包含思想素质、文化素质、身体素质等，这里主要指文化素质。文化
素质指人们在生产实践和社会实践中积累的劳动生产经验，以及在教育
培训中学到的文化科技知识。劳动力素质的不断提高才会避免出现边际
报酬递减的现象，社会经济才能得以持续发展。因此，就业人口素质是
决定一国或某一地区经济与社会发展至关重要的因素。就业人口质量越
高，经济发展的后劲越足；反之亦然。从国家整体发展战略而言，提高
整个民族的素质，是追求和实现人类可持续发展的关键因素。一个国家

---

① 贵阳市人力资源和社会保障网站。

或地区人口素质的提高，意味着劳动力素质的提高，就业人口素质自然也会提高。近年来，贵阳市各类高校的扩招和培训机构的建设，为劳动力素质提高提供了条件，并且随着经济发展水平的提高，用人单位对劳动力素质要求的提高，促使劳动力自觉提高自己的素质和职业技能。在主客观因素的影响下，就业人员素质整体得到提高。

3. 就业人口结构发生了积极的变化，第一、第二产业就业人口逐步下降，第三产业就业人口逐步上升，顺应了产业结构调整需要，为产业结构调整提供条件

2000—2010 年，贵阳市就业人口的产业结构分布出现了重大的变化。与 2000 年相比，就业人口在第一产业和第二产业的比重下降，在第三产业的比重上升，并且就业人口最多的产业由第二产业变为第三产业，这与贵阳市三大产业结构的调整是相适应的，2000 年三次产业结构为 9.1∶50.9∶40.0，2010 年为 5.1∶40.7∶54.2。贵阳市三大产业的就业人口比重变动符合二元经济理论中关于劳动力转移的规律，即随着社会经济的不断发展，第一产业的劳动力份额会逐步下降，第二、第三产业的劳动力比重会逐渐上升。从人口经济学的角度来看，当人均收入上升时，第一产业的 GDP 比重显著下降，而其就业人口比重的下降会更大，前者平均减少 5 个百分点，后者平均减少 6 个百分点。相反，第三产业的 GDP 比重却明显上升，而其就业人口的比重则上升更快，前者平均增加 3 个百分点，后者平均增加 6 个百分点。贵阳市就业人口的三次产业结构变动对促进整个经济结构调整有着十分积极的意义。

（二）贵阳市就业存在的问题及其对社会经济发展的负面影响

1. 仍存在较大的就业压力，不利于社会经济的发展

2010 年，全市在岗职工 68.23 万人，城镇登记失业率为 3.21%，与 2000 年相比，在岗职工增加了 14.63 万人，2010 年年末城镇登记失业率下降了 0.77 个百分点。① 但贵阳市劳动年龄人口还处于不断增长的阶段，城镇化和高等教育院校的扩张使得每年都会有大量新增劳动力供给，再考虑已有的劳动力供给，每年的就业缺口就越多。在庞大的人口压力下，就业压力是非常明显的。在经济结构调整和深化企业改革中，出现下岗失业增加的趋势。劳动力市场竞争越来越严酷，结构性就业矛盾突出。

---

① 贵阳市人力资源和社会保障网站。

高素质、低成本、低年龄劳动力在就业竞争中占据优势，而低素质、高年龄的劳动者在劳动力市场竞争中越来越没有竞争能力，呈现出就业困难群体数量增加的趋势。

2. 就业人口的文化素质虽然有了明显提高，但总体来看与全国水平差距较大，难以适应新形势下社会经济发展的需要

近年来，受高校扩招、用人单位对劳动力文化素质要求提高以及劳动力自身的需求等内外因素的影响，贵阳市劳动力的文化素质普遍得到了提高，但是与全国相比较差距仍然较大。2010年贵阳市劳动力与全国（城市）劳动力的受教育程度情况如图5-7所示。

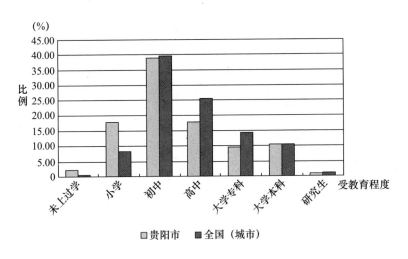

图5-7 2010年贵阳市与全国（城市）劳动力受教育程度

从图5-7中可以看出，贵阳市未上过学和具有小学文化程度的劳动力占所有劳动力的比重大于全国，具有初中及以上文化程度的劳动力所占比重小于全国，尤其是具有高中和大学专科文化程度的劳动力比重远小于全国水平。由此说明，与全国劳动力文化素质相比，贵阳市低文化素质的劳动力较多，而具有较高文化素质的劳动力较少，整体水平较低。随着贵阳市社会经济的发展，对劳动力素质的要求提高，尤其是在劳动力文化程度和技术等级方面。但这具有较高文化程度和技术等级的劳动力的供给增加小于需求的增加。由此可见，贵阳市劳动力的文化素质一

时难以适应社会经济发展的需要。①

二　失业对社会经济发展的影响

失业对社会经济发展既有正效应也有负效应。从失业的积极影响来看，它是市场在资源配置中发挥主导性作用的结果，体现了市场经济中效率优先的原则，失业有利于企业提高竞争力，促进社会经济发展；有利于劳动力人口的迁移流动，从而完善和健全劳动力市场；失业危机引发的竞争有利于劳动力素质的提高。但是，失业同时需要付出高昂的经济成本和非经济成本，给失业者以及全社会带来巨大的压力，并由此引发一系列的社会经济问题，影响和威胁社会稳定。②

（一）失业引起劳动力资源和人力资本浪费，产出损失

失业意味着能够而且愿意工作的人被逐出生产领域，转向分配领域，这部分劳动力资源没有被用于进行国民经济生产，所以失业的经济影响可以用机会成本来理解。当失业率上升时，经济中本可由失业工人生产出来的产品和劳务就损失了。从产出核算的角度看，失业者的收入总损失等于生产的损失。因此，丧失的产量是计量周期性失业损失的主要尺度，它表明经济处于非充分就业状态。此外，如果有劳动能力的人没事干，不仅不能创造财富，而且要消耗社会财富，是一种巨大的浪费。

（二）失业使劳动力收入减少，导致了分配不公，使收入差距扩大

对于劳动者个人而言，劳动作为一种具有时效性的资源，会随着时间的推移而消失，失业期使劳动力丧失了部分参与国民收入正常分配的机会。不仅如此，在失业期间，劳动力缺乏工作机会，不但浪费现有的工作技能，而且由于脱离工作岗位，无法积累新的工作技能，结果又丧失了在未来劳动力市场上的竞争力。长此以往的恶性循环使得一部分劳动力被排斥在正常的经济活动之外，失去了主要的生活收入来源，使社会分配不公的现象更加突出，社会的经济利益分配格局出现失衡，收入差距扩大，不利于社会经济的稳定发展。

三　社会经济发展对就业与失业的影响

社会经济发展是就业增长的基础条件，没有社会经济发展就谈不上就业增加。但一定的社会经济发展在不同经济体和不同历史时期所带来

---

① 吕亚非：《我国就业与人力资源开发面临的教育制约》，《经济学动态》2004 年第 6 期。

② 罗润东、刘文：《区域发展与人力资本的关系》，经济科学出版社 2009 年版。

的就业效应会有所不同，甚至差异很大，这取决于宏观经济环境及经济增长方式。贵阳市正处在经济转型以及结构调整加速的特殊时期，社会经济发展是就业增长的必要条件。

（一）经济增长增加了就业人口，使失业率下降

经济发展与经济增长是密切联系的两个不同概念。经济增长是指一国在一定时期内产品和服务量的增加，用来量度的指标是 GDP（GNP）或其人均值的增加。经济发展除包含经济增长外，还包含经济结构的变化（如产业结构的合理化高度化、消费结构的改善和升级）、社会结构的变化（如人口文化教育程度的提高、寿命的延长、婴儿死亡率的下降）、环境的治理和改善、收入分配的变化（如社会福利的增进、贫富差别的缩小）等。所以，经济增长是经济发展的基础，没有经济增长就不会有经济发展以及就业增长。

20 世纪 60 年代，美国经济学家阿瑟·奥肯根据美国的数据，提出了经济周期中产出变动与失业变动的经验关系，即奥肯定律。奥肯定律描述了经济增长率与失业率之间的关系。该定律表明，失业率与国民生产总值增长率之间成反向变化，即两者存在负相关关系，经济的高增长率伴随着低失业率，低增长率伴随着高失业率。奥肯依据对美国经济数据的实证研究表明，当经济增长率高于 2.25% 时，经济增长率每增加一个百分点，失业率就会下降 0.5 个百分点；当经济增长率低于 2.25% 时，经济增长率每减少一个百分点，失业率就会上升 0.5 个百分点。而失业率与其带来的国民生产总值缺口（损失）之比率是 1∶2.5，即实际国民生产总值每增加 2.5%，失业率下降 1% 左右。这一经验性规则揭示了经济增长和失业率之间的内在关系。尽管地区经济增长率和失业率之间的数量变动关系不尽相同，但经济增长与就业同向变动、与失业反向变动的关系，已为许多国家的经济实践所证实。

2010 年，贵阳市实现生产总值 1121.82 亿元，比上年增长 14.3%，城镇登记失业率为 3.21%，比上年下降 0.1 个百分点，同 2000 年相比国内生产总值增加 857.01 亿元，失业率下降了 0.77 个百分点，在失业率下降因素中，经济增长是最根本和最主要的。

（二）社会经济发展提高了就业人口的素质，使就业结构发生变化

社会经济发展使政府财政收入和人均收入增加，有利于政府更好地运用财政政策，加大对有利于提高人口素质的部门投资，还可以通过对

劳动力进行再教育和培训，使其与经济发展相适应。对于单个劳动力本身而言，社会经济发展提高了个人或家庭收入，及其素质的经济能力，比如接受高等教育来提高文化程度，参加社会机构职业技能培训来提高职业技能，可以购买更有营养或有利于身体健康的食品等。社会经济发展为劳动力素质的提高提供了物质基础和客观条件。

社会经济发展在提高就业人口素质的同时，也改变了就业人口结构。经济发展使用人单位对劳动力文化程度和职业技能提出了更高层次的要求，具有较高的文化程度和职业技能的劳动力是大部分用人单位所需求的，所以就业人口中具有较高学历和职业技能的就业人员比重上升，低学历和无职业技能的就业人员比重下降。此外，经济结构的调整，也使就业人员在产业分布中的比重发生变化。

（三）社会经济发展中技术进步和机器的引进，淘汰了大量劳动力

在产业结构开始逐步调整的过程中，各个行业的机器化、自动化和电子化程度大大提高。在这一时期，机器设备引进和经过不断更新换代，企业的自动化和机械化率比起改革开放之初有了天壤之别。然而也正是在机器淘汰人力的过程导致了每年大量劳动力的失业。[1]

第六节　贵阳市就业与失业的对策

一　继续推行计划生育政策，控制人口增长率

人口增长是劳动力增长的根源，如果控制了人口增长，劳动力数量就会控制在一定范围内。在经济平稳发展的背景下，劳动力需求相对于劳动力供给会增加，从而促进就业，使就业率上升，失业人口减少。我国人口多、基数大，即使是较低的增长率，也会使人口绝对数量大幅度增加，不仅增加了就业困难，而且在一定程度上影响经济的发展。所以现阶段实行计划生育既是必要的，也是我国的一项基本国策。贵阳市的人口增长率在全国大中城市中较高，但是人均 GDP 增长率较低，这更加突出了贵阳市控制人口增长的重要性。失业问题不仅会对经济产生负面影响，还会影响社会稳定和生态环境。资源环境具有有限的人口承载能

---

① 罗润东、刘文：《区域发展与人力资本的关系》，经济科学出版社 2009 年版。

力，人口增长快，资源相对不足，增加了生态环境的压力，当超过了其承载能力时，可能导致生态环境的破坏。由此，控制人口增长，不仅是降低失业率的重要措施，也是实现贵阳市人口、社会、经济与资源环境协调发展的必要途径。

二　加快文化教育事业的发展，加强职业培训，提高劳动力素质和职业技能

劳动力素质不仅是决定一国社会经济发展至关重要的因素，而且在很大程度上和一国的就业率存在正相关关系。国内外在解决失业和扩大就业问题上都十分注重劳动力素质的提高和培训教育工作。所以，要把职业培训作为促进再就业、化解结构性失业矛盾的重要手段。首先，针对贵阳市劳动力的特点进行思想观念的转变、新型就业观的教育，使之从思想上适应当今社会的变化；其次，根据产业和行业结构的新情况安排培训计划，综合开发和利用各类培训资源，推动培训机构的市场化、社会化改革步伐，大力推进创业者培训，为更多劳动者创业和自谋职业准备条件。具体措施为：（1）制定培训的政策法规，加强政府、企业和职工个人培训，如制定职业教育条例、就业培训条例等。（2）以政府为主导，以企业为主体建立多元化培训机构，包括官办培训机构、企业培训机构、社团培训机构、私人培训机构等。（3）采取灵活多样的培训形式，包括岗前培训、在职培训、脱产培训、升级培训和失业培训等。

三　推进生态文明城市建设，以生态文明理念来引领贵阳市发展，促进劳动力资源与社会、经济、环境、资源协调发展

生态文明是以人口、经济社会、资源、生态环境和谐发展为宗旨，以建立可持续的发展方式为内涵。生态文明，既要求经济社会的发展，也要求人的全面发展。建设生态文明，前提是发展，核心是人与自然和谐相处，目的是不断提高人的生活质量，劳动力就业问题是影响其生活质量的重要因素，所以生态文明城市建设，促进了经济发展，提供了新的就业岗位，同时也促进了劳动力及人力资源的全面发展。

对贵阳市而言，生态文明建设是贵阳市发挥后发优势、加快科学发展的重要机遇。首先，须大力加强生态文化建设，使可持续发展理念能渗透到人们的行为意识之中，从而自觉地调整自身行为，实现经济、社会、自然和谐发展的协调统一。其次，大力发展生态产业。以发展生态产业来支撑，全面推行产业结构调整和优化升级，实现生态与工业的和谐互动、社会与环境的协调发展。要积极推进农业结构调整，积极发展生态农业。大力发展生态服务业，促进多种经济成分的中小型企业、民营企业、个体行业的发展，使就业渠道多元化。

四　完善劳动力市场，加快人才市场建设，完善其服务功能

发展社会主义市场经济，发挥市场对劳动力资源配置的基础性作用，并不意味着放松国家对市场的干预和调控，特别是在采取适度从紧的宏观经济政策的情况下，必须把扩大就业、降低失业率作为政府主要的宏观调控目标。同时，政府也应通过完善劳动力市场，使企业拥有真正的用人自主权，使劳动力拥有充分的择业自主权，从而形成"国家宏观调控，城乡协调发展，企业自主用人，个人自主择业，市场调节供求，社会提供服务"的就业新格局，达到进一步改善劳动力的供求关系，实现公平的竞争就业。

针对贵阳市情况，具体措施包括：（1）使劳动者拥有充分的择业自主权，使用人单位和劳动者之间真正实现双向选择。2012 年诺贝尔经济学奖获得者哈佛大学教授埃尔文·罗斯和加州大学罗伊德·沙普利所提出的稳定匹配理论和市场设计实践解决了这个现实问题。（2）建立职业需求信息网络。通过职业需求信息网络，一方面可以了解用人单位对所需人员的要求；另一方面也可以与有关部门合作，对社会经济发展前景进行预测，从而分析出在一定时期内社会各部门对劳动力的需求状况，减少劳动力的盲目流动。

人才市场是劳动力向人力资源和人力资本转化的桥梁。贵阳市的人才市场虽然有了一定的发展，市场配置人力资源的基础性作用得到一定程度的发挥，但程度不高。要加快劳动力资源向人力资源、人力资本转化，必须推进人才服务机构的社会化、市场化和产业化，加强人才市场信息化建设，运用现代咨询手段整合人才信息资源并及时发布人才供求信息。人才服务机构要根据市场需求创新服务方式，开展人事代理、人才租赁、人才测评等新型服务。

五　建立健全社会保障制度

在经济体制改革和农村劳动力向非农产业和城镇转移过程中，一部分劳动者将在一定时间内处于失业状态，亟须社会保险制度。社会保障能够化解失业风险，一个健全的社会保障体系，不仅可以缓解就业对社会的压力，还能有效解除劳动者疾病、工伤、失业等后顾之忧。失业保险既为失业者提供生活保障，又为失业者免费提供培训、职业介绍和就业指导，促进其实现再就业；养老保险为就业者提供退休金；工伤、医疗保险为就业者提供医疗保障，为重新就业创造良好的身体条件，防止因疾病致贫；最低生活保障可以保障就业失败者的基本生活。社会保障体系是防止因为失业问题引起社会震荡的有效措施，是新型劳动就业体制建立不可或缺的前提。此外，社会保障是劳动力市场发育和形成的基础，企业可以把冗员分离出来，而把失业保险的职能交给社会执行。可以说，社会保障制度是劳动力市场的"润滑剂"，是社会的"减震器"。

第六章　贵州省农村人力资源研究

第一节　人力资源开发的理论综述

一　相关概念的界定

（一）人口、劳动力、人力、人力资源与农村人力资源

1. 人口

人口通常是指一个地理区域内人的数目。即在一定的时间、一定的地域、一定的社会制度下，具有一定数量和质量的生命个体的社会群体。

人口在两个地区的空间移动称为人口的迁移。人口迁移的原因有经济原因和政治原因等。人口迁移的经济原因主要是为摆脱贫困和失业，改善生活，或为发财致富，谋求事业成功等。人口迁移的政治原因有政策、战争和政治变革。我国范围内的人口迁移主要是经济原因造成的，贵州省是我国人口迁移的重要省份，特别是农村人口迁移现象突出。

2. 劳动力

劳动能力是蕴藏在人体内的脑力和体力的综合。劳动力有广义和狭义之分。广义上的劳动力指全部人口。狭义上的劳动力则指具有劳动能力的人口。在实际统计中，考虑劳动年龄和劳动能力两个因素的指标有劳动年龄人口和社会劳动力资源总数。

3. 人力

人力是人们劳动能力的简称，是人们生存和改造世界的能力。

4. 人力资源

对于人力资源的界定有很多种说法，在马克思的论述中也早有涉及，他指出：人们把劳动力或劳动能力，理解为人的身体即活的人体中存在的、每当人生产某种使用价值时就是用的体力和智力的总和。英国经济

学家威廉·配第被认为是首次运用人力资本思想的人，他提出了"土地是财富之母，劳动是财富之父"的著名论断。著名经济学家舒尔茨认为，人力资源是体现于人身体上的知识、能力和健康。但是我们现在所理解的人力资源概念，则是由美国管理大师彼德·德鲁克在其《管理实践》中正式提出并加以明确界定的。笔者认为，人力资源主要是指在一定区域范围内能够推动社会和经济发展的具有体力和智力劳动能力人口的总和，人力资源包括数量和质量两个方面。

5. 农村人力资源

农村人力资源是指在农村区域范围之内，能够推动农村地区经济和社会发展的具有智力和体力劳动人口的总和。农村人力资源对推动和促进农村社会经济发展起着重要作用。农村人力资源包括质量和数量两个方面。农村人力资源质量是指农村劳动力所具有的知识水平、专业技能等。农村人力资源数量是指在农村区域范围内具有劳动能力的人口的总和。

（二）人力资源的开发

人力资源开发，英文名为 human resource development，简称 HRD，最早产生于20世纪50年代的西方国家。20世纪80年代中期，西方的人力资源开发理论开始传入我国。同时，我国学者也从不同的角度对人力资源开发的概念提出了自己的观点。我国认为，人力资源开发一般是指综合运用教育、培训、保健、政策、制度等手段措施对人力资源进行投资，充分、科学、合理地发挥人力资源对经济社会的积极作用而进行的数量控制、素质提高、资源配置等一系列活动相结合的有机整体。人力资源开发的客体是人体中的体力和脑力，即体能、才能及智力等，人力资源开发的方式有教育培训、医疗保健等。

农村人力资源开发是指为了能够有效发挥农村人力资源在推动整个农村社会经济发展中的作用而对其进行的数量控制、资源配置、素质提高等一系列活动的总称。农村人力资源开发是提高农民素质、推进农村经济发展、解决"三农"问题、全面推进小康社会的根本途径，也是推动我国城市发展、不断提高城市化水平的根本方法。

（三）概念间的相互关系

人口是在一定的时间、一定的地域、一定的社会制度下，具有一定质量和数量的生命个体的社会群体。人口是人力和劳动力的基础和前提。

劳动力是一定时间和空间范围内具有劳动能力并在劳动年龄范围内的人口总和。可见，劳动力以人口为其存在的基础，强调劳动者的数量。

人力资源着重强调人的质量方面，是较高质量的人力资源，是具有较强的专业知识、管理能力、技术能力、创造能力的人的总称。人力资源是人口资源的核心和关键，显而易见，人口包括人力资源。人们常常把劳动力资源等同于人力资源，这实际上是从人力资源的狭义角度去讲的。人力资源有广义和狭义之分，广义上人力资源的涵盖范围更广，其数量不仅包括适龄劳动范围内具有劳动能力的人口，还包括适龄劳动范围之外具有劳动能力的人口。由此可见，人力资源包括劳动力资源。另外，与劳动力资源只强调劳动者的数量不同，人力资源强调数量和质量两个方面。

综上所述，劳动力资源包含人力资源，人力资源是人口资源的核心。

二　国内外农村人力资源的开发理论

（一）国内外人力资源的开发理论

1. 国外人力资源开发理论

人力资源的开发过程就是人力资本的投资过程，因此，人力资源开发是以人力资本理论为依据的。在经济学史上，第一个将人力看作资本的经济学家是号称"经济学鼻祖"的亚当·斯密，其代表作《国富论》（1776）中包含着丰富的人力资本思想。斯密认为，"劳动是为购买一切东西支付的首次价格，是最初的购买货币，用来最初购得世界上全部财富的，不是金或银，而是劳动"。斯密将固定资本分为四部分，其中第四部分是"社会所有居民或成员获得的有用才能"。并指出"这种才能的获得需要维持获取人去接受教育，进行研究或充当学徒，总是要花费一笔实在的开支，这好像是固定并实现在他身上的资本"。斯密把人的劳动能力划归资本的范畴，强调教育对劳动者开发的重要作用。

罗伯特·欧文（1771—1858）重视人的因素在工业中所起的重要作用，对于影响劳动生产率的重要因素——人进行了长期的观察，并把工人称作"有生机器"，来区别作为"无生机器"的设备。欧文还主张建立教育制度，实行教育立法。他详细地列举了教育法案的具体条款，如教育部门领导人选、教师培养、经费开支、教学内容、教学计划、教学方法、确定家庭教育和社会教育等，并论证和阐述了立法的理由。他主张从法制上为人力资源开发提供保障，而这种保障实施特别有利于人力资源的科学文化素质提高和职业技能教育的开展。

1890 年，马歇尔在《经济学原理》一书中，在考察生产要素时，把萨伊的生产三要素扩充为生产四要素，即劳动、资本、土地和组织（企业家才能）。

亚伯拉罕·马斯洛（1908—1970）是第一个将人的需要进行分析归纳的行为科学家，他将人的需要分为生理的需要、安全的需要、归属与爱的需要、社会尊重的需要以及自我实现的需要五个层次，重要性依次递增。他把人的需求视作一个动态的相互作用体系，其中最高层次的需求为自我实现的需求。该理论说明人的需要是复杂的、有等级区分的，要达到最佳激励效果，就要对症下药。换言之，管理者应当了解劳动力当时最迫切的需要。毫无疑问，马斯洛的理论为激励工人和开发人力资源提供了理论指导。

20 世纪 60 年代，美国经济学家舒尔茨和贝克尔创立了人力资本理论，开辟了人类关于人的生产能力分析的新思路。舒尔茨认为，促进经济增长的因素不仅仅是土地、资源以及劳动者数量的增加，更主要的是劳动者知识水平、技能等的提高，即劳动者质量的提高。1960 年舒尔茨在美国经济年会上发表"人力资本投资"的演讲，掀起了经济学家研究人力资本理论的热潮。

2. 国内人力资源开发理论

国外的人力资本理论是我国进行人力资源开发研究和实践的理论基础。近年来，在人力资源开发的概念、特征、功能等方面，国内均有涉足并进行了较系统的研究。如胡君辰、郑绍镰（1999）主编的《人力资源开理》；萧鸣政（2004）编著的《人力资源开发的理论与方法》；孙健、纪建悦编著的《人力资源开发与管理》等。国内关于人力资本研究的著作也不少，其中《人力资本通论》（李建民，1999）、《人力资本运营论》（冯子标，2000）都从不同角度对人力资本理论进行了较为系统的分析。另外，《中国人力资本投资与城乡就业相关性研究》（侯风云，2007）通过建立各种模型研究了中国人力资本投资与城乡就业的相关性，以及中国人力资本投资与经济增长的相关性。

（二）国内外农村人力资源的开发理论

1. 国外农村人力资源的开发理论

国外农村人力资源的开发理论兴起较早，尤其是日、美、韩等国家的理论已相当成熟，形成了完善的开发教育模式。北美模式是指机械化耕作和规模经营的农业生产，通过构建完善的农业科技体系，实现农业教育、农业科研和农技推广三者有机结合的农民培训模式。西欧模式的代表是德国的农民教育，是指以家庭农场为主要经营单位进行生产，将政府、学校、科研单位、农业培训网四者有机结合，通过普通教育、职业教育、成人教育等多种形式对农民进行教育培训的模式。

2. 国内农村人力资源开发理论

国内对人力资源理论研究起步较晚，大约始于 20 世纪 80 年代中后期，从西方人力资本理论的引入到应用人力资本理论，我国人力资源理论研究与实践基本上都集中在非农领域，随着国家对"三农"问题的不断关注和重视，国内一些学者开始将研究方向转向农村人力资源理论和实践上，形成了不少论著。童光荣认为，在知识经济条件下，农村人力资源开发必须实施农村教育体制改革，其改革的方向和目标是积极推进农村教育投资的市场化。李朝林提出，对农村人力资源进行开发必须加大对教育的投资力度，构建合理的人力资本投资与回报机制。谢柳玲认为，农村发展的"瓶颈"是农村科技创新能力薄弱，科技人才缺乏和劳动者素质低下。因此，要加快农村发展，必须实施农村科教工程，积极促进农村人力资源开发。何景熙从人力资本投资的角度，分析和论证了以加强基础教育为重点的农村人力资源开发工程的必要性。刘才进则认为，要实现农村经济跨越式发展，关键在于农村人力资源开发，而农村人力资源开发必须加大对农村改革开放和投入力度，实现人力资源开发主体的多元化，建立全国统一的劳动力市场，大力发展小城镇建设等系统的开发思想。周银珍等认为，政策是农村人力资源开发的根本保证，农村人力资源开发必须从政策和制度着手，营造有关政策环境，创造有关政策条件和完善有关政策措施。李华从自身实践的角度系统地论述了我国农村人力资源开发的基本理论、运行理论、工作原理、开发途径以及模式等，并对国内外农村人力资源开发进行了比较。张晓梅从理论和实证的角度，对我国农村人力资源开发与利用等问题进行专题研究，并采用博弈模型方法对农民教育投入进行分析。① 许文兴从农村人力资源开发与管理的角度，就农村人力资源预测与规划、人力资本投资与管理以

---

① 张晓梅：《中国农村人力资源开发与利用研究》，中国农业出版社 2005 年版。

及就农村人力资源如何配置等问题进行了全面深入的研究。①

第二节　贵州省农村人力资源的现状及特征

一　贵州省农村人力资源存量大

全省常住人口为 3474.65 万人，同第五次人口普查 2000 年 11 月 1 日零时的 3524.77 万人相比，十年共减少 50.12 万人，减少 1.42%。年平均递减 0.14%。全省常住人口中，居住在城镇的人口为 1174.78 万人，占 33.81%；居住在乡村的人口为 2299.87 万人，占 66.19%。同 2000 年第五次人口普查相比，城镇人口增加 330.26 万人，乡村人口减少 380.38 万人，城镇人口比重上升 9.85 个百分点。

2010 年年末，贵州省人口密度为 197.4 人/平方千米，比全国同期平均水平多 56 人/平方千米，在西部 12 个省市区中仅低于重庆。贵州省常住人口的地区分布如表 6－1 所示。

表 6－1　　　　　　　　贵州省常住人口的地区分布

地区	人口数（万人）	比重（%）		人口密度（人/平方千米）
		2000 年	2010 年	
全省合计	3474.65	100.00	100.00	197
贵阳市	432.46	10.55	12.45	538
六盘水市	285.12	7.79	8.21	288
遵义市	612.70	18.57	17.63	199
安顺市	229.73	6.62	6.61	248
铜仁地区	309.24	9.37	8.90	172
黔西南布依族苗族自治州	280.58	8.13	8.08	167
毕节地区	653.64	17.95	18.81	243
黔东南苗族侗族自治州	348.06	10.91	10.02	115
黔南布依族苗族自治州	323.12	10.13	9.30	123

资料来源：根据第五次和第六次人口普查数据整理计算而得。

----

① 许文兴：《农村人力资源开发与管理》，中国农业出版社 2006 年版。

2011 年，全国城镇化水平为 51.3%，贵州省为 35%，贵州省农村人口比重为 65%，比全国平均水平高 16.3 个百分点，说明贵州农村人口比重高，数量多，如图 6-1 所示。

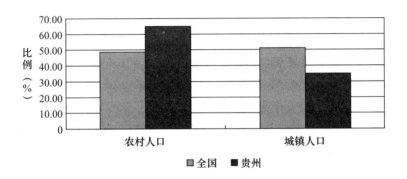

图 6-1　贵州省与全国城镇化水平的比较

在贵州省的广大农村地区，受重男轻女思想和少数民族宽松的计划生育政策，以及计划生育政策贯彻实施的力度欠缺的影响，长期以来贵州省的人口出生率和自然增长率均位于全国的前列，广大农村更是如此。2011 年，贵州省人口出生率是 13.96‰，全国人口出生率是 11.93‰。高人口增长率给贵州省带来了巨大的人口压力，在很大程度上严重阻碍了经济的发展，使贵州省人均 GDP 大大落后于全国水平。

二　贵州农村人力资源素质低

从平均预期寿命看，第六次人口普查时全国平均预期寿命为 71.40 岁，贵州省平均预期寿命为 65.96 岁，比全国低 5.44 岁，第五次人口普查时贵州平均预期寿命只比全国平均预期寿命低 4.26 岁，十年中差距又增加了 1.18 岁。贵州省人口平均预期寿命第四次人口普查时在全国省、市、区中为倒数第五，第六次人口普查时为倒数第三。由于贵州省山区的特殊性和医疗卫生条件的限制，农村人口平均预期寿命大大低于城镇人口平均预期寿命，如表 6-2 所示。

表 6-2　　　　　　　　贵州省与全国平均预期寿命的比较　　　　　　单位：岁

	全国	贵州省
第五次人口普查的数据	73.43	67.80
第六次人口普查的数据	71.40	65.96

资料来源：根据第五次和第六次人口普查数据整理计算而得。

从人口受教育情况看，第五次人口普查时贵州文盲率为 13.89%，比全国文盲率 6.72% 高出 7.17 个百分点。第六次人口普查时，贵州的文盲率为 8.74%，全国文盲率是 4.08%，比第五次人口普查时下降 5.15 个百分点，说明随着社会的发展，贵州省农村人口的文盲率在下降，但是仍然高于全国文盲率的水平。如表 6-3 所示。

表 6-3　　　　　　　　贵州省与全国文盲率的比较　　　　　　单位:%

	全国	贵州
第五次人口普查的数据	6.72	13.89
第六次人口普查的数据	4.08	8.74

资料来源：根据第五次和第六次人口普查数据整理计算而得。

三　贵州省存在大量农村剩余劳动力

贵州省是典型的喀斯特地貌，石漠化严重，贵州省的土地资源匮乏，92.5% 为山地和丘陵，耕地面积仅有 184.3 平方千米。第六次人口普查结果显示，贵州省农村人口有 2302.75 万，农村劳动力有 1362.4 万人，劳动力人均耕地 1.8 亩。按照贵州耕地、气候等特征和农业生产率的实际水平，以及单位面积劳动量和时令季节等限制计算，每个劳动力通过换工等完全可以种好 3 亩地。要维持贵州目前农业的生产水平，只需要 921 万劳动力即可，有 441.4 万农村劳动力成为绝对剩余劳动力，他们的边际生产力为零或者是接近零。

据 2008 年全省人口计生年度统计，按县际流动人口计算，贵州省农村流出人口 358.6 万人，其中 74.7% 流向省外，主要流向广东、浙江、福建和云南等省；21.7% 在省内流动，主要流向贵阳市；3.6% 流向其他区域。

四　贵州农村人力资源的开发滞后，人力资本转化难

贵州省农村人口缺乏基本的生存发展技能和文化素质，且因意识观

念的落后不能与当前的市场经济有效结合，不能有效地转化为人力资本，成为制约贵州省经济社会发展的主要"瓶颈"。主要表现在以下两个方面。

（一）贵州省农村人口文化程度低

贵州省人口有大专以上文化程度人口 183.88 万人，高中程度者 253.02 万人，初中程度者 1035.07 万人，小学文化程度者 1368.07 万人，文盲 303.85 万人。农村劳动力的平均受教育年限是 4.14 年，远远低于我国劳动力的平均受教育年限 11 年。

表 6-4　　　　　　　贵州省人口文化程度比较　　　　单位：万人、%

文化程度	大专以上	高中	初中	小学	文盲
人口数量	183.88	253.02	1035.07	1368.07	303.85
所占总人口比重	5.29	7.28	29.79	39.37	8.74

资料来源：根据第五次和第六次人口普查数据整理计算而得。

（二）文化水平的城乡差异大

贵州农村存在大量的低素质人力资源，成为地域经济发展的"瓶颈"。高文化水平的人口主要集中在城镇，低文化水平的人口主要集中在农村。在全省参与经济活动的人口中，农业人口是文化素质最低的一个部分，农业人口占 88.1%，集中了全省未上学劳动力的 97.5%。

表 6-5　　　　贵州省人口文化程度的城乡差异　　　　单位:%

	农业人口	非农业人口（城镇人口）
参与经济活动的人口	88.1	11.9
全省未上学人口	97.5	2.5

资料来源：根据第五次和第六次人口普查数据整理计算而得。

第三节　贵州省农村人力资源开发的主要问题及原因

一　贵州省农村人力资源开发存在的主要问题

（一）贵州省农村人力资源开发数量不足

人力资源是指一个国家或地区所具有的一定数量和质量的人口的总

和。贵州省位于我国西南地区，少数民族众多，共有 53 个少数民族。少数民族地区发展落后，人口数量少，直接导致了贵州省人力资源数量的不足。贵州省第六次人口普查数据显示，贵州省常住人口为 3474.65 万人，同第五次人口普查相比，减少了 50.12 万人，减少 1.42%。常住人口中，以汉族人口为主，占 63.89%；各少数民族人口为 1254.80 万人，占 36.11%。同第五次人口普查相比，汉族人口增长 0.81%，各少数民族人口下降 2.24%。

表 6-6　　　　　　　　　贵州省人口的民族分布情况　　　　　单位：万人、%

	汉族	少数民族
人口数	2219.85	1254.80
占全省总人口比重	63.89	36.11

资料来源：根据第五次和第六次人口普查数据整理计算而得。

贵州省人口普查办公室常务副主任陈应芳表示，人口的增减，除自然的出生、死亡，还有人口的迁移变动。贵州省常住人口减少的主要原因为人口的迁移变动，各少数民族外出迁移人口占外出迁移人口的 45%，成为各少数民族人口下降的主要原因。人口的大量迁移导致人力资源的严重不足。

此外，贵州老龄化进程加快。在贵州省第六次人口普查数据中，值得注意的是人口的年龄结构变化。同 2000 年第五次人口普查相比，65 岁及以上人口的比重上升 2.6 个百分点。

据了解，全省常住人口中，0—14 岁人口为 876.46 万人，占 25.22%；15—64 岁人口为 2300.47 万人，占 66.21%；65 岁及以上人口为 297.72 万人，占 8.57%。与第五次人口普查相比，0—14 岁人口的比重下降 4.94 个百分点，15—64 岁人口的比重上升 2.34 个百分点，65 岁及以上人口的比重上升 2.6 个百分点。

以上两个原因导致了贵州省农村劳动力缺乏，出现了农村人力资源数量不足的问题。

（二）贵州省农村人力资源开发的质量较差

人力资源质量是指一国或地区拥有劳动力的人口身体素质、文化素质、思想道德素质及（职业）劳动技能水平的统一。影响人力资源质量的因素有人类体质与智能遗传、营养状况、教育状况（国民教育发展水平、成人教育、早期教育等）、文化观念、经济与社会环境等。贵州省农村医疗卫生体系、教育体系的落后，导致贵州省农村人口的身体素质、文化素质太低，直接影响了贵州省农村人力资源质量。

二　贵州省农村人力资源开发存在问题的原因

（一）贵州省的地理位置和特殊的历史背景导致贵州发展的落后

贵州省位于我国西南部，地处云贵高原东斜坡，地势西高东低，92.5%为山地和丘陵，是全国唯一没有平原支撑的省份，是世界喀斯特分布最集中的东亚地区的核心，有我国最大的喀斯特石山区，占全省总面积的73%。特殊的地理位置和地形，导致贵州省交通闭塞，基础设施建设严重不足，社会发展严重落后。

此外，贵州历史上，从春秋战国至宋元出现过较大的曲折以及一个长达四百年与中原联系断层的现象。从战国、秦汉到元末，长达一千七八百年，贵州就有上千年处于中原王朝开发圈之外，与邻近地区巴蜀、湖广等不同，也与云南有过南诏国、大理国共六百多年连续较稳固的地方统一政权的情况不同，贵州长期处于主流文化圈之外，造成了贵州社会发展的严重滞后。

（二）贵州省农村农民收入低，造成人力资源开发的成本高

人力资源有效而充分地开发必须依靠相当的社会经济基础。2010年，贵州省生产总值为5800亿元，人均生产总值1.6117亿元，全国排名末位。2010年的财政收入为969.57亿元，一般预算收入533.73亿元，远远低于发达省份。这两项指标的对比，说明贵州地区的经济发展。无论是相对于其庞大的人口还是广大的面积，贵州省经济发展都显得相对滞后。考虑到教育、医疗、科技等方面的客观差距，贵州地区人力资源开发的社会经济因素是其他因素难以比拟的。正因为如此，贵州地区的发展长期依赖于中央和省级政府的转移支付，而这些转移支付多用于基础设施建设与改造，或是开发资源型产业，能够用于人力资源开发的资金是十分有限的。此外，家庭收入水平不高（2010年农村地区家庭总收入为4560.52元）也严重制约了人力资源投资。

（三）贵州省农村教育、医疗水平落后，阻碍了人力资源开发利用

一个国家或地区的人力资源的开发状况，归根结底取决于教育发展的整体水平。贵州省经济社会欠发达，造成教育投入的严重不足，教育

水平与全国平均水平差距较大。2010 年，贵州省高等教育毛入学率为20%，低于全国 23% 的平均水平。

农村地区教学条件差，基础设施设备严重不足。师资力量不足，一名教师教多科的现象普遍；教师学历低，流失严重。同时，当前的农村教育沿袭小学、初中、高中到大学的模式。这种模式主要以应试教育为主要内容，注重对学生文化理论的培养，忽视对学生实践技能的训练，该模式不能提高农村生产科技文化技能，对于农业生产力的提高难以发挥直接有效的作用。

医疗卫生是人力资源开发的重要途径，贵州省经济社会发展落后，在医疗卫生建设方面存在严重的问题。首先，农村医疗卫生条件差，资源配置不合理，难以发挥效益。农村医疗的资金不到位，造成农村医疗卫生条件长期得不到改善。其次，新型农村合作医疗的补偿水平偏低，补偿手续繁杂，很难发挥作用。最后，在贫困地区的农村，许多农民带着"小病拖，大病扛"的想法，患病后不及时就诊治疗，致使卫生服务的有效需求大大降低。还有相当一部分农民，对新型合作医疗政策不了解、不满意，导致大部分农民持观望态度，筹集合作医疗资金的难度加大，政策受益群体处于被动状态，不能发挥其应有的效果。

（四）贵州省人才资源流失严重，人才资源配置不当，浪费严重①

由于种种原因，贵州地区人力资源不足与人才资源浪费现象并存，许多教学、科研单位特别是国有大中型企业面临着人才缺乏和人才流失的双重问题，一方面急需的人才引进不来，另一方面大量人才限制或浪费。比如，某些单位和部门存在大量低层次、低学历人员充斥工作岗位的现象，导致大批高层次人才进不去。

此外，贵州地区由于历史和自然条件等原因，人才资源不按市场经济规律要求配置，而是按关系调配，从而使人事关系匹配不协调，造成西部地区大量人才闲置，自然资源浪费，生产率极其低下，经济发展缓慢，与东部发达地区的差距越来越大。

---

① 单晓娅：《贵州省城镇劳动力资源的可持续发展研究》，贵州人民出版社 2007 年版。

第四节　贵州省农村人力资源开发的对策

一　加强农村基础设施建设，为农村发展提供基础

近年来，随着新农村的建设和发展，我国的农村建设已经迎来了新的天地，取得了很好的成效。但是贵州省作为我国经济发展的落后地区，特别是农村的基础设施建设还存在很多的问题，需要进一步地改善和提高。

基础设施是一个社会正常发展和运行的前提条件，具备良好的基础设施，可以为农村的发展提供雄厚的物质基础，促进农村人力资源的合理开发和利用，有助于农村的城镇化，有助于实现全面小康社会建设。农村基础设施建设包括公路、自来水、电、网络通信、基本农田水利建设、农村建设规划和区域环境治理等。尤其是网络通信和公路的建设，现在东部地区很多农村发展仍然较为滞后。加快基础设施建设，要做到以下几点：（1）各级政府应该主动牵头，积极拨款，为农村基础设施的建设提供更好的政策支持和财力保障。（2）要成立专门机构，专人负责一个地区农村的基础设施建设，把农村的基础设施建设落到实处。（3）充分发挥城市对农村的带动作用，使"工业反哺农业，城市支持农村"的政策得到切实的落实。[①] 通过基础设施的建设，拓宽农民就业渠道，丰富农民获取外界信息的手段，还可以从实际出发培养一批农村自己的技术带头人和领导干部，加强农村富余劳动力的健康、合理转移。

二　大力发展农村经济，提高农村居民收入水平

要想大力发展贵州省的农村经济，提高居民生活水平，就必须大力发展贵州省的工业，实现贵州省工业化，走新型工业化道路。走新型工业化道路是改变贵州省经济增长方式、实现可持续发展的需要。贵州省的能源、矿产、水、土地等自然资源人均占有量少，经济增长方式粗放，效益低，环境污染严重，生态不断恶化。因此，走新型工业化道路是充分发挥贵州省的比较优势、提高竞争力的需要。贵州省矿产资源总量大，且资源之间的组合优势独特，尤其是能源与矿产资源组合良好，利于资

---

① 李兴江：《中国农村扶贫开发的伟大实践与创新》，中国社会科学出版社 2005 年版。

源的就近就地加工和转化。同时，贵州省由于开发较晚，工业化进程缓慢，保存了良好的自然生态、人文景观和民族风情，旅游资源优势明显。走新型工业化道路是落实科学发展观、构建社会主义和谐社会的需要。

三 加大农村教育的投资力度

改革开放以来，我国经济有了快速的发展，但是处于我国西南部的贵州省在农村教育方面还是存在很多的问题，例如教育资金投入不足等。为了实现农村经济和教育的协调发展，必须做到以下三点。

其一，必须加大对农村基础教育的投入，普及九年义务教育。[①] 贵州省农村很多地区存在办学条件差、师资力量薄弱、青少年失学辍学等问题。农村青少年是未来农村各项事业的主力军，他们的受教育状况和文化水平将直接决定未来的农民队伍素质，所以必须加强农村基础教育的投入。第一，改善农村中小学的办学条件，健全义务教育经费保障机制，合理使用学校的公用经费，加强农村中小学的教学设施建设，发展农村中小学现代远程教育。第二，稳定和充实农村教师队伍，提高教师的专业素质，提高教师工资和福利待遇。第三，还要建立农村教师定期培训制度，让农村的中小学教师定期到师范院校进修、培训，提高农村教师的专业水平。第四，各级政府从经费和条件上保证适龄儿童和青少年享有九年制教育的权利，使他们不会因为家庭经济困难而失学、辍学，保证每个儿童和青少年都能接受基础教育。

其二，扶植农村职业教育，培养农村实用人才。抓住机遇，整合各种资源，以农民科技教育中心、农业院校为主体，完善农村职业教育体系。多渠道筹集资金，增加职业教育经费投入。深化教育教学改革，坚持职业教育的市场导向，与生产实际、农业技术推广及社会服务相结合，坚持"学用结合，按需施教"的原则，设置相应的农业生产、经营管理、市场经济等专业及课程，培养农村实用型人才。

其三，重视农村高等教育和成人教育，培养农业高级专门人才。利用远程教育资源，发挥学校的作用，对农民进行教育。同时发挥村、乡镇广播网络作用，传播知识信息，让农民接受教育，逐步提高自身素质。还可以开展科普、电影、晚会，建设农村文艺队，以丰富多彩的文化活

① 张燕：《新农村建设背景下延安市农村人力资源开发模式研究》，硕士学位论文，西北大学，2008 年。

动潜移默化地对农民进行教育引导。在放电影时插播各类宣传知识片，以群众喜闻乐见的方式，寓教于乐，提高农民素质。

四　积极引进人才，减少贵州省人才的流失，提高贵州省人才资源质量

伴随着改革开放和市场经济发展而出现的人才市场，在人才的合理配置过程中发挥着越来越重要的作用，成为贵州省要素市场中最活跃的市场之一。但是由于很多主客观条件的限制，贵州省人才流失和浪费现象严重。因此，要想促进贵州省的发展，实现贵州省农村人力资源的合理开发，就离不开人才。这样，就需要做到以下几点：

其一，培育人才市场体系，优化人才资源市场的配置，减少人才的浪费；

其二，优化人才环境，促进人才脱颖而出；

其三，采取各种措施，吸引优秀人才等。

第七章　贵州省实施城镇化带动战略中的科技支撑

第一节　城镇化带动战略及其与科技发展的关系

一　城镇化建设是贵州"十二五"经济社会发展的带动战略之一

党的十六大报告指出：我国要逐步提高城镇化水平，坚持大、中、小城镇协调发展，走中国特色的城镇化道路。党的十七大报告又强调指出：走中国特色城镇化道路，促进大、中、小城市和小城镇协调发展。以增强综合承载能力为重点，以特大城市为依托，形成辐射作用大的城市群，培育新的经济增长极。《中华人民共和国国民经济和社会发展第十二个五年规划纲要》中指出：把扩大消费需求作为扩大内需的战略重点，进一步释放城乡居民消费潜力，要积极稳妥推进城镇化。同时，促进区域协调发展也必须要积极稳妥推进城镇化。①

根据贵州省省情，积极稳妥地推进城镇化进程是符合贵州省实际的科学发展路径，是"十二五"期间促进城乡经济社会协调发展，实现又好又快、更好更快发展的必然要求。

（一）城镇化建设是符合贵州省实际的科学发展路径

1. 加快城镇化建设是贵州省委省政府的重大战略决策

2010 年 7 月 29 日中国共产党贵州省第十届委员会第九次全体会议通过《关于加快城镇化进程促进城乡协调发展的意见》，指出"加快贵州省城镇化进程、促进城乡协调发展，是构建'和谐贵州'、实现经济社会发展历史性跨越、全面建设小康社会的重大战略问题，事关全局，事关长

---

① 国务院：《国家中长期科学和技术发展规划纲要（2006—2020 年）》，2006 年。

远，事关全省各族人民的根本利益"。

2. 加快城镇化建设是新一轮西部大开发的要求

国家实施西部大开发战略以来，贵州省的经济得到了较快发展，2008 年全省的地区生产总值、社会消费品零售总额、全社会固定资产投资，分别是 1999 年的 3.42 倍、3.13 倍和 4.58 倍，开始进入经济增长的快速时期。特别值得关注的是，"十一五"期间由于省贵州经济的加速发展，贵州省与全国发展的差距出现了缩小的良好趋势。2010 年 7 月，中央召开西部大开发工作会议，为深入实施西部大开发战略进行了重大部署。中央确定，培育滇中、黔中等经济区，形成对周边地区具有辐射和带动作用的战略新高地，同时强调扎实推进重点经济区率先发展和城镇化进程。国家对西部地区的支持，一是增加资金投入的政策——加大建设资金投入力度，优先安排建设项目，加大财政转移支付力度，加大金融信贷支持。二是改善投资环境的政策——大力改善投资的软环境，实行税收优惠政策，实行土地和矿产资源优惠政策，运用价格和收费机制进行调节。三是扩大对外对内开放的政策——进一步扩大外商投资领域，进一步拓宽利用外资渠道，大力发展对外经济贸易，推进地区协作与对口支援。四是增加教育投入，加强文化卫生建设。当前，贵州省面临又好又快、更好更快发展的历史性机遇，国家深入实施西部大开发将为贵州省城镇化发展带来良好的国家政策扶持。

（二）城镇化建设是实现贵州省经济社会又好又快、更好更快发展的必由之路

积极稳妥推进城镇化是我国全面实现小康社会的重大任务，同时也是贯彻落实科学发展观的重要内容，是我国社会主义现代化建设事业的内在迫切需要和强劲动力。首先，推进城镇化进程是扩大内需的关键和重点所在。提高城市人口在总人口中的比重，既有利于居民消费潜力向现实消费需求的转化，更有利于推进消费结构的升级。根据相关研究，城镇化率每提高 1 个百分点，可带动居民消费总额增长 1.2 个百分点，进而带动国内生产总值增长 0.4 个百分点。[1] 其次，推进城镇化，加快农村富余劳动力转移的步伐，是提高社会劳动生产率、减少农民数量、扩大继续务农人员人均资源占有规模、扩大农户经营规模、加快现代化农业

---

[1] 陈栋生：《对中部地区城镇化的思考》，《当代财经》2010 年第 12 期。

发展的需要。最后，推进城镇化，有利于服务业的发展和增加就业岗位。

1. 城镇是农村劳动力转移、提高农民素质的重要场所

贵州省农村人口多，富余劳动力多。积极发展小城镇有利于加快和大规模转移农村富余劳动力，避免农村人口向本省或外省大中城市盲目流动。城镇的作用就相当于人口的"蓄水池""节流闸"。经济学家刘易斯在对发展中国家的城镇化做了研究后指出：一个城市在其规模达到 30万人后，就会失去其规模经济效益。相对经济的办法应该是发展大批的农村小城镇，每一个小城镇都拥有一些工厂、电站、中等学校、医院以及其他一些能够吸引居民的设施。小城镇有利于提高农民素质，改善其生活质量。农村人口进城镇经商、定居，有利于广大农民逐步改变传统的生活、生产方式和思想观念，有利于提高人口素质，缩小工农差别和城乡差别。

2. 城镇是促进完善农村市场体系、统筹城乡经济发展的载体

积极发展城镇，能够带动农村第三产业特别是服务业的迅速发展，为农民创造更多的就业岗位，将为农村经济和社会发展提供场所，有利于培育农村市场，逐渐形成小城镇区域经济中心。同时，小城镇是各类农产品和物资进行流通的重要渠道，是促进城乡经济统筹发展的纽带和桥梁，是农村对外开放的窗口。

3. 加快城镇化建设有利于工业化发展

城镇的建设为农村工业发展提供了一个平台，尤其是成为农副产品加工增值转化的平台。贵州省农副产品丰富，有辣椒、中草药、茶、马铃薯、魔芋等，农副产品的加工厂家也有很多，但都不成规模，城镇的建立有利于扩大加工厂的规模，有助于延长农副产品的深加工链条，间接推动农村工业生产力，进而加速贵州省工业化的进程。

4. 加快城镇化建设能够促进城乡交流，冲破城乡壁垒，加速城乡一体化进程

城镇的发展加强了城乡之间的联系，开启了城乡交融的大门，城镇已经成为大城市和乡村信息交流与共享的平台。处于城之尾、乡之首的城镇，对于打破城乡分割，把城市和农村紧密结合起来，实现城乡之间多方面的稳定协调联系，加速城乡一体化进程，促进城乡之间物质文明和精神文明建设，起着不可替代的作用。

5. 加快城镇化建设能够增加农民收入

关于城镇化发展与农民收入的增长之间关系的研究，国内外学术界一致认为它们之间存在正相关的关系。城镇化发展对促进农民收入增长具有重要意义，其发展路径为：城镇化水平提高→带动农村剩余劳动力向城镇转移→导致农业人口减少→导致农业生产率提高、农民农业收入提高和农民务工工资性收入提高→带来农民收入全面增加。那么对于贵州省这个欠发达、欠开发的西部山区省份，农民的收入水平与增长速度相对较低，城镇化进程相对滞后，农民收入增长与城镇化水平之间的关系又如何呢？谢松利用 1978—2009 年的相关数据，得出贵州省的农村居民人均纯收入、农村居民人均家庭经营收入与城镇化水平存在显著的长期均衡关系。贵州省城镇化率每提高 1%，全省农村居民人均纯收入将增加约 1.95%。[1] 从数据分析可以得出，贵州省农民收入增长与贵州省城镇化进程关联度高，呈正相关关系。为提高贵州省农村居民人均纯收入，需加快推进城镇化进程。

二　城镇化带动战略与科技发展的关系

城镇化是社会经济发展的必然结果，而科技进步无疑是城镇化发展的助推力。城镇化的推进是一项系统工程，从城镇化的规划、基本设施建设（含城镇水、电、气、交通、住居等基础设施建设，生态建设与环境保护）、非农产业体系的培植到城镇化管理等城镇化发展的各个环节都包含有大量的科技问题。贵州省在积极稳妥推进城镇化过程中，只有通过科技进步和技术创新才能实现城镇建设可持续发展。[2]

贵州省城镇化从 1978 年的 12.1% 提高到 2010 年的 33.81%（贵州省第六次人口普查数据），虽然取得长足的发展，但仍滞后，且城镇化过程中存在各种问题，如缺乏科学规划、布局不合理；基础设施不配套、功能不完善；体制不健全，管理无序，权责不清；产业结构不合理，特色不突出，农村富余劳动力得不到有效转移；与环境之间的矛盾加大等。[3] 因此，只有通过科技进步和技术创新才能实现城镇建设的可持续发展。

---

① 谢松：《贵州农民收入增长与城镇化发展的关系》，《贵州农业科学》2010 年第 10 期。

② 中国科学院可持续发展战略研究组：《2010 中国可持续发展战略报告：绿色发展与创新》，科学出版社 2010 年版。

③ 陈常亮、成吟：《贵州一、二、三产业对城镇化率的拉动分析》，《华东经济管理》2007 年第 3 期。

（一）制定城镇化战略需要树立科学发展观

实现可持续发展的城镇化建设首先要破除不利于加快发展城镇化的思想观念，树立科学发展观，制定科学的城镇化战略，将科学发展观的理念植入城镇化思路中。立足于贵州省城镇化的实际，提高城镇化的整体水平，完善体系，科学规划，分类指导，突出重点，有序推进，把推进城镇化进程同加快全省经济发展紧密结合起来。增强城镇集聚能力和经济辐射功能，优化调整城镇结构，逐步形成以城带镇、以镇带村的发展格局。进一步完善生产力布局和资源配置，充分发挥城镇在区域经济和社会发展中的核心作用，实现城乡协调发展。①

（二）创建功能健全、衔接协调的城镇体系依靠科学规划

加快城镇化建设，科学规划应放在首位。从规划的编制、修改与确定到规划的审批与实施都需要科学的合理性和严密性。首先要厘清经济社会发展规划、城镇体系规划、城镇建设规划、土地规划等规划之间的相互关系，发挥规划引导城镇建设健康发展的作用。其次要科学制定规划，要考虑到贵州省城镇所处的地理位置、自然环境、社会风俗、富裕程度等差异化，做到因地制宜，各有特色。

（三）促进传统产业的优化升级依靠科技进步

目前，贵州省还存在着一些能耗高、污染重、效益低的传统产业。我们必须依靠科技进步，利用清洁生产技术对这些传统产业进行改造，并大力发展节能、降耗、减污、增效的高新技术产业，加快发展城镇建筑业、房地产业、旅游业，实现传统产业向现代服务业的转变。同时注重利用科技扩展农产品加工种类，延伸农产品加工产业链，大力开拓农产品市场，挖掘农产品加工业的发展潜力，形成本地的农产品加工基地和具有一定辐射范围的农产品集散地和农业信息、技术服务中心，以促进这些传统产业的升级与转型。

（四）加快农村富余劳动力的转移依靠科学合理安置

农村富余劳动力的安置问题是城镇化推进过程中的一个需要谨慎处理而又富有挑战性的难题。科学安置农村富余劳动力，需要积极扶植乡镇企业发展，引导农民和农村富余劳动力尽可能多地流入到小城镇。同

---

① 安树伟：《近年来我国城镇体系的演变特点与结构优化》，《广东社会科学》2010 年第 6 期。

时还要把乡镇工业的发展与城镇现代化建设紧密结合起来。合理安置农村富余劳动力应该从五个方面考虑：一是必须根据区域资源特点，选准主导产业，合理规划产业结构和产业布局，利用经济杠杆，促进农村第二、第三产业向小城镇集中，培养新的特色经济，特色产业，扶持一批农村深加工企业。二是逐步改变乡镇企业分散的现状，统一规划，将存在于行政村或自然村中，甚至在农民家门口或家里的企业集中到城镇统一规划区域中来，形成集约化经营，特别是要尽可能创造条件，使新办的乡镇企业落户到城镇。三是重点培育小城镇的市场，鼓励建立适应本地经济发展特点的专业批发市场，以市场促进城镇周围的农村经济发展和带动乡镇企业的发展，鼓励、支持和引导各种类型的农产品流通组织参与市场流通，逐步形成产业发展、企业集聚、市场扩大的良性互动机制。四是制定和出台相关政策，降低农村人口进入城镇的成本。五是开展城市低保与农村低保、城市医保与农村合作医疗的衔接研究，妥善解决农民工子女入学问题。

（五）推动生态城镇环境的建设依靠科学建设

城镇环境包括基础设施、公共设施和文化设施等。依靠科学建设生态城镇环境，力求达到生态城镇的各项指标，这是建设城镇环境的方向与目标。首先在基础设施上，利用国家和省委省政府对城镇基础设施的投入政策，合理安排建设项目和分配建设资金，不断完善城镇基础设施，保证城镇生产生活环境的持续好转。其次是在公共设施上，改善办学条件，合理规划和配套建设图书馆、博物馆、影剧院、体育场馆等。最后是加大环境综合整治力度，加快生态治理、生态建设和生态保护。发展环保事业，加快发展生态产业和生态经济，提高生态建设的综合效益。

第二节　科技在贵州省城镇化发展中的支撑现状

一　贵州科技发展的现状

科技发展水平主要由科技实力来衡量。科技实力可以由科技潜力、科技条件能力、科技产出能力和科技效力四个相互作用和相互影响的部分综合表示。

科技潜力受到经济基础的制约。从经济基础方面来看，自1999—

2009 年的十年中，贵州省地区生产总值（GDP）由 937.5 亿元增加到 3893.5 亿元，年均实际增长 11.03%，人均生产总值由 2545 元增加到 10258 元，年均实际增长 10.12%。财政总收入由 133.8 亿元增加到 779.6 亿元，年均增长 19.3%，其中地方财政收入（即一般预算收入）由 74.3 亿元增加到 416.5 亿元，年均增长 18.8%。全社会固定资产投资总额由 333.9 亿元增加到 2438.2 亿元，2010 年达 3186.28 亿元，比上年增长 30%。经济实力的不断壮大，为工业反哺农业、城市支持农村打下了较好的基础，全省经济结构在工业、农业和社会投资等因素的影响下不断调整优化。2010 年，贵州实现地区生产总值 4593.97 亿元，比上年增长 12.8%，人均 GDP 折合接近 1860 美元，而全国龙头省广东实现地区生产总值（GDP）45472.83 亿元，同比增长 12.2%，人均 GDP 折合接近 7000 美元。①

科技条件能力一般分为硬件条件能力和软件条件能力，硬件条件主要是指科研所需的物质基础建设，软件条件是指资金和科技人员的规模。在研究与试验发展经费支出（R&D 经费）上，1990 年贵州省支出为 0.1 亿元，2000 年为 4.2 亿元，2005 年为 11.2 亿元，2008 年为 19.1 亿元。从 R&D 经费折合全时人员来看，1990 年为 857 万人/年，1995 年为 958 万人/年，2000 年为 8131 万人/年，2005 年为 9638 万人/年，2008 年为 11521 万人/年。2009 年贵州 R&D 经费为 20.73 亿元，R&D 投入强度（R&D 经费与 GDP 之比）为 0.45%，R&D 人员为 2525 人，而全国 R&D 经费为 5802.1 亿元，R&D 经费投入强度为 1.7%，R&D 人员为 229 万人。②

科技产出能力包括知识产出和技术产出，一般以科技论文数量衡量知识产出能力。2009 年贵州省研究机构共发表科技论文 1358 篇，出版科技著作 8 种；贵州省研究机构共申请专利 48 件，其中发明专利 31 件；获得专利授权 10 件，其中发明专利 9 件。2009 年全省研究机构共申请专利和发明专利分别是 2000 年的 5.3 倍和 4.4 倍。全国研究机构共发表科技论文 141 万篇，出版科技著作 47826 种；研究机构共申请专利 976686 件，

---

① 资料来源：http://www.ce.cn/macro/more/201102/15/t20110215_ 22214061.shtml，中国经济网。

② 资料来源：http://www.gz.stats.gov.cn/SysHTML/ArticleHTML/44049_ 1.shtml，贵州统计信息网。

其中发明专利314573件；获得专利授权581992件，其中发明专利128489件。①

科技效力即科技贡献能力，包括经济贡献、社会贡献和环境效益，一般可以从全员劳动生产率提高、资源利用效率提高、劳动者素质改善三个方面加以考察分析。在全员劳动生产率上，贵州省从1978年的173元/人、1990年的796元/人、2000年的2742.27元/人、2005年的5306元/人到2009年的10300元/人。全国全员劳动生产率2009年为25511元/人。在资源利用效率方面，2009年贵州省GDP能耗2.348吨标准煤/万元，全国为1.077吨标准煤/万元，贵州排名倒数第三，仅仅优于宁夏、山西；工业增加值能耗4.320，全国最低耗能广东省为0.809；单位GDP电耗2328.02，北京最低为681.85。在劳动者素质改善方面，到2009年全国国民平均受教育年限为9年；贵州平均受教育年限为7.03年，但相比2007年提高0.28年。②

从上述体现科技实力的数据中可以看出，自改革开放以来，贵州科技实力呈现高速增长趋势，在"六五"至"十五"期间，科技进步对贵州省生产总值的平均贡献率达到29.03%，并且此趋势在未来将以更快速度增长③，这为贵州城镇化的科技支撑奠定了较为扎实的基础，但与全国平均水平及发达省份相比仍存在较大差距，提升贵州省自身科技实力对发挥科技在城镇化的支撑作用也尤为迫切。

二　科技在贵州省城镇化发展中的支撑现状

（一）科技在城镇规划中的支撑现状

贵州省城镇化1978年为12.1%，2010年5月为33.81%，如此快速的城镇和大规模人口转化，若缺乏合理的城乡规划，不仅会使城镇建设面临人口虚高、空间建设布局无序乃至失控的问题，还会引起城乡差距进一步扩大，城乡矛盾趋于深化。④

---

① 资料来源：http：//www.gz.stats.gov.cn/SysHTML/ArticleHTML/43326_1.shtml，贵州统计信息网。

② 资料来源：http：//www.stats.gov.cn/tjsj/ndsj/2010/indexch.htm，中华人民共和国国家统计局网。

③ 陈森良：《贵州省"十五"时期科技进步状况及其对经济社会发展作用研究报告》，《贵州省长基金项目》2008年。

④ 资料来源：《贵州省人民政府公报》，《贵州省中长期科学和技术发展规划纲要（2006—2020年）》2006年。

贵州省地处欠发达、欠开发的西部，受到交通、资源、地理环境和人口等多因素的制约，因此，科学的城镇规划显得尤为重要。科学的城镇规划能使贵州省城镇化逐步走上现代化的过程，主要体现在：（1）结合地理条件进行科学预规划，注重考虑城镇资源环境的承载能力。贵州省是全国唯一没有平原支撑的省份，俗称"八山一水一分田"，山高、水低、平地少，恶劣的自然条件容易造成贵州省城镇大分散、小集中，且基础设施投资太大，建设困难。目前规划尽量结合地缘进行小城镇集中和城镇产业集中，共同使用基础设施建设。（2）加强了对城镇历史文化的保护，削减了城镇规划中的"同质化现象"。贵州省是一个少数民族大省，少数民族文化氛围浓厚，将现代城镇建设与城镇的历史文化结合，科学规划以体现了贵州省城镇的民族特色。（3）城镇体系逐步完整，2009 年年末，全省城镇数量发展到 689 个，城镇密度为 0.39 个/百平方千米。其中仅有特大城市贵阳市 1 个，大城市遵义市 1 个，中等城市 5 个（六盘水市、安顺市、都匀市、兴义市、凯里市）、小城市 6 个（毕节市、铜仁市、仁怀市、赤水市、清镇市、福泉市）、小城镇 676 个。与 2000 年相比，新增 1 个大城市（遵义市），都匀市、兴义市、凯里市 3 个中等城市，毕节市、铜仁市接近中等城市规模，六枝、金沙、织金、黔西、桐梓等县城接近小城市规模。①（4）城镇空间布局逐步优化，区域规划和部署逐步统一，经济可持续发展逐步实现。各区域地方政府与民众之间往往存在利益冲突性，导致在规划和部署时难以协调统一，城市化建设呈现乱象。科学规划和科学指导能够提升了整体发展潜力，使贵州城镇建设中规模、布局、功能、产业结构等实现科学布局。（5）工业发展区在空间上分布较为集中。改革开放以来，贵州省先后设立 15 个开放园区，园区在发展过程中对产业发展起到一定的拉动作用，且设立的工业园区往往距城镇区域较近，给城镇带来一定产业规模和较多的就业岗位，城区和工业区人口集聚。

贵州省城镇经过科学合理规划，一方面，缓解了大量农村人口涌入对城市住房、教育、就业、社会保障等部门的巨大压力，一定程度上还缓和了城乡文化差异引起的文化冲突，消除"城村对立、分区管治""城中村"等社会不稳定现象；另一方面，科学的城乡规划一定程度上走出

---

① 单晓刚、王诗煌：《基于城乡规划视角的贵州城镇化》，贵州民族出版社 2009 年版。

了工作复杂化、协调因素增多、规划成本剧增、拆迁难度加大等困境，使人居环境、产业布局、生态环境等和谐发展。

（二）科技在调整产业结构、转变经济发展方式中的支撑现状

产业发展在城镇化建设中提供经济支撑，产业结构及其效益的高低直接制约了城镇化发展的快慢，而依靠科技进步、推动产业优化升级、做大贵州的特色产业、培育和壮大城市经济是加快城镇化的必要手段。

1. 支柱产业的基本确立

2010 年 10 月，贵州省工业发展大会审议并通过了《贵州省工业十大产业振兴规划》。规划明确规定：电力、煤炭、化工、装备制造、有色、建材、烟酒、冶金、高新技术、特色食品及民族制药十大产业是贵州省支柱产业和后续支柱产业，十大产业总产值和利税占全部工业的比重均在 80% 以上。支柱产业的科学确立将使贵州省工业提速发展，并为城镇化建设提供重要的产业支撑。

2. 贵州省特色产业已初具规模

贵州省很大的优势是资源优势，资源优势又主要集中在矿产资源和生物资源方面。由于特殊的地理位置，贵州植被类型多样，从亚热带到暖温带的植物在贵州几乎都能生长，丰富的生物资源为贵州省发展特色产业奠定了基础，其中贵州省野生植物有 3800 余种，可分为药用植物、经济植物和珍稀植物等几大类。利用科技对药用植物和经济植物进行深加工、产业链延伸形成贵州省特色产业，现在发展得如火如荼的有"贵州百灵制药""老干妈"等特色品牌。

3. 产业结构和经济发展方式的不断升级与转变

1978 年，贵州省第一、第二、第三产业分别占 GDP 比重为 41.7%、40.2%、18.2%。2000 年的第一、第二、第三产业比重为 26.3%、38%、35.7%，2009 年的第一、第二、第三产业比重为 14.1%、37.7%、48.2%。从 1978 年到 2009 年产业结构的变化可以看出，随着科学技术的不断应用，农业比重不断降低，第二、第三产业比重不断提高。贵州省根据《中华人民共和国国民经济和社会发展第十二个五年规划纲要》中"加快转变经济发展方式"的方针确立了加快发展、加快转型、推动跨越

式经济发展的主基调。① 确立了工业强省战略，科技发展工业，实现工业对三次产业的加快提速和协调发展。栗战书书记指出：工业强省战略实质上就是"强中间、带两端"的战略，工业可以上带第一产业，下促第三产业，推动第一、第二、第三产业联动发展。农业特别是农产品加工业，一头连着农户，一头连着市场，对于推动农产品规模化生产、产业化经营，延长农业产业链，提高农产品附加值，促进传统农业向现代农业转变，增加农民收入，有着十分重要的作用。发展第三产业，既需要生产工业品为生活型服务业提供物质基础，又需要工业发展为其提供广阔的空间和支撑，带动金融、运输、商贸、中介、餐饮、房地产等行业发展。第一、第二、第三产业之间存在联动机制，相互提供需求，相互提供供给，其中最大的需求创造和产品供给是第二产业。在科技的不断应用中，产业结构和经济发展方式将进一步优化升级。

在贵州省委、省政府的积极、战略性方针政策实施下，科技加快了贵州省产业结构的调整和经济发展方式的转变，促进了经济的又快又好发展，从而加快贵州省城镇化建设的脚步。

（三）科技在贵州省城镇建设中的支撑现状

1. 贵州省城镇建设发展迅速

《贵州统计年鉴（2010）》数据显示，贵州省 2009 年有建制镇 689 个、乡 757 个、村 17568 个，城镇人口 1135. 22 万人，占全省总人口的 29.9%。② "十一五"期间，贵州省在以交通、水利为重点的基础设施建设等技术支撑方面取得了重大突破，为城镇化的快速发展创造了有利条件。2005—2009 年，贵州省建制镇、乡及村的撤并力度逐渐加大，减轻了农民负担，推动了城镇化进程。5 年间，农村人口数量在减少、城镇人口在增加是城镇化率提高及城镇化进程加速发展的有力证明。贵州省城镇化正处于迈入快速发展的关键阶段，2000 年贵州省城镇化水平为 23.9%，2009 年为 29.9%，10 年间提高了 6 个百分点，年均增长 0.6 个百分点。

"十二五"期间贵州省不仅在加快城镇建设中形成以公路、铁路、内

---

① 资料来源：《贵州省人民政府公报》，《贵州省中长期科学和技术发展规划纲要（2006—2020 年）》2006 年。

② 资料来源：《贵州统计年鉴（2010）》。

河航运相互配套的立体综合交通网路，水利基础设施、市政设施建设、水资源规划和保障等进一步加强，信息基础设施建设加快推进，而且推进城镇化的科技支撑思路更加清晰。如贵州省委十届十次全会明确提出，要把推进城镇化作为优化要素资源空间布局、转变经济发展方式的重要途径，建设科学合理的城镇体系、提升城镇综合承载能力、创新城镇化发展的体制机制、建立健全政策体系。这些都为贵州省加快城镇化发展提供了有利的基础条件。根据贵州省委十届十次全体（扩大）会议精神，预计在未来五年每年新增城镇人口 60 万—80 万人，城镇化率将保持年均1.8% 的增长速度。

2. 科技在贵州省城镇建设中生态与环境保护方面有所进展

近几年来，贵州省围绕城镇饮水安全保障、畜禽养殖污染防治、农用化学品合理使用、城镇工业污染防治等方面，积极将科技应用于城镇环境综合整治中，取得了显著的成效。围绕喀斯特山区城镇综合治理的系统研究与技术集成，为石漠化治理提供科技示范。结合国家科技支撑计划项目"喀斯特山区生态环境综合治理关键技术研究与集成示范"和国家科技攻关计划"喀斯特高原退化生态系统综合整治技术与模式"等项目的实施，集中资源，配套安排了一批省级科技项目。针对喀斯特地区城镇水资源开发利用与土地利用等方面进行技术攻关和示范，建立喀斯特地区土地利用适宜性评价系统，并已在 12 个市县的城镇建设中逐步推广应用，产生了较好的社会效益、经济效益和生态效益。并在此基础上探索建立了花江石漠化、清镇粮草畜、普定小流域等有效综合治理模式，为贵州省大规模喀斯特地区综合治理提供了技术支撑指导。[①]

总的来说，贵州省在城镇建设中生态与环境保护的科技研发，加强技术引进推广和集成攻关等方面做了很多工作，取得了一定成效。如重点开展水资源综合利用、城镇综合功能提升及城镇动态监测监控、交通建设与高效运行及信息化平台等技术的研究，为加快贵州省城镇化建设提供技术支撑。但由于贵州省总体城镇生态环境监管体系、能力及技术水平建设滞后，无法及时获得山区城镇喀斯特石漠化、城镇污染状况的动态数据及缺乏有效的污染治理技术设施，贵州省城镇建设中生态与环

---

① 资料来源：《贵州省人民政府公报》，《贵州省土地利用总体规划（2006—2020 年）》2009 年第 7 期。

境保护仍然面临严峻的挑战。

3. 科技正逐步提高贵州省城镇建设中资源开发与利用水平

近年来，贵州省逐步开展了重点行业节能降耗、循环经济关键共性技术在城镇建设中引进、研究与应用示范，开展了工业固体废弃物综合利用、垃圾无害化处理及资源化利用、农业废弃物资源综合利用等技术在城镇建设中的引进、研究与示范，逐步发挥科技在资源开发与利用中的作用。

在城镇建设中加强资源综合利用与废弃物排放等重点领域治理，整合相关优势资源和创新要素，打破部门条块分割和研究所、大学与企业之间的界限，对项目的资源、管理、技术、产品、市场、风险等进行分析和筛选，加强科技创新平台建设，开展了节能减排共性关键技术集成攻关及成果的转化，如组织和实施"FAST 轻强结构关键材料及制品技术开发与应用"；在创新平台建设方面，支持了相关领域 2 个重点实验室和 6 个工程技术研究中心的建设，投入资金 970 万元；在关键技术攻关、集成创新和成果转化应用方面，安排 100 个项目，投入资金 3108 万元。①但贵州省仍需要加强对城镇特色资源评价技术、特色资源结构优化和空间设计技术及固体废弃物处理与资源化利用方面的科技体系研究与应用。

（四）科技在贵州城镇管理服务中的支撑现状

自 20 世纪 90 年代以来，我国有关行政主管部门致力于城镇规划、建设与管理的技术工作，并起草很多政策性文件，如《建制镇规划建设管理办法》《全国重点镇发展促进政策建议》《小城镇建设技术政策》等，贵州省也在这些政策的基础上根据贵州省山区城镇情况，出台了指导城镇建设与规划设计的政策性文件与相关科技支撑管理应用研究，城镇建设管理技术支撑初步架构。

在城镇规划与设计研究方面，国家在 2000 年颁布了《村镇规划编制办法》，贵州省在此基础上也颁布实施了《贵州省城乡规划条例》。并在"十一五"期间，启动了贵州省社会发展科技攻关计划项目，如"小城镇低成本无害化处理与资源化利用技术""喀斯特地区石漠化综合治理监测评价指标体系与监测示范""城镇化发展科技支撑研究专题报告"等，针

---

① 贵州省科学技术厅：《科技简报》2010 年第 14 期。

对小城镇和喀斯特山区城镇开展了科技攻关，形成了一批重要的研究成果。①

"十一五"期间，贵州省根据科技部、住房和城乡建设部、国土资源部等部门科技支撑计划如"城镇化与村镇建设动态监控关键技术""小城镇饮用水安全保障关键技术研究""镇域生态环境监测与整治关键技术研究"等城镇建设的重点项目，贵州省也围绕城镇规划建设、土地节约利用、城镇化动态监测、城镇住宅建设与基础设施建设、生态环境建设等城镇建设中的技术支撑项目开展了项目立项与研究。在政策方面，根据国家、部委出台的有关历史文化名镇（村）保护规划编制办法和评价指标体系、历史文化名镇（村）保护措施，贵州省相关科研机构也相应地对城镇保护整治的动态控制技术、传统民族民居聚落环境空间结构等进行了技术性探索。② 在城镇减灾、抗灾与防灾技术方面，贵州省在小城镇防灾减灾规划、安全评定等方面进行了探索性研究，并设立"气象灾害风险监测与评估及其应对措施研究""重大自然灾害预警技术、应急处置与救援技术"等项目，对城镇综合防灾减灾规划及标准体系、城镇建筑减灾防灾技术、地质灾害防治技术等工程抗灾技术开展了初步研究与管理应用。

应该说，贵州省在城镇规划与设计、城镇建设与管理的科技支撑研究等方面都进行了很多研究，城镇建设管理技术支撑体系初步架构，城镇管理服务能力有所提高。但贵州省在城镇基础设施建设的科学管理与调控能力方面仍然较弱，"3S"技术在城镇化建设动态监测中的应用程度及城镇化进程中的信息管理应用程度仍较低，适应城镇可持续发展的政策、体制机制仍需进一步创新，城镇化发展中的产业技术人才、科研人才与管理人才的引进和培养投入仍需进一步加大。

第三节　贵州省城镇化建设面临的科技瓶颈

世界城镇化进程表明，科技引发产业革命，而产业革命引致资源、生产要素在地域上的聚集与扩散，带动城镇发展，推动城镇化进程。改

---

① 范新刚：《城镇化与村镇建设动态监测系统设计与研究》，《软件导刊》2010 年第 9 期。

② 中华人民共和国住房和城乡建设部网，http://www.mohurd.gov.cn/。

革开放以来，贵州省城镇化发展虽取得很大成就，但与全国城镇化水平相比，其差距仍在不断拉大，除了与历史、民族和地理等因素有关，更为重要的是贵州省城镇化建设过程中所面临的科技瓶颈问题极为突出。

一　城镇化发展规划中的科技瓶颈

城镇化发展必然涉及城镇的规划与布局，需要借助一系列科技手段、科学研究来分析城镇发展的自然环境条件（土、地、水及自然资源等基础性自然环境条件）、容量、性质、规模及支撑基础等，从而提出城镇的发展方向与功能分区，最后才可能编制出科学的城镇建设规划。

贵州省是全国唯一没有平原支撑的省份，截至 2009 年年底，贵州省常用耕地面积为 1757.82 千公顷，人均耕地面积为 0.67 亩，仅为全国的一半。其中，基本无限制、质量相对较好和实现有效灌溉的为 1087.41 千公顷，占耕地总面积的 61.86%。① 此外，受坡度、酸雨、石漠化、建设占用及生态退耕等影响，贵州省耕地流失问题严重。根据贵州省政府颁布的《贵州省土地利用总体规划》，到 2020 年，贵州省新增建设用地规模为 17.49 万公顷（269 万亩）。按照这一新增用地速度，贵州省城镇化建设将面临严峻的用地挑战。总之，当前贵州省城镇土地利用存在许多问题，如人均耕地占有少、农村优质耕地减少过快及退化、破坏严重，城镇建设散乱、利用粗放及环境恶化等，都给贵州省推进城镇化带来严峻的挑战。科学规划是合理用地的基础，对实现保护耕地和集约用地，提高土地资源对城镇化健康协调与可持续发展的保障作用具有重要意义，而科学规划又面临一系列科技瓶颈，具体表现在以下几个方面。

（一）土地综合整治与利用中的科技瓶颈

贵州省虽然在土地综合整治与利用等方面取得了一定成效，但土地综合整治缺乏有效的技术支持，技术间缺乏衔接和系统集成及土地综合整治的可持续性，这些都成为贵州省城镇化发展滞后的重要原因。② 贵州省土地综合整治规划难以适应生态型发展，需要加强规划设计技术、生态化规划设计、"田、路、水、林、村、镇"一体化设计技术等，以弥补可持续土地综合整治的规划设计集成技术的欠缺。同时，贵州省农村及

① 资料来源：根据《贵州统计年鉴（2010）》整理计算得出。
② 苏维词：《贵州山区城镇化发展的科技瓶颈及化解对策》，《中国科技论坛》2007 年第 1 期。

城镇土地综合整治与利用科技创新能力及成果转化率低，重大科技成果集成整合与应用推广力度不够。而在未来的土地综合与治理开发工作中，更需要多学科、多手段的综合运用，需要在现有规划设计技术的基础上，通过生态化规划设计关键技术及生态化技术的集成应用，促进科技成果转化，将土地整合整治与城镇化发展规划结合起来，这正是贵州省城镇化发展规划中面临的科技瓶颈之一。

（二）城镇废弃地复垦中的质量监测、评价技术及工程技术瓶颈

城镇废弃地复垦对景观生态要求较高，需要在复垦过程中对土壤、水质、生物、生态等指标进程监测，建立监测指标体系，以及合理的社会、经济和环境影响的评价指标体系，而这方面的理论研究太少。同时，城镇废弃地复垦的工程技术要求较高，而贵州省景观再造、生态设计等相关工程技术缺乏，使贵州省城镇废弃地复垦难度大，这对城镇发展规划提出了更高要求和严峻挑战。

（三）城镇化选址规划中居住环境安全的环境科技瓶颈

居住环境安全问题是城镇化选址规划中的重大问题。随着城镇化进程的加快，生活污水、工业废水及固体废物的排放急剧增加，是造成城乡水资源，尤其是地下水资源污染的重要原因。解决城镇化选址规划的安全问题，解决城镇化过程中环境污染的防治问题，提升城镇的防灾减灾能力，有赖于固体废物的处理处置、劣质水的处理和利用技术、地质环境技术等，而这些技术正是贵州省城镇化选址规划中保障居住环境安全的环境科技瓶颈。

（四）基层土地信息化建设系统集成技术瓶颈制约城镇化中的科学规划

贵州省在针对因土地退化、石漠化及灾害发生而造成土地利用变化信息的监测技术明显薄弱。真正做到了解土地利用现状中数、图、库与实地的一致性，保证土地信息的即时性，需要发展土地资源遥感监测信息、多资源信息一体化、分析技术及土地利用实地调查技术与设备，很显然贵州省严重缺乏基层人员使用的数字化实时调查监测设备，这种基层土地信息化建设系统集成设备与技术瓶颈制约了贵州省城镇化中的科学规划。

二　城镇基础设施与生态建设中的科技瓶颈

（一）城镇基础设施工程建设中的科技瓶颈

城镇基础设施和公共服务设施建设是城镇化发展的重要前提，直接

影响到城镇居民的生产生活。当前，贵州省城镇存在基础设施和公共服务设施短缺，生活居住环境恶化及建设、投资和运营不充分的情况，结合《国家中长期科学和技术发展规划纲要（2006—2020年）》和《贵州省中长期科学和技术发展规划纲要（2006—2020年）》，城镇基础设施和公共服务设施建设将成为贵州省城镇化过程中亟须解决的关键问题。然而，贵州省城镇科技水平还比较落后，在城镇公共产品科技支撑方面存在很多不足，如在基础设施和公共服务设施配置标准及建设标准、规划布局技术、级配技术、共建共享技术、运营管理与维护技术等方面都面临制约，成为贵州省实施城镇化带动战略亟须解决的难题之一。

1. 城镇道路交通中的科技瓶颈

贵州省道路交通规划建设技术主要集中在城市道路交通规划建设技术的研发和应用，对城镇层面上的交通规划建设技术研究甚少。随着国家"城乡统筹"战略的深入设施，贵州省在"十五"和"十一五"期间加大了对城镇道路交通的建设力度，一定程度上改善了贵州省城镇道路交通的条件，但是在城镇道路规划所含的内容、技术标准管理等仍然比较混乱，道路规划设计不尽合理，施工质量难以保证，道路运营与维护得不到保障。

2. 城镇给水排水工程建设中的科技瓶颈

"十五"和"十一五"期间国家出台的供城镇给水排水工程的相关标准有《村镇供水工程技术规范》（SL310-2004）、《村镇供水单位资质标准》（SL308-2004）、《城镇供水厂运行、维护及安全技术规程》（CJJ58-94）、《城镇给水厂附属建筑和附属设备设计标》（CJJ41-91）、《城镇污水处理厂附属建筑和附属设备设计标准》（CJJ31-89）、《城镇排水管渠与泵站维护技术规程》（CJJ68-2007）等，但贵州省大多数城镇由于对安全供水的各种处理技术、输送方法、储存技术等方面的制约，城镇给水排水工程建设技术压力大，工作成果不显著，城镇污水随意排放和雨水自然排放的现状没有改变。

（二）环境保护与生态建设中的科技瓶颈

"十五"以来，贵州省逐步形成了生态省—生态市—生态县—环境优美乡镇—生态村的系列生态示范区建设体系。到2009年年底，贵州省生态示范区建设面积占全省面积的21.5%，其中有6个县获国家级生态示范区命名，1个乡镇获全国环境优美乡镇命名，有4个市开展了国家级生态市创建工作，14 个县（市、区）开展了国家级生态示范区试点创建工作，17 个乡镇（街道）开展了全国环境优美乡镇创建工作，32 个乡镇开展了省级生态示范乡镇试点创建工作。① 但当前，贵州省城镇生态环境保护并没有与城镇化发展结合起来，处于"先污染后治理"的被动状态。在城镇污染与生态建设方面的相关立法没有形成系统性、综合性的专门法规，在城镇环境保护与生态建设方面的科技支撑能力严重不足。

1. 城镇环境监测技术、设备、资金与人才不足

贵州省大多数乡镇一级没有环保机构，由于经费紧张，贵州省环境监测设备陈旧，技术落后，对重要点源污染源防治的环境监测技术与设备研发、统计体系建设不够，监测覆盖面达不到要求，城镇生态环境建设规划与技术人才缺乏，没有对山区条件、产业特点、生活状况、财政能力等进行综合考虑，缺乏高效率低成本运行的整治模式与技术路线。

2. 城镇污水处理与污染控制中的科技瓶颈

由于贵州省山区特点，城镇生活污水当前主要采用分散收集与处理模式，缺乏进行统一处理的工艺设施与技术。在城镇污水处理的工艺技术上，仍是采用活性污泥法和生物膜法等传统工艺技术，而我国发达地区的城镇已开发与吸收国外先进技术，如生物滤池、水生植物吸收、人工复合生态床及人工生态强化净化类等工艺和技术。比较而言，贵州省污水处理率很低。2009 年年底，贵州省生活污水处理率仅为 42.01%。② 同时，贵州省这种城镇分散式污水处理，占地面积大，处理效果也不稳定，在除去有机物上较为有效，但在氮磷除去上难以达到排放标准。

3. 城镇固体废物处理与污染控制中的科技瓶颈

贵州省城镇固体废物分散化，处理方法基本是卫生填埋、焚烧及堆肥处理、处理技术水平低及处理不彻底，造成巨大的环境污染。基于资源环境循环利用的固体废物源头减量化技术、分类收集优化技术与转运网络构建技术等方面的科技瓶颈问题突出，未形成成熟的集成技术与设备，缺乏城镇固体废物污染控制与循环利用技术的集成科技，没有形成完善的生活垃圾与运营体系，致使贵州省固体废物处理处置水平较低。

---

① 《环境公报》，http：//www.gzgov.gov.cn/gzgov/218995228462284800/，贵州省人民政府网。

② 同上。

2009 年年底，贵州省城镇生活垃圾无害化处理率仅为 39.75%，固体工业废物利用率仅为 45.6%。[①] 而发达地区的城镇已尝试建立城镇垃圾集中处理模式，基本形成了"属地清扫、统一清运、监管一体"的新模式。

三 城镇产业体系培植与升级换代中的科技瓶颈

城镇化与产业化相互作用、互为前提，没有城镇产业的发展，城镇化将不可持续。改革开放以来，贵州省城镇非农产业得到了迅速发展，但与发达地区城镇相比，贵州省广大城镇非农产业发展滞后，严重制约了城镇化良性发展。贵州省城镇产业之所以难以发展，主要是因为城镇产业体系培植与升级换代中面临科技瓶颈的制约。

（一）贵州省城镇产业体系培植与布局中的科技瓶颈

城镇作为连接城市与农村之间发展的纽带，城镇产业链之间的不完整及产业结构不合理阻碍了城乡之间要素的合理流动，制约了城镇化进程。目前，贵州省城镇在主导产业选择、非农产业培植及非农产业经营组织等方面存在科技瓶颈，产业结构单一、布局不合理、非农产业与农业生产不紧密，导致土地资源利用效率低下，产业聚集能力弱，生态破坏现象严重。

在构建一体化产业链中，贵州省城镇亟须开发构建涵盖城乡自然资源与生产要素数据收集和处理的产业链信息平台、商品流通的流通标准化技术及电子商务平台等关键集成技术，这些重大科技问题影响贵州省城镇产业链之间的完整性，同时制约产业链功能效率的发挥；在城镇产业体系培植上，缺乏基于区位与资源优势培育和发展具有特色和竞争力的新兴产业、高新技术产业、主导产业、重点产业及配套产业等产业体系聚集能力的关键科技，亟须开发产业体系信息流通平台、产业体系合理规模预测与决策系统、配套政策及生态承载力动态监测系统等关键科技。这些重大科技问题的解决，有利于发挥城镇区位与资源优势，形成城镇与城市间的互动、互补效应，有利于形成有特色的产业群，形成城镇化进程中重要的科技支撑；在产业布局方面，亟须开发城镇要素与产业选择耦合技术、产业优化布局与空间规划技术、产业布局与技术设施规划建设技术等关键技术，这些重大科技问题的解决，有利于贵州省山

---

① 《环境公报》，http：//www.gzgov.gov.cn/gzgov/218995228462284800/，贵州省人民政府网。

区城镇产业布局的科学性与合理性。

（二）乡镇企业的发展及其产业升级中的科技瓶颈

贵州省乡镇企业数量多、规模小、布局分散，且生产工艺落后、设备陈旧及经营管理水平低，再加之缺乏有效的人才与资金支持，使乡镇企业优势不再，普遍存在"高耗能、高污染、低效率"的现象，城镇生态环境遭受破坏，根本原因在于乡镇企业发展及其产业升级中受到科技瓶颈的制约。因此，贵州省亟须制定有利于乡镇企业发展的产业政策、技术政策、投融资政策与财政政策等促进乡镇企业的产业升级、技术升级，形成乡镇企业技术创新体系及企业间联合技术创新机制等。

（三）城镇旅游产业发展中的科技瓶颈

贵州省旅游资源丰富且独具特色，是名副其实的旅游资源大省但不是旅游经济大省和强省，原因何在？根本在于城镇旅游产业发展中的科技瓶颈。当前，贵州省城镇旅游业的发展，在规划建设方面，旅游资源的开发普遍存在"小、散、乱"现象，软硬件设施建设落后，缺乏旅游全要素资源识别技术、旅游技术规程与设施建设标准及基于全球导航卫星系统（GNSS）与移动代理服务器（MAS）的旅游协同管理和服务数字技术；在旅游景点方面，难以体现特色化、服务的人性化及满足游客的心理需求，缺乏旅游者个性需求的智能化定制服务技术、空间定位引导的数字化导游移动服务技术及 RFID（无线射频）电子标签化游客管理与服务技术；在旅游产品方面，同质化现象严重，在开发上未能体现地方特色，缺乏基于固定码率（CBR）的情景分析与风险预警技术、历史风貌仿真集成与虚拟情景展示技术、全景区动态实感游览网络技术与 3D 实景建模技术及原址风貌弱信息探测与识别技术。

（四）城镇房地产业发展中的科技瓶颈

城镇住宅建设对城镇化发展极为重要。截至 2009 年年底，贵州省农村人口达 2662.78 万人，城镇人口为 1135.22 万人，农村户数为 840.08 万户，乡镇 1446 个，行政村 17568 个。① 可见，贵州省在"十二五"期间实施"城镇化带动战略"中城镇住宅建设任务艰巨，主要是面临一系列科技瓶颈。贵州省城镇住宅方面，GIS 等相关技术的制约导致城镇住宅缺失科学规划，发展无序；限于节地、节水、节能及节材等重大技术未

---

① 《贵州统计年鉴（2010）》。

能获得突破，贵州省城镇住宅能效低下，能源浪费严重；贵州省山区山多坡陡，山洪、滑坡和泥石流等地域性自然灾害多，亟须在城镇住宅和住区减灾防灾技术方面能取得科技突破。

（五）城镇生产生活性服务业发展中的科技瓶颈

从当前贵州省生产生活性服务的现状来看，服务体系滞后，服务网点零散，基础设施短缺，乡土资源利用不足，且生产生活过程性服务配套不足，流通服务能力弱，服务方式简单，科技支撑匮乏。目前贵州省城镇缺乏构建公共服务体系，统筹城乡发展，提供便民服务设施和信息化服务体系的科技支撑，制约了城镇生活性服务体系的建设发展。贵州省城镇因农产品加工循环再利用的产业链集成技术、为分散农户提供农业设备集中化与专业化服务技术、农资连锁经营与采购配送技术及城镇传统手工业产业集聚技术等科技制约，极大地阻碍了城镇生产生活性服务业的经济功能，也是造成贵州省城镇化发展滞缓的重要原因。

（六）城镇金融服务业发展中的科技瓶颈

截至 2009 年年底，贵州省金融机构总数为 4550 个，其中农合 128 个，农信 1854 个。① 应该说贵州省为城镇发展服务的金融服务业取得前所未有的突破，金融机构的快速发展有效激活了城镇金融市场，信贷投放力度明显加大，金融服务水平明显提高。但由于相关技术科技的制约，城镇金融仍是贵州省乃至我国金融体系中的薄弱环节。由于贵州省在城镇金融产品开发技术、产品定价模型技术及抵押担保技术方面的制约，多层次、覆盖广和可持续的城镇金融服务体系难以构建，城镇金融服务"空洞化"现象突出；由于受网络通信、计算机仿真、虚拟技术及遥感技术的制约，贵州省城镇农业保险发展滞后，城镇金融保险市场风险大，城镇金融有效供给不足，需求被抑制；由于集成应用模拟模型技术、信息可视化技术及网络技术等农业保险信息化支撑技术缺位，城镇金融成为整个金融体系的短板，制约城镇化过程中金融服务业多层次发展的需要。

（七）城镇物流业发展中的科技瓶颈

目前，贵州省城镇物流业的发展并没有得到重视，"重生产、轻流通"的局面并未改变，相关科技因素的制约使城镇难以建设完整的流通

① 《贵州统计年鉴（2010）》。

体系框架。比如，由于缺乏城镇物流信息互联平台建设（城镇市场供求和电子商务平台示范）的科技支撑，难以将主要农资农产品、分散的物流信息整合，城镇化中物流活动失序，城镇产业链物流信息系统不完整，各种运输方式无法实现衔接，运输能力弱；由于城镇物流系统缺乏条码自动生成、RFID（无线射频识别）、GPS 跟踪等科技支撑，城镇物流系统开发建设滞后，物流资源共享程度低，农资农副产品和日用消费品等在途损失严重。因此，要实施城镇化带动战略，在城镇化物流建设方面需要突破城镇物流信息技术集成与科技创新平台建设瓶颈。

四　城镇发展中资源利用方式的科技瓶颈

"十二五"是贵州省社会经济发展的战略机遇期，也是贵州省实施城镇化带动战略的重要时期，同时也是资源供需矛盾的凸显期。资源粗放利用与资源紧张并存，逐步成为贵州省城镇化与实施"工业强省"战略的制约因素。贵州省地方特色资源面广、量大，但由于在城镇特色资源评价技术、特色资源结构优化和空间设计技术及固体废弃物处理与资源化利用方面缺乏科技支撑体系，城镇大量特色资源开发利用不足。

目前，贵州省还没有对地方城镇特色资源进行过全面系统的调查和评价，情况不明、现状不清及特色不明显，致使地方城镇特色资源的开发利用层次低，专业化水平低，技术含量低，资源整合不够，资源效益远未发挥出来。为此，贵州省需要在城镇特色资源进行评价、建立评价指标体系及特色资源数据库等科技支撑体系中获得突破，提高资源开发利用能力，为实施"工业强省"战略提供资源基础。截至 2009 年年底，贵州省城镇生活垃圾无害化处理率仅为 39.75%，固体工业废物利用率仅为 45.6%。① 事实上，贵州省城市生活垃圾无害处理及固体废物利用率较高，城镇固体废弃物与生活垃圾是主要的污染源，资源化效率和利用效率不高，二次污染现象普遍存在。为此，需要在对城镇特色资源进行结构优化和设计的基础上，开发出适合城镇的废弃物处理的共性技术和关键设备，使城镇固体废弃物转化为高附加值的能源和材料的技术。这是当前贵州省城镇固体废弃物处理与资源化利用中要突破的科技瓶颈。

五　城镇化管理中的科技瓶颈

城镇化进程不仅关系到城镇的发展，也关系到"三农"问题，是缩

---

① 《环境公报》，http：//www.gzgov.gov.cn/gzgov/218995228462284800/，贵州省人民政府网。

小城乡差距的关键，但快速城镇化也对城乡土地利用和生态环境产生巨大影响。"十二五"期间，贵州省实施城镇化带动战略将推动社会经济发展，在城镇化快速推进的同时，也亟须加强城镇化管理中的科技支撑。

（一）城镇化进程动态监测体系中的科技瓶颈

目前，贵州省城镇化进程的主要数据来源于普查、统计数据和抽样调查，实时性差。但城镇化的规模大，变化快，动态监测难度大，贵州省仍面临城镇化进程动态监测系统的科技瓶颈，致使贵州省流动的盲目性大，巨大的人口流动缺乏监控引导，带来一系列区域社会和生态环境问题，区域协调发展面临巨大挑战。在调查和监测方法上，仍是传统的抽样调查与监测方法——3S 技术，即遥感（RS）、地理信息系统（GIS）和全球定位系统（GPS），在动态监测体系应用程度低，需要建立完备的信息系统进行城镇化进程中人口流动、土地利用结构变化、生态环境容量与承载力变化的动态监测与管理，为及时发现与解决发展城镇化过程中出现的问题提供有价值的参考依据。

（二）城镇化管理中土地利用与土地资源管理中的科技瓶颈

贵州省在城镇化过程中，对土地利用与土地资源管理中的主要科技瓶颈是 3S 技术的应用程度低。在我国大多数地方，遥感（RS）技术在土地资源监测工作中已得到广泛应用，为动态监测城镇建设占用耕地、加强土地管理工作提供了重要科技支撑。GPS 技术实时进行土地资源调查与空间定位数据的采集。GIS 技术主要用于土地利用数据库建设，包括土地利用空间与属性数据收集、分析和描述输出。其已成为贵州省大多数地方政府对土地资源的合理开发利用、保护和科学管理的基础工作。RS、GPS 和 GIS 三者集成应用，形成整体、实时和动态的监测、分析与应用的运行系统。3S 技术在贵州省地方城镇化中应用的严重不足影响了城镇化发展决策和科学管理。[①]

（三）城镇化进程信息管理决策与预警系统中的科技瓶颈

贵州省复杂的喀斯特地貌山区，地理形式多样，而城镇化又涉及多个部门和行业，对城镇化过程中可能出现的问题要有相应的预测、预警和应急处理这样一个完整的信息管理决策系统，但遗憾的是，贵州省在

---

① 范新刚：《城镇化与村镇建设动态监测系统设计与研究》，《软件导刊》2010 年第 9 期。

城镇化信息管理决策与预警系统等方面缺乏关键技术的支撑。① 数据仓库和联机分析处理技术的出现，可以将强大的数据管理、空间分析地理信息系统和高精度定位的 GPS 相结合，动态实时形成涉及资源环境、商业交通与城镇规划等城镇化相关的综合信息，为城镇化进行科学的管理提供了科技手段，有利于提高城镇化的综合管理水平和效率。因此，贵州省在"十二五"期间实施城镇化带动战略需要在 3S 技术并辅助现代信息技术、构建城镇化进程信息管理决策与预警系统等方面获得科技突破。

第四节　充分发挥科技在城镇化带动战略中支撑作用的对策建议

一　以科学发展观为指导，正确认识科技在城镇化建设中的重要作用

城镇化发展不仅包括"量"的城镇化，还包括"质"的城镇化。因此，城镇化必须以科学发展观为指导，坚持走科学发展、协调发展和可持续发展的新型发展道路，正确认识科技在城镇化建设中的重要作用。②

城镇化有明显的阶段性。当前贵州省城镇化发展还存在城镇规划布局、规模、基础设施、功能配套、产业支持、生态景观设计、城镇减灾防灾规划、城乡协调及政策保障等方面的科技滞后，"十二五"期间贵州省实施城镇化带动战略，更应该认识到新阶段城镇化发展中所面临的各种新问题。为此，要继续坚持以科学发展观为指导，准确把握新型城镇化的内涵及特征，客观评价城镇化水平与城镇化进程，认识到城镇化新阶段的科技支撑作用，着眼于可持续发展，谋求共性技术和区情特色科技、高新技术和实用技术的综合应用。建立以 3S 技术为平台的城镇化动态监测体系，加强对土地资源的利用状况实行全方位和多维度的监控管理，为城镇化构建土地综合管理体系，编制地方城镇土地利用总体规划，为城镇化中科学规划提供动态、科学及合理的依据；以科技推动城镇化

---

① 苏维词等：《贵州省城镇化发展的科技支撑体系研究及典型示范》，《贵州省喀斯特资源环境与发展研究中心》2010 年第 9 期。

② 高璐：《以科学发展观为指导、加快推进城镇化进程》，贵州省民族出版社 2009 年版。

进程中城镇污水、固体废弃物等资源化利用，推动新型建筑材料、基础设施及公共服务设施工程技术设计，达到节地、节水及节能的目的；建立城镇信息化管理应用工程，如发挥城镇地理信息系统（包括城镇土地规划、城镇生态环境、城镇基础设施、城镇决策与预警等信息管理系统）、城镇交通信息系统、社会综合管理信息系统等在城镇化中的管理作用，提高管理效率及管理能力。①

总之，要因地制宜、合理布局、统筹规划。加快推进贵州省城镇化的可持续发展，充分发挥城镇化过程中的科技支撑作用，以科技支撑城镇化带动城镇住宅产业及相关产业，以及城镇物流业、金融服务业的提升发展；以科技支撑城镇化中合理保护资源、能源及生态环境等协调发展。此外，也要推动城镇化过程中政策与制度保障等"软科技"的支撑作用。

二　建立和完善科技发展的政策制度，为城镇化科技发展提供制度保障

贵州省城镇化发展过程中的科技发展滞后、科技基础薄弱、人才队伍匮乏及服务体系缺失等，已成为制约城镇化进一步发展的"瓶颈"。为此，贵州省需要在以下几个方面建立和完善科技发展的政策制度，为城镇化科技发展提供制度保障。

（一）制定和完善有利于发挥科技支撑作用的政策及相关法律法规

首先，建立和完善有利于科技支撑作用发展的法律法规，如城镇化发展项目的排污权交易制度、城镇基础设施及公共服务设施建设的环境影响评价制度、山区城镇减灾防灾预警与应急处理条例及城镇化发展重大科技项目的管理办法等。其次，要制定有利于生态环保的绿色产业发展优惠政策，如城镇环保产业、废弃物无害化资源化处理及循环利用的优惠鼓励政策及相关科技投入政策。通过相关政策的制定与完善，引导有利于推动和支撑城镇化发展的科技项目的发展及功能的发挥。

（二）加强科技投入，形成全方位科技投入的技术创新体系

针对贵州省城镇化发展滞后的局面，科技投入从单一的科技支撑计划投入转向基础科技研究计划、高新技术研究计划及科技支撑计划，并

---

① 翁清光、伍世代：《依靠科技进步提高城镇化水平的对策研究》，《科技情报开发与经济》2006 年第 21 期。

通过政策引导多渠道科技研究投入，注重科技成果转化以及产业化示范技术等推广计划，构建城镇化发展中的科技创新体系。

（三）重视城镇化中的科技支撑战略研究，加强对城镇化发展中的顶层战略设计研究

当前，贵州省城镇化发展中的基础研究与系统研究较为薄弱，必须成立城镇化发展科技支撑顾问团，该团由省内外城镇规划、给水排水工程、交通、生态与环保、地质与山地灾害等城镇化发展相关领域的专家组成，围绕贵州省城镇化发展的重大科技支撑战略需求，加强城镇化发展中的科技支撑战略研究和顶层设计，对城镇化发展进行中长期规划，引导城镇化实现健康与可持续发展。

（四）加强科研队伍与科技基础条件平台建设

贵州省城镇化建设的技术基础与科技力量薄弱，城镇居民知识水平低，缺乏有效的科技服务体系支撑。为此，贵州省要从源头加强城镇化发展领域的人才培养、学科建设与科研队伍建设。如基于专业院所，加强规划、建筑及给排水等专业领域的人才队伍建设。此外，要有计划地在规划、建筑、给排水等领域建设省级工程中心及重点实验室等集资源、技术、人才于一体的城镇化领域研究开发平台建设，为人才培养与聚集、科研成果转化等创造条件。

三　以城镇区域科学规划为重点，促进城乡合理布局和科学发展

目前，贵州省城镇化发展缺乏科学规划，发展无序，"局部改善、总体恶化"的局面必须在未来推进城镇化过程中得到改善。因此，需要加强城镇区域科学规划，科学确定城镇空间识别及城乡空间边界，统筹城乡发展，促进城乡之间的合理空间布局。具体来说，要做好以下几个方面。

（一）以科学规划引领贵州省城镇化

从城乡规划角度看，城镇人口是享受城镇基础设施和公共设施的人口，城镇化的实质是人类生活和生产聚集方式在空间和功能上的有序安排。城镇在空间的有序聚集形成了城镇体系和不同的城市形态，也必然产生和自然环境生态共生的关系。生活、生产、生态构成了城镇最基本的物质形态要素，其在空间上的有序组合和协调是城乡规划需要解决的核心问题。而解决这个核心问题的关键就是制定科学规划，科学规划应立足贵州省自然特征，做到尽量避免上述城镇化建设过程中的种种问题。

在 2010 年 1 月 6 日的全国住房城乡建设会议中，住房和城乡建设部党组书记、部长姜伟新明确要求：提高城乡规划水平，促进城镇化健康发展。要积极稳妥地推进城镇化，提高城市规划水平，加强市政基础设施建设，完善城市管理，改善人居生态环境。高水平的城乡规划是推动人口、经济和资源在空间上合理布局、促进城镇化健康发展和保障城乡可持续发展的基础。城乡规划的制定，要坚持城乡统筹、区域统筹，以人为本的原则，注重城市功能的完善，注重资源的节约，注重保护环境、风景名胜和历史文化资源，增强规划的科学性。在 2010 年 12 月 29 日的工作会议中强调：积极稳妥推进城镇化，编制实施好城镇体系规划，合理确定城镇布局，促进大中小城市和小城镇功能互补和协调发展，积极推动城市基础设施和服务功能向农村地区延伸，让广大农民分享城镇化发展成果。进一步加强城市和村镇规划工作。提高城乡规划编制的科学性和适用性，认真落实以人为本、生态环保、安全实用等要求。严格规划修改审批程序，特别要注意避免因城市政府换届等因素随意更改城市规划的情况。推动乡镇村庄规划的科学编制与有效实施，改善农村人居环境。

（二）增强规划与标准的法律效用

提高规划和标准的地位。规划与标准不仅是一种发展手段，也是一种管理手段，切实强化规划与标准的监督与执行功能，有利于推动城镇化朝着健康的方向发展。

（三）城镇化发展必须进行科学性、全局性和系统性的区域规划与布局

要根据各山区不同的资源禀赋和生态环境，进行空间分区，开发相关产业及规划各项基础设施和公共服务设施，以区域科学规划为基础，将城镇规划与乡村规划相结合，拓展规划范围，形成城乡区域综合规划与综合布局的城镇体系。同时，还要形成城乡区域产业规划、生态环境保护规划及发展规划结合的规划系统，以促进城镇化过程中城乡社会、经济与生态相协调的可持续发展机制。

（四）加强城镇化发展中的规划体系与标准体系建设

城镇化发展的规划体系建设主要包括城镇化发展的中长期发展规划、城镇化发展空间布局与建设规划、基础设施与公共服务设施建设规划、区域产业布局与经济发展规划、文化保护与生态建设规划、减灾防灾专

项规划及城镇修建扩建等控制性规划体系；城镇化发展的标准体系建设主要包括规划标准、设计标准、建设标准与评价标准。严格监督执行城镇化规划体系与标准体系，实现城镇的合理规划、节约用地与建筑安全及节能环保，为提升基础设施功能、增强减灾防灾能力及构建资源节约型城镇提供科技依据及支撑能力。

四　以科技创新推进城镇化产业发展和优化升级

（一）加强科技在产业结构调整和方式转变中的应用

基于上述产业发展的不足，为充分发挥产业发展在城镇化过程中的积极推动作用，必须依靠科技进步推动产业优化升级，立足现有基础，做强做大贵州省特色工业，培育城镇产业、壮大城镇经济，按照城镇化与产业化协调的原则，加快产业发展和产业聚集，防止城镇"空心化"。

第一，依靠科技进步推动产业结构升级。根据配第·克拉克和库兹涅茨的产业结构演变规律，贵州省的产业发展还处于工业化的中前期，农业产值比重占14%左右，但从业人员占70%左右。遵循工业化发展的进程，贵州省只能依靠科技进步从"一二三"产业格局逐步转变到"三二一"产业格局。继续发展第一产业时要有新路子、新思维，要突破传统产业对第一产业的束缚，在自身资源的基础上，大力发展有利于振兴农村经济和农村劳动力转移的产业，如乡村旅游、特色养殖业、特色种植业、特色农产品加工业等。在发展第三产业时要科学规划，定位于贵州省的生产和生活服务，为第一、第二产业的发展提供更好的服务环境，真正给贵州省人民的生活质量带来一个全面的提升。通过第三产业的发展来减少社会发展的成本，促进社会进步。

第二，发展高新技术产业。《贵州省工业十大产业振兴规划》中明确指出："高新技术及其他九大产业是贵州省支柱产业和后续支柱产业。十大产业总产值和利税占全部工业的比重均在80%以上。加快十大产业发展，是实施工业强省战略、加快推进工业化进程的关键环节和重点。"高新技术产业代表了产业发展的前沿，具有高技术含量、高产出、低耗能等优势，有可能成为一个区域未来的主导产业。所以，加大发展高新技术产业能使产业升级更顺利，区域产业结构更合理，区域经济产出更高效。

第三，围绕产业集聚技能型人才。"调整产业结构、转变经济发展方式"是《中华人民共和国国民经济和社会发展第十二个五年规划纲要》

的总体要求，也是贵州省"加快发展，加快转型，推动跨越"的经济发展主基调要求。从当前产业中技能型人才的分布和需求供给情况来看，技能型人才处于供不应求阶段，且培育技能型人才机制尚不完善，出现人才支撑不足现象，严重制约了产业的可持续发展和技术升级，最终限制经济及社会快速发展。根据区域的产业类型集聚所需人才，反过来，技能型人才的集聚会更大地促进产业的集聚效应。因此，以人才集聚推进重点产业发展，可以形成良性互动。

（二）以科技创新推进贵州省现代农业和特色农业加快发展

以科技创新推动贵州省现代农业和特色农业发展，主要落脚在两个环节：一是加工环节，形成城镇农产品加工循环产业链及加工价值链技术集成。农产品在城镇集聚区域进行加工生产，可以实现农产品的增值，切实推进现代农业发展，因此亟须构建农业农产品加工循环产业链及加工价值链集成技术。为此，政府需要通过政策鼓励小城镇农产品价值链技术创新，有针对性地扶持镇级中小企业进行创新，相互合作，形成完整的农产品加工循环产业链。二是经营环节，加快农产品流通的信息化建设，开发农产品批发市场电子商务交易技术，通过优惠政策引导城市连锁经营拓展到城镇农资连锁经营，构建农产品流通体系。①

（三）以科技创新促进新型工业化发展

工业化是城镇化的发动机，城镇化是工业化的加速器。充分发挥贵州省资源优势和区位特点，大力发展园区经济，以打造优势产业、培育产业集群和强优企业为重点推动工业快速发展，做大做强城镇经济。

尽快建立集科技交流、技术交易、成果转化、专利申请、信息服务、风险投资等为一体的科技创业服务中心，降低城镇中小企业技术创新成本，提升城镇科技公共服务能力和水平，为城镇新型工业化提供强大的科技服务支撑。通过税收减免、财政扶持等政策，努力打造城镇创新型园区，坚持项目立园、产业兴园、科技强园，构建园区发展依靠科技进步的长效机制，对具有科技含量高、经济效益好、产业关联度高、资源消耗少、环境污染小等新型工业化特征的企业，将其作为创新型试点示范企业，把企业培育成产业带动能力强、示范效应好的技术创新型龙头

---

① 张利华、何革命：《科技进步与地方社会经济发展》，中国科学技术出版社 2004 年版。

企业，以点带面，培育新兴产业和产业集群，促进新型工业化发展。①

（四）加强科技创新和应用，加快发展现代金融、物流、会展、网络服务、动漫等第三产业

加强城镇金融产品开发技术、抵押担保技术、政策模拟与网络通信技术、信息可视化技术等技术的创新和应用，推动城镇现代金融与农业保险业的信息化支持技术的发展。加强城镇物流信息开发、动态管理、数据库技术、物流系统的自动生成条码、无线射频识别及 GPS 跟踪等物流处理与共享技术的创新应用，推动城镇现代物流业发展。加快城镇网络及信息化应用工程的创新运用，推动城镇网络服务及动漫等第三产业的发展。

五　依靠科技进步提高城镇化建设水平

依靠科技进步加快城镇基础设施建设，积极发展生态城镇建设的适用技术体系，包括生态建筑、智能建筑、节能建筑等关键技术。总体表现在：一是城镇综合交通、城镇公交优先智能管理、市政基础设施、防灾减灾等综合功能提升技术。二是对城镇土地资源合理利用的方法与技术、大城市综合交通发展、城镇基础设施建设、城镇减灾防灾关键技术和应急系统的研究和应用。三是发展城镇综合节能和新能源合理开发利用技术，开发资源节约型、高耐久性绿色建材，提高城镇资源和能源利用效率，建设资源节约型城镇。四是加强信息技术应用，提高城镇综合管理水平。开发城市数字一体化管理技术，建立城镇高效、多功能、一体化综合管理技术体系。五是发展城镇生态人居环境和绿色建筑，发展城镇污水、垃圾等废弃物无害化处理和资源化利用技术，开发城镇居住区和室内环境改善技术，显著提高城镇人居环境质量。具体表现在以下几方面：

（一）结合城镇的自然资源、建筑设计，体现城镇建设的特色

每个城镇都有其独特的地貌环境和历史遗留的古老建筑，城镇建设要将历史的遗留和自然要素和谐统一，既要保留历史古建筑，又要发挥自然要素的优势，做到建筑与自然环境、历史建筑浑然天成，突出其城镇特色，避免城镇建设的同构性。

---

① 刘燕华：《中国城镇化与村镇建设科技发展战略》，北京科学出版社 2010 年版。

（二）改善水利、道路等基础设施

贵州省山高水低，水利建设对于干旱缺水地区和边远地区的农业农村基础设施建设是重要一环，水利建设的好坏直接关系到农民的收入。"要致富，先修路"这一口号对于贵州省山区的农民来说，是发自内心的呐喊了，由于交通设施的限制，物资要经过长途运输，物资成本升高，农民生活压力进一步增大。因此，解决了道路问题，也就意味着为农民铺上了致富之路。

（三）合理布局、综合开发，发展特色农业加工业

生产经营条件、地理位置影响城镇的产业分布，除此以外，产业发展更离不开科学合理的布局、基础设施的配套、服务功能区的建立。合理确定城镇的布局结构，在城建建设中可以采用区域极点开发—点轴开发—网络开发模式。在城镇之间、乡村之间形成城镇集群化，城乡一体化，资源共享，既有分工又有合作。在产业培育上，以特色农产品加工为主打，充分发挥当地劳动力充足的优势。

（四）结合历史文化和民族宗教，加快文化娱乐设施建设

贵州省是个民族特色丰富的少数民族大省。每个村落、每个寨户都有其历史、文化、民族特色，所以，真正让农民提高生活质量，不能将其历史文化抛弃，而是要在城镇建设中，深入研究其历史文化和民族宗教，使城镇建设在总体布局和配套设施上保持并强化其特有文化特点。将城镇建设融于当地的自然山水、历史文化、民族特色，加强配套设施，丰富城镇居民的生活，提升其素养。

六　以科技提高城镇管理服务水平

（一）从传统的城镇管理服务转向现代、科学的城镇治理与服务

一是城市管理的主体不应只是政府，而应是由政府、市场、社会三者综合管理。正如"支持一个城市中的数百个社区组织的努力，由此而取得的成果将会远远超过任何一个政府机构依靠自己所做的一切"。政府、营利性企业、社会公众一起参与管理很大程度上缓解了政府失灵问题。二是在城市管理的过程中，实行原因导向的预防式管理。城镇问题表现为经济领域、社会领域、环境领域等方面。经济领域的问题有：项目投资对城市用地功能、结构、空间和密度的冲击；资本利润最大化原则对落后地区城市的梯度性资源掠夺；发达国家资本流动对中国经济结构的冲击。社会领域的问题有：大城市人口剧增对城市各种供给的压力；

人口素质较低与城市经济对劳动者素质要求的矛盾；人口老龄化、外来人口流动频繁和贫富差距拉大等。环境领域的问题有：城市"摊大饼"式的蔓延；城市建设密度增加，开放空间和城市绿带匮乏；城市污染程度加剧等。管理对策类型可分为两种：其一，反应性的对策举措，即问题发生之后进行治理（往往采取突击方式），称之为后果导向的管理对策；其二，永久性的对策措施，即重点放在针对这些问题的产生根源，强调源头预防思路，可以称为原因导向的管理对策。将原因导向的预防式管理应用于城镇发展的规划设计、建设实施、运行养护过程，才能让城镇的经济、社会、环境处在最佳状态运转。三是确立以人为本的城镇发展管理和服务目标。城镇可持续发展的前提是追求理性和低代价的经济增长，可持续发展的内容是追求物质资本、人力资本、自然资本三个方面的协调发展，实现整体上的良性循环，最终使市民生活更美好。[①]

（二）以科技促进城镇化发展的体制机制创新

通过运用信息化、现代化手段统筹解决城镇化进程中的各种社会问题，以提高城市管理水平，开发城镇人力资源，提高城镇综合管理水平，建立城镇高效、多功能、一体化综合管理技术体系，推动和谐城镇建设。一是依托 3S 技术对山区城镇的资源、环境、交通、商业、城镇规划等相关的动态信息进行监测，对城乡土地资源与利用进行监测、处理及分析，为城镇化的科学管理提供科学的管理工具；二是积极应用科技协调土地合理利用、城镇基础设施、生态建设（人居环境、资源能源、水环境与废弃物治理等）、减灾防灾预警与应急处理、城镇规划体系等，实现可持续发展管理；三是积极建设信息化应用工程，通过广泛应用网络、3S 技术，辅助现代信息技术，建立城镇公共服务与管理的信息化系统，提高管理效率；四是开发与培养城镇科技人才及人才吸引机制，保障城镇化发展中人力资源的核心作用，加强人才利用与管理，通过人才、技术及信息应用等综合科学手段提高城镇的综合管理服务水平。

七　加快研究设计服务贵州省城镇化带动战略的科技支撑指标体系

2010 年 8 月贵州省委出台了关于《关于加快城镇化进程促进城乡协调发展的意见》，指出"加快贵州省城镇化进程、促进城乡协调发展，是构建'和谐贵州省'、实现经济社会发展历史性跨越、全面建设小康社会

---

① 倪瑛、赵清源：《贵州省城镇化建设的问题及对策研究》，贵州省民族出版社 2009 年版。

的重大战略问题，事关全局，事关长远，事关全省各族人民的根本利益"。加快城镇化建设是贵州省委省政府的重大战略决策。2009 年贵州省城镇化水平仅有 29.9%，远低于全国同期平均水平的 46.6%。城镇人口比重低，城市数量少，城市规模小，综合实力弱，基础设施差，城镇管理亟待加强。城镇化水平低，已经严重制约贵州省实现历史性跨越、全面建设小康社会的进程。贵州省城镇化水平低，加快城镇化建设是实现贵州省经济社会又好又快、更好更快发展的必由之路。加快城镇化建设有利于节约集约利用土地，缓解贵州省山区尤其是喀斯特山区农村人地矛盾，巩固青山绿水建设成果。从城镇化规划、城镇化发展的产业培植、城镇地区的承载能力建设、城镇化管理等领域都面临一系列科技问题，这些问题直接影响和制约了贵州省的城镇化建设，必须针对贵州省山区城镇化建设的关键共性科技问题，寻求解决途径。贵州省城镇化建设面临一系列科技问题，需要科技支撑。科技支撑首先需要从理论上建立一套科学的、系统的、全面的以及可操作性强的指标体系。因此，建立贵州省实施城镇化带动战略中的科技指标体系（以下简称贵州省城镇化科技指标体系），对于加快贵州省城镇化步伐、实施城镇化战略、制定科学、实际的城镇化科技政策有着非常重要的意义。

　　建立该指标体系的目的，是期望该指标不但能较好地反映贵州省城镇化科技进步的发展状态，也可以预测贵州省城镇化科技进步的发展趋势，从而为制定贵州省城镇化科技政策提供有效的依据。而且通过对指标的监控，可以及时发现贵州省城镇化科技进步运行信号，从而进行及时有效的控制。可以预见，因地制宜地建立贵州省城镇化科技指标体系将是今后贵州省实施城镇化带动战略中的科技支撑研究的一个主要任务。其中，以下两个方面仍需要改进：

　　（1）系统稳定状态的范围。系统总是在一定的阈值内才能稳定运行，但如何准确确定这个界限值是研究的一个难点。

　　（2）指标体系中数据获得性。应建立贵州省城镇化科技指标体系的专业研究机构，各地（州、市）科技局专门上报城镇化科技指标数据，建立一个反应灵敏、及时的贵州省城镇化科技指标数据库系统，从而为贵州省城镇化科技支撑研究建立良好平台。该指标体系的研究结果可为考核、评价和预测全省或地区城镇化科技建设进程、成效和水平等提供量化数值，并据此建立综合数据库进行动态监控和管理。由于城镇化科技建设系统的复杂性和动态性，往往需要大量的指标来反映城镇化科技系统的现状与变化，但指标多易造成部分数据获取难度大，或超出统计与行业调查的范围，从而造成可操作性差。①

本书从指标的精选上进行了有益的尝试，根据贵州省城镇化科技支撑的实际情况，选取与系统变化紧密相关的指标，建立贵州省城镇化科技指标体系，以期能为贵州省城镇化科技建设提供科学依据。本书提出的贵州省城镇化科技指标体系只是在理论上的设计，未进行实证研究。因此，有待于在实践中进一步地检验、修正和完善。

第五节　贵州省城镇化科技指标体系的设计

一　国际和国内科技指标的情况

（一）国际科技指标的情况

出于制定科技政策的需要，科技统计和科技指标已日益为世界各国和国际组织所重视。经济合作与发展组织（OECD）是最早系统收集科技统计数据的国际组织，在世界科技统计界处于领先地位，对科技统计的国际标准化和规范化作出了重要的贡献。OECD 的科技统计与科技指标具有以下主要特点：在组织上有一套机构，并有专业人员专门从事统计调查、统计分析、指标研究工作，并把科技统计、科技指标与管理决策紧密地结合在一起；注意统计数据的国际可比性，研究并制定了一整套科技统计手册，为科技统计工作提供了共同遵循的统一标准与规范；系统地收集科技统计数据，并建立了科技统计数据库；定期出版科技统计和科技指标出版物，并充分利用国际互联网传输信息；为满足制定科技政策对指标的要求，十分重视研究能力、创新以及与知识经济有关的指标；注意加强与非 OECD 成员在科技统计和科技指标方面为合作、收集非成员的科技统计数据并建立数据库。②

中国科技促进发展研究中心"中国科技指标"课题组高昌林执笔的

---

① 华中科技大学管理学院科技统计信息中心：《中国主要科技指标》，2004 年。

② 国家科委综合计划司主编：《加拿大科技指标和统计方法》，科学技术文献出版社 1993 年版。

《国际科技指标发展的新趋势》提到：早在 1995 年 9 月召开的 OECD 科技政策委员会（CSTP）的部长级会议上，CSTP 的现任主席发表了题为"知识经济对未来科技政策的意义"的报告。肯定了 OECD 在推进科技统计和指标的国际标准化、理论研究和实践方面积累的丰富经验，但同时指出，现在采用的大部分科技指标不足以描述知识生产、获取活动及其产出。如果用现有的科技指标来测度知识经济中的科技活动，对政策制定所能起的作用是十分有限的。他倡议：作为在该领域居于领先地位的国际组织，OECD 应开发决策者更为关注的知识经济的新指标，以改进科技统计体系。他的倡议得到了与会者的赞同，OECD 成员的科技部长们一致认为："成员国之间有必要开展合作，共同开发新的能够测度创新绩效的指标和其他与知识经济产出有关的指标。"会议同时指出，需要进一步研究 OECD 科技系统的趋势及面临的挑战，需要特别关注用于评价、监测和决策的有关数据。

对国家创新系统的测度和评估，主要在于如何测度知识和信息的流动。在 OECD 的"国家创新系统"研究中，就构造测度知识和信息流动的指标等方面进行了有益的探索。例如，利用技术合作协议的数据分析企业之间的相互作用；利用联合研究活动的数据、联合专利和合作发表论文数、创新调查中企业、大学和研究机构为其创新信息源的重要性程度的数据，来分析公共部门与企业之间的相互作用；利用机器设备等资本货物类技术产品扩散的数据来分析技术的流动性；利用研究人员的流动状况的数据来分析人力资本的流动而引起的知识流动，特别是"意会知识"的非正式流动。上述测度国家创新系统指标的探索工作已经取得了一定结果，OECD 在此研究基础上出版了《国家创新系统》，提出了国家创新系统中知识流动的类型及相应的主要指标。OECD 随后发表的《国家创新系统的实证比较：各种方法及初步发现》提出了分析创新系统的总体指标框架，采用新的指标对美国、英国、德国、法国、意大利、日本、加拿大等国家的数据进行了比较研究，得出一些有意义的发现。

发展中国家科技统计工作和科技指标的研究起步普遍较晚，科技统计制度有待完善，科技指标的开发及其在科技政策和经济政策中的应用还相对落后。然而，对科技指标而言，具有国际可比性是十分必要的，没有发展中国家的参与，OECD 新科技指标活动是不完善的。新科技指标活动的国际化是今后的必然趋势，在这一领域加强国际合作十分必要。[1]

（二）国内科技指标情况

我国科技指标的系统研究工作始于 20 世纪 80 年代中期。1985 年开始实施全国科技普查。1989—1991 年第一次进行了全社会科技投入调查。从 1991 年起，我国开始正式出版《中国科技指标》报告，每两年出版一期。经过 20 多年的发展和完善，我国的科技指标统计体系逐步走向成熟，可操作性不断增强。

江苏省无锡市于 2008 年 9 月率先公布科技进步统计监测指标体系，该指标体系统计监测内容主要以科技指标为主，以科技促进经济和社会可持续发展的相关指标为辅，依据科技和统计部门以及无锡市知识产权局、无锡市财政局等部门提供并认定的数据，对无锡市的科技进步活动状况进行监测和系统评价。指标体系分为 4 个一级指标、8 个二级指标、28 个三级指标。[2]

其他许多省市也相继建立了科技指标体系，从结构和内容来看，目前的各种科技指标体系大体上是一种松散的体系。科技指标研究的基本方式是把国家科技创新体系作为一个整体并置于国际背景之下，从多角度、多侧面揭示各系统构成要素，特别是科技活动主体的特征及其变化。各单项指标揭示科技、经济复杂系统某一方面的具体特征，全部科技指标的集合描述系统多方面的状况。

二　贵州省城镇化科技指标选取的基本原则

（一）全面性原则

选取的指标既要反映贵州省城镇化科技发展的速度，又要反映贵州省城镇化科技发展的质量。指标体系应充分反映"城镇化科技基础、城镇化科技活动投入、城镇化科技活动产出，科技促进城镇生态环境、经济社会发展"的内涵，扩大与贵州省城镇化科技相关内容的覆盖面，全面反映贵州省城镇化科技的水平与质量。

（二）简洁性原则

在考虑全面性的同时，需要考虑典型性和代表性，尽量去除含义相同或相关性较大的指标，用尽可能少但信息量大的指标反映多方面的问

---

① 《中国科技统计》，中国科学技术部网站，http：//www. most. gov. cn。
② 《江苏省科技进步统计监测结果与科技统计公报》，贵州省统计信息网。

题，把全面性和简洁性有机地结合起来，以避免重复、烦琐而造成的诸多问题。

（三）科学性原则

选取的指标能够真实、客观反映贵州省城镇化中的科技水平和质量，把指标体系建立在科学的基础之上。指标的选取和权重要经过专家论证，并在实践中试行，听取各相关单位与部门的意见，不断修改完善，让整个指标体系能够客观、全面反映贵州省城镇化科技支撑情况。

（四）系统性原则

贵州省城镇化科技指标系统是一个由具有一定结构和功能的要素构成的有机整体。指标和指标系统并不是一个静止和绝对的概念，而是一个相对的、不断动态发展变化的概念。因此，在选择和确定具体指标来构建指标系统时，要综合考虑贵州省城镇化科技指标的整体性、动态性和系统性，既要选择反映和衡量系统内部各个子系统发展状况的指标，又要包含反映各个系统相互协调以及系统外部的环境指标（如政策变量等）；既要有反映和描述贵州省城镇化科技的静态指标，又要有反映和衡量系统质量改善和素质提高的动态指标。同时，还要随着时间的推移、地点的变化和实际情况的不同，对指标系统进行相应的调整。

（五）可比性原则

贵州省城镇化科技指标系统的构建应便于各个地区对比，又能经过适当的调整而方便国际比较，同时又可以进行动态对比。这就要求在选择指标时，必须考虑到指标的历史延续性，同时考虑支撑分析和预测的可能性。因此，为了加强该指标系统的可比性，必须准确地分析和研究统计资料及其含义，参考统计年鉴和其他相关年鉴及文献，选用范围和口径基本一致的相对指标及平均指标，同时也选用一些总量指标，一方面可以确保因素变量不会因为经济规模、人口多寡或面积大小等因素的影响而使分析结果产生偏差；另一方面也可以增加指标体系的综合性和关联性。

（六）可操作性原则

可操作性是指指标应该具有实用性和可行性，选取的指标中绝大部分能够直接通过《贵州统计年鉴》《贵州科技统计年鉴》、中国科技统计网、贵州省统计局社会科技处、贵州省科技厅发展规划处获取，少量指标可以通过政府有关职能部门对外公布的指标计算或换算、调查问卷获得。并采取国际认可或国内通行的统计口径，指标的含义必须十分明确，便于有效地进行定量的分析和评估。[①]

三　贵州省城镇化科技指标体系的构架和具体指标

以贵州省省委十届九次全会精神为依据，贵州省"十二五"科技支撑计划需求建议为基础，结合全省城镇化科技支撑需要的具体实际，参考国际和国内科技指标体系的设计，并考虑到科技统计指标体系的连续性来设计贵州省城镇化科技指标体系，其主要构架如图7-1所示。

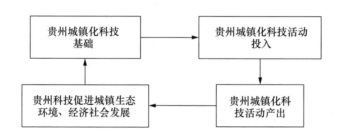

图7-1　贵州省城镇化科技指标体系构架

这一指标体系构架是依据贵州省城镇化科技进步的基本内涵确定的。贵州省城镇化科技进步的基本内涵包括两个方面：一是指贵州省城镇科技活动规模与水平的提高，包括城镇科技活动在一定的时间和空间条件下人力、财力、物力的投入以及科技成果产出规模和水平的提高。其提高幅度和程度既可以用前期的规模和水平为参照，也可以与其他类似空间进行比较。二是贵州省科技活动对城镇的经济发展、社会发展及生态环境影响力的增强，体现为贵州省科技与经济发展、社会发展和生态环境的结合程度，这些要素共同对贵州省经济社会与生态环境的发展起到推进作用。贵州省城镇化科技指标体系具体由4个一级子系统、10个二级子系统以及35个三级指标组成，详见表7-1。

部分指标的说明：

（1）专业技术人员：指从事专业技术工作的人员以及从事专业技术管理工作且已在1983年以前评定为专业技术职称或在1984年以后聘任为专业技术职务的人员。

---

① 单晓娅：《贵州省少数民族地区人才资源开发研究》，中国经济出版社2010年版。

表 7 – 1   贵州城镇化科技指标体系

一级子系统	二级子系统	指标
贵州城镇化 科技基础	贵州城镇化 科技人力资源	1. 城镇每万人拥有专业技术人员数（人/万人）
		2. 城镇每万人口中中专及以上在校生数（人）
		3. 城镇初中毕业生升学率（%）
	贵州城镇化 科研物质条件	4. 城镇科技活动机构人均科研仪器设备费（万元/人）
		5. 城镇科研与综合技术服务业新增固定资产占全社会新增固定资产比重（%）
		6. 城镇科技机构数（个）
	贵州城镇化 科技创新	7. 城镇每万人口中专利申请数（件/万人）
		8. 城镇每万人口拥有发明专利数（件/万人）
贵州城镇化 科技活动投入	贵州城镇化科技 活动人力投入	9. 城镇每万人拥有科技活动人员数（人/万人）
		10. 城镇 R&D 活动人员占科技活动人员比重（%）
	贵州城镇化科技 活动财力投入	11. 城镇 R&D 经费支出与 GDP 比例（%）
		12. 城镇国家级科技支撑计划项目资金占 GDP 的比重（%）
		13. 城镇政府科技拨款占财政经常性支出的比重（%）
		14. 城镇企业科技活动经费支出占销售收入的比重（%）
贵州城镇化 科技活动产出	贵州城镇化科技 活动直接产出	15. 城镇国家级科技支撑计划实施项目效益（万元）
		16. 城镇省部级以上成果净利润（万元）
		17. 城镇省部级科技成果数（件）
		18. 城镇每万人口专利授权数（件/万人）
		19. 城镇每万名科技活动人员科技论文数（篇/万人）
	贵州城镇化 高新技术 产业化	20. 城镇高新技术产业增加值占工业增加值比重（%）
		21. 城镇高新技术产品出口交货值占工业出口交货值比重（%）
		22. 城镇新产品销售收入占全部产品销售收入比重（%）
		23. 城镇高新技术产业利税率（%）
贵州城镇化 科技促进城 镇社会经济、 生态环境发展	贵州城镇经济 增长方式的转变	24. 城镇人均国内生产总值（元/人）
		25. 城镇第三产业增加值占 GDP 比重（%）
		26. 城镇单位国内生产总值能耗（吨标准煤/万元）

续表

一级子系统	二级子系统	指标
贵州城镇化科技促进城镇社会经济、生态环境发展	贵州城镇生态环境改善	27. 石漠化综合治理率（％）
		28. 单位 GDP 二氧化硫排放量（公斤/万元）
		29. 城镇人均公共绿地面积（平方米/人）
		30. 工业固体废物综合利用率（％）
		31. 城镇污水处理率（％）
		32. 城镇生活垃圾无害化处理率（％）
	贵州城镇社会进步	33. 城镇化率（％）
		34. 城镇数字电视覆盖率（％）
		35. 城镇每万人拥有国际互联网户数（户/万人）

（2）初中毕业生升学率：指高级中学招生数（包括普通高中招生数、职业高中招生数、技工学校招生数、普通中专招收初中毕业生数、普通中专举办的成人中专招收应届初中毕业生数及成人中招收应届初中毕业生数）除以初中毕业生人数。

（3）科技活动：指在自然科学、农业科学、医药科学、工程与技术科学、人文与社会科学领域（以下简称科技领域）中与科技知识的产生、发展、传播和应用密切相关的有组织的活动。为核算科技投入的需要，科技活动可分为研究与试验发展（R&D）、研究与试验发展成果应用及相关的科技服务三类活动。

（4）研究与试验发展（R&D）：指在科技领域，为增加知识总量以及运用这些知识去创造新的应用进行的系统的创造性活动，包括基础研究、应用研究和试验发展三类活动。

（5）试验发展：指利用从基础研究、应用研究和实际经验所获得的现有知识，为产生新的产品、材料和装置，建立新的工艺、系统和服务，以及对已产生和建立的上述各项成果做实质性的改进而进行的系统性工作，其成果形式主要是专利、专有技术、新产品原型或样机样件等。

（6）城镇科技机构数：城镇科技机构是指城镇自办或与外单位合办，管理上同生产系统相对独立或者单独核算的专门科技活动机构，如城镇开办的技术中心、研究院所、开发中心、开发部、实验室、中试车间、试验基地等。城镇科技机构经过资源整合，被国家或省级有关部门认定为国家级或省级技术中心的,可按一个机构填报。城镇科技管理职能科室(如科研处、技术科等)一般不统计在内;若科研处、技术科等同时挂有科技机构牌子,视其报告年度内主要工作任务而定,主要任务是从事科技活动的可以统计,否则不统计。本指标不含城镇在中国境外设立的科技机构数。

(7)城镇专利申请数:指城镇在报告年度内向专利行政部门提出专利申请并被受理的件数。

(8)拥有发明专利数:指城镇的专利权人在报告年度拥有的、经国内外专利行政部门授权且在有效期内的发明专利件数。

(9)机构科技活动人员:指城镇科技机构中从事科技活动的人员数合计,应等于机构中从业人员数扣除为科技活动提供间接服务的人员(如保卫、医疗保健、司机、食堂人员、茶炉工、水暖工、清洁工等)以及全年从事科技活动时间不足全部工作时间10%的人员。

(10)研究与试验发展(R&D)人员:指城镇科技活动人员中从事基础研究、应用研究和试验发展三类活动的人员。包括直接参加上述三类项目活动的人员及这三类项目的管理和服务人员。上述三类项目的管理和服务人员,可按研究与试验发展(R&D)项目人员占全部科技项目人员的比重进行推算。

(11)城镇科技活动经费支出总额:指城镇在报告年度实际支出的全部科技活动费用,包括列入技术开发的经费支出以及技改等资金实际用于科技活动的支出。不包括生产性支出和归还贷款支出。科技活动经费支出总额分为城镇内部开展科技活动的经费支出和委托外单位开展科技活动的经费支出。

(12)城镇研究与试验发展(R&D)经费支出:指报告年度在城镇科技活动经费内部支出中用于基础研究、应用研究和试验发展三类项目以及这三类项目的管理和服务的费用支出。不论何种经费来源,只要实际用于上述三类项目的经费支出都应计算在内。具体计算办法:可将城镇全部科技项目中确定为基础研究、应用研究和试验发展三类项目的经费支出加总,再加上按上述三类项目支出占全部科技项目经费支出比重计算分摊的科技管理和服务费用。上述三类项目经费支出包括的内容与科技活动经费内部支出按用途分组所列的支出项一致。

(13)国家科技支撑计划:国家科技支撑计划是面向国民经济和社会

发展需求，重点解决经济社会发展中的重大科技问题的国家科技计划。支撑计划主要落实《国家科技规划纲要》重点领域及其优先主题的任务，以重大公益技术及产业共性技术研究开发与应用示范为重点，结合重大工程建设和重大装备开发，加强集成创新和引进消化吸收再创新，重点解决涉及全局性、跨行业、跨地区的重大技术问题，着力攻克一批关键技术，突破瓶颈制约，提升产业竞争力，为我国经济社会协调发展提供支撑。

（14）研究与发展试验（R&D）占 GDP 的比重：指一定时期科学研究与试验发展经费支出与 GDP 之比，用于评价城镇科技投入水平。

（15）科技论文：科技论文在情报学中又称为原始论文或一次文献，它是科技人员在科学实验（或试验）的基础上，对自然科学或工程技术领域里的现象（或问题）进行科学分析、综合和阐述，从而揭示现象（或问题）的本质与规律的学术论文。科技论文是科技研究成果的书面表达形式。

（16）高新技术产业：以高新技术为基础，从事一种或多种高新技术及其产品的研究、开发、生产和技术服务的企业集合，这种产业所拥有的关键技术往往开发难度很大，但一旦开发成功，却具有高于一般产业的经济效益和社会效益。高新技术产业是知识密集、技术密集的产业。产品的主导技术必须属于所确定的高技术领域，而且必须包括高技术领域中处于技术前沿的工艺或技术突破。根据这一标准，高新技术产业主要包括信息技术、生物技术、新材料技术三大领域。

（17）城镇单位 GDP 能耗：指贵州省城镇单位国内生产总值（GDP）所消耗的能源数量，反映贵州省城镇能源利用效率及经济发展的可持续性，也是衡量科技对贵州省城镇经济增长方式转变促进作用的主要依据。

（18）石漠化综合治理率：石漠化综合治理面积占石漠化总面积的比重，综合治理面积包含人工造林面积、封山育林面积、人工种草面积、草地改良面积、坡改梯面积。贵州省是全国石漠化最严重的地区，因此选择此指标可以很好地衡量科技对贵州省生态环境治理的改进情况。

（19）城镇单位 GDP 二氧化硫排放量：是指城镇二氧化硫排放量与 GDP 之比，二氧化硫是造成酸雨的主要原因。此指标是衡量贵州省城镇化科技在生态安全建设方面改进作用的重要指标。

（20）城镇人均公共绿地面积：公共绿地指向公众开放的市级、区级、居住区级各类公园、街旁游园，包括其范围内的水域。其中，居住区级公园应不小于1万平方米，街旁游园的宽度不小于8米、面积不小于400平方米，是喀斯特山区城镇美化绿化关键技术指标。

（21）城镇生活垃圾无害化处理率：生活垃圾无害化处理率反映城镇对生活垃圾一次污染的防治程度。

（22）城镇化率：城镇化率是指市镇人口占总人口（包括农业与非农业）的比例，用于反映人口向城市聚集的过程和聚集程度，城镇化一方面是人口由农村向城市迁移聚集的过程，另一方面又表现为地域景观的变化、产业结构的转变、生产生活方式的变革，是人口、地域、社会经济组织形式和生产生活方式由传统落后的乡村型社会向现代城市社会转化的多方面内容综合统一的过程，是贵州省城镇社会进步的主要反映和重要标志。

第八章　进一步扩大融资促进贵州省经济社会发展的对策研究

第一节　进一步扩大融资促进贵州省经济社会发展的现状

一　进一步扩大融资促进贵州省经济社会发展的特点

近几年来，贵州省以贯彻落实科学发展观为统领，围绕经济社会发展主题和结构调整主线，不断深化以市场化、社会化为取向的融资体制改革，逐渐突破长期沿袭的以政府财政投入为主的建设模式和采用政府补贴为主的运作机制，融资总量大幅攀升，融资结构日趋优化，融资管理逐渐规范，融资渠道不断拓宽，对推动全省经济社会发展发挥了积极作用。贵州省紧紧抓住实施西部大开发、新阶段扶贫开发、扩内需保增长等战略机遇，稳步推进经济结构优化调整，努力改善投资环境，大力拓宽融资渠道，积极开展多种形式的招商引资活动，广泛吸引社会资金，使贵州省融资呈快速增长势头。

（一）融资规模快速增长，融资结构不断优化

贵州省金融业运行情况良好，相关指标高于全国平均水平，有力地支撑了全省经济社会发展。一是金融业总体快速增长。2011 年 9 月末，全省金融机构人民币存、贷款余额分别为 8294.2 亿元和 6577 亿元，同比分别增长 17.4% 和 20.1%，比全国平均水平分别高 3.2 个百分点和 4.2 个百分点。全省实现保费收入 103.9 亿元，同比增长 6.8%，位列全国第 6 位。二是直接融资取得积极进展。2011 年 1—9 月，累计发行债券 46 亿元，包括企业债 20 亿元、公司债券 8 亿元、短期融资券 18 亿元。两家上市公司再融资 15.7 亿元。贵阳朗玛科技首发上市、久联发展 6.2 亿元

非公开发行股票已获证监会发审委审核通过，预计全年直接融资额达 80 亿元。贵阳银行已向证监会提交上市申报材料，长征电气 4 亿元公司债获证监会核准。三是融资结构不断优化。（1）国有投资与非国有投资基本是并驾齐驱。自"十一五"以来，贵州省全社会固定资产投资中，国有投资虽仍占有较大的比重，但却呈现出逐期下降的趋势。"十一五"时期国有投资在全社会固定资产投资额所占比重为 60.2%，至"十二五"开局之年，则下降至 48.6%。国有投资增长速度，也从"十一五"时期的 15.8%，降至"十二五"开局之年的 15.8%。非国有投资则呈现迅速上升的趋势，投资比重由"十一五"时期的 38%，上升至"十二五"开局之年的 48.9%，与国有投资所占比重持平。（2）投资的资金来源已形成多元化格局。"十一五"期间，政府预算内投资、国内贷款、自筹资金投资、利用外资、其他资金投资分别为 6.1%、23.9%、54.2%、0.9%、15.0%，表明投资主体已由政府主导型向市场引导、非国有投资逐渐占有主导地位的形式转变。（3）对经济增长的积极促进作用不断增强，呈"投资促进型"发展势态。随着投资力度的逐渐加大，投资对贵州省经济增长的贡献作用日趋突出，对经济增长和财政收入的增加产生了极大的推进作用。按当年价格计算，"十一五"期间，全社会固定资产投资对 GDP 的贡献率为 64.9%，拉动 GDP 增长 9.6%，投资促进 GDP 增长系数为 0.25（每投资 1 元，可拉动 GDP 增长 0.25 元），GDP 投资弹性为 0.63（投资每增加 1%，可带动 GDP 增长 0.63%），投资促进财政收入增加系数为 0.06（每投资 1 元，可促进财政收入增加 0.06 元），财政收入投资弹性为 0.86（投资每增加 1%，可促使财政收入增长 0.86%）。

贵州省固定资产投资资金来源渠道主要有国家预算内资金、国内贷款、自筹资金。"十一五"全社会固定资产投资来源中，自筹资金约占 50%，国内贷款平均占比达到了 28.5%。（见表 8-1）

表 8-1　　　　　　　贵州省固定资产投资及资金来源结构　　　　单位：亿元、%

年份	全社会固定资产投资	增长率	城镇当年到位资金	国家预算内资金		国内贷款		自筹	
				金额	占比	金额	占比	金额	占比
2009	1193.31	17.2	1100.32	35.5	3.23	335.49	30.49	555.26	50.46
2010	1485.57	24.0	1358.4	59.61	4.39	381.78	28.11	683.53	50.32

续表

年份	全社会固定资产投资	增长率	城镇当年到位资金	国家预算内资金		国内贷款		自筹	
				金额	占比	金额	占比	金额	占比
2011	1858.32	24.8	1680.81	112.31	6.68	462.68	27.53	848.94	50.51

资料来源：根据《贵州统计年鉴（2012）》资料整理计算而得。

（二）加快搭建融资平台，融资渠道不断拓宽

一是各市（州、地）近年来在搭建融资平台方面进行了积极探索，取得了较好的效果，建设了一批融资平台公司。

贵阳市挂牌成立了贵阳市工业投资（集团）有限公司、贵阳铁路建设投资有限公司、贵阳市城市轨道交通有限公司、贵阳市城市建设投资（集团）有限公司、贵阳市工商资产经营管理公司、贵阳市公共住宅建设投资有限公司、贵阳市旅游文化产业投资（集团）有限公司、贵阳市交通发展投资（集团）有限公司、贵阳金阳建设投资（集团）有限公司、贵州省阳光产权交易所有限公司十家国有融资公司。各家公司已完成了工商注册登记，十家公司注册资本金共计134.5亿元。

遵义市成立了遵义市城市建设投资经营有限公司、遵义市国有资产融资经营管理有限公司、遵义高速公路开发投资有限公司、遵义新蒲新区开发投资有限公司四大融资公司。在已开展融资业务的公司中，以遵义市国有资产融资经营有限公司为代表，该公司注册资金为1.1亿元，已成功为城市基础设施建设等重大投资项目向国家开发银行融资25亿元，为城市基础设施建设的大规模推进起到了四两拨千斤的作用。

安顺市到2008年已经成立的政府性融资机构15家，覆盖了市、县（区）二级。这些融资平台均为国有独资公司，主要是国有资产管理、城市建设投资、担保公司、土地收储中心和农业投资五类。2006年以来，安顺借助融资平台融资累计融资达到21.2亿元，为安顺市基础设施建设、产业发展做出了积极贡献。

毕节地区以建设投资有限公司为主，还拥有各类担保公司和各县筹办的投资公司共15家。2006—2008年，累计融资14.4亿元，有效缓解了资金不足的难题。此外，毕节地区为进一步加快产业结构调整步伐，推进经济又好又快发展，筹建毕节试验区产业投资基金，在国家和省级有关部门的关心支持下，已于2007年4月正式启动申报工作，总规模为

150亿元，属于封闭式私募型基金。

铜仁地区2003年搭建了地方融资平台，全区10个县（市、特区）均成立了国有投资公司，注册资金最高的为7.37亿元，最低的为1000万元。依靠整合政府投资资源，这些融资公司通过划转存量国有资产、赋予国有资产经营收益权、增加国有资本金投入和提供专项补贴资金等方式增强经营能力、扩大现金流量，并争取银行信贷支持。

二是贵州省现已成立了各类融资公司共115家。其中，省级融资公司主要有贵州省高建公路开发总公司、贵财投资公司等。

贵州省高速公路开发总公司，注册资金为66亿元。该公司按照省委、省政府县县通高速的构想和"六横七纵八联"的高速公路网规划，通过利用国家拨款、银行贷款、公路经营权转让、BOT融资（建设—经营—转让）、BT（建设—转让）信托资金等方式修建高速公路。2006—2008年，该公司共完成高速公路建设投资285.83亿元，年平均投资95.27亿元，比"十五"期间年平均水平增长56.7%，创历史新高。

贵财投资公司，前身是贵州省贵财信托投资公司，于1992年经省委、省人民政府批准，省财政厅联合省内几家金融机构发起，与13个地、州、市、县财政局共同出资成立的一家非银行金融机构。2004年被列为省国资委监管的大型国有集团公司。公司注册资本2.6亿元，截至2008年12月底，公司总资产8.22亿元，所有者权益3.79亿元。经过多年发展，公司在支农、扶贫、促进县级财源建设、解决国有企业临时性资金周转困难等方面发挥了积极的作用。

贵州铁路投资有限责任公司（以下简称铁投公司），主要是为加快贵广等快速铁路建设，于2008年11月组建。铁投公司作为贵州省出资人代表，负责筹措资金并代表贵州省与铁道部和周边相关省（区、市）合资建设及经营管理贵阳至广州快速铁路及贵阳连接周边的铁路客运专线等项目。公司注册资本76.1亿元，由贵州省发改委代表省政府、茅台酒集团、赤天化集团共同出资，认缴额分别占注册资本的87.74%、8.76%、3.5%。明确从2008年起省级财政预算中用于铁路建设的资金以4亿元为基数，每年按省级财政增幅同步增长安排铁路建设资本金；将应征收的铁路项目建安营业税全部投入贵州铁路投资有限公司用于铁路建设。与建行贵州省分行、工行贵州省分行以及招商银行深圳分行等8家金融机构签订了金额达40亿元的银企战略合作协议。

贵州省开发投资有限责任公司，是由原建设投资公司和贵州省旅游投资公司于 2003 年合并组建的省属国有独资企业，是省政府对基础性基本建设项目的投资主体。近几年来，公司通过调整投资结构，做强做大三大板块，即调整能源板块、完善旅游文化板块、构建发展金融板块，采取长线和短线相结合，以长养短、以短补长的投资策略，进一步发挥主业优势，重大项目投资顺利，主业效益开始显现。

华能贵诚信托有限公司，是华能资本服务有限公司在原黔隆国际信托投资有限责任公司基础上，经贵州省人民政府和中国银监会批准，于 2008 年 11 月增资扩股重组而成，华能资本服务公司持股 62.18%。2009 年 1 月更名为华能贵诚信托有限公司。注册资本金 6.03 亿元，净资产超过 8 亿元。2009 年 3 月，正式按照"新两规"要求开展信托经营业务。公司重新开业以后，信托业务发展迅速，当年信托资金管理规模即突破 200 亿元，项目涉及领域包括交通、能源、房地产和民生等。筹备发行了一批支持贵州省经济发展的项目。

（三）民间融资稳步增长，融资主体趋向多元化

一是千方百计争取加大信贷投放；二是极推动企业上市融资和再融资；三是加大债券融资力度；四是加快发展股权投资；五是拓展新型融资方式。2011 年前三季度全省各项存款余额增速全国排名第 6 位，各项贷款余额增速全国排名第 7 位；全省实现保费收入增速由 2010 年同期的全国第 14 位、西部第 4 位，上升到全国第 6 位、西部第 3 位；银行业金融机构实现净利润比 2010 年同期多盈利 31.9 亿元。目前，贵州省银行的筹建工作取得阶段性重要成果，已经获得中国银监会原则性批复意见。"引金入黔"工程步伐加速，2011 年共有 4 家金融机构入驻贵州省，光大银行、兴业银行在黔机构获准开始筹建，华泰财险、安诚财险贵州省分公司已获准开业。直接融资与间接融资协同发展，民间融资稳步增长，融资主体趋向多元化。

（四）金融机构加快发展，组织体系不断健全

一是银行业加快发展。截至 2011 年 9 月末，全省银行业金融机构共126 家，包括政策性银行 2 家、大型商业银行 5 家、邮政储蓄银行 1 家、股份制商业银行 3 家、资产管理公司 3 家、外资银行 1 家、区域性城市商业银行 2 家、地方法人城市商业银行 4 家、农村信用社 89 家、法人信托公司 1 家、财务公司 3 家和村镇银行 12 家（比年初增加 6 家）。各级银行

业机构约 4000 家，资产总额 10250.5 亿元，同比增长 23.7%。二是证券业稳步发展。2011 年 9 月末，全省有法人证券公司 1 家、证券分公司 1 家、证券营业部 42 家、期货营业部 7 家。上市公司 20 家，比年初增加 1 家，总市值 3108.3 亿元，比年初增加 1 亿元。三是保险业有序发展。2011 年 9 月末，全省保险公司经营主体 22 家，比年初增加 2 家，其中财产险公司 14 家，人身险公司 8 家。各级保险分支机构 917 个，比年初增加 34 个。金融机构的加快发展，使金融组织体系不断健全。

（五）融资决策逐渐科学化，融资管理逐步规范化

银行业金融机构信贷资产质量继续改善，不良贷款持续双降，2011 年不良贷款率为 2.2%，较年初下降 0.6%，不良贷款余额 146.3 亿元，较年初减少 14.8 亿元，实现净利润 122.2 亿元，比上年同期多盈利 31.9 亿元。财产险公司账面承保利润率为 8.1%，高于全国平均水平 2.5 个百分点。融资决策逐渐科学化，融资管理逐步规范化，金融业盈利能力不断增强。

二 贵州省投资对经济社会发展的影响

（一）融资对经济增长的促进作用不断增强，呈"投资促进型"发展势态

随着投资力度的逐期加大，投资对贵州省经济增长的贡献作用日趋突出，对经济增长和财政收入的增加产生了极大的推动作用。按当年价格计算，"十五"期间，全社会固定资产投资对 GDP 的贡献率为 64.9%，拉动 GDP 增长 9.6%，投资促进 GDP 增长系数为 0.25（每投资 1 元，可拉动 GDP 增长 0.25 元），GDP 投资弹性 0.63（投资每增加 1%，可带动 GDP 增长 0.63%），投资促进财政收入增加系数为 0.06（每投资 1 元，可促进财政收入增加 0.06 元），财政收入投资弹性 0.86（投资每增加 1%，可促使财政收入增长 0.86%）。"十一五"的前三年，各年固定资产投资完成额分别达 1197.68 亿元、1488.80 亿元和 1864.45 亿元，年均增长 21.3%，三年累计投资完成额达 4550.93 亿元，其固定资产投资率为 54.5%。前三年全社会固定资产投资对 GDP 的贡献率为 62.5%，拉动 GDP 增长 11.9%，投资促进 GDP 增长系数为 0.30，GDP 投资弹性为 0.89，投资促进财政收入增加系数为 0.07，财政收入投资弹性为 1.06。

（二）投资结构不断优化，呈多元化发展势态

自"十五"以来，贵州省全社会固定资产投资中，国有投资虽仍占

有较大的比重，但却呈现出逐期下降的趋势。"十五"时期国有投资在全社会固定资产投资额所占比重为 60.2%，至"十一五"前三年，则下降至 48.6%。国有投资增长速度，也从"十五"时期的 19.5% 降至"十一五"前三年的 15.8%。而非国有投资则呈现迅速上升的趋势，投资比重由"十五"时期的 38% 上升至"十一五"前三年的 48.9%，与国有投资所占比重持平。投资的资金来源已形成多元化格局。"十一五"前三年，政府预算内投资、国内贷款、自筹资金投资、利用外资、其他资金投资分别为 6.1%、23.9%、54.2%、0.9%、15.0%，表明投资主体已由政府主导型向市场引导、非国有投资逐渐占有主导地位的形式转变。

（三）三次产业投资比重不断变化，呈合理化发展态势

"十五"期间，三次产业的固定资产投资比重分别为 2.8%、38.5% 和 58.7%；"十一五"时期前三年，三次产业的固定资产投资比重分别为 2.4%、43.0% 和 54.6%。在三次产业的投资比重中，第三产业投资所占的比重最大，第二产业次之，第一产业继续下降。从发展趋势看，第一产业投资所占比重，已由"十五"的 2.8%，降至"十一五"前三年的 2.4%；第二产业投资所占比重，则由"十五"的 38.5%，上升至"十一五"前三年的 43.0%；第三产业投资所占比重，基本保持在 55% 相对稳定的水平上。

（四）金融有力支持支柱产业、重点领域和抗旱救灾建设

据不完全统计，电力、公路、煤炭、化工、烟酒和医药等支柱行业贷款余额近 3000 亿元，较年初增加近 300 亿元，其中电力和交通行业贷款余额达 2029.1 亿元，较年初增长 16%。发放抗旱救灾贷款 276.8 亿元，占新增贷款比重约 30%。为各类工程项目提供风险保障 603.9 亿元，同比增长 35.4%。

（五）金融积极服务小微型企业、"三农"和保障性安居工程等民生领域发展

小微型企业贷款余额 2586.5 亿元，较年初增加 173.5 亿元，小微型企业贷款占全省企业贷款余额比重达 59%，较年初提高 9.9 个百分点。开展小微型企业贷款保证保险，提供风险保障 9.8 亿元，同比增长 21.5%。涉农贷款余额 2567.9 亿元，较年初增加 333.3 亿元，增长 14.9%。全省保障性安居工程贷款余额 75 亿元，较年初增加 38.1 亿元，增长 20.2%。

三 贵州省融资体制存在的主要问题

随着市场经济体制的进一步健全，国家金融货币政策的不断调整以及金融机构市场化改革的进一步推进，贵州省建设资金瓶颈问题日益突出，原有的过分倚重信用借贷的传统融资模式越来越不能适应市场化融资的形势和经济社会发展的要求，一些重大问题亟待解决。

（一）融资主体实力不强，良性循环机制尚未形成

尽管原有的几大融资公司对推进贵州省经济社会发展等作出了积极贡献，但自身普遍存在实力偏弱、"造血"功能不足、融资功能不强等问题。一是资本金不足，严重制约融资能力。二是缺乏经营性优质资产，自身"造血"功能不足。三是融资、融资与还贷相互分立，责、权、利不统一，未能形成"借、用、还"一体的良性循环机制。

（二）融资方式比较单一，融资渠道有待拓展

总体看融资方式仍显单一，政府融资项目资金来源仍主要依靠财政资金和银行贷款两种途径，直接融资渠道少，未形成一套完整的吸纳社会资金参与建设的体制机制。在运作过程中，几大融资公司主要依靠政府信用向银行借贷实施项目开发建设，这种以非市场化融资为主要手段的融资模式，造成几大融资公司对银行等金融机构的过度依赖，受国家金融政策的波动较大，融资成本较高，一旦国家实施紧缩的金融政策，融资瓶颈就显现出来。因此，积极拓展城市建设的融资渠道将成为贵州省今后一段时期的主要任务。

（三）政府融资领域依然较多，项目管理不到位

一是在政府融资范围上存在"越位"现象。部分部门融资未能按照退出"越位"、填补"缺位"的原则，退出竞争性和经营性的融资范围。如国有资产融资管理公司为巨星集团、贵州省普新镁合金有限公司等借款担保，这些项目属于企业的自主经营行为，应由企业自己筹资贷款，而不应由国有资产融资管理公司为其担保。二是融资项目缺乏统筹管理。有些部门未严格按照《我省政府融资项目管理条例》执行和落实项目管理，一方面造成项目多头管理，多部门提出项目、多头审批项目，项目安排缺乏综合平衡，缺乏统筹性、耦合性和有机的统一性，不利于市级项目规划的实施和项目布局的统筹；另一方面造成各类融资资金管理分散，不利于财政资金的统筹使用。

（四）决策科学化有待提高，约束机制有待建立

一是融资决策的科学化、民主化水平有待提高。部分项目决策集权化、行政化，科学性不够，宏观决策、项目决策、项目经营决策常常相混，项目执行中突破规划、计划上项目的情况时有发生。二是融资决策责任机制有待完善。融资决策主体、偿还主体及投资失误责任主体不明晰，各地多处开口，缺乏一个独立的政策性投融资机构作为依托。三是政府性贷款风险管理机制有待建立。重"贷"轻"管"、缺乏有效的风险监测和管理的现象较为普遍，尤其是政府工程项目贷款管理问题突出，比如说存在"走一步看一步"的情况和项目贷款资金混用等问题。

（五）地方融资类企业经营水平亟待提高

主要表现在三个方面：一是地方成立的各类融资平台，多数都是政府以划拨债权、公益性基础设施等实物作为注册资本，现金注资很少，如果融资平台出现经营风险，这些实物资产难以变现。如安顺市 15 家融资公司中，注册资金上亿元的只有 3 家，其余大部分都在 3000 万元以下。而毕节市仅有毕节地区建设投资有限公司一家融资公司及各县的子公司。融资平台总类不齐全，数量少，规模小，融资能力明显不足，难以满足地方经济社会发展的需求。二是地方成立的各类融资平台多数还局限于在承接银行贷款阶段，现代金融业务运作能力弱，不能根据自身职能定位开发创新金融产品，业务同质化。多数融资平台没有稳定的经营收入来源，除通过各种渠道筹集建设资金和财政性拨款外基本上没有现金流入，自身缺乏偿债能力，偿债资金主要依靠财政拨款或用新债还旧债。三是随着企业不断发展壮大，涉及领域的不断拓展，各类人才的配备出现空缺。从整体情况来看，全省投资类企业都存在人才总量不足，人才队伍技能结构不合理，面对国内融资市场异常活跃，各种创新金融工具、金融衍生产品层出不穷的情况，不但缺乏优秀的具备融资、资本运营、资产经营等方面的综合专业管理团队，而且缺乏对经济活动和市场投资进行分析的专业人才。

（六）融资环境仍有待改善

要继续保持贵州省固定资产投资的持续、稳定、合理增长，关键是要下更大的决心、花更多的工夫为外来投资者创造好的投资条件和投资环境，加快形成新的投资热点。近年来，贵州省在营造良好的投资环境方面采取了一系列措施，取得了初步成效，投资环境有了一定改善，但

由于自然地理条件、思想观念、劳动力素质以及发展基础等方面与发达地区相比还相当落后，客观上对地方投资环境所需要的基本要素的配备形成了刚性制约。一是基础设施配套能力较弱，难以吸引外来资金。特别是交通基础设施建设、产业发展基础仍显滞后。部分农村贫困地区水、电、路等基础设施建设还十分落后，同时部分地区水土流失严重，生态系统脆弱，导致投资成本提高。二是项目谋划力度尤其是重大项目谋划的力度还需进一步加大。贵州省投资总量不大，增速不高，主要是项目策划跟不上，没有充足的项目储备，致使重大项目匮乏。各地和各部门还没有完全从战略的高度出发重视项目的筛选和论证工作，项目建设的各项前期工作还不够扎实，对项目建设前期工作所需专门人员、专项经费还没有落实，重大项目的策划力度还需加强，还没有完全建立投产一批、续建一批、新开工一批、储备一批的固定资产投资项目接续机制。虽然已经建立了省级项目库，但在项目库实行动态管理、及时充实更新项目及推进项目库分层次滚动建设方面抓得还不够好，项目的签约率和开工率还不够高。三是地方配套资金到位不理想。由于贵州省财政是典型的"吃饭财政"，要挤出更多的钱用于建设非常困难，加上个别地区存在跑项目积极、跑到项目后地方配套不落实的现象，因此，贵州省项目建设的资金来源中地方配套部分到位情况一直都不理想，对项目建设产生了一定的影响，也影响到全省固定资产投资的增长。

（七）监管工作不够，金融专业人才缺乏

金融业是高负债、知识密集型的产业，人才资本是金融业最核心的资产。贵州省在进一步扩大融资促进经济社会发展的过程中，主要是缺乏对高端人才的引进和培养机制。具体表现在：一是专业性的公益性金融人才市场刚刚建立，服务金融机构的能力还比较弱；二是金融人才的流动仍然处于无序状态，金融机构之间不平等竞争以及金融机构不同行业间的收入水平差异过大，造成金融人才的流动过于频繁甚至无序；三是薪酬标准比较混乱，没有形成科学的薪酬体系；四是政府对金融机构的高级管理人才方式没有实现由传统的人事管理向现代的人力资源管理的转变，没有形成科学有序、具有竞争力的人才市场或职业经理人市场。

在目前的体制背景下，高端人才引进的规模严重不足。截至 2008 年 5 月，72 家全国主要银行业金融机构（10 家中管金融机构，12 家股份制

商业银行，中国邮政储蓄银行，4 家资产管理公司，由银监会直接监管的
11 家非银行金融机构，以及属地化监管的 34 家省、自治区、直辖市、计
划单列市所属农村商业银行、农村合作银行、信用联合社）共有董事、
监事和总行（总公司）高管人员（包括担任首席风险官或信贷风险总监、
首席财务官或财务总监、总稽核等职务的人员）1138 人，平均年龄为
49.6 岁（其中，55 岁以上 244 人，45—55 岁 747 人，45 岁以下 327 人），
分支银行的行长大约在 42.7 岁。124 人为博士，434 人为硕士，506 人为
学士，254 人为大专及以下学历。女干部 140 人。境外人士 40 人。对应
目前贵州省经济社会的发展态势，金融人才严重缺乏。

第二节　国内融资体制改革和实践经验

　　综观当前贵州省融资体制出现的问题，既有其历史的、客观的原因，
也有现实的、主观的因素，但总体来讲，都是在前进和发展中出现的问
题。当前，贵州省正处于"两加一推"的关键时期，必须抢抓国家扩大
内需、增加融资的机遇，借鉴外地改革经验，进一步深化全省融资体制
改革，加快建立符合全省经济社会发展需要的融资新体制。

一　国内融资体制改革模式

　　投资是经济社会发展的动力，融资平台是经济社会发展的支柱。近
年来，四川、广西、山东、云南等省区坚持以科学发展观为指导，加大
融资平台建设力度，分别在特色产业、交通、铁路、地方金融市场、国
有资产经营等领域构建了相应的融资平台，在推动投资和基础设施建设、
加快经济布局和优化结构调整、促进经济社会快速发展等方面发挥了积
极作用，为贵州省提供了可借鉴的做法和经验。

（一）四川省

　　四川省按照"1 + N"模式组建省级融资平台，即组建一家省级综合
性融资平台和若干个专业性产业投资公司。由省政府财政专项资金出资
120 亿元，划入 22 户省属企业股权 443 亿元，划入 22 户土地变更使用方
式和用途所需补缴的土地出让金和增值收益评估作价 250 亿元，18 处煤
矿探矿权、采矿权评估作价 200 亿元等，组建了注册资本 800 亿元，总资
产逾 1300 亿元的四川发展（控股）有限责任公司。四川铁投是由四川发

展出资设立的"N"中之一，整合了四川铁路集团和四川路桥集团的股权和部分现金，注册资本 90 亿元，为四川省推进铁路建设、破解交通难题搭建专业性的融资操作平台。为更好运营省级国有资本，筹集省属国有企业改革资金，四川省在泸州老窖、川铁集团、川投集团、路桥集团共同投资设立四川富润投资公司的基础上，采取无偿划转、收购、托管等方式，将富润投资公司改造为省国资委直接持股的、以融资业务为主的企业，主要任务是在推进省属国有企业改革过程中，持有或托管企业股权，通过专业化运营，盘活省属企业中僵化、不能流动的资产，并为省属企业改革筹集资金，消化改革成本。这种利用融资平台超越传统的基础设施建设融资而不断拓宽和延展其服务范围的做法，值得贵州省高度关注和学习借鉴。

（二）山东省

近几年来，积极搭建为企业服务的省级融资平台与专业服务体系。它们依托每年举办一次的中小企业融资国际合作洽谈会，实施小企业培育、中小企业成长、特色产业提升"三项计划"，建设融资担保、信用评价、信息网络、创业辅导、人才培训、行业协会"六大体系"，全面提高中小企业综合竞争力。面对国际金融危机带来的严峻挑战，山东各级各部门积极拓宽融资渠道，努力扩大投资规模，为规范融资平台的运作，出台了《山东省人民政府办公厅关于加强政府融资管理工作的意见》等文件。在 2009 年年初，为推进扩大内需建设项目的融资，建立重点建设项目调控资金，该资金是有关银行在政府信用支持下，按照平等、自愿、互利原则，向山东省企业提供的长期优惠贷款。贷款将享受国家规定的最大优惠利率，期限不低于 8 年，并按年计付利息。山东省明确表示，此调控资金由省政府统一掌握，并建立调控资金管理联席会议制度负责资金使用管理工作，并授权山东省鲁信投资控股集团有限公司、山东高速集团有限公司和山东省国有资产投资控股有限公司为调控资金的融资公司。这三家融资公司将承担省政府赋予的调控资金管理职责，不以营利为目的，依法进行运作，负责资金的统一融入、回收和偿还。

（三）广西壮族自治区

广西壮族自治区近年来针对融资平台建设起步晚、基础差、规模小、实力弱，融资领域对外开放度低、水平不高，多元化融资格局没有形成，企业融资渠道单一等问题，按照"政府主导、市场运作、社会参与、规范管理"的基本原则分别在特色产业、北部湾经济区开放开发、交通、铁路、地方金融市场、国有资产经营等领域构建了相应的融资平台。他们提出实施大企业大集团战略，先后通过整合重要行业和重要领域的优质国有资产，相继组建了广西交通投资集团有限公司、广西有色金属集团有限公司、广西金融投资集团有限公司和广西宏桂资产经营（集团）有限公司等一系列产业集团，力图通过整合国有资产、深化融资体制改革，推动产业跨越式发展，推进工业化进程。

（四）云南省

云南省着眼于加大项目实施，创新省级融资平台，着力打造云投集团作为省政府的投资主体、融资平台和经营实体，积极探索资金的资本化运作模式。通过积极引进战略合作伙伴、增资扩股、股权转让等手段，以及充分利用发行可转换债券、注入优质资源定向增发、公开发行、私募、实施信托计划、发行短期融资券等新的融资产品和金融工具进行直接融资，有效改善了企业的资金结构，降低了融资成本。

二　国内融资体制改革与创新的实践经验

为探寻全面市场化融资新形势下深化融资体制改革的新举措，本书对重庆、长沙、南宁、上海、南京、杭州等城市进行分析，着重就融资平台建设方面进行了考量。发现贵州省融资体制，特别是城建融资平台面临的困难与问题，也是国内其他城市融资平台已经或正在经历的带有普遍性的问题。为有效破解难题，这些城市坚持以提升全面市场化持续融资能力为导向，着力进行城建融资体制的改革与创新，并取得了显著成效，其共同经验集中体现在以下方面：

（一）注重资产的归集整合

做强、做大、做实融资平台资产，是增强平台市场化持续融资能力的前提。通过资产、资源的整合来提升平台市场化持续融资能力，是改革获取成功的基础。一些城市的政府采取各种措施大规模整合城市国有资源，向融资公司大手笔注入国有资产，使融资公司成为资产规模大、资产质量优、具有较强竞争实力的大型集团公司。如重庆市实行"五大注入"政策，将分散在区县几百个项目的200多亿元国债，6亿多元的路桥费、养路费、城市维护费中用于城市建设的资金等规费，土地储备增值部分，有形的存量资产，对基础设施、公共设施融资实施施工营业税等方面的税收返还等有效归集，分别注入各融资集团公司，增强和壮大了各融资集团的资本实力。上海市成立城市建设融资开发总公司，按照路桥板块（资产 280 亿元）、环境板块（含苏州河的整治、固体废弃物的处理、城市绿地建设）、置业板块（重大工程动迁的配套商品房建设、保留保护建筑、新江湾城的开发）三大板块，将城市资源进行归集、整合，总资产达到 1579 亿元，公司下属上市公司 1 家。

（二）注重管理体制的创新

在资产管理上，按照"管资产、管人、管事相结合"的国有资产管理要求，由国资委授权，平台公司负责，全面理顺管理体制。对划入的资产，以产权关系为纽带，平台公司全面履行出资人职能，对公司的人、财、物实行全面管理。如上海市城市建设融资开发总公司对划入公司的水务类、市政类、交通类三大板块资产，从 2003 年开始，将资产的人权、财权、事权完整地划入公司，理顺了资产管理体制。在融资、项目建设和经营管理过程中，主要是实施了三项改革：一是科学划分经营项目，对非经营性、准经营性和经营性等不同性质的项目采取不同的运作模式；二是坚持一般项目以项目公司的方式实行市场化运作，在方案设计、建设施工等过程中严格实行招投标制度；三是改革建设、运营一体的传统模式，引入竞争机制。如对政府项目，融资平台可以以社会法人主体的身份参加竞争，在一定程度上可降低融资成本。通过改革，基本建立起市场化导向的融资、项目建设和经营管理体制。

（三）注重投入机制的建立

对政府性负债，一些城市政府都建立了规范的投入机制，每年给予一定的财政投入，采取注入有效城建资产、适度举债规模等措施，以保证平台公司的可持续融资能力。如上海市将市场配套费、土地收益、部分行政事业性收费划归城市建设融资开发总公司管理使用，并从 2000 年开始，财政每年给该公司增拨 10 多亿元作为城建项目偿债基金。南京市按城建集团总负债的 20%（每年 18 亿—19 亿元）拨付政府偿债基金。杭州市每年财政性投入资金均在 40 亿元左右。稳定的投入机制成为各地城建融资平台可持续发展的重要保证。

（四）注重项目平衡机制的建立

一般而言，城市基础设施建设中的公益性项目仅有投入而没有收益，因此，必须使投入与产出或投入与来源平衡，才能确保平台公司可持续稳妥运作。重庆市的八大融资集团是市政府调控经济建设布局和经济结构的重要杠杆，以市委、市政府的发展目标为己任。但是，在接受政府下达的具体融资建设任务时，都坚持按经济规律、价值规律和市场原则办事，市级有关部门和融资集团要预先进行投入与产出或投入与资金来源平衡分析，拿出切实可行的调研报告。比如，需要筹集 10 亿元资金修一条不收费的公路，首先是合理划分市、区两级财政分担比重，明确每年到位资金的数额，即便不能实现"实时平衡"，需要融资集团以融资方式先行融资建设，也要把今后几年如何还款的渠道、方案切实谋划好，最大限度地避免决策风险。长沙市 2006 年与国家开发银行合作启动的新河三角洲项目，采取"统一规划、统一拆迁、统一出让、统一建设、滚动开发"的开发建设方法，将项目区域内公共产品与经营性产品统筹运作，将经营性产品产生的收益融资公共产品，实现区域内项目的自行平衡。

（五）注重融资渠道的拓展

重庆等城市的融资公司，都十分注重采取多种融资方式、融资手段进行融资。如重庆市的融资平台，不仅采用银行贷款的间接融资方式，还充分运用发行债券、融资券、信托、融资租赁、BOT、BT、存量转让、股票上市、利息的借贷调贷和汇率的掉期保值等直接融资方式，既降低了融资成本，又广开了门路。近几年，重庆利用融资集团具有一定资产实力和良好信用，以及银行贷款利率低的有利条件，推动各大融资集团发行了好几只企业债券，累计已达几十亿元。重庆水务集团用低利息贷款把利息较高的 10 亿元债务换出来，一年减少利息 1 亿元。重庆高发公司、水务集团和开投公司下属的轨道公司，在市财政局的指导下，成功地对 10 亿美元的日元外汇进行掉期保值，避免了巨额外债汇率风险。

第三节　贵州省融资体制改革的机遇和挑战

一　国际形势

（一）国际金融形势跌宕起伏，未来充满不确定性

虽然国际金融危机极端动荡状态已有所缓和，但政府债务风险继续积聚，欧元区一些国家财政赤字高企，美国主权信用评级下调，引发国际金融市场急剧动荡。世界经济正在复苏之中，但复苏进程还很脆弱、

很不平衡，欧美等发达经济体继续采取量化宽松的货币政策，失业率居高不下，经济增长缺乏动力，日本已连续几年出现负增长，一些新兴经济体增速也有所放缓。全球通胀压力加大，流动性过剩的影响日益突出，石油、粮食等大宗商品价格高位波动。全球金融业发展依然面临诸多不确定因素。

（二）外国地方政府融资模式的借鉴

在发达国家，政府融资一直是宏观经济活动必不可少的宏观调控手段。美国、日本、法国等发达国家的地方政府融资体系都很发达，融资模式多元化，为公共事业建设提供了持续稳定的资金来源。主要有以下几种模式：

1. 美国模式

美国的地方债券市场最成熟。美国实施联邦、州和县三级财政管理。对于地方政府发展经济的融资需求主要是通过各级政府发行市政债券的方式予以解决。按照信用基础不同，市政债券可分为一般债务债券和收益债券。一般债务是以地方政府税收作为偿还基础，风险低；收益债券主要针对具有经常性收入的项目，包括收费公路等交通设施、供电供水等公用事业的项目。由于这些项目可以通过自身收益来偿还债务，政府一般不提供担保。在地方政府对公共项目的投资中，30%以上的资金来源于发行市政债券融资。

2. 日本模式

中央财政转贷是日本地方政府融资的主要手段。中央财政转贷给地方财政的资金主要来源于养老公积金和国营银行——邮储银行。根据《日本资金运用部资金法》的规定："邮储银行、政府的特别会计公积金和富裕年金及其他资金，根据一定的法令和政策存入资金运用部，作为资金运用部特别会计公积金和富裕金实行综合管理，并向政府体系金融机构和地方公共团体进行投资贷款。"这两部分资金是全国公共投资的资金主体，近年来一直维持在80%左右。

3. 法国模式

法国公共事业实行特许经营制度，历史悠久，经验丰富，被世界银行称为"真正的法国模式"。经济学家奥比认为，特许经营制度是指行政部门，即经营权发租方，将公共事业经营权交给私人机构（或公立机构），即经营权承租方，由其通过对用户征收租金等手段以及其他有利条

件，对所承租的公用事业进行开发管理，自负盈亏，并承担风险。在 17
世纪，法国就在建造军舰和港口上成功运用特许经营方式。目前，这种
做法广泛应用于高速公路、通信、供电供暖、垃圾和污水处理等领域。
特许经营有三种主要形式，或者说有三种主要的契约关系：全部风险特
许经营（CRI），BOT 方式属于全部风险特许经营；共担风险特许经营
（CRP），常讲的租赁方式就属于这种方式；有限风险特许经营（CRL），
比如公共交通，目前法国公共交通每年会得到国家财政大约 50% 的补助。

4. 英国模式

英国作为新公共管理的发祥地，自 1992 年以来，一直积极推进鼓励
私人财力参与甚至主导公共投资计划的公共管理理念，其核心是私人融
资优先权（Private Finance Initative，PFI）。1997 年工党政府执政后，又
围绕着 PFI 创新发展出公私合伙制（Private and Public Partnership，PPP）
操作方式，并提出了构建"合伙制的英国"政府工作目标，目的是通过
公私合作提高公共投资的专业管理水平，拓宽公共融资渠道，延伸私人
投资领域，确保公共投资项目按时实施和成功。英国发展 PPP 的核心理
念是要实现"资金的价值"，其尽可能地从项目的持续激励、服务的创新
思维、风险的转移来提升效率和去除政府介入的官僚作风，同时英国在
PPP 模式的推行中，十分重视制度建设和技术支撑，对于制度、标准和程
序的完善不仅使项目执行率、质量更佳，也受到政府、消费者和市场的
普遍欢迎。

二　国内形势

从国内来看，当前中国经济的总体运行态势良好，经济增长继续由
前期政策刺激的偏快增长向自主增长有序转变，经济增长的速度与质量、
结构和效益的关系趋于改善，经济与社会发展趋于协调。但是经济运行
中出现了一些新的变化，主要是经济增速缓慢回落与物价较快上涨交织
在一起，使宏观调控的难度加大；房地产市场成交量萎缩、房价僵持不
下、房屋竣工量增速下降；一些中小企业受多重因素挤压经营困难。金
融对经济社会发展的支持作用越来越大，有关省市正在积极争取先行先
试金融领域综合配套改革政策。我国多元化的金融机构体系和多层次的
金融市场体系将进一步丰富、完善，金融改革创新将进一步深入推进，
地方政府金融管理职责和体制将进一步强化。"十二五"期间我国已经进
入工业化的中后期和城市化加速发展阶段，城市化进程必将使政府产生

越来越多的融资需求。在地方政府现有的融资模式面临一定约束的情况下，地方政府融资体系将向运作模式市场化、参与主体多元化、融资渠道多样化的方向发展。

（一）我国地方政府融资

在 20 世纪 80 年代以前，我国地方政府主要通过财政投入来解决公共基础设施建设所需资金。1994 年开始实施分税制改革，增强了中央政府的财力，削弱了地方政府的财力。地方经济和社会发展，包括基础设施和公共服务建设所需资金，除了依靠中央专项转移支付，主要靠地方政府通过各种途径借债来解决。目前，地方政府主要通过国外银行贷款、融资平台贷款、市政公司企业债、资金信托计划等方式来筹措资金。其中，融资平台贷款是主要融资方式之一。

2008 年，为应对国际金融危机，中央政府出台"4 万亿"政府投资计划。其中中央政府负担 1.18 万亿元，其余的配套资金由地方政府承担。由于财力限制，许多地方政府配套资金存在较大缺口，融资平台贷款成为解决缺口的重要手段。2009 年 3 月，央行和银监会联合下发了《关于进一步加强信贷结构调整促进国民经济平稳较快发展的指导意见》，要求各金融机构"支持有条件的地方政府组建融资平台，发行企业债、中期票据等融资工具，拓宽中央政府投资项目的配套资金融资渠道"。随后，地方政府融资平台迅猛发展。根据综合财政部、中国人民银行和银监会的资料，到 2009 年 12 月底，地方政府融资公司达到 10321 家，较 2008 年增加 27000 多家；贷款余额 7.16 万亿元，较 2008 年增加约 4 万亿元。然而，时隔一年，国家宏观调控政策发生了重大变化。2010 年 6 月，国务院《关于加强地方政府融资平台公司管理有关问题的通知（国发〔2010〕19 号）》出台，预示着国家已经认识到急剧增长的政府融资平台公司及贷款数量已经演变成为金融信贷风险，如果不加以控制，必将严重地影响政府信用，引发系统性金融风险。

（二）地方政府融资体系存在的障碍

一是资金来源渠道少。目前，地方政府融资主要通过国外银行贷款、融资平台贷款、市政公司企业债、资金信托计划等，渠道较为单一。

二是信息不透明。融资平台贷款的使用和管理信息缺乏透明度，各利益相关方都无法准确掌握政府的所有融资活动。

三是缺乏公共监督。中央政府现在无法获悉地方政府负债的准确情况，地方人大也没有对这部分融资履行审批和监管职能，财政部门没有将这部分融资纳入预算管理，甚至审计部门也没有对这部分融资实施审计监督。

四是总量难控制。由于融资平台贷款游离于现行财政体系之外，中央政府对地方政府负债情况并不掌握。同时由于相关部门多头负债，地方政府对自身的负债情况也并未完全了解。因此，地方政府负债总量难以控制。

三　贵州省形势

"十二五"时期，贵州省面临着既要"转"又要"赶"的双重压力和双重任务，全省经济快速发展给金融产业带来难得的发展机遇。随着新一轮西部大开发战略深入实施，"国发 2 号"文件及国家制定支持贵州省加快发展"一揽子"政策的推出，黔中经济区上升为国家战略，国务院批准贵州省水利建设生态建设石漠化治理综合规划；全省大力实施工业强省和城镇化带动战略，为贵州省金融业发展拓展了广阔的空间。而"十三五"时期是全省科学发展、后发赶超、同步小康的决胜阶段。和平与发展仍然是时代主题，新一轮科技革命和产业变革蓄势待发，发展中国家群体力量继续增强，国际力量对比逐步趋向平衡；同时，国际金融危机深层次影响在相当长时期依然存在，全球经济贸易增长乏力，外部环境中不稳定，不确定因素增多。全国物质基础雄厚、人力资本丰富、市场空间广阔、发展潜力巨大，经济发展方式正在加快转变，新的增长动力正在孕育形成，经济长期向好的基本面没有改变，同时也进入以速度变化、结构优化、动力转换为主要特点的新常态，面临着新的困难和挑战。综合分析，国内外大环境对贵州省发展总体有利，特别是党中央、国务院高度关心重视贵州省，给予重大支持，为贵州省发展注入了强大动力；国家实施"一带一路"、长江经济带、京津冀协同发展等区域发展战略，为贵州省扩大国际国内开放合作创造了有利条件；国家实施大数据和网络强国等战略，为贵州省"弯道取直"、后发赶超创造了宝贵契机；国家实施精准扶贫、精准脱贫，为贵州省打好扶贫开发攻坚战提供了政策支撑；国家加快补齐发展短板，为贵州省缩小与全国差距带来了重要机遇；国家实施新一轮西部大开发战略，为贵州省完善现代基础设施、构建现代产业体系、发展社会事业等提供了良好条件。

第四节　贵州省融资体制改革的战略取向

一　指导思想

进一步扩大融资促进贵州省经济社会发展，必须深化融资体制改革，必须全面贯彻落实科学发展观，按照有利于扩大内需、优化融资结构、提高融资效益的要求，进一步转变政府融资管理职能，规范政府融资行为；开放融资领域，扩大放宽民间融资准入；改善融资监管方式，规范融资市场，完善融资宏观调控；加强融资平台建设，完善融资体系；创新融资手段，拓宽融资渠道，逐步建立市场导向、政府引导的新型融资体制，促进全省经济社会又好又快发展。

二　基本原则

（一）政府引导，社会参与

明确政府在进一步扩大融资促进贵州省经济社会发展中制定发展规划、确定重大项目、统筹财政资金、协调配套政策等方面的导向作用；同时充分发挥市场机制的基础性作用，项目的实施与管理按现代企业制度要求运作，对有一定回报的建设项目，积极吸引社会各类融资主体进入。

（二）盘活存量，整合增量

加快对政府历年来融资形成的经营权、股权等进行有效归集、优化配置，盘活存量资产。加快对政府可以自主支配的、用于发展和建设的各项规费、各类资金等进行分类整合，发挥财政资金"四两拨千斤"的作用，引导、吸纳更多社会资金投入。

（三）市场运作，政府监管

加快政府职能转变，改进管理方式，努力营造平等竞争的市场环境，吸引社会资金投入基础设施建设和经营管理。强化政府的市场监管职能，坚持"公开、公正、公平"原则，对企业的市场进入、价格决定、产品质量和服务条件等进行管理，实现政府由直接管理经营者向市场监管者的转变。

三　目标任务

围绕国家扩大内需的重点行业，结合自身实际，把握全省经济社会发展中的关键领域、关键环节，分类组建适应新形势需要、具有独立市场主体地位、有较强融资能力的政府性融资平台，做实、做强、做优原有融资平台。围绕市委、市政府确定的交通、环保、教育、卫生、文化等关系发展与民生的重点基础设施项目，公共资源配置及支柱产业重点项目建设的推进，做好融资工作。发挥融资活动中政府引导和市场调节作用，改革政府融资运作模式，鼓励社会资金积极参与融资活动。通过市场化运作，拓宽融资渠道，创新融资方式，最大限度地争取融资，全面实现融资主体多元化、筹资渠道多样化、融资决策科学化、融资管理规范化、项目建设法人化、中介服务社会化、监督约束法制化、经营运作市场化，为建设生态文明城市提供强有力的支撑。

四　实现路径

从上述几省搭建省级融资平台的经验来看，融资平台的作用主要在于：结合政府资源，运用金融、资本市场融资杠杆，集合巨额资金投入区域重点基础设施建设，基础设施建设适度超前为地区发展创造良好环境；地方政府向中央政府争取产业投资政策支持，获取重大支柱产业项目立项，通过平台进行项目孵化后引入市场竞争机制，加快引进大企业共同推进产业发展；由平台承担土地、矿产资源的储备、整理和开发，科学规划，高水平策划，控制关键要素的供给，提高开发利用效益；以地方财政作为支撑，建立地方金融机构，集聚各种资金、资本进入本地区，促进地区金融业发展。结合贵州省发展实际，贵州省融资平台应定义为由省级政府投资设立的，依托政府资金、资源和信用，承担政府主导的项目建设融资任务的法人，其投资方向应集中于基础设施、支柱产业和金融服务业等对地方经济具有重大带动作用的关键性领域。贵州省经济总量小、财力弱、发展缓慢，其主要症结在于市场主体发育不完善，资源优势难以最大限度地释放出来。因此，进一步扩大融资促进贵州省经济社会发展，必须借鉴外省经验，建设省级融资平台，应依托政府资源，以市场化手段为运作方式，以重大项目为载体，整合资源，拓展融资方式，放大政府投资效应。具体来说，应涵盖下列几方面的内容和实现的路径：

（一）扩大融资的职能要求

主要是履行省政府投资主体职能，保证对贵州省重点领域、支柱产业和金融服务业等关键环节的资金投入；增强省级政府对经济运行的调控能力，推进经济结构调整和经济发展方式转变；推进融资载体规范发展，加强政府对融资的管理，防范财政金融风险。

（二）扩大融资的载体建设

省级融资载体应选择由政府出资、经政府授权并以政府信用为基础、以投资政府确定的项目为目的的大型集团公司作为融资平台，并赋予其进行直接和间接融资活动职能，与金融机构、社会资本开展多种形式的合作，为政府确定的项目和投资领域筹集资金，依法依规开展各项融资业务及项目运作，并及时足额偿还债务，以及承接省级政府授予的其他职责。融资平台公司要有必要的资本实力和资产规模，具备筹集资金和使用管理的能力。同时，省级政府要建立健全对融资平台的资产注入机制，不断增强融资平台的资本实力和融资能力，带动各类资本扩大投资。

（三）扩大融资平台的运作

贵州省政府应根据省重点项目建设和社会发展需要，在财政承受能力允许范围内，通过申请银行贷款，发行地方债券、企业债券、中短期票据等融资方式广泛募集资金，安排平台融入资金的规模、期限、方式和用途，并确保融资规模适度、融资成本可控、资金结构优化、期限搭配合理。一是建立完善平台资金运作管理制度，统一预算，计划管理，确保资金合法运作、专款专用、高效使用；二是在总平台下，建立重点领域、支柱产业和金融服务等项目子平台，严格按照项目融资，根据项目进度，分批次、分阶段进行融资，避免资金闲置浪费；三是建立完善政府融资的债务偿还长效机制，按照"谁用款、谁还款"的原则，具体项目单位即为还款的直接责任人，要及时足额向融资平台偿还资金；四是融资平台为融入资金的第一还款人，要按照合同约定统一对债权人履行还款责任。同时，按照当期政府性债务余额的一定比重设立省级偿债准备金，统筹确保资金平稳运行。

（四）加强融资平台的监管

融资平台应坚持"政府统一决策、严格规范操作、依法加强监管"的原则。融资平台应建立完善的风险防范体系：一是平台公司和政府之间设立"防火墙"。将承担的政府投资项目与自营业务和其他委托业务分开，设立专门机构和专用账户，分别管理，独立核算，并同时建立重大事项报告制度，及时将资金运作情况和财务运行状况上报省有关主管部门。二是平台公司内部构建良好的治理机制。建立完善项目风险的识别、分析、防范等措施，加强对项目的全过程管理，确保国有资产增值安全。三是省有关主管部门要加强风险监测。建立完善预警机制，规范各类担保承诺行为，经常性地对项目实施情况进行跟踪审查，加强财务监督，及时掌握政府性债务动态变化情况，对政府负债项目的全程性风险进行评估和控制，切实防范系统性风险发生。

（五）融资平台的组织领导

贵州省省级融资平台的建立将涉及财政、发改、经信、国土、国资等多个省直部门，省政府应牵头成立相关协调工作领导小组，各有关部门应按照明确职责、防范风险原则，明确分工、各司其职，做好相关工作。发改、经信等部门要负责做好项目的审查把关工作；财政部门要对以政府性资金为主要还款来源的项目进行财政监督；国资部门要负责政府融资平台资产保值增值的监督管理；国土部门要做好相关平台所需土地、矿产资源等划拨工作；金融管理部门要规范金融机构参与政府融资的业务行为；审计部门要依法对政府融资活动进行审计监督；监察部门要对政府融资活动中出现的违法违纪行为依法依纪严肃查处。

与此同时，建议贵州省政府结合融资发展实际，建立定性和定量相结合的综合绩效考核评价体系，组织有关部门对融资项目的预算、决算和投资效益进行绩效评估，确保政府融资发挥应有的作用。

第五节　提升贵州省融资能力的对策建议

一　统一思想，充分认识扩大融资的必要性和紧迫性

（一）要认识到扩大融资是贵州省应挑战与保增长的迫切需要

目前依据全省经济发展水平，GDP 要保持 12% 的增长速度，需要固定资产融资增长 25% 以上。而贵州省提出了 2009—2010 年固定资产融资增长力争达到 30% 左右的预期目标，这意味着两年全省固定资产融资累计要达到近 1800 亿元。一般情况下，贵州省政府财政性融资带动社会融资的比例是 1:4，按此计算，全社会融资要达到 1800 亿元，财政性融资需 450 亿元，按照 2007 年全省财政性融资中中央和地方分别占 20%、80% 的比重来算，中央和省的投入约 90 亿元，地方财政需要投入约 360 亿元，而 2008 年贵州省地方财政收入仅为 90 亿元，面临着巨大的资金缺

口，亟须通过多种方式、多种渠道筹措资金。因此，在外部需求明显萎缩的现阶段，依靠融资拉动成为促进全省经济增长的关键，而加大融资力度、扩大融资规模需要强大的资金支撑，原有融资平台的融资能力已难以满足这一资金需求。所以，统一思想、深化融资体制改革、扩大融资刻不容缓。

（二）要认识到扩大融资是推动生态文明建设的内在要求

建设生态文明发展战略的实施，对贵州省经济社会发展提出了新的要求，迫切需要通过加强以交通为重点的基础设施建设，完善生态文明城市功能，迫切需要通过做大做强生态产业，夯实生态文明城市基础，迫切需要通过加强生态环境建设提升生态文明城市品位，迫切需要通过实施民生行动计划筑牢生态文明城市核心。而无论是基础设施建设、生态产业发展，还是改善生态环境、实施民生工程，无一不需要大规模的投入，而大规模的投入就意味着强劲的资金需求。当前贵州省的一些重大交通基础设施建设项目，如花溪二道、北京西路、贵金线等，建设资金仍然是通过贷款解决，需要按比重投入资本金，北京西路一期总融资9.49亿元，政府需要拿出 3.79 亿元的资本金，才能向银行贷款 5.7 亿元。因此，必须统一思想，深化融资体制改革，扩大融资，实现融资主体的多元化、融资渠道的多样化，才能加快推进城市化进程，满足日益扩大的融资规模以及建设资金需求，缓解政府负债压力。

二 立足当前，围绕满足重点建设领域和民生工程领域的需求加大间接融资力度

一是积极向各银行总部争规模、争政策，尽力满足贷款资金需求。二是加大信贷政策与产业政策协调配合，重点满足贵州省工业十大振兴产业、产业园区项目、以交通水利为重点的基础设施建设、小微型企业、"三农"等重点领域和薄弱环节的信贷需求。三是最大限度地挖掘资金潜力，大力盘活存量资产，减少信贷资金外流。四是切实贯彻落实国务院支持小型和微型企业发展金融财税九项政策措施，出台相关支持意见，推动产品和服务创新，用好用足金融监管和财税政策。五是大力实施信贷产品与服务创新，有效开展专利权、林权、股权、动产、应收账款等抵（质）押贷款和就业小额担保贷款，助学贷款业务，积极稳妥推进宅基地使用权和土地承包经营权抵押贷款工作，为关系民生的就业、创业经济实体提供全方位融资服务。

三　着眼长远，加大多层次融资工具的运用

根据搭建省级融资平台的一般操作规律，结合贵州省实际，借鉴四川、山东、云南等省搭建省级融资平台的经验，贵州省搭建省级融资平台可以同时采用下述三种方式：一是考虑采用信贷融资方式，建立省重点建设项目调控资金。由省政府授权贵财投资有限责任公司、省开发投资有限公司等作为调控资金的融资公司，统一负责省扩大内需重点建设项目资金的融入、管理及发放、偿还，不以营利为目的，以政府信用为支持，争取金融机构提供长期贷款。二是成立1—2家综合性大型投资公司。依托贵财投资有限责任公司、省开发投资有限公司等，采取划转、兼并重组等方式，整合各地、市、县的部分投资公司、国有资产管理公司、担保公司以及其他金融类公司，盘活现有的基础设施、公用事业资产以及其他可经营的国有资产，成立贵州省投资（集团）公司。该（集团）公司为国有独资，旗下可按照产业领域分类组建或重组一批子公司，子公司应大力吸引社会资本参股，构建完善的法人治理结构，按规范的股份制运作。当然，不同类型的子公司，承担的职能和具体任务不一样，可以适用不同的考核指标体系。总之，依托（集团）公司的大平台，有利于进行远近结合、长短结合的整体融资设计和资本运作，有利于为重大产业、公益性、政策性项目进行融资。三是成立政府控股的单个项目投资公司。针对政府投资或参与部分投资的特大型基础设施建设项目（如铁路、公路、电力等），可成立政府控股的项目投资公司，负责项目设计、资金筹措、建设施工及运营管理。在不影响政府对特殊行业垄断地位的前提下，这类公司可采取发行信托计划、发行企业债券或公司债券以及IPO、重组上市等方式筹集资金，同时鼓励民间资本和境外资本参与投资。对资产总量比较大、现金流比较充裕的大型项目投资公司，如贵州省铁路投资公司等，可以允许甚至鼓励其向综合性融资平台公司的方向发展。

四　整合资源，增强省级融资平台的融资能力

贵州省目前已经成立的各类融资平台多数还处于承接银行贷款阶段，未能有效利用其他先进融资工具进行市场化运作。特别是融资方式比较单一，产品缺少多样性，再融资能力弱。多数融资平台没有稳定的经营收入来源，除通过各种渠道筹集建设资金和财政性拨款外基本上没有现金流入，自身缺乏偿债能力，偿债资金主要依靠财政拨款或用新债还旧

债。为增强省级融资平台的融资和再融资能力，主要有以下两点建议：一是整合现有省级投资类企业，通过划转省属存量国有资产、赋予国有资产经营权、增加国有资本金投入和提高专项补贴资金等多种方式，将省级及各类分散的政府资源全面整合，筹建一定规模的省级综合融资平台，解决省内建设资金来源窄和运用效率低的问题，为政府开展全方位融资提供有力支撑。省级融资平台可以吸收地方和企业的资金、资本、资源、资产，使地方和企业能以入股方式参与省级融资活动。省级综合融资平台成立以后，通过发行地方债券、企业债券、信托基金、股票等融资方式广泛吸收国内外资金，形成以国家财政资金为先导、企业投资为主体、银行信贷为支撑、社会资金为补充的融资体系。二是整合政府垄断性资源，努力创新省级土地运营与重大基础设施联动、优势矿产资源配置与重大工业项目投资联动的体制机制，将土地资源和矿产资源纳入到政府融资平台，做强做实基础，避免目前政府融资平台单纯依靠政府财政资金和政府信用融资的局限，拓宽融资渠道，增加直接融资比重，打造财务结构稳健、具有充裕资金实力和核心竞争力的政府融资平台。

五　结合实际，拓展省级融资平台的服务范围

我国政府融资平台的真正发展开始于 1994 年的分税制改革，而兴盛于东南亚金融危机后我国实施积极财政政策、大力加强基础设施建设期间，当时政府融资平台的主要形式就是城市建设投资公司等各种名称的城投公司。近几年来，按照现代公司制的要求，大多数政府城投公司进行了重组或重新建立，并且政府融资平台趋于多样化，服务的范围也不断拓展，从传统的基础设施建设项目，逐步将中小企业、高科技企业以及工业园区企业等融资需求旺盛，同时自身融资能力较弱，但对于城市发展又不可或缺的经济主体融入其中。在政府融资平台下，针对上述企业的创业投资引导基金、贷款风险补偿基金、融资担保扶持基金也纷纷出台，通过与 VC、PE 等投资机构的合作以及扶持企业信用担保机构等方式为金融机构提供保障，从而大大拓宽了银证之间的合作领域。此外，一些地方政府还将特定产业纳入政府融资平台的范畴之内，通过各类产业投资公司等模式对各类企业及项目提供了多层次的金融服务。

总体上，政府融资平台的投资方向多集中于基础设施、支柱产业和金融服务业等对地方经济具有重大带动作用的关键性领域。因此，搭建贵州省省级融资平台，不仅要继续做好基础设施建设融资，而且要关注

和介入产业融资，以及为解决特定问题实现特定政策目标而延伸其服务范围。

六　大胆探索，不断拓宽融资渠道

（一）创造新的信贷领域和方式

省级综合性融资平台可以牵头组织相关企业，申请银团贷款或外国政府贷款。可以结合开发区、工业园区产业集群的特点，探索以园区内的大企业为龙头，为其关联度较高的其他企业作担保或者以园区内的优势企业作为一个整体向银行申请贷款，或者考虑以园区内某优势产业集群向银行申请集群贷款等新的信贷方式。

（二）扩大直接融资规模

快速推进贵州省股份公司的组建，尤其是要围绕支柱产业和高新技术企业发展股份公司，发掘一大批有潜质的企业进行股份制改革。鼓励企业"借道""买壳"上市，支持有实力、有潜质的企业到境外证券市场上市，推动企业多渠道上市融资。加大上市公司重组力度，支持上市公司围绕主业发展，吸收并购优势资产、优势企业，投资运作优势重点项目，对技术力量雄厚、管理水平较高、行业发展潜力较大、在同行业中占有优势地位的上市公司，最大限度地支持其实施跨地区、跨行业资产重组，做强做大。按照《企业债券管理条例》和国家发改委有关规定，加大资源整合力度，培育一批符合条件的发行债券的主体，储备一批发行债券的企业和项目，大力推动企业发行企业债券和公司债券。积极探索在银行间债券市场发行信用债券产品，特别是非金融企业中期票据和短期融资券。

（三）构建风险投资体系

鉴于高新技术企业存在着技术、产品、市场等多种不确定性因素，很难得到银行贷款，在成熟期之前也很难从资本市场获得资金。建议通过政府投资引导社会资金投向高新技术产业领域，扩大地方政府在高新技术领域的融资规模。可以考虑以财政投入为主，以省政府或相关部门为主体，设立创业投资引导基金，作为科技型中小企业创建之初的种子基金以及市场化风险投资公司的投资补助和风险补偿金，并积极创造条件，鼓励高新技术产业开发区或工业园区设立区域性风险投资公司。同时，大力引进海内外有实力的风险投资机构在贵州省设立办事处或分支机构。通过这些措施，加快构建贵州省风险投资体系，切实帮助高新技术企业和高成长性中小企业获得股权融资。

（四）开拓信托融资渠道

建议将一些安全性较高、风险较小和收益相对比较稳定的基础设施项目交给信托公司，采用信托的方式向民间融资，政府通过与信托公司的合同约束，提高公司理财的专业技能和管理水平。同时为了规范信托融资，保证信托融资的持续发展，有关部门应加快制定规范地方信托投资的地方性法规或省政府规章，就信托公司为基础设施项目融资标准、程序等做出明确规定。在信托产品发行上，政府要给予充分的支持，如政府对一些项目信托融资给予一定的财政补贴，在税收上予以优惠，对机构投资者给予一定的优惠政策，从而增强对投资者的吸引力，以保证发行成功。

（五）推行资产证券化

对于贵州省一些有稳定收益的项目，如水电设施、公路、桥梁等项目，有关融资平台公司可以尝试积极策划推进资产证券化融资。鼓励有条件的企业与境内外金融机构合作，将有抵押的信用资产重组，以抵押资产的预期现金收益为担保，在国际国内资本市场上尝试发行资产证券。

（六）开展产业投资基金试点

产业投资基金是通过商业化的方式募集机构投资者中长期资本以及有关民间资本从事特定投资的有效方法。结合贵州省具有明显比较优势的产业领域，可向国家申请组建相应的产业投资基金公司，为将资源优势转化为经济优势搭建新的融资平台，开辟新的融资渠道。此外，适应国家《股权投资基金管理办法》即将出台的形势，大力引进国内外 PE（私募股权投资机构）到贵州省投资，在条件成熟时在贵州省设立分支机构或办事处。

七　加强监管，确保省级融资平台健康发展

（一）继续完善金融基础工作

要大力实施"引金入黔"工程，抓紧研究出台扶持和鼓励金融业发展的优惠政策和奖励措施，出台促进贵州省资本市场发展的意见，对金融机构支持贵州省经济发展开展年度评比，建立有效的正向激励机制。出台引进高端金融人才的配套政策，在税收、待遇、子女教育等方面给予优惠，聚集高端金融人才；打造金融大讲堂、金融论坛的平台，促进金融交流与合作。以小微型企业和农村信用体系建设为突破口，建立部

门联动的信用信息共享平台，全面推进社会信用体系建设；加强跨部门联动，依法维护金融债权。建立服务型政府、信用型政府，积极营造各类企业共同发展、各类金融机构公平竞争的融资环境。大力促进新型农村金融机构设立，积极组建贵阳农村商业银行，帮助指导部分市区做好组建城区农村商业银行的各项准备工作。

（二）建立健全融资平台管理机制

要落实政府决策管理、企业独立运营、项目市场运作、财政补贴防范、资产良性循环的经营机制。坚持政企分开，完善法人治理结构，明确平台在融资、管理、使用方面的责、权、利，建立健全借、用、管、还等一系列制度和方法。积极探索建立融资、投资以及股权合作和国有资产经营管理等方面的融资平台的决策程序，探索建立政策性业务和经营性业务的分级管理体制以及政策性业务、经营性业务分开的融资平台偿债机制。健全政府监督机制，强化对融资平台的监管，把发改、国资、财政、监察、审计部门作为政府融资平台的监督者，并根据各自的职能分工，加强对政府融资的监管；进一步提升政银企合作平台，形成政银企互动、相互合作、相互支持的良好局面，着力打造股权融资平台。大力发展产业投资、创业投资、证券投资等各类投资基金，引导股权投资及社会资金投向重点产业和重点建设项目。争取贵阳市国家高新技术产业开发区建立代办股份转让系统。

（三）加强融资平台的风险防范

融资平台公司和政府之间必须设立"防火墙"，政府不能承担无限责任，融资平台应当商业化运作，遵循市场规则。一是有良好的公司治理结构。二是完善公司内部的风险控制机制。三是建立健全融资的风险识别、监控分析、防范体系，探索建立政府与银行及融资平台的联席会议制度，以及对融资平台的绩效评价制度、年度审计制度、过失责任追究制度，从而提高监控水平和风险预警能力，促进融资平台风险监控制度化、规范化。融资平台公司按照市场化机制商业化运作，硬化市场约束，完善项目监管制度，加强对项目的贷后管理，确保国有资产安全。运用市场竞争机制，从项目的可行性研究、评估、决策、经营等环节强化管理，完善企业信用体系，严厉打击金融欺诈行为。同时，及时解决运营中的实际问题，提高项目的经营管理水平和经济效益。四是加强融资平台自身建设。坚持市场化运作方向，完善内部风险控制制度，注意做好融资平台信用评级和增级工作，积极探索采取第三方担保、资产抵质押担保、建立偿债基金等方式进行省级融资平台的信用增级。

八 加强金融专业人才队伍建设，不断提高融资管理水平

以金融创新体系建设为抓手，推进专业人才资源向人才资本转变；加强专业拔尖人才的培养、引进与使用，优化创新专业队伍；推进教育与专业人才队伍建设的统一，激励专业人才创新创业；加强制度创新，营造良好环境，用好专业技术人才；加强专业管理人才队伍建设，培育专业职业经理人。

围绕进一步扩大融资促进贵州省经济社会发展的目标，不断提升金融专业人才能力的素质。遵循专业人才成长规律，立足岗位成才，提升专业人才能力素质；以高等教育为主，改善专业人才培养模式；以人才市场为主导，提高专业人才能力素质水平；优化专业人才的管理体制和机制，加强专业人才能力素质建设；以知识更新和提高创新能力为重点，培养高层次能力素质的专业人才。

通过加强金融专业人才队伍建设，不断提升金融专业人才能力的素质和提高融资管理水平，进一步扩大融资以促进贵州省经济社会的历史性跨越式发展和小康社会的全面实现。

第九章　交通建设理论与实践

第一节　国外交通建设理论

一　交通建设发展理论

国民经济活动可分为由企业直接投资的基本生产部门和由社会共同投资的基础结构部门，交通建设归属于后者。关于如何处理交通建设和基本生产部门之间的关系，西方经济学家提出了三种不同的交通建设发展理论。

（一）超前发展理论

英国经济学家 P. 罗森斯坦·罗丹 1943 年在《经济学》杂志发表的《东南欧工业化》一文中，提出了"社会分摊资本"的概念和交通基础设施建设优先发展的观点。社会分摊资本也称为社会基础资本，包括电力、交通、通信、学校等基础产业，这些产业具有间接性，建设周期较长，投资额大，资本产出率高。因而他指出在工业化高速发展之前，必须优先筹建社会分摊资本，发展交通、电力、通信等基础设施部门。由于这些资本所占总投资比重较大，通常占 30%—35%，单独依靠私人和市场无法做到这一点，所以必须由政府主导，根据社会经济发展预测，通过倡议、计划或规划等步骤，有准备地、有步骤地进行投资和建设，不然会因基础设施建设滞后而制约经济发展，所以交通等基础设施应优先用于直接生产部门，超前发展。从经济学意义上说，社会分摊资本是遍及整个社会利益的公共设施投资，这些基础设施的建设可为直接生产部门提供外部经济效果，从而达到收益递增的目的。这一理论能有效促进区域经济发展，但由于交通超前发展会造成利用效率低下而导致投资效果差，一般只有公共资本充足的国家和地区可以采用这一发展模式，其中西欧一些发达国家的交通建设多属于超前发展，以英国为例，该国在 19 世纪 50 年代就形成了比较完备的交通运输网，形成的时间要比工业化进程早 20—30 年。①

（二）滞后发展理论

美国经济学家赫希曼（Albert O. Hirschman）在其 1958 年出版的《经济发展战略》一书中，明确提出了非均衡增长战略，他指出经济发展不可能同时出现在所有的地方，从投资效益角度看，应该把有限的资本优先用于发展工业部门，然后再来建设交通等基础设施部门。他批评传统的超前发展理论，认为这是一种"超能力的发展"，纯粹只是主观上的可能性，不能刺激引致投资，而优先发展生产部门，虽然是一种"短缺的发展"，却能刺激进一步的投资，产生最有效的投资结果，实现"引致的决策"最优化。所以他提出在资本有限的情况下，应实行不平衡发展战略，暂时延迟对交通、电力、通信等基础设施方面的投资，集中投资于直接生产部门，以尽快获得收益，增加收入，待直接生产部门发展成长并有了较大的收益后，再利用一部分收入投资于基础设施部门，带动增长。这是一种利用低成本追求利益最大化的行为，通过不平衡发展战略加速资本的原始积累，从而实现扩大再生产。该理论对苏联、东欧及大多数发展中国家的影响较为深远，由于缺乏发展资金，这些国家都优先发展经济效益较高的直接生产部门，而对交通等基础设施投资滞后。实践证明，滞后发展理论最终会阻碍经济发展。因此，在发展中要根据实际情况及时调整战略，一旦资金允许需要立即转换发展战略。②

（三）同步协调发展理论

美国经济学家纳克斯（Ragnar Nurkse）是平衡增长理论的倡导者，他于 1953 年在《不发达国家的资本形成问题》一书中，系统地论述了发展中国家和地区存在两种贫困的恶性循环，一种是由于资本稀缺、收入低下和储蓄缺乏形成的，另一种是由于需求不足、收入低下和投资不足形成的。这两种恶性循环相互制约，又相互加强。要摆脱贫困恶性循环只有对工业、农业、外贸、消费品生产、资本品生产、基础设施等国民经济各个部门，同时按照不同比重进行大规模投资，这样才能形成广阔

---

① 孟庆红：《区域经济学概论》，经济科学出版社 2003 年版。

② 同上。

而充分的市场，产生足够的投资引致，使经济增长迅速达到一定高度，人均收入突破一定的限度并最终彻底冲破收入造成的贫困恶性循环。在这一理论下交通作为国民经济中一个重要组成部分，是与其他生产部门同步协调发展的。美国在其经济发展过程中，就采取了交通发展与国民经济其他生产部门同步协调发展理论，在 19 世纪 50 年代到 20 世纪 50 年代，美国的交通网络建设与其工业发展同步进行，其基础设施投资效果比较好，在结构上也能及时保证各部门的协调运转，综合经济效果比较好。[①]

二　雷德朋交通建设理论

雷德朋交通建设理论是由著名城市规划师和建筑师克拉伦斯·斯坦（Clarence Stein）与亨利·赖特（Henry Wright）于 1928 年在美国新泽西州的雷德朋新镇进行道路交通规划时形成发展的。他们充分考虑了私人汽车对现代城市生活的影响，提出了一种全新的居住区和街道布局理论。雷德朋交通建设理论抛弃了传统的高连接度街道网络模型，首次将居住区的道路按功能划分为若干等级，提出了树状的道路系统以及尽端路结构，采用了人车分离的道路系统。这一理论的核心是分级道路系统、人车分流系统。

（一）分级道路系统

道路分级的目的是保证"专门的道路应仅为一种功能而不是所有功能服务，道路的分级应区分运动、集散、服务和停车之间的差别"。为了满足机动车和行人安全的要求，并实现节约开发成本的目的，雷德朋的道路根据使用功能划分为五个等级：第一级为对外道路，如快速路或公园路，服务于整个区域与外界的联系；第二级为地区性干道，用于划定邻里单元的边界，提供不同邻里之间的交通联系并承担区域内主要的交通需求；第三级为集散道路，用于划定大街坊的边界，集散进出尽端路的交通；第四级为尽端路，两侧布置住宅，满足车辆出入建筑物的要求；第五级为专用步行道，它们包围着尽端路两侧的住宅群落，其功能为划定街区边界，将住宅前的私人花园与大街坊内部的公园连接，并提供住宅与社区的学校、商店和教堂等服务性设施之间的交通联系。

---

① 冯之浚：《区域经济发展战略研究》，经济科学出版社 2002 年版。

(二) 人车分流系统

人车分流系统是在大街坊和分级道路系统基础上形成的，大街坊的设计保证了街区内没有机动车穿越，从空间上保证了人车分离，而分级道路系统则规定了专门的道路分别服务于机动车和行人，从功能上保证了人车分离。雷德朋的人车分流系统主要有三个特点：一是保证步行道与机动车道的彻底分离，比如甚至在绝大多数的集散道路两侧不设置人行道，目的是从设施上避免引导行人进入服务机动车的街道。二是大街坊内步行道的设计巧妙地将私人花园、内部公园等景观和社区服务设施连接起来，形成一个相对完整和封闭的步行空间，居民能够从居住区任何一点出发步行到达学校、商店和教堂而不需要穿过一条机动车使用的街道。这种设计引导了居民生活空间向开敞绿地的转移，使孩童远离街道，并鼓励邻里的交往。三是独特的"反转前后"房屋设计理念，即赖特所谓的"房屋有两个朝向：一个朝向便利的服务，另一个朝向宁静的生活"。这种设计风格与当时美国郊区流行的房屋正面临街的设计风格完全不同，目的是避免临街交通对居民生活的干扰，使住宅同时享受机动化与慢行这两种交通模式提供的服务。这种模式在行人交通需求远小于机动车交通需求的情况下是能够实现的，但是在高密度开发的地区，由于步行与非机动车的交通需求通常大于机动车交通需求，并且其交通需求的空间分布也更广泛和复杂，这种人车完全分离的模式就很难实现。

雷德朋体系完全根据机动车交通功能的街道分级方法和刻意将行人从街道上分离出去等观点，随着社会的发展和规划价值观的转变，已经逐渐被强调减少对汽车的依赖性、提高公交的使用率和鼓励人们在邻里及街区范围内步行等规划理念所取代。雷德朋体系在规划思想的整体性、注重土地使用与交通系统的协调性、各种具体的设计方法的协同配合、通过设施相关要素的设计保证其预定功能的实现等方面成功的经验，仍然值得总结和借鉴。[①]

三　交通走廊建设理论

交通走廊的概念最早出现在西班牙城市规划设计师玛塔 (Arturo Soria Y Mata) 于 1882 年提出的"带形城市"理论中。他建议城市发展应与交

---

① 叶彭姚、陈小鸿：《雷德朋体系的道路交通规划思想评述》，《国际城市规划》2009 年第 4 期。

通设施建设紧密结合起来，沿交通线路进行城市的规划布局，从而形成"带形城市"的城市结构。他于 1892 年在马德里郊区设计了以有轨交通和公路为中心的 400 米宽的"Ciudad Lineal"，虽然它只是连接了两个城镇，实质上只是形成一个带形的城郊居住区，离带形城市的规模还比较远，但"带形城市"中的交通走廊的思想对后世的影响较为深远。

苏联在 20 世纪 20 年代建设斯大林格勒时，就采用兴建"交通走廊"的形式将交通建设与城市规划结合起来，城市的主要用地布置于铁路两侧，靠近铁路的是工业区。工业区的另一侧是绿地，然后是生活居住用地。生活居住用地外侧则为农业地带。

20 世纪 60 年代，对交通走廊的关注开始拓展到多个城镇组成的城市地区。为了解决城市无序扩展的问题，英国在 1972 年的南汉普郡结构规划中，通过交通系统对城市和城市的空间结构进行重组，具体做法是将区域不同等级规模的新城市集中于交通线路附近，形成了交通走廊区域，并通过空间规划对交通走廊中的各个城镇的发展进行协调。

20 世纪 90 年代，在欧洲一体化进程中，为实现经济增长、提高竞争力、创造更多就业机会，欧盟委员会于 1996 年在其《欧洲核心城市和区域发展图景的研究报告》（*The Prospective Development of the Central and Capital Cities and Regions*）中提出了"欧洲走廊"的计划，并把它界定为"在重要城市之间有大量跨界交通流的，由一系列重要交通设施构成（包括公路、铁路、电信线路）的轴线"。2000 年欧盟进一步提出了"走廊规划"的项目，对交通走廊建设提出了针对性的方案，该项目是在西北欧地区计划（*North West European Area Operational Programme*）的框架下，进行跨国空间规划合作项目之一。对走廊规划中的具体问题，如交通基础设施与运输、空间拓展、生态环境与生活质量问题，提出了交通方式转换、对高速铁路地区进行开发、自然补偿计划、空间规划的地方响应机制等具体解决方案。

交通走廊建设理论将交通建设与区域发展紧密结合，利用交通基础设施消除区域间的流通障碍，提高经济活力和加强区域间的经济联系，解决城市间无序发展的问题，同时通过交通走廊对区域空间结构进行重组，从而实现整个区域都协调发展。当然在交通走廊建设中也面临诸多问题，比如，长距离高速运输与短距离低速运输之间的矛盾、区域性交通与地方性交通的矛盾、各种交通方式衔接的矛盾等。解决这些问题的关键是交通方式的转换，包括小汽车与公共轨道交通（特别是高速铁路）之间、飞机与高速铁路之间、中小型货运汽车与大型标准化货运汽车之间的转换。因而，交通走廊建设理论中的核心内容是建设交通枢纽，通过将多种交通方式在区域内部进行有机规划，达到交通转换的无缝衔接。要实现交通走廊建设还必须加强区域间的沟通协调，在交通决策、建设、政策、管理等方面进行深入沟通，从而弥合不同区域在交通走廊建设上的分歧。[①]

四　一体化交通建设理论

一体化交通建设理论最早由欧美国家政府率先提出。20世纪60年代，美国成立了统管各种运输方式的联邦运输部，此后各西方国家纷纷效仿，90年代后更逐渐把运输主管部门与其他相关机构合并为更综合的部门。德国政府部门认为，一体化交通战略有三个层次：第一个层次，交通的不同部门之间实现技术上的一体化，通过技术创新实现不同交通运输方式的无缝衔接；第二个层次，全面的政策一体化，通过交通政策与其他部门政策之间的协调加强交通一体化建设；第三个层次，社会发展一体化，交通发展对整个社会的影响日益显著，在交通政策决策过程中，必须考虑社会、经济和环境效益，一体化交通应该是将三者效益综合，推动交通可持续发展。英国交通部将一体化明确作为交通发展目标，认为一体化交通规划内容可以表现为四个方面：不同交通方式的政策工具之间；交通基础设施提供、管理、信息和定价的政策工具之间；交通措施和土地使用计划措施之间；交通同健康和教育、环境政策之间。[②]

从国外对于一体化交通建设的界定来看，大致可以分为狭义和广义两个层次。狭义上讲，一体化交通建设是通过技术创新实现不同交通部门之间的一体化，实现不同交通方式之间的无缝衔接。广义上讲，交通一体化建设是以社会发展一体化为目标，强调交通政策与土地利用政策、环境保护政策和社会公平政策的结合。

欧美国家的一体化交通建设均属于广义上的一体化交通战略。从欧美国家实施来看，一体化交通建设有以下几个重要内容。

---

① 赵亮：《欧洲空间规划中的"走廊"概念及相关研究》，《国际城市规划》2006年第1期。

② 张晓、康灿华：《英国一体化交通规划实践及其对我国的借鉴》，《当代经济》2009年第11期。

（一）一体化的组织机构

欧美等国都从本国国情出发，构建一体化的交通运输部组织机构，比如英国根据国情设立国家交通部，涵盖了道路交通、铁路交通、民用航空运输和航海运输的安全事务管理，该部门的设置实现了各种交通运输方式一体化发展的综合管理组织机构保障。

（二）一体化的支持平台

欧美等国在一体化交通建设过程中都设置了相应的一体化支持平台，例如，英国在交通运输部下还设立了服务于政府集合交通政策的独立团体——一体化交通委员会，美国交通部也下设了专门的机构信息官员主管办事处用于部门内部信息沟通。

（三）一体化的土地规划

在国家、区域和地方层面上进行交通建设与土地利用规划的一体化，通过交通和土地规划的有机结合，整合地区交通系统，建设交通综合体，集中不同交通方式转换高效便捷地疏散人流，同时引入餐饮、住宿、零售等城市职能，以利于支持更合理的交通选择和减少旅行需求。

（四）一体化的政策组合

欧美国家一体化交通是以交通发展目标为导向的基础设施管理和价格措施所组成的政策措施组合，在一体化交通规划实践中将交通政策同土地政策、环境政策、社会政策放在一体化的框架下开展，做到政策上的融合协调，从而避免不同部门间政策的冲突。[①]

五　智能交通系统理论

智能交通系统（ITS）就是在比较完善的基础设施之上，将先进的信息技术——主要是计算机、通信、控制、感应和系统综合技术运用在交通运输中，其目标是借助智能交通系统在道路、司机、乘客之间建立智能的联系，强化对公路、城市道路、公共交通和轨道交通设施的管理，实现更安全、更便捷、更有效、与环境更协调的客货运输。

智能交通系统已从大规模的基础设施建设与维护转向为对道路交通的运营和管理，通过先进的智能交通管理系统为使用者提供优质、安全、便捷、可靠的交通服务。同时智能交通系统也促使了政府有关机构职能

---

① 张晓：《国外一体化交通规划及对我国的借鉴意义》，硕士学位论文，武汉理工大学，2009 年。

的转变，加强了机构内部的统一协调，另外，在智能交通系统开发、研制和服务中私营企业也积极参与，形成了政府＋企业的智能交通运营管理模式。[①]

20世纪60年代开始，智能交通系统在欧、美、日等发达国家率先发展起来。在60年代后期，美国联邦公路局开始研究包括车载显示器、路旁单元、车载设备与路旁单元双向通讯组成的电子路线诱导系统（ERGS），70年代到80年代开展了一系列自动车辆控制的实验和汽车导航设备的研制，1985年以后美国集成了数字地图汽车导航、电子收费（ETC）系统、电子路线诱导系统等，形成了智能车路系统（IVHS），并大力发展、不断加以改进。欧洲在20世纪70年代中期也开始智能交通系统方面的研究，并在1988年制定了以道路基础设施的研究开发为主体的DRIVE（Dedicated Road Infrastructure for Vehicles Safety in Europe）计划，包括分类别的研究工具的开发、多功能路边设备开发、远距离通讯和数据库、出行规划、交通控制、出行规划等项目，1995年进而完成DRIVE Ⅱ研究计划，1994—1998年执行了T‐TAP计划，主要是运用先进的信息技术来提高交通效率、保障安全和改善环境。日本在1973年开始研究交通自动控制系统（CACS），随后进行了路径引导系统的开发与测试，1984年开始主持开发路车间信息系统（RACS），1987年开发了先进的车辆交通信息与通信系统（AMTICS），1991年整合RACS和AMTICS的成果，开发投入运行了车辆信息与通信系统（VICS）。[②]

从国外智能交通系统发展过程看，智能交通系统包括以下四个重要的内容。

（一）一体化的交通运输信息网络

该网络利用先进的感应技术、计算机技术、信息技术全面掌握道路运输系统信息、基础设施设备和车辆信息、天气预报信息、交通流量信息、交通安全信息等，为有关政府部门和私营企业进行有效管理和使用，同时通过移动通信技术将信息及时、准确发布给公众。

（二）先进的交通管理技术

该技术具备"智能"地、自适应地管理各种地面交通的能力。通过

---

① 樊进超：《ITS在高速公路的应用及其评价研究》，《中国交通信息产业》2008年第3期。

② 许焱：《奥运智能交通系统规划研究》，博士学位论文，北京工业大学，2006年。

实时地监视、检测区域性交通流运行状况，快速地收集各种交通流运行数据，及时分析交通流运行特征，从而预测交通流变化，并制定最佳应变措施和方案。如美国正在开发的车辆—道路自动化协作系统（Cooperative Vehicle – Highway Automation System，CVHAS）和设施—车辆运输自动化系统（Infrastructure Vehicle Transportation Automation System，IV-TAS）。CVHAS 将利用智能化的道路设施和车载装置来自动地完成全部或部分的车辆驾驶任务，包括私人小汽车、公交车、商用货车以及各类维护用车辆。

（三）安全的交通保障系统

智能交通一个重要的目标是最大限度保障交通安全，通过先进的车辆防撞技术，交通事故自动检测、通报和应变技术保证交通运行时驾乘人员的安全和舒适，同时对突发事故快速响应和处理，从而减少事故损失和由事故造成的交通延误和阻塞。例如，美国研发的车载电子装置和车辆—交通设施协作（Vehicle – Infrastructure Cooperation）系统，包括四种交通安全保障产品：车内信息处理设备、故障诊断及预警设备、辅助驾驶设备和一种能自动介入的安全设备（Active Safety Products）。这些设备将与安装在沿线交通设施上的其他装置协同工作，以确保车辆的性能和驾驶员的驾驶能力维持在最佳状态。在驾驶资格自动检测方面，车载装置将不容许无驾照者、身体与精神状态不佳者进入车辆启动程序。同时，车载装置将实时检测驾车者是否处于警觉状态，实时检测其驾驶行为是否正常和负责。[①]

（四）多元化的交通管理模式

智能交通的发展除了将先进的技术应用于交通基础设施，还重视系统对用户的优质服务和系统性能的优化。内部和外部环境的改变引起交通行业的运行机制朝着向用户提供优质服务的方向转变。智能交通系统中管理模式正由原来政府单一式管理向政府 + 私营企业的多元化模式发展。政府与相关私营企业之间共同协作关系已经开始形成，共同为地区间整体化、多方式交通运输系统的运作提供服务。

六　低碳交通理论

低碳交通也称为绿色交通、可持续发展交通，它的发展是在全球气

---

① 易汉文：《美国智能交通 10 年发展规划》，《国际城市规划》2009 年。

候变化、能源短缺的背景下提出的，以节约资源和减少温室气体排放、实现社会经济的可持续发展和保护人类生存环境为根本出发点，对交通运输结构及用能结构进行优化、有效控制交通需求、降低单种交通方式排放、提升交通运行效率，建立通达有序、安全舒适、低能耗低污染的交通体系，实现交通领域的全周期全产业链的低碳发展。

欧美发达国家在20世纪80年代开始了低碳交通的研究和建设。德国3个联邦部门（城镇规划、交通和环境部）及其下属的研究机构在20世纪80年代共同实施了一项联合计划，大范围推广环境交通管理策略，力图改善交通出行和环境条件，促进城市发展，为此推出了一系列独特、有效的低碳交通的策略和措施，主要有优先发展公共交通、区域化交通安宁区措施、推动自行车交通发展、加强私人汽车控制与管理。英国政府2003年在《我们能源的未来：创建低碳经济》首次提出"低碳"的概念，并将低碳经济作为政府能源战略的首要目标。在这一目标下，英国交通运输部于2007年正式出台了《低碳交通创新战略》，2009年又出版了《更加绿色的未来》，并针对不同的运输方式提出了降低碳排放的主要途径和做法。例如，推广有利于降低碳排放的新技术汽车，改善铁路交通，征收拥堵费，通过《可再生交通能源义务》、欧盟《可再生能源和燃油质量指令》等规章促进可持续生态能源利用。①

从国外低碳交通实行情况看，政府通过基础设施完善和配套政策推动低碳交通发展。以下几个方面为主要经验：

（一）发展公共交通系统

完善的公共交通系统是低碳交通模式的重要保障。公共交通系统主要包括城市公交汽车、轨道交通，近些年迅速发展的快速公交系统（Bus Rapid Transit，BRT）也逐渐成为各国发展公共交通的重点建设项目，其中美国（洛杉矶）、韩国（首尔）等发达国家和巴西（库里蒂巴）、哥伦比亚（波哥大）、厄瓜多尔（基多）等发展中国家都在低碳交通发展过程中建设了完善的BRT系统。BRT系统一般包括道路优先权、运行速度快、运量较大等特点的专用车辆和独立安全的专用车道两个部分。BRT的建设周期短，建设成本较低，相比传统公共交通具有高速、大运量以及运

---

① 杨雪英：《更加绿色的未来——英国低碳交通发展思想》，《交通建设与管理》2010年第11期。

力配置灵活的特点，可以在较短的时间收到明显的减排效果。

（二）鼓励绿色出行

从国外低碳交通的实践看，构建以步行和自行车为主、公交车为辅的绿色出行结构以降低小汽车的使用率是欧美发达国家的大都市在推行低碳交通模式上采取的主要策略。如巴塞罗那的公共自行车租赁项目、波哥大自行车专用道项目、波特兰的智慧出行项目等，以波特兰智慧出行项目为例，通过向市民提供关于绿色交通出行的信息提高市民对步行、自行车、公共交通出行的认可程度。通过一系列全市步行和骑行的活动，让市民减少对小汽车的依赖，体验便捷、安全、方便和富于乐趣的慢行出行。[①]

（三）创新交通能源技术

为解决交通运输源的污染与碳排放问题，发达国家都将新能源作为重点研发项目。发达国家在创新交通能源技术上采取政府引导、企业研发的模式，开展清洁能源项目研究，比如加拿大重点发展氢燃料电池车，美国大力开发插电式混合动力车，欧洲研发柴油动力车，日本除大力开发汽电混合动力和纯电动车外也在积极开发氢动力车。[②]

（四）推广清洁能源汽车

欧美发达国家特别是汽车产业发展成熟的国家都通过大力推广清洁能源汽车来推动低碳交通发展。清洁能源汽车减排效果虽然明显，但初始投资巨大，要想达到预期效果需要一定时间积累。1996 年斯德哥尔摩率先启动了欧盟推广清洁能源车的低排—零排汽车项目（Zero and low E-mission vehicles in Urban Society，ZEUS），为配合该项目的实施，斯德哥尔摩于 2000 年在全市范围内启动了旨在提高清洁能源汽车普及率的清洁能源汽车项目，在推广清洁能源车的项目中，政府、欧盟与汽车生产企业相互合作。地方政府通过了一系列激励机制，包括：对使用清洁能源车的个人免收拥堵费、提供免费停车；与汽车销售商联合推出清洁能源汽车试驾和宣传活动；对于某些车型提供补贴并制定价格上限；政府用车均选择清洁能源汽车；对生产和销售清洁能源车型的厂商和企业给予

[①]　胡垚、吕斌：《大都市低碳交通策略的国际案例比较分析》，《国际城市规划》2012 年第 5 期。

[②]　陆礼：《建设一个清洁和公平的运输系统——绿色交通的国际考察》，《常州大学学报》（社会科学版）2010 年第 10 期。

税收优惠；强制加油站提供清洁能源；制订清洁能源车的生产及销售标准以及推广计划。

（五）交通需求管理

交通需求管理（Traffic Demand Manage，TDM）是指通过调整用地布局，控制土地开发强度，改变客货运输时空布局方式和人们的交通出行观念和行为来达到减轻城市交通拥挤的一系列管理措施。交通需求管理早在20世纪70年代就在部分国家得到初步的研究和运用。新加坡于20世纪70年代开始实施交通需求管理，政府通过采用小汽车牌照限额发放、大力发展公交、区域特许证制度（ALS）、电子道路收费（ERP）等一系列措施，使交通阻塞得到有效的控制。中国香港、日本也先后采取了交通需求管理的若干措施。1992年美国出版了《交通需求管理手册》，宣传其对缓解交通拥挤、改善环境质量以及提高道路使用效能的重要性。首尔、伦敦、斯德哥尔摩都通过对在特定地段、特定时间行驶的机动车征收拥堵费，实行高峰时期机动车限行等措施来实施交通需求管理。

（六）土地利用与交通一体规划

城市形态和土地利用与城市交通是相互作用的动态过程，混合土地利用模式的发展缩短了出行的必要性，并促进非机动模式的发展。考虑城市形态和土地利用模式对交通出行量的影响，将土地利用与交通进行一体规划也是低碳视角下国外解决城市交通问题的重要策略之一。1998年埃里克·米勒开创性地提出土地利用与交通一体规划的概念模型。这其中土地利用与交通一体规划的典型模式就是TOD（Trantsit Oriented Development），这一概念最早由美国建筑设计师哈里森·弗雷克提出，是一种以公共交通为中枢、综合发展的步行化城区。它以地铁、轻轨及巴士干线等公交站点为中心，以400—800米（5—10分钟步行路程）为半径建立中心广场或城市中心，形成集工作、商业、文化、教育、居住等为一身的"混合用途"。这一模式在我国香港、新加坡等地被采用并实施。

第二节　国内交通建设的理论与实践

一　我国道路交通的发展历程

　　1949 年前后交通运输基础十分薄弱，运输线路少，技术标准低，布局很不合理，设施设备陈旧，广大内地普遍处于十分闭塞的状态，现代运输发展非常缓慢。新中国成立以后，首先修复了被破坏的运输线路，恢复了水陆空运输。从 1953 年起，开始有计划地进行交通运输建设，经过半个世纪特别是改革开放三十余年来的发展，交通基础设施建设不断加强，运输装备数量、技术水平不断提高，交通运输能力和服务水平得到极大改善。我国的交通运输已从过去原始落后的状况，发展为初步现代型的交通运输体系；从过去由铁路运输主导的局面，到目前各种运输方式共同发展的格局；从过去对国民经济发展的"瓶颈"制约，到目前有了很大缓解。我国公路水路交通历经放宽搞活、加快发展、科学发展三个阶段，走出了一条具有中国特色的交通运输改革开放、快速发展之路。

　　第一阶段，党的十一届三中全会到邓小平同志南方谈话、党的十四大前（1978—1991），解放思想，放宽搞活，极大地解放了运输生产力。改革开放之初，由于基础薄弱、历史欠账多，公路水路基础设施总量严重不足，运输全面紧张，成为制约国民经济和社会发展的"瓶颈"。党中央、国务院把交通建设作为国民经济发展的战略重点，公路水路交通进入了崭新的发展阶段。一是率先引入市场机制，放宽搞活运输市场。提出"有河大家行船、有路大家走车"等方针，运输市场初步发育，竞争机制初步形成。二是转变政府职能，改革交通管理体制。启动和推进国有运输企业经营机制改革，全面推行企业承包经营责任制，改革港口管理体制。建立健全了五级交通行政管理机构，交通行政主管部门开始从对企业的直接管理向行业管理转变。三是交通基础设施建设投融资政策实现重大突破。逐步形成了"国家投资、地方筹资、社会融资、引进外资"的多元化交通投融资格局。四是交通长远发展规划基本形成。提出了建设"三主一支持"即公路主骨架、水运主通道、港站主枢纽和交通支持保障系统的战略构想，为加快交通发展奠定了坚实基础。

第二阶段，邓小平同志南方谈话、党的十四大到党的十六大前（1992—2002），按照建立社会主义市场经济体制的要求，培育和规范交通运输、建设市场，加快发展交通运输生产力。这一阶段，我国公路水路交通进一步解放思想，深化改革，扩大开放。一是加快推进交通运输市场化进程。1992 年，交通部发布《关于深化改革、扩大开放加快交通发展的若干意见》；1995 年，制定实施了《关于加快培育和发展道路运输市场的若干意见》；1998 年，交通部与直属企业全面脱钩；2000 年，研究提出从战略上调整交通行业国有企业布局。二是抓住机遇，加快发展。1992 年提出了到 2000 年公路水路运输生产和基础设施建设的发展目标，并组织实施"三主一支持"长远发展规划。1999 年提出了到 21 世纪中叶公路水路交通总体发展构想。三是加快政府职能转变。探索市场经济条件下交通行政管理部门职能定位，建立和完善办事高效、运转协调、行为规范的交通行政管理体制，研究提出了加强行业管理的具体措施。全面启动全国水上安全监管体制改革，进一步深化港口管理体制改革。四是促进区域交通发展。贯彻落实中央实施西部大开发战略决策，制定实施了西部地区公路水路交通发展规划，开创了区域交通发展的新篇章。①

第三阶段，党的十六大以来（2003 年以来），按照全面建设小康社会的战略部署和实现全面建设小康社会奋斗目标的新要求，以科学发展观为统领，积极探索实践交通科学发展之路。一是坚持科学发展的理念。把服务国民经济和社会发展全局、服务社会主义新农村建设、服务人民群众安全便捷出行作为交通工作的重要指导原则，牢固树立以人为本、好中求快、全面协调和可持续发展的理念。二是制定和完善公路水路交通发展规划。国务院批准实施了《国家高速公路网规划》《农村公路建设规划》《全国沿海港口布局规划》《全国内河航道与港口布局规划》《国家水上安全监管和救助系统布局规划》等，构成了较为完整的交通长远发展规划体系。三是把发展农村公路交通作为交通工作的重中之重。服务社会主义新农村建设，开展了 1949 年以来最大规模的农村公路建设。四是探索资源节约和环境友好交通发展之路。促进交通发展由主要依靠基础设施投资建设拉动向建设、养护、管理和运输服务协调拉动转变，

---

① 池德振、刘冲、张娟敏：《基于协调理念的快速发展区域交通规划理论研究》，《中国工程咨询》2007 年第 6 期。

由主要依靠增加物质资源消耗向科技进步、行业创新、从业人员素质提高和资源节约环境友好转变，由主要依靠单一运输方式的发展向综合运输体系发展转变。五是加快发展现代交通运输业。提出了现代交通运输业 2010 年和 2020 年发展目标。

二　我国交通建设理论的发展

从新中国成立之初的 1949 年至今，随着我国经济社会的不断发展，我国交通建设理论也紧跟世界交通建设理论发展的脚步，从交通供给理论、交通枢纽理论，发展到交通建设与区域发展协调理论、可持续发展交通理论、绿色交通等理论。随着党的十八大对生态文明建设的重视，绿色交通的发展将成为推进我国生态文明建设的有力保障。

（一）交通供给理论

交通供给理论强调，交通道路作为硬件是满足交通需求的基本条件，而交通其他必要硬件，如交通设施、交通枢纽、交通场站、专用道、交通工具的种类也是其重要内容。在交通需求的不同等级和阶段，交通供给也表现出不同的等级水平。交通供给与交通需求应当保持一定的比重关系，进而保证城市的交通秩序和城市环境的协调。交通供给理论强调改善交通条件的人为因素，主要表现在交通线路的合理设计、交通秩序的有效规定以及交通管理合理化，这些也能变相增加供给能力。由于中心城区的道路格局已经基本形成，空间受到限制，交通供给理论一般更倾向于路网系统的完善和整体通行效率的提高，主要有交通枢纽理论、专用车道理论、线网规模及布局理论等。

（二）交通枢纽理论

交通枢纽理论认为，交通需求与人口增减相关，与人们使用的交通工具相关，与人们活动半径大小相关。随着城市化的加快，城乡一体化范围的不断扩大，人们对交通出行的需求明显增加，城市的交通流量不断增长。交通枢纽理论指出，城市道路的增长是有限的，人们的交通需求是无限的，选用哪一种交通工具，将取决于其便利性、经济性和舒适性。以人为本，充分考虑城市人口出行的直达性、安全性和时间性，使交通供给与交通需求保持相对平衡，是城市管理者追求的目标。交通需求的实质就是人员流动带来的需求。如果通过有效方式减少城市人员流动，使他们在新的卫星城生活和工作，就会有效减少城市的交通压力。因此，实现城市空间结构的优化，建设更多相对独立的卫星城，也是有效降低城市交通需求的方法。

（三）交通建设与区域发展协调理论

交通建设与区域发展协调理论的基本问题是交通建设如何适应经济社会需求，核心问题是交通建设如何与区域发展相结合。这一理论明确指出，区域发展与交通发展的协调包含三个方面：区域发展与交通需求的协调、交通需求与交通供给的协调、交通供给与区域发展的协调。该理论框架的主要特点有：运用系统论、区域论和发展论的观点，着眼于区域、城市的综合竞争力和可持续发展，而不仅仅局限于交通系统本身的发展和内部的均衡与完善；从研究经济社会发展的内在动力和交通基本属性入手，在充分分析其相互作用机理的基础上，提出了解决区域发展、交通需求和交通供给三者协调关系的规划流程和规划理论；将宏观交通需求分析作为一个层面引入区域交通规划，强化宏观分析的基础性作用；将经济模式和生活模式概念引入交通需求分析中，抓住了交通需求分析尤其是交通需求分布分析的本质；将交通战略规划引入交通规划过程，既增强了区域发展规划与交通规划的联系，也从逻辑上顺利过渡；重视区域发展中交通需求质量、总量的变化，在交通需求分析中不仅仅重视"量"的分析，而是"质""量"并重。

（四）可持续发展交通建设理论

1995年，随着可持续发展思想的传播，可持续发展交通被视为交通部门中可持续发展的代名词，可持续发展交通建设理论的核心是正式将可持续发展作为国家的基本发展战略。随着资源、环境和系统的可扩展性，形式表现在三个方面：在空间上，表现为发展的协调性；在时间上，表现为发展的连续性；在结构上，表现为发展的系统性。

长期以来，我国对交通系统的发展与资源和环境的关系缺乏从发展战略的高度去认识，在交通设施的建设中仅强调发展的可能性和情况发生变化时的适应性。而可持续发展交通则要求从观念上、技术上、政策上协调居民出行需求、道路设施供应、城市环境质量与城市经济发展之间的相互关系，最终形成这样一种交通体系：该体系满足城市居民出行需求的同时对环境影响副作用最小；随着居民出行需求的提高，交通系统的弹性最大；同时，交通要为居民提供人性化的环境空间。因此，可持续发展交通可以作为各项交通政策制定和调整的依据和目标，其包括三个方面的内涵：追求经济与财务的可持续经营，追求环境与生态的可持续经营，追求社会公平的可持续经营。总之，可持续发展交通是交通领域中全新的发展思想和最终目标，它将对交通政策、交通规划、交通设计和交通管理等产生深远的影响。①

（五）绿色交通理论

党的十七大以来，"加强基础产业，基础设施建设，加快发展现代产业和综合运输体系"的发展战略充分强调了交通建设的重要性。许多大城市正进入高速扩展的阶段，由于规划、土地使用和交通规划的脱节，这些国家的大城市交通状况拥挤不堪、管理混乱、污染严重，很大程度上束缚了经济的成长，构建绿色交通不失为解决以上问题的良策。

绿色交通是基于可持续发展交通的观念所发展的协和式交通运输系统。绿色交通是实现可持续发展交通的一种有效手段，而可持续发展交通是可持续发展在交通运输领域中的具体体现。可持续发展交通是交通发展的宏观方向，绿色交通是可以实施的具体的重要的微观交通理念，绿色交通只有符合可持续发展才会具有生命力，可持续发展通过绿色交通的实施得以实现。当然，绿色交通和可持续发展交通都必须满足交通的基本目的，就是实现人和物的移动，而非简单的交通工具的移动；两者也必须满足交通发展的标准，即经济的可行性、财政的可承受性、社会的可接受性、环境的可持续性。创建绿色交通和城市的可持续发展具有密切的相关性和一致性，绿色交通所追求的共同目标体现了高标准、高起点，也体现了系统的高效性和效率的持久性。

绿色交通与解决环境污染问题的可持续发展概念一脉相承，同时综合交通宁静区、自行车推广运动、新传统邻里的城市设计方法以及低污染公共汽车、无轨电车、现代有轨电车、轻轨为导向的公共交通运输等观念，成为交通工程中一个重要的发展领域。绿色交通是一个理念，也是一个实践目标，对其定义目前没有取得共识。一般来说，绿色交通是为了降低交通拥挤、降低污染、促进社会公平、节省建设维护费用而发展低污染的，有利于城市环境的多元化城市交通工具，来完成社会经济活动的协和交通运输系统。这种理念是三个方面的结合，即通达有序、安全舒适、低能耗低污染。

---

① 伍石生、王小忠：《论公路建设与可持续发展》，《长安大学学报》（自然科学版）1997年第 2 期。

当然，绿色交通主要表现为减轻交通拥挤、降低环境污染，这具体体现在以下几个方面：减少个人机动车辆的使用，尤其是减少高污染车辆的使用；提倡步行，提倡使用自行车与公共交通；提倡使用清洁干净的燃料和车辆等。绿色交通更深层次上的含义是协和的交通，即包含交通与（生态的、心理的）环境协和；交通与未来的协和（适应于未来的发展）；交通与社会的协和（安全、以人为本）；交通与资源的协和（以最小的代价或最小的资源维持交通的需求）。对于我国绿色交通的体系，可以分为行人、自行车、公共交通（电车、地铁、轻轨、公共汽车）、共乘交通、出租车、私人机动车、货车与客运空运、摩托车。例如，南宁市的"中国绿城"建设规划中，绿色交通的实现是"中国绿城"建设成功的重要组成部分。

三 我国交通建设实践

（一）我国公路建设成就突出

新中国成立初期，我国公路通车里程仅为 8.07 万千米，公路等级都在二级以下，有路面里程只有 3 万千米。到 1978 年，全国公路通车里程达到 89 万千米，是新中国成立初期的 11 倍，但既无一级公路，更无高速公路，公路交通成为国民经济发展的"瓶颈"。进入改革开放后，伴随着国民经济快速发展和对外开放的不断扩大，公路交通步入了快速发展的轨道。公路建设成就辉煌，令人振奋。

1. 公路实现跨越式发展

新中国成立之初，中央就明确了恢复发展交通运输的方针，制定和实施了养路费征收政策，实行民工建勤的修路养路制度，明确多种经济成分共同发展的运输经济政策。为加快农村、山区和偏远地区的公路建设，1958 年提出依靠地方、依靠群众、以普及为主发展交通的"地群普"方针。1984 年国务院作出对公路交通发展具有历史意义的四项重大决定，即提高养路费征收标准、开征车辆购置附加费、允许贷款或集资修建的高等级公路和大型桥梁隧道收取车辆通行费（即"贷款修路、收费还贷"政策）。从此，公路建设有了稳定的资金来源和良性发展的政策环境。20世纪 90 年代以来，我国公路基础设施规模迅速扩大。到 2010 年年底，全国公路通车总里程达到 398.4 万千米，是新中国成立初期的 46 倍。其中，高速公路里程 60302 千米，一级公路 54216 千米，二级公路 285226 千米，二级及以上公路占总里程的比重为 10.72%，而 1978 年二级及以上公路只有 1.2 万千米，比重只有 1.4%。建成了总规模 3.5 万千米"五纵七横"的国道主干线，公路运输大通道主骨架基本形成。

路面技术等级和通达深度得到很大提高。到 2008 年年底，高级、次高级路面里程达 199.56 万千米，全国公路路面铺装率达到 53.5%，而 1978 年为 16 万千米，比重只有 18%。公路密度由改革开放初期的 9.1 千米/百平方千米，提高到现在的 38.86 千米/百平方千米，是改革开放初期的 4.27 倍。

2009 年 6 月底，国家公路建成 382.8 万千米。2010 年年底，全国公路总里程达到 398.4 万千米，其中高速公路通车里程达到 7.6 万千米。2011 年，我国公路总里程达到 410.6 万千米（见图 9-1），公路密度达到 42.8 千米/每百平方千米。

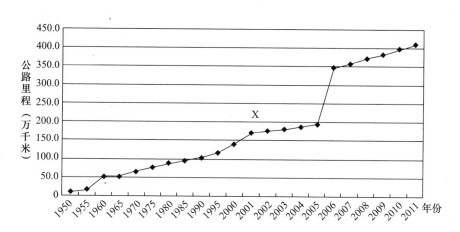

图 9-1 全国公路里程发展

2. 高速公路建设突飞猛进

高速公路是现代经济和社会发展重要的基础设施，是构筑交通现代化的重要基础。我国高速公路建设酝酿于 20 世纪 70 年代，起步于 80 年代，发展于 90 年代，腾飞于 21 世纪，起步时间较西方发达国家晚了近半个世纪，但起点高、发展速度快。1988 年，上海至嘉定高速公路通车，标志着中国大陆高速公路零的突破。"七五"期间（1986—1990），建成沈大高速公路、京津塘高速公路为代表的一批高速公路 522 千米。"八五"期间（1991—1995），建成高速公路 1600 多千米。"九五"期间

（1996—2000），建成高速公路 14000 多千米。"十五"期间（2001—2005），建成高速公路 24000 多千米。1999 年高速公路里程突破 1 万千米，2002 年突破 2 万千米，2004 年突破 3 万千米，2005 年突破 4 万千米，2007 年突破 5 万千米，2008 年突破 6 万千米；2009 年达到 6.51 万千米，2010 年达到 7.6 万千米；截至 2011 年年底，我国高速公路总里程达到了 8.5 万千米（见图 9－2）。从零起步到 1 万千米只用了不到 15 年时间，从 1 万千米到 8.5 万千米只用短短 11 年，高速公路的发展速度举世瞩目。

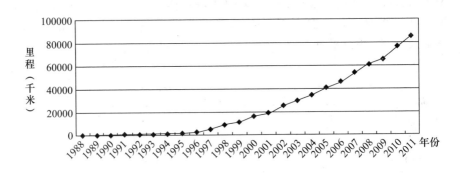

图 9－2 全国高速公路里程发展趋势

3. 农村公路发展迅速

截至 2010 年年底，全国农村公路通车里程达 312.5 万千米，比 1978 年增长了近 4 倍；全国通公路的乡镇、行政村比重，由 90.5% 和 65.8% 增加到 98.54% 和 88.15%。乡镇通沥青（水泥）路率达到 88.6%，东部、中部地区建制村通沥青（水泥）路率已达到 90.1% 和 79.8%，西部地区建制村通公路率已达到 81.2%。全国农村公路路网已经延伸到从高原到山区，从少数民族地区到贫困老区的各个角落。截至 2011 年年底，全国农村公路总里程达到 353.7 万千米，乡镇通公路率达到 99.98%，建制村通公路率达到 99.39%。①

4. 桥梁建设进入国际先进行列

到 2010 年年底，我国共有公路桥梁 59 万座，2525 万千米，而 1978

---

① 过秀成、胡斌、陈凤军：《农村公路网规划布局设计方法探讨》，《公路交通科技》2002 年第 2 期。

年仅有 12.8 万座，328 万千米。先后在长江、黄河等大江大河和海湾地区，建成了一大批深水基础、大跨径、技术含量高的世界级公路桥梁，江阴长江公路大桥、润扬长江公路大桥、南京长江二桥和三桥、东海大桥、杭州湾跨海大桥、苏通长江公路大桥等一批特大型桥梁相继通车，舟山西堠门跨海大桥、泰州长江大桥、马鞍山长江大桥、嘉绍过江通道等一批在建桥梁进展顺利。

目前，世界前十座主跨最大的悬索桥中，我国有 5 座（包括香港青马大桥）；世界前十座主跨最大的斜拉桥中，我国有 8 座（包括香港昂船洲大桥）；世界前十座主跨最大的拱桥中，我国有 7 座；世界前十座主跨最大的梁桥中，我国有 5 座。2008 年刚刚建成的杭州湾跨海大桥全长 36 千米，是世界上最长的跨海大桥；苏通长江公路大桥的主跨跨径、主塔高度、斜拉索长度和群桩基础规模创造了四项世界之最。

5. 隧道建设技术能力迅速提升

到 2010 年年底，我国共有公路隧道 5426 处，319 万千米，而 1979 年仅有 374 处，5 万千米。相继建成了全长 5.4 千米的雁门关隧道，全长 7 千米的雪峰山隧道，全长 18 千米的秦岭终南山隧道（长度位居世界第二）。随着公路的快速发展和技术水平的不断提高，山岭长大隧道、深水海底隧道不断涌现，施工及运营管理技术不断提升，运营服务不断完善。厦门翔安隧道实现了海底隧道建设的新突破，上海越江隧道盾构直径达到了 15.43 米。四川省二郎山主隧道长 4.2 千米，洞口海拔 2200 米，是我国公路隧道中埋藏最深（埋深 830 米）、地应力最大（最大 50MPa），岩爆、大变形、暗河等不良地质情况最多，地下水富集（勘探孔中承压水头高达 115.4 米）的一条山岭公路隧道。四川华蓥山隧道全长 4.7 千米，沿线穿越煤层、岩溶地质、断层、背斜高应力核部，并伴有瓦斯、天然气、石油气、硫化氢等多种有毒、有害气体；山西雁门关隧道全长 5.4 千米，一路穿越 27 条断层。这些隧道集中体现了我国的隧道建设能力和技术水平。

公路建设的快速发展，对促进国民经济发展和社会进步发挥了重要作用。一是公路交通是通达率最广、与人民群众生产生活联系最为密切的一种运输方式，是综合运输体系的基础和骨干，公路交通的快速发展，为人们出行和货物流通提供了良好的基础设施，为经济和社会的发展奠定了良好的基础；二是改善了投资环境，促进了沿线地区土地开发和产业结构调整，促进了沿线经济产业带的形成和区域经济的繁荣；三是农村公路的建设改善了贫困地区的交通条件，促进农业发展，加快了脱贫致富步伐；四是通过公路的建设，扩大了内需，带动了建材、石化、机械、汽车、运输、旅游、商业等相关行业的发展，为国民生产总值的增长作出了贡献；五是公路建设增加了就业，近几年公路建设的施工人数常年为280万人左右，施工高峰期约为400万人，促进了就业，缓解了就业压力；六是公路的开通促进了信息交流，使沿线人民群众开阔了眼界，转变了观念，促进了经济发展和社会进步。

（二）铁路建设成效显著

旧中国时期，我国铁路发展缓慢，自1876年修建第一条铁路——上海吴淞铁路到1949年的73年间，全国仅建设2.2万千米铁路，不仅线路里程少，而且技术标准低，近一半处于瘫痪状态。新中国成立后，在修复旧中国铁路的基础上，我国以沟通西南、西北为重点，修建了大量线路和铁路枢纽。到1978年，我国铁路营业里程增加到5.2万千米，增长了1.4倍。其中，复线7630千米，电气化铁路1030千米。

改革开放以来，为适应经济社会快速发展需要，我国铁路组织实施了一系列建设大会战，路网规模和质量显著提升。到2002年，全国铁路营业里程达到7.2万千米，比1978年增长39.1%。其中，复线23951千米，比1978年增长2.14倍；电气化铁路18115千米，比1978年增长16.6倍。

自党的十六大以来，我国铁路进入快速发展时期，铁路部门按照中长期铁路网规划，以客运专线、煤运通道、西部铁路为重点，积极推进铁路建设，一大批新建铁路项目陆续投产，路网规模和质量得到快速提升。

截至2011年年底，我国铁路营业里程已达9.3万千米（见图9-3），位居世界第二，比2002年增加2.1万千米，增长29.6%。其中，高速铁路运营里程居世界第一。十年来，我国铁路以每天将近6千米的速度在神州大地延伸。

十年间，我国铁路基本建设投资完成26952.2万亿元，是前十年投资的6.5倍；新线投产2.26万千米，是前十年的1.8倍；复线投产1.58万千米、电气化投产2.8万千米，分别为前十年的1.6倍和3.1倍。俯瞰神州大地，京津城际、武广高铁、郑西客专、京沪高铁……一条条高铁拔地而起，7563千米新建高铁使列车旅行时间普遍缩短了一半以上；青藏铁路、宜万铁路、包西铁路……一条条区际干线建成投产，雪域高原不再遥远，蜀道出行不再艰难；北京南站、上海虹桥、广州南站……约300座现代化火车站投入使用，旅客购票、候车、换乘条件大为改善。[①]

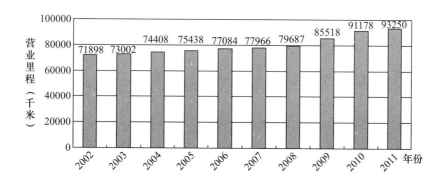

图9-3　我国2002—2011年铁路营业里程

（三）轨道交通建设不断进步

中国地铁的建设从20世纪50年代开始筹划，60年代开始建设。1969年北京地铁一期工程23.6千米建成。一直到20世纪80年代末，只有北京地铁一号线和环线，共计40千米。之后，天津地铁7.4千米线路投入运营。此时，我国虽然开始实行改革开放，建立市场经济体制，但基本上还是处于计划经济体制，城市交通消费需求一直没有得到释放，表现为交通需求总量增长幅度不大，交通基础设施投入占国民经济比重较低，城市轨道交通建设资金投入不大，没有形成轨道交通网络，所担负的城市居民出行比重偏低，轨道交通的发展速度相当迟缓。因此，这一时期城市轨道交通形式比较单一，轨道交通建设以满足人防战备要求为基本原则，同时兼顾部分城市交通的功能。

20世纪90年代后，随着中国经济体制改革的逐步深入，部分计划经济时期长期潜在的社会消费需求得到释放，促使社会经济迅速发展，城市交通需求剧增，中国轨道交通处于较长的高速发展期。在"十一五"期间，我国准备建设轨道交通的城市已有10多个，线路总长为400多千米，建设投资约1400亿元人民币。到2009年年底，中国城市轨道交通总

① 陆文：《2008年中国铁路成就显著》，《铁道知识》2009年第1期。

共运营里程达 1038.7 千米，位于美国之后，位居全球第二。到 2010 年，建设轻轨线路约 450 千米，预计到 2020 年将建设轻轨线路约 900 千米，规划轨道交通网总里程达到 3500 多千米，轨道交通发展的前景宏大，建设市场广阔。①

在我国"十二五"规划中，轨道交通建设列入议程，这项未来的低碳环保的交通系统必将成为主要的交通工具。目前，我国有约 27 个城市正在筹备建设城市轨道交通，其中 22 个城市的轨道交通建设规划已经获得国务院批复。

（四）航空运输发展迅速

新中国成立初期的 1950 年，中国民航的运输总周转量、旅客运输量和货邮运输量分别是 157 万吨千米、1 万人和 767 吨。2008 年，中国民航全行业运输总周转量、旅客运输量和货邮运输量分别达到 376 亿吨千米、1.92 亿人和 407 万吨。特别是改革开放以来，中国民航的市场规模持续扩张，运输能力逐渐提高，航线网络不断完善，平均增长速度高出世界平均水平两倍多，增长速度远远高于国内其他交通运输方式。改革开放30 年，我国民航运输总周转量、旅客运输量和货邮运输量分别以 17.3%、15.7% 和 14.9% 的平均速度增长。定期航班运输总周转量在国际民航组织缔约国中的排名，由 1978 年的第 37 位上升至 2005 年的第 2 位。2006年、2007 年、2008 年继续保持世界第 2 位。

航线网络和机队不断拓展。1950 年，中国民航只有 7 条国内航线，通航国内 8 个城市。2008 年，中国民航定期航线总数已达到 1532 条，其中国内航线 1235 条，港澳航线 49 条，国际航线 297 条。内地通航城市有150 个，有 38 个城市通航香港地区，10 个城市通航澳门地区，国际航线通航城市达 104 个。全行业机队规模达到 2038 架，其中航空运输飞机1259 架，我国共有颁证运输机场 160 个，其中国际机场（可供外籍航空器使用）32 个。2008 年，全国各机场共完成旅客吞吐量 40576.2 万人次，比上年增长 4.70%；完成货邮吞吐量 883.4 万吨，比上年增长 2.61%；飞机起降架次为 422.7 万架次，比上年增长 7.2%。

"十一五"期间，我国航空基础设施建设五年共投资 2500 亿元，约为前 25 年民航建设资金之和。2010 年运输机场达到 175 个，五年新增 33

---

① 张晓莉：《城市轨道交通发展模式研究》，中国铁道出版社 2010 年版。

个，覆盖全国91%的经济总量、76%的人口和70%的县级行政单元。旅客吞吐量超过1000万人次的机场数量翻番，达到16个，首都机场客运和浦东机场货运位列世界第二和第三。空管设施建设加快，飞行高度层垂直间隔缩小，管制能力提高。2010年保障起降605万架次，五年年均增长15.2%；航油储备能力218万立方米，年供油1600万吨。

2011年我国航空安全形势稳定，旅客运输和通用航空保持较快增长，运行质量和经济效益得到提升。2011年，全行业完成运输总周转量577.44亿吨千米，其中旅客周转量403.53亿吨千米，货邮周转量173.91亿吨千米。截至2011年年底，民航全行业运输飞机期末在册架数1764架，共有颁证运输机场180个。

（五）内河水运建设快速发展

我国内河水运主要涉及22个省（自治区、直辖市），在推进我国工业化、城镇化进程中，充分发挥水运资源丰富的优势，对促进经济社会发展具有十分重要的作用。改革开放以来，我国内河水运建设与发展取得了显著成绩，特别是最近几年，内河水运建设发展更快。

在航道建设方面，我国内河航道已基本形成以长江、珠江、京杭大运河、黑龙江等为主骨架的内河水运格局。目前，珠三角高等级航道网已经基本建成，长江口深水航道治理三期等工程已经竣工并延伸至江苏太仓，长江干线南京以下12.5米深水航道、长江中游荆江河段航道治理、长江三角洲高等级航道建设、京杭运河航道改造升级等正在全力推进。2011年年底，我国内河通航总里程达到12.46万千米，其中三级以上航道9500千米。

船队大型化、专业化、标准化趋势明显。我国目前拥有内河水上运输船舶16万艘，净载重量8780万吨。通过实施京杭运河船型标准化，淘汰了近4万艘挂桨机船和水泥船，长江、西江航运干线等船型标准化稳步推进，我国内河船舶平均吨位达到529吨，尤其是长江干线平均吨位已经超过1000吨。

水路运输服务效率和水平不断提升，运输组织得到优化，效率显著提高。尽管近两年国际航运业陷入低谷，但中国内河水运却逆势而上，保持了增长态势。2011年中国内河水路货运量完成21亿吨，货物周转量完成6564亿吨千米，港口货物吞吐量完成36.8亿吨，与两年前相比分别增长了34.1%、41.7%和32.2%，内河水运已成为支撑中国水运业持续发展的新引擎。

内河主要港口基本建成规模化港区,供给能力和服务水平得到提升。2011 年年底,我国共有生产用码头泊位 26436 个,其中万吨级及以上泊位 340 个,基本形成由 28 个内河港口组成、以区域主要城市对外辐射的主要港口体系。

(六) 港口建设成效显著

我国港航基础设施建设由于长期投入严重不足,港口吞吐能力较弱,压船压货现象时有发生。1973 年周恩来同志提出要解决港口问题,组成国务院建港领导小组,沿海各省(市、自治区)相继成立地区建港领导小组,掀起了新中国成立后的第一次港口建设高潮。20 世纪 90 年代以来,港航基础设施建设进入快速发展期,初步建成中国特色的港口体系,拥有 16 个亿吨大港,港口数量、规模、专业技术和管理水平居世界前列。内河水运建设以长江干线、西江航运干线、京杭大运河、长江三角洲和珠江三角洲高等级航道为重点,内河通航里程达到 12.3 万千米,50% 以上为等级航道,长江干线、京杭大运河已成为世界上运量最大的通航河流和运河。

21 世纪前 5 年,中国港口货物吞吐量和集装箱吞吐量一路飙升,连续 3 年居世界港口业榜首。2006 年,中国港口完成货物吞吐量 56 亿吨,同比增长 15.4%,有 12 个港口跻身世界亿吨大港行列;完成集装箱吞吐量 9300 万 TEU(标准箱),连续四年位居世界第一。2007 年的港口生产延续了近几年来的良好发展势头,全国规模以上港口完成货物吞吐量 52.8 亿吨,同比增长 14.8%。烟台、营口港进入亿吨港口行列,我国亿吨港口数达到 14 个。2007 年,全国规模以上港口集装箱吞吐量完成 1.12 亿 TEU,同比增长 22%。2007 年上海港货物吞吐量 5.6 亿吨,比上年增长 4.2%,连续 4 年位居全球第一;集装箱吞吐量完成 2615 万 TEU,增长 20.4%,首次超越香港地区,跃居世界第二。2010 年我国远海港口货物吞吐量达到 82 亿吨(见图 9 - 4)。2011 年我国水上运输船舶总规模首次突破 2 亿载重吨,其中海运船队达到 1.15 亿载重吨,居世界第四位;全国港口完成货物吞吐量也首次突破 100 亿吨,集装箱吞吐量达 1.64 亿 TEU,双双居世界首位,我国航运大国的地位进一步得到巩固。①

---

① 李南:《中国港口建设发展述评与趋势展望》,《综合运输》2008 年第 2 期。

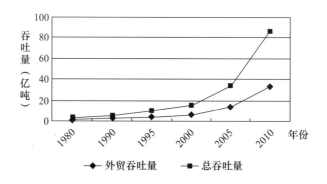

图 9 – 4　1980—2010 年我国远海港口货物吞吐量增长情况

（七）行业管理水平不断提升

各级交通运输主管部门加强对公路基础设施建设的指导和监督，创造性地开展工作，管理机制、管理方式随着市场经济的发展逐步完善，管理水平、管理效率随着建设经验的不断积累逐年提高。

1. 以科学发展观为指导，不断创新理念

在科学发展观理论指导下，总结推广了四川川九路示范工程建设的成功经验，提出了"六个坚持、六个树立"的公路建设新理念，建设"安全、环保、耐久、经济"的公路工程已成为行业上下共同的目标。

2. 狠抓质量管理，工程质量显著提高

始终把工程质量作为行业监管的首要任务，全面推行了项目法人责任制度、招标投标制度、工程监理制度和合同管理制度，建立了"政府监督、法人管理、社会监理、企业自检"的四级质量保证体系，加强了质量抽查和质量监督，集中开展了沥青路面早期破损治理工作，解决了一批工程质量通病。从近年来质量统计分析结果来看，工程质量抽检合格率保持在较高水平，工程总体质量稳中有升，一批重点工程获得国家级优质工程奖励。

3. 加强市场监管，市场秩序明显好转

强化源头管理，加强动态监管，初步建立了公路建设市场诚信体系。组织开展以"履约诚信"为主要内容的市场督查活动，查处了一批违法违规企业，规范了市场秩序。加强招投标管理，全面推行合理低标价法和无标底招标。高度重视工程安全生产监管，开展安全生产专项整治工作。组织开展了清理拖欠工程款和农民工工资专项整治工作，顺利完成了国务院部署的三年清欠工作目标。

4. 法制化水平显著提高，标准规范体系渐趋完善

全力推进公路建设法制化进程，《公路建设监督管理办法》《公路工程施工招标投标管理办法》《经营性公路建设项目投资人招标投标管理规定》等规章相继实施，公路建设法规体系日益完善。及时总结工程实践经验，加快了公路工程标准规范编修订进程，编译了一批国外成熟的标准规范，相关标准规范指南得到充实和完善，形成了一个"结构合理、功能完备、科学有效"的公路工程标准规范完整体系。

四 我国交通建设发展的宝贵经验

回顾公路建设近年来走过的发展历程，最重要的是紧紧抓住了国家加快基础设施建设的历史机遇，最显著的是公路建设实现了跨越式发展，最突出的是提出了完全符合科学发展观要求的公路建设新理念，最宝贵的是探索总结出了符合中国国情的公路建设管理经验、运行模式和技术路线。概括起来，主要有以下五条经验：

一是党中央、国务院重视发展交通运输事业。破解交通运输基础设施"瓶颈"制约，坚持适度超前的发展思路，适应国民经济发展需要，是公路建设快速发展的基点。

二是坚持科学发展，坚持以人为本。走资源节约型、环境友好型发展之路，努力做好"三个服务"，是实现公路建设又好又快发展的根本理念。

三是坚持科技先导，质量第一、安全为本。实现公路安全性、便捷性、舒适性的和谐统一，是公路建设的本质要求。

四是坚持依法行政，坚持改革创新。转变政府职能，加强管理，完善措施，全面提高公路建设市场监管水平，是促进公路建设快速发展的不竭动力。

五是坚持条块结合、以地方为主的联合建设方针，多渠道筹集资金。把公路建设由行业行为转变成政府行为、社会行为，形成上下联动、部门互动、社会参与的良好氛围，是公路建设事业持续发展的有力保障。

第三节　交通建设的内涵探析

一　交通建设分析

（一）交通的定义

交通是人类社会最基本的活动之一，交通的发展、变迁与进步是社会进步轨迹的表征。交通的开辟与发展影响着国家和民族的生存、发展、强盛，有利人类生存质量的提高。同时，交通是国民经济基础性产业，交通是经济发展的先导，是区域经济合作的基础，交通的发展促进着社会的进步和繁荣。交通建设作为重大基础设施，有水运、航空、道路、铁路、管道 5 种类型，国家交通部在《交通运输"十二五"发展规划》主要分为综合运输、公路交通、水路交通、民用航空、邮政业、信息交通、绿色交通。由于自然条件和社会经济条件的差别，各国和各地区的运输方式结构也显著不同。①

（二）交通建设的代表观点

交通建设是构筑动脉、对接各地、连通外界的一个不可或缺的渠道。对一个国家和地区发展而言，交通建设使外延不断扩张，择优的交通建设是逃离高密度城市的"法宝"，不断拉近了地区与国家、与世界的距离，贯通了发达的网络，打开人们的视野。

关于交通建设，存在多角度的理解和看法。Anthony Downs 在深入分析交通拥挤的基础上，提出了著名的亚当斯定律：交通需求总体趋向大于交通供给。由此定律得出：从根本上讲，单纯从增加道路基础设施建设扩大交通供给是无法解决城市交通拥挤问题的。因此，交通建设不应盲目地建设而应该进行合理分配。如今，城市交通拥堵问题已不是单纯的交通问题，而是经济问题甚至是政治问题。②

提出了"交通引领经济"和"交通优先发展"战略。在贵州省第十一次党代会报告中也四次提到交通建设，并指出：努力走出符合自身实

---

① 《交通社会学》研究课题组：《交通的内涵和社会意义》，《武汉理工大学学报》（社会科学版）1999 年第 1 期。

② 张帆、赵金涛：《交通需求控制：缓解城市交通压力的策略选择》，《城市问题》2002 年第 1 期。

际和时代要求的后发赶超之路，报告中提出工业化、城镇化、农业现代化"三化"同步发展，基础设施要先行。今后五年，我们要坚持统筹兼顾、合理布局、适度超前，加快推进连接周边省份的快速铁路体系建设，完善省内高速公路骨架，加强民航、水运建设，加快构建现代综合交通运输体系，完成 1600 千米以上铁路、3000 千米以上高速公路、5 个民航机场建设任务，实现县县通高速和基础设施向下延伸。

杨传堂指出，贯彻落实党的十八大精神，从我国交通发展实际出发，适应全面建成小康社会的新要求，必须坚持把科学发展观作为破解难题、推动发展的行动指南；坚持把着力改善民生、增进人民福祉作为交通工作的奋斗目标；坚持把服务"五位一体"总布局作为交通工作的重大任务；坚持把转变发展方式、完善市场机制作为推动交通科学发展的有力举措。

周伟认为：站在新的历史起点上，我们要进一步深入贯彻落实科学发展观，坚持以世界眼光和战略思维把握交通发展大局，以服务经济社会发展需要和人民群众安全便捷出行为根本出发点和落脚点，以改革开放为强大动力，以理念创新、体制机制创新、科技创新和政策创新为坚强支撑，着力推动交通发展由主要依靠基础设施投资建设拉动向建设、养护、管理和运输服务协调拉动转变；由主要依靠增加物质资源消耗向科技进步、行业创新、从业人员素质提高和资源节约环境友好转变；由主要依靠单一运输方式的发展向综合运输体系发展转变，以科学发展观为指引，为经济社会发展做出新的更大的贡献。从上面这段话，可以看出交通建设的指导方向，为交通建设内涵的探析提供了一些新的思路。

二　对交通建设内涵理解

研究表明，把握交通建设内涵，需要根据它的对象、目的、制约三个方面进行剖析，从而探析出它的突破口，真正理解交通建设的内涵。

交通建设总是以人的沟通为终极目的。交通建设从来不是漫无目标的盲目活动，客体物（物体、人体、信息体）在地域间的位移服从于交通活动主体的既定安排，说到底是人的相互沟通，是人与人之间日益扩大的分工合作关系的明确化和外显化。人类之所以要建造各种交通设施，发明各种运载工具，根本的原因就在于使处于不同地域的人们之间的沟通更便利，分工合作更深入。当今世界，海陆空立体交通网已形成庞大的体系，并正向地球的各个角落延展，世界范围内的经济交往与合作前所未有地开展起来。作为文化现象的交通，具有广泛的政治作用。交通的建设有利于政令畅通，国家统一；有利于国际合作，世界和平；从保卫国家安全的角度讲，发达的交通条件既是重要的战略武器，又是重要的威慑力量；从政治现代化的意义上说，便利的交通是实现民主政治、法治社会的必要条件。

交通是以地域性位移为标志的经济活动。通过交通建设，能够有效地跨地区调度经济资源，最大限度地发挥资源效益，能够更好地因地制宜，发展各地的产业，促进跨地区的劳动分工，实现产品的比较利益；能够及时调节各地的商品供给和需求，平抑各地物价的过分波动，稳定经济秩序；能够极大地丰富各地群众的物质生活，提高人民的生活质量。同时，交通产业自身也创造国民收入，并直接带动旅游等无烟产业的发展。交通建设是一种经济活动，即物质资料的生产、分配、流通、消费的活动。任何交通方式都内化于这个经济活动全过程。客体物的地域间位移既可以是物质资料生产的环节（如波音系列飞机的零部件从分布于世界各地的波音分公司运到美国的总公司进行装配），也可以是从生产进入流通、消费的中介（如将山东海尔集团生产的电冰箱运送到国内外各地电器市场，又从各市场运送到用户手中），同时，这种地域性位移，由于其生产功能和服务功能本身也参与了国民收入的分配和再分配的过程，所以，交通活动是有价值的，可以通过经济指标来衡量。综合以上共性要素，我们认为，交通建设以经济范畴为限，其一般内涵可以界定为交通建设就是人类以一定的运载手段（包括设施和工具）致使客体物发生更快地域性位移从而实现人的异地联通的一种社会经济活动。

发展经济，交通先行。如果我们在发展交通的同时不注意环境保护工作，这就是短期行为，就不能做到可持续发展，久而久之也就使交通发展受到阻碍。因此，我们必须做到在发展交通的同时，加强环境保护工作，切实做好经济建设、城乡建设、环境建设同步规划、同步实施、同步发展，实现经济效益、社会效益、环境效益的统一。随着社会经济的发展，交通环保的国际性和广泛性越来越突出，并且线长、面广、点多，汽车、船舶、港口装卸带来的环境问题已成为城市的环境热点问题。

综上所述，交通建设的内涵必须包含以下几个理念。

（一）民生理念：交通建设与人的协同

交通建设充分考虑、尊重、照顾所有交通线路相关人群的利益，处处体现"以人为本"的民生理念，进行选线，避免盲目集中，交通建设的根本目的是发展经济、改善民生，在建设过程中同样也要关注民生、保障民生。要确保施工人员的各项权益，严格执行劳动法的各项规定，为职工提供良好的劳动条件，要处理好关系群众切身利益的问题，不能在没有做好群众工作、开展信访评估的情况下开工建设，切实依法维护好城镇拆迁户、失地农民的权益。

（二）环保理念：交通建设与自然的和谐

我国在环境保护方面有很多法律法规，对于工程建设也有相关的标准与程序，但以往的交通建设对于保护生态环境大多缺乏足够的认识。在交通建设的同时应把环保、绿色交通等理念渗透到整个建设的各个环节，结合沿线地形地貌、水文地质、生态环境、人文环境、路网构成等因素，主动打造资源节约、环境优美的生态绿网。在建设过程中始终坚持节约资源、就地取材、高效利用可利用的资源；遵循"不破坏就是最好的保护"的原则，有效保护沿线的生态；做好景观营造，比如减少对沿线山体、植被等的破坏与遮挡，充分展现自然风光，达到自然景观与再造景观的和谐统一；用植被护坡取代传统的圬工护坡，因地制宜、灵活多样选择物种，营造多元搭配、错落有致的自然景观等。在我国，建设资源节约型、环境友好型社会是一项长期的战略任务，交通运输行业是能源资源消费和温室气体排放的重点领域之一，根据国家对节能减排的总要求，交通运输业节能减排的任务非常艰巨；交通运输发展面临着土地、岸线等资源紧缺的刚性约束将进一步强化，环境和生态保护任务更加繁重，推进资源节约和环境保护，促进经济发展模式向高能效、低能耗、低排放模式转型，对交通运输绿色发展提出了更加迫切的要求。因此，必须树立绿色、低碳发展理念，以节能减排为重点，加快形成资源节约、环境友好的交通发展方式和消费模式，构建绿色交通运输体系，实现交通建设与资源环境的和谐统一。

（三）创新理念：交通建设与科技的结合

交通建设的创新理念主要体现在三个方面：一是整个项目的建设突破了传统模式，借鉴现代管理科学发展的新成果，使用了全新的管理思想、管理知识与管理手段。此外，通过一体化信息平台的开发建设，实现了"建""管""养"无缝衔接和过渡。二是在建设中积极探索和实践，大量研发和采用新材料、新工艺、新技术，借鉴成功案例的经验，着力打造无障碍立体交通网络。如新型 SEAM 改性沥青混合料设计与修筑技术提高了路面的耐久性；湿法、客土喷播技术在营造更加优美景观的同时，也获得了更好的环境与生态效益等。三是随时代的进步，交通建设还处于不断扩展之中，其中尤其不能忽视信息交通。信息交通即通信，指运用一定传递手段在不同地域的人们之间进行的信息传递，完全适合交通内涵的界定。与公路交通、铁路交通、河海船运交通和航空交通等实体交通（相对于信息交通家族，可称之为实体交通的家族）相比，通信有所不同。一是信息交通传递的内容形态不显著，甚至完全无形；重量不显著，甚至完全无重，如数据、文字图片、声音等。二是传递手段比较特殊。信息交通的传递手段主要是通信设施，包括通信线路和通信纽，相当于实体交通设施中的通路和站点，至于与实体交通中运动性的交通工具相对应的通信工具，往往不太明显，它的功能实际上融合于通信设施和通信线路终端设备之中了。但信息交通在内容和手段上的特性并不妨碍其作为交通系统一部分的性质，相反正是交通形式多样性的体现。何况信息交通与实体交通在本质交通通人和主要标志（客体物区域性位移）上是完全一致的，在经济性上也是没有差别的。实体交通以运载手段的差异为分类标准，同样，信息交通也可以根据传递手段的差别划分成若干具体形式。信息交通的主要形式有有线电通信、无线电通信、激光通信、运动通信、简易信号通信等。历史发展到 20 世纪后半期，信息革命的浪潮一波未平一波又起，人们已经开始用信息时代来概括当代的特征，信息交通的地位随之如日中天。如同调整公路实体交通带来新气象一样，信息高速公路的出现也引发了信息交通的大跃进，信息高速公路正是信息时代信息交通的标志。信息高速公路的正式名称是互联网络，即将贮藏着大量信息的电脑互相连接而形成的网络。现代电脑，尤其多媒体电脑能够将文、图、声、像、视等多媒体信息融为一体，进行统一处理。将不同的电脑进行联网，人们既可足不出户而知天下事，又可随时与全球各地的联网用户交谈、沟通。随着电脑的日益普及，互联网络的规模日趋庞大，人们用打一次国内电话的钱，就可以向世界任何一个地方发出一封电子邮件或一道数学方程式，就可以得到小至一个人大到一个国家的多方面信息，同时也可以参加各种国内和国际的学术会议。

（四）开放理念：交通建设促进经济发展

交通项目服务于经济建设，同时也需要经济发展的支持。交通建设应运用开放理念，实现交通建设与经济的和谐共存与共同发展。首先，交通建设的选线布局着眼于区域经济大系统，将发挥能源和旅游大动脉的作用，带动地方经济，造福一方百姓，满足了区域工业化进程加快和产业结构调整对能源、原材料运输需求，满足城市群经济一体化发展对交通运输的要求，串联沿线旅游景区，集约开发旅游资源，满足百姓出行方式和消费观念变化对交通基础设施与服务水平的需求，满足城市化和城乡协调发展的交通需求。其次，交通建设应采取多元化的投融资方式，并确定开放式的公路养护招投标机制，确保工程的顺利推进和后期养护工作的顺利开展。最后，交通建设以线路主要经营为依托，对沿线非路产资源进行深度开发，从旅游、物流、矿产资源、休闲度假、餐饮等方面入手，开展多元化经营，拉长交通项目的产业链，全方位提升沿线经济带动效应的综合开发设想。

三 贵州省交通建设的解析

由上文对交通建设内涵的一系列论述，可进一步明确对交通建设内涵的理解，而对于贵州省等欠开放、欠发达的落后地区来说，其交通建设遇到了国家扶持发展的最好机遇。

（一）交通建设的核心要义是紧抓机遇、跨越发展

"要致富，先修路"，这是改革开放初期人们对道路重要性的概括。贵州省既是我国西部多民族聚居的省份，也是贫困问题最突出的欠发达省份。贫困和落后是贵州省的主要矛盾，贵州省发展既存在着交通基础设施薄弱、工程性缺水严重和生态环境脆弱等瓶颈制约，又拥有区位条件好、能源矿产资源富集、生物多样性良好、文化旅游开发潜力大等优势；既存在着产业结构单一、城乡差距较大、社会事业发展滞后等问题和困难，又面临着深入实施西部大开发战略和加快工业化、城镇化发展的重大机遇；既存在面积广、数量大、程度深的贫困地区，又初步形成了带动能力较强的黔中经济区，具备了加快发展的基础条件和有利因素，正处在实现历史性跨越的关键时期。国发2号文件针对"实施西部大开发战略以来，贵州省经济社会发展取得显著成就。但由于自然地理等原因，贵州省发展仍存在特殊困难，与全国的差距仍在拉大。目前，贵州省进入了历史上发展的最好时期，需进一步促进贵州省经济社会又好又

快发展"提出了 11 个大的未来发展方向及目标规划，共 54 条要求。其中"加强交通基础设施建设，提高发展支撑能力"，放在了优先位置。文件中提出"坚持把交通基础设施建设放在优先位置，按照统筹兼顾、合理布局、适度超前的原则，加快构建现代综合交通运输体系，打破交通瓶颈制约"。这说明交通基础建设在贵州省整体经济社会又好又快发展中处于优先地位，搞好了交通基础建设，其他产业的才能长足地进行发展。同时，也为乡镇、建制村等发展提供条件。

中央领导同志要求贵州省用十年时间基本解决交通问题，国发 2 号文件要求把贵州省建设成为西南重要陆路交通枢纽，加快构建现代综合交通运输体系，打破交通瓶颈制约，这些要求符合贵州省实际，更是贵州省各族人民的热切期盼。贵州省将始终把交通建设放在优先发展的战略位置，进一步完善工作机制，始终用好每一笔资金，密切与交通运输部的沟通、交流和衔接，把《贯彻落实国发 2 号文件、加快推进贵州省交通运输科学发展会谈纪要》明确的各项工作和交通运输部给予贵州省的支持措施落到实处，千方百计促进贵州省交通运输和西部交通综合运输体系的建设与发展，以优异的成绩回报党中央、国务院的关心厚爱，回报交通运输部的支持帮助。希望交通运输部进一步关心支持贵州省发展，支持贵州省提高道路建设标准和管理水平，减少各类交通事故的发生。①

李盛霖说，加快贵州省交通运输事业发展，事关贵州省 2020 年能否与全国同步建成全面小康社会，这是党和国家工作的大局。交通运输部将以高度的政治责任感和对贵州省特殊的深厚感情，和贵州省一起全面落实好国发 2 号文件对交通运输工作的要求，帮助贵州省早日彻底解决交通问题。

赵克志希望交通运输部进一步支持贵州省通村油路建设，帮助统筹省际公路通达建设，实现贵州省与成渝、长株潭、珠三角、北部湾、滇中等地区的全面合作。

交通对于贵州省来说，历来就是个大难题，国发 2 号文件对此明确提出：坚持把交通基础设施建设放在优先位置，按照统筹兼顾、合理布

---

① 《国务院关于进一步促进贵州省经济社会又好又快发展的若干意见》（国发〔2012〕2 号）。

局、适度超前的原则，同时还对贵州省的能源设施和信息网络化设施的建设作了要求，这对加快构建贵州省现代综合交通运输体系，打破交通瓶颈制约进一步促进贵州省经济社会又好又快发展，是加快脱贫致富步伐，实现全面建设小康社会目标的必然要求；是发挥贵州省比较优势，推动区域协调发展的战略需要；是增进各族群众福祉，促进民族团结、社会和谐的有力支撑；是加强长江、珠江上游生态建设，提高可持续发展能力的重大举措。加快发展是贵州省的主要任务，就"贵州省发展既存在着交通基础设施薄弱等瓶颈制约"来说，要落实国务院"促进贵州省经济社会又好又快发展"，交通基础建设为重中之重，要致富，必须先修路。

（二）交通建设的基本途径是总结经验、强夯落实

近几年来，贵州省交通建设的跨越式发展，不仅打破了瓶颈，还逐步成为构筑动脉、对接各省、连通外界的一个不可或缺的渠道。

1. 陆路建设

（1）贵州省高速公路网规划情况：根据《国家高速公路网规划》和《贵州省骨架公路网规划》，到 2020 年，贵州省规划的高速公路规模为 3090 千米（根据已建成和开展前期工作情况统计，未含重复里程）。

属于国家高速公路有 5 条，长 2248 千米。兰州至海口公路贵州省段，长 528 千米。该路段与重庆至湛江国道主干线重合；上海至昆明公路贵州省段，长 629 千米，该路段与上海至瑞丽国道主干线重合，其中麻江—贵阳下坝段 100 千米与兰海高速重合；杭州至瑞丽公路贵州省段，长 605 千米；厦门至成都公路贵州省段，长 572 千米，其中贵阳下坝至清镇段 48 千米与沪昆高速重合，纳雍至毕节段 65 千米与杭瑞高速重合；汕头至昆明公路贵州省段，长 127 千米。

属于省规划的地方高速公路的有 5 条，长 800 千米。铜仁至玉屏，长 70 千米；赤水至马场坪，长 380 千米；大方至织金，长 60 千米；晴隆至兴义，长 100 千米；六盘水至兴义，长 190 千米；建设联络线及出口高速 42 千米。

（2）贵州省高速公路"十五"规划、"十一五"规划。"十五"期间，贵州省累计改造公路达 2.3 万千米。全省公路里程达 4.8 万千米，其中高速公路 678 千米，二级以上公路 3524 千米，等级公路 4.1 万千米，所有全省乡（镇）已通公路和 89.9% 的行政村通机动车，初步形成城乡

连接、干支结合、四通八达的公路网。"十一五"期间,贵州省计划将完成固定资产投资 820 亿元,比"十五"增长 71%。将在 2007 年全面完成贵州省境内的国道主干线建设。"十一五"期末公路总里程将达到 50000 千米(不含农村公路),其中高速公路达到 1278 千米,全省二级以上公路里程将从"十五"期末的 3298 千米提高到 7567 千米,占总里程的 15.13%。

(3)贵州省公路建设现状:到 2011 年年底,全省建成通车的高速公路共 10 段约 516 千米。至此,全省高速公路里程达到 2023 千米。新增 10 个县通高速公路,全省通高速公路及路网结构改造投资 21.4 亿元,农村公路投资 38.2 亿元;建成通乡油路 525 千米,新增 36 个乡镇通油路;建成通村油路 2583 千米,新增 466 个建制村通油路的县从 2010 年的 37 个增加到 47 个。

2011 年年末公路通车里程为 15.64 万千米;建成通村公路 3034 千米,新增 295 个建制村通公路。乡镇通油路率达 99.10%,建制村通油路率达 36.34%,建制村通公路率达 99.45%。农村公路通车里程达 14.59 万千米。

2012 年,全省计划完成公路水路交通固定资产投资 600 亿元,比 2011 年计划完成投资 520 亿元增长 15.4%。总体目标任务是:继续强力推进县县通高速公路体系建设,加快建设在建的 2687 千米高速公路,力争建成高速公路 600 千米左右;加快国省干线公路建设,提高路网技术等级和服务能力,建设国省干线公路项目 400 千米;加快农村公路建设步伐,建成通乡油路 480 千米、通村公路 4691 千米,实现 100% 的乡镇通油路、100% 的建制村通公路,实现 100% 乡镇通沥青(水泥)路和 100% 的建制村通公路的"双百"目标。大力实施建制村通油路工程,建设通村油路 8000 千米;继续建设一批公路客运场站项目,继续推进乌江航运建设工程等内河水运项目建设,继续建设一批农村客运站和农村渡口项目。①

从上述统计数据看,最近几年,贵州省公路建设速度在加快,投资在逐渐加大,交通运输的主动脉之一。贵州省 83 县中只有 47 县通高速,距县县通高速目标还较远,高速公路网络还未完全形成。与其他省、自

---

① 贵州省交通运输厅网站中相关文件及数据。

治区、直辖市相比较，贵州省的公路建设明显落后。

所以，必须加大公路建设力度。加快建设国家高速公路网贵州省境内路段，推动银川至龙邦、都匀至西昌、毕节至兴义、成都至遵义等公路项目建设，打通连接周边地区的公路通道。完善省内干线公路网络，建设松桃经铜仁至黎平、赤水经正安至沿河、贵阳至瓮安、清镇至黔西、安康经南川至麻江、赤水经罗甸至百色等路段，力争相邻市（州）通高速公路。扩大国省道路网覆盖范围，加大国省干线改造力度，基本实现具备条件的县城通二级及以上标准公路。到2020年基本实现村村通油路。加快重点城镇、重点工矿区与高速公路的快速联络线和专用公路建设。推进重要节点客货站场和农村客运站场建设。

2. 水运建设

贵州省地处我国西南腹地，与川、渝、湘、滇、桂等省（市、区）接壤，拥有良好的区位优势。但山地和丘陵占总面积的97%以上，公路建设成本巨大。而贵州省江河众多，分属长江、珠江两大水系上游，航运资源非常丰富，水运条件优越且历史悠久，为构建现代交通网络体系提供了支撑。

《贵州省水运发展规划（2012—2030年）》（以下简称《规划》），提出用20年左右时间，形成北入长江、南下珠江、干支相通、江海直达，与其他运输方式及周边省（市、区）水运有效衔接、协调发展的全省水运体系，为贵州省后发赶超、跨越发展提供畅通、高效、绿色、安全的水运服务。贵州省4000万吨自然资源迫切需要解决水上运输问题，同时，5000万吨水运能力待发挥，因此，如何更好地发挥水运优势成为当前的重头戏。

贵州省对构皮滩、思林、沙沱、彭水和银盘等水利枢纽通航设施建设和运行情况进行调研，旨在找准制约乌江水运发展的瓶颈问题，探讨抢救性解决阻碍航闸坝建设措施和方案。同时，与重庆市共谋乌江水运扩能大计，合力构建现代综合运输体系。

过去贵州省水运是以电为主、兼顾航运，现在指导思想基本明确，就是以航为主、以电养航、航电并举、循环发展。当前，贵州省水运能力定位在5000万吨，其中乌江水运1500万吨；南盘江、北盘江、红水河水运2000万—2500万吨；赤水河水运1000万吨；其余是库区和支流的水运，具备水运发展的一定条件，待开发从而发挥其优势。

　　而当前贵州省存在航道运力较低，同时船闸阻碍提升航道运力的难题。此外，作为重要的北上长江的乌江流域，目前未与上游重庆市形成联动，比如说营盘、彭水这两处水利枢纽以及即将建成的白马水利枢纽，若将原有的航运能力提升为 2000 万吨，就可以形成大乌江流域，列入国家黄金水域网发展。

　　贵州省正与重庆市商讨两方共同修编乌江航运规划，从而把乌江水运规划纳入长江黄金水道的重要组成部分和武陵山区交通扶贫规划里，以争取中央财政支持。目前，贵州省与重庆市已初步达成合作意向。

　　2011 年国发 2 号《国务院关于加快长江等内河水运发展的意见》把内河水运发展上升为国家战略，为贵州省与全国同步构建现代水运体系确定了时间表。《国务院关于进一步促进贵州省经济社会又好又快发展的若干意见》，是为贵州省量身定制的第一个全面系统促进经济社会发展的纲领性文件，立足水运资源较为丰富的优势，贵州省积极发展水路运输，规划研究打通西南地区连接长三角、珠三角地区的水运通道，重点推进红水河龙滩、乌江构皮滩等水利枢纽通航设施建设，支持都柳江干流航电结合梯级开发，因地制宜发展库区航运特别是旅游客运。以构皮滩、龙滩等水利枢纽过船设施建设为重点的出省水运主通道建设取得突破性进展，打通乌江、南盘江—北盘江—红水河两条出省水运主通道；航道整治与航电枢纽建设相结合，全面推进清水江、都柳江出省水运辅助通道建设，全面完成赤水河出省水运辅助通道建设，全省年水路运输量突破 5000 万吨；地区重要港口建成一批规模化、专业化港区；实施一批库区航运、旅游航运、支持保障及便民停靠点工程，贵州省水运支撑沿江经济发展、旅游资源开发和服务库区、山区等交通不便地区居民出行等方面的作用显著增强。贵州省水运资源得到合理开发利用，基本建成以乌江、南盘江—北盘江—红水河两条出省水运主通道为骨干，以赤水河、清水江、都柳江三条出省水运辅助通道为补充，以库区航道、旅游航道为基础的全省航道体系，全省年水路运输量达 1 亿吨；基本实现港口集约化、专业化；运输船舶实现标准化、专业化、大型化、环保化、结构合理化；建成与港航基础设施、腹地运输需求相适应的全省支持保障系统。建成了一批地方小码头，洪家渡库区航运工程建设进展顺利，九洞天—木空河航道整治和木空河、九洞天、云盘、洪家渡等码头主体工程已完工待验收。开工建设了贵州省第一条高等级航道西南水运出海中线通道（贵州省段）工程。建设农村渡口改造项目 230 个。基本完成了国家规划的乌江高等级航道建设工程前期工作，三板溪库区航运建设前期工作正在抓紧进行。

3. 航空建设

"十一五"期间，贵州省建成了安顺航空城、贵阳经济技术开发区、贵阳高新技术开发区 3 个国家级装备制造业产业园区，中国航天科工集团、法国航空航天与防务安全集团（SAFRAN）、赛峰集团等多家中外知名航空航天企业在黔落户。

贵州省航天工业有限责任公司以贵阳高新区和遵义航天军转民特色产业区为平台，加大产品开发和市场开发力度，一批具有自主知识产权的产品取得了较好的市场业绩并表现出较大的发展潜力，民用产业累计收入 144.85 亿元，是"十五"期间的 3.26 倍。

2011 年年初颁布的国发 2 号文件中，国家层面也对贵州省航空航天产业的发展提供了大量政策支持。国发 2 号文件提出，要重点发展贵州省航天装备制造业，支持安顺民用航空产业国家高技术产业基地加快发展，建设通用飞机、无人机、教练机等生产和试训基地，配套发展通用航空产业。同时，还要依托贵阳、遵义国家级开发区，加快发展航天产业，加强航空合作，培育航班，加密航线。要把贵安新区建设成为内陆开放型经济示范区，形成以航空航天为代表的特色装备制造业基地和重要的资源深加工基地，让贵州省丰富的资源能够得以充分的开发。

4. 立足统筹发展加强水陆空运输衔接

贵州省地处西南腹地，它的地理位置决定了贵州省的交通发展对西南地区乃至全国的公路网结构的改善有着极其重要的作用。贵州省公路主干线的建设不仅对本省经济发展有着举足轻重的拉动作用，而且对四川、重庆、云南的出海物资的运输，对两广及中南地区也有相当大的推动。贵州省交通运输厅主要负责人表示，未来一个时期，贵州省水运将迎来前所未有的战略发展机遇期。全省水运发展将以全面提升水运服务全省经济社会发展能力为主线，坚持立足贵州省跳出贵州省，加强与沿江省（市、区）合作，推进水运发展；坚持立足实际适度超前，科学谋划，最大限度地发挥水运能力；坚持立足统筹发展，加强水、陆、空运输衔接，着力构建综合立体交通运输体系。贵州省将突出规划引领，按照"总体规划、分步实施、重点突破、有序推进"要求，完善水运发展规划，争取国家更大的支持；主攻航道建设，加快国家级航道建设，打通水运出省主通道并提高等级，提升水运通行能力；突破闸坝碍航，强化协调，全力攻坚，抢救性突破制约全省水运发展的最大障碍；着力产业培育，利用水运运能优势，加快临港区域建设，带动地方船舶建造、旅游、仓储、装备制造等产业发展；创新机制保障，制定加强水运发展的政策措施，强化联动协调机制，拓宽投融资渠道，形成政府引导实施、部门通力协作、社会参与的水运发展格局。

为落实《国务院关于进一步促进贵州省经济社会又好又快发展的若干意见》，还需加大交通建设力度。"交通畅、百业兴"，城镇化进程才能大大加快，整个经济格局发生了巨大变化，贵州省的矿产、能源、旅游资源进一步得到发挥，经济实力增强，后来居上的贵州省将会以新的面貌在西南放出夺目的光彩。

第四节　交通建设的主要作用

一　相关概念

（一）交通

《辞海》对交通的解释为："各种运输和邮电通信的总称。即人和物的转运和输送，语言、文字、符号、图像等的传递和播送。"我国第一部大百科全书《中国大百科全书·交通卷》对交通的解释则为："交通包括运输和邮电两个方面。运输的任务是输送旅客和货物。邮电是邮政和电传的合称。邮政的任务是传递信件和包裹，电信的任务是传送语言、符号和图像。"由上述解释可以看出，运输、邮政通信的共同特点都有传递之意，它与我国春秋时期齐国管仲所撰《管子度地》中"山川涸落，天气下，地气上，万物交通"，及晋代陶潜所撰《桃花源记》中"阡陌交通，鸡犬相闻"，即与交通是"彼此相通或往来通达"的论述相近。

但是，随着科学技术发展伴随而来的专门化物质传输系统的形成，人们对运输这一概念认识的深化，不仅已经不把输电、输水、供暖、供气等形式的物质位移列入运输的范围，而且也已不再把语言、文学、符号、图像等形式的信息传输列入运输的范围。据此，从专业角度出发，一般可以认为，交通是指"运输工具的运输网络上的流动"。事实上，随着社会的进步、经济的发展、物资的位移、人员的流动，运输工具（交通工具）也越来越多地被使用，因此交通的含义习惯上是指运输工具在运输网络上的流动。

根据运输网络范围的不同，交通可分为全国交通、区域交通和城市交通。但也应该指出，"交通"一词在很多场合是专指城市即交通工具在城市交通网络上的流动且侧重于指城市道路交通。

（二）运输

"运输"这一词语在日常生活、专业领域和科学研究中，应用十分广泛。《辞海》对"运输"的解释是："人和物的载运和输送。"也就是说，运输是指借助公共运输线及其设施和运输工具来实现人与物空间位移的一种经济活动和社会活动。但是，在国民经济与社会生活中发生的人与物在空间位置上的移动几乎无处不在，运输只能是指一定范围内的人与物的空间位移。例如，经济活动中的输电、输水、供暖、供气和电信传输的信息等，虽然也产生物质位移，但都已各自拥有独立于运输体系之外的传输系统，它们完成的物质位移已不再依赖于人们一般公认的公共运输工具，因此它不属于运输的范围；又如，一些由运输工具改作他用的特种移动设备（包括特种车辆、船舶、飞机）行驶所引起的人与物的位移，虽然利用了公共运输线，但它们本身安装了许多为完成特种任务所需的设备，其行驶的直接目的并不是完成人与物的位移，而是为了完成某项特定工作，也不属于运输的范围。此外，在工作单位、家庭周围、建筑工地由运输工具所完成的人与物的位移，由某种工作性质引起的位移，在娱乐场所人的位移，这些位移也都不属于运输的范围。

（三）交通与运输的关系

从对交通与运输两个概念的论述中可以看出，交通强调的是运输工具（交通工具）在运输网络（交通网络）上的流动情况，而与交通工具上所载运人员、物资的有无和多少没有关系。运输强调的是运输工具上载运人员与物资的多少、位移的距离，而并不是特别关心使用何种交通工具和运输方式。交通量与运输量这两项指标的概念最能说明这一点。例如，在公路运输中，公路交通量是指单位时间内（如1昼夜或1小时）通过某路段道路的车辆数，它与运输对象无关，若说某路段的昼夜交通量是1000辆车，这1000辆车都是空车或都是重车，或空重都有，都不会使交通量有任何改变。运输量则不同，它是指一定时期内运送人员或物资的数量。空车行驶不产生运输量，即使都是重载，如果运输对象在每一车辆上的数量不同，所产生的总运输量也会出现不同的情况。在铁路运输中，行车量与运输量的关系也是如此。

显然，交通与运输反映的是同一事物的两个方面，或者说是同一过程的两个方面。这同一过程就是运输工具在运输网路上的流动。两个方面指的是：交通关心的是运输工具的流动情况（流量的大小、拥挤的程度），运输关心的是流动中的运输工具上的载运情况（载人与物的有无与多少，将其输送了多远的距离）。在有载时，交通的过程同时也就是运输的过程。从这个意义上讲，由交通与运输构成的一些词语中，有一部分是可以相互替换使用的，如交通线与运输线、交通部门与运输部门、交通系统与运输系统等。因此，可以说，运输以交通为前提，没有交通就不存在运输；没有运输的交通，也就失去了交通存在的必要。交通仅仅是一种手段，而运输才是最终的目的。交通与运输既相互区别，又密切相关，统一在一个整体之中。

（四）运输的作用

运输的作用是克服产品的生产与需求之间存在的空间和时间上的差异。通过时间和空间的变动，运输对产品进行了增值，也就是创造了时间和空间效应。

运输有利于开拓市场，早期的商品交易市场往往被选择在人口相对密集、交通比较便利的地方。在依靠人力和畜力进行运输的年代，市场位置的确定在很大程度上受人和货物可及性的影响。对于多数人来说，交通相对便利、人和货物比较容易到达的地方会被视为较好的商品交换场所。久而久之，这个地方就会变成一个相对固定的市场。当市场交换达到一定规模后，人们又会对相关的运输条件进行改进，例如改善道路（或通航）条件、增加一些更好的运输器具，以适应和满足市场规模的不断扩大。

随着技术的发展，运输手段不断改善，运输效率不断提高，运输费用也不断降低。运输费用的降低使市场的引力范围不断扩大，商人可以从离市场更远的地方采购货物在市场上出售。由此，运输系统的改善既扩大了市场区域范围，也加大了市场本身的交换规模，为大规模的商品销售提供了前提条件。

运输是经济发展的必要条件，运输可以使流动资本从某一个地区释放出来，而在别的地方作为固定资本产生更大的效益。运输条件的改善可以帮助克服生产中的"瓶颈"状态，从而进一步促进经济扩张。运输经济学家认为，运输对促进地区的经济发展方面发挥三个作用：运输是生产过程中的一种要素投入，使商品和人员能在生产和消费中心之间和内部流动；运输的改善通过改变要素成本而可以改变生产可能性函数，特别是它可以降低与生产过程密切联系的库存水平；流动性提高，产生生产和包括乘数效应在内的间接效应。因此，交通运输对经济的影响是巨大的。[①]

（五）交通运输业对区域经济发展的推动作用

交通项目的通车运营，改善了区域内及区域间的运输条件，使区域社会发展的空间结构趋于更加合理，从而对区域社会发展的各个方面产生了综合影响。

人类的各种经济活动都是在一定的空间内进行的。社会经济空间是社会经济活动中物质、能量、信息的数量及行为在地理范畴中的广延性存在形式，即其形态、功能、关系和过程的分布方式和分布格局同时在有限时段内的状态。社会经济活动的空间结构，是一定区域范围内社会经济各组成部分的空间位置关系以及反映这种关系的空间集聚程度和规模。从区域开发与区域发展的大量实例可以看出，空间结构在区域经济社会发展中的影响是非常突出的，是区域发展状态本质反映的一个重要方面，是从空间分布、空间组织的角度考察、辨认区域发展状态和领域社会经济有机体的"罗盘"。

区域经济学中的空间决定论认为，要使一个区域获得大规模开发和迅速发展，必须首先发展交通和通信网，即空间—距离—可达性对区域经济发展具有先决性。这一理论明确指出交通基础设施在区域经济发展中所具有的重要地位。交通基础设施的影响和作用可以进一步通过区域科学的引力模型来解释（Bauen and Boyce，1986）；交通设施的便利降低了两地间往来的运输成本（包括货币或时间），从而提高了区域内潜在目的地的空间可达性（或吸引力），促进了区域中各种社会经济活动在空间中的相互作用。当一个区域具备这种区位优势时，就会产生一种引力，有可能把相关企业和生产力要素吸引过来，在利益原则的驱动下，形成

---

① 刘南：《交通运输学》，浙江大学出版社 2009 年版。

产业布局上的相对集中和聚集，从而促成该地区经济的发展。这种引力就称为区位优势。

交通运输普遍存在于人类的社会经济活动中，它为经济活动提供空间联系的环境，区域社会经济系统中经济要素的排布、经济活动的空间格局和基本联系，都首先要依靠交通运输、以运输网为基础形成经济活动的地域组织。运输网的不断加强、扩展和综合化，加上其他方面的基础设施，再加上商业关系、金融关系和企业间的分工协作及集团化联系等，就构成了现代经济空间结构变化的基础。因此，交通运输是社会经济空间形态形成和演变的主要条件之一。W. 埃萨德在《区位与空间经济》一书中指出：在经济生活的一切创造革新中，运输工具的革新在促进经济活动和改变工业布局方面，具有最普遍的影响力。

交通运输对区域经济社会发展的巨大作用在于：通过提高区域的空间可达性（所谓空间可达性是指一个区域与其他有关区域进行物质、能量、人员等交流的方便程度，其内涵是区域内部及区域之间社会经济联系的方便程度），可以改善区域社会经济空间结构的合理性，增强区域内部以及区域之间社会经济的有机联系，促进区域社会经济的协调发展。现代经济发展的历程也表明，从空间分布的角度看，现代经济的发展总是首先在运输资源相对丰富的地区或区域形成增长极。经济增长极之间通常都存在较强的相互作用，并在它们之间形成"经济场"，从而对它们之间的地区和其他地区产生经济极化作用，带动整个经济更有效与更有序的发展。

二　各交通运输系统及作用

（一）公路

大规模的公路交通建设，不仅能有效地带动一大批相关产业的发展，而且其设施的改善和水平的提高，又能刺激那些需要提供产品服务的企业及居民的消费，有力地刺激国内需求。

公路交通干线的建设和运营通过提高沿线各地区、各城市的可达性，使其经济地理位置，尤其是交通地理位置发生变化，从而改变其区位优势，促进区域发展。与此同时，公路交通干线的建设和运营也促进了沿线地区土地资源的合理利用，使农业专业化、集约化、工业化及现代化水平得以提高，从而大大加快了城市化进程。

1. 公路交通建设作用

（1）有效地拉动内需促进区域经济增长。公路建设过程中，由于国民经济各产业部门的产业链关系，在公路建设引起相关部门效应增加的基础上，又会引起其他产业部门效应的增加，从而促进区域经济的增长。

（2）促进区域产业结构优化。公路项目的建成，改善了沿线的交通条件，有利于统一市场的形成，而市场竞争所形成的淘汰机制，又会促进不同产业之间的调整组合，推进区域经济一体化、产业发展规模化、企业经营集约化，从而在整体上促进产业结构的调整。

（3）促进区域投资增长。交通条件的改善拉近了大中城市、交通枢纽、工业中心的时空距离，为企业的发展提供了良好的投资环境。各类开发区、工业园邻路而建，足以证明公路建设项目对区域投资增长的贡献。区域投资的增长带动了地区对优势资源的开发，形成了新的优势产业，促进社会经济系统向更高阶段演化。

（4）促进自然资源开发。公路项目的建成，为自然资源开发提供了运输服务的支持，为经济潜能转化为经济效益提供了一种动力。而且交通条件的改善降低了生产部门产品和原材料的运输成本，生产部门在获利的同时有可能会增加对自然资源的需求，使自然资源的开发力度加大。

（5）促进国土开发和土地增值。公路项目的建设可改善沿线区域的交通状况、基础设施水平和投资环境，从而改变了区域的投资需求，使沿线的土地增值。

（6）促进人力资源开发。公路建设项目不仅在建设期和营运期产生在该项目上的就业岗位，而且由于项目的建成，会刺激其他需求的增长，吸引其他地区的人口、劳动力向沿线经济地带聚集，促进了人口、劳动力由农村向城镇，由经济落后地区向经济发达地区转移。

（7）促进旅游资源开发。公路建设项目促进旅游资源开发的效益，一是促进原有旅游景点的效益增加，二是促进新旅游景点开发的效益。

（8）促进区域生活水平的改善。公路建设项目对区域生活水平的改善主要表现在区域医疗、卫生条件、文化娱乐活动、城镇化水平、收入水平和消费水平等方面。

（9）促进人们思想观念的转变。公路项目的建设使地区之间的往来更方便，经济、信息的交流得到加强，使人们的思想观念发生变化、生活效率提高，从而使公路沿线的社会经济加速发展。

（10）促进区域出行的变化。出行变化反映了一个地区社会环境的改变，在一定程度上体现了社会发展水平，它是衡量公路建设项目对区域社会发展进步影响程度的重要标志之一。

（11）促进外贸发展和对外投资。公路建设项目对于改善投资环境，提高沿线地区的区位优势，增加外商的投资力度有重要的影响，同时也间接影响对外贸易的发展。

（12）促进国际文化交流。公路项目的建成缩短了地区之间的时空距离，有利于科学技术的传播和教育事业的发展，有利于人们拓宽视野、深化认识、转变思维、积极参与国际国内的经济活动，从而引起国民生产总值的增加。[①]

2. 高速公路

高速公路是专供汽车行驶的专用公路。高速公路严格限制出入，往返车辆在分隔的车道上快速行驶，全部采用立体式交叉口，采用较高的设计技术指标，配备完善的交通设施，从而为大量汽车快速、安全、舒适快捷地运行提供了条件和保证。在我国，高速公路是全国公路网中的主骨架和干线公路的主要形式，且绝大多数高速公路是收费的。

高速公路是在普通公路的基础上，采用现代筑路施工技术、现代通信技术、现代控制管理技术和现代运输技术等一系列最新科技成果，所建立起的资金密集、知识技术密集型的现代交通运输系统，它具有其他多种运输方式所不具备的多方面特性。

一是运行速度快、运输费用省。高速公路高标准的路面和通道式布局定向，无干扰全天候运行，大大增加了运输的可靠性，使汽车这一运输工具的潜能得到了最大限度的发挥。据调查，高速公路的平均车速约为100千米/小时，最高可达150—200千米/小时，而一般公路只有20—50千米/小时。由于车速的提高，降低了油耗、车损和运输成本，缩短了运行时间。此外，高速公路由于采取了控制出入、交通限制、分隔行驶、自动化监控等确保行车快速、安全的有效措施，使交通事故率比一般公路大大减少。据统计，高速公路的事故率和死亡率只有一般公路的1/3—1/2。

二是通行能力大。通行能力是指单位时间内道路容许通过的车辆数。高速公路上下多重车道、并行无干扰开道运行，使单位时间内的容许流量大幅度增加。一般双车道公路的最大通行能力为5000—6000辆/昼夜，

――――――――――

① 任宁：《公路交通建设与社会经济发展的关系分析》，《现代经济信息》2010年第3期。

而一条四车道的高速公路的最大通行能力为 2.5 万—5.5 万辆/昼夜，相当于 7—8 条普通公路的通行能力，而六车道或八车道的高速公路可达 7 万—10 万辆/昼夜。高速公路的建设，还有力地促进了汽车运输业的发展。

三是有效发挥了汽车这一载运工具灵活、方便的特性，加快了与铁路、航空、港口和管道等多种运输方式的衔接，特别是与高速铁路、民航等现代运输方式组合所形成的高速综合运输网络，更使社会经济运行的效率和水平大大提高。

高速公路的特点：通达率高、覆盖面广，与其他公路、铁路、机场等联系在一起，更具有机动灵活、组织多样、产品齐全等比较优势和技术经济特点，既可以通过干线高速公路发挥大动脉的作用，又可以通过支线公路起到微循环的作用，实现客运"零距离"换乘、货运无缝隙衔接，做到人便于行、货畅其流。[①]

（二）铁路

铁路是一种适宜于担负远距离的大宗客、货运输的重要运输方式。在我国这样一个幅员辽阔、人口众多、资源丰富的大国，铁路运输在目前甚至在可以预见的未来，都是统一运输网中的骨干和中坚。

优点：巨大的运送能力；廉价的大宗运输；较少受天气、季节等自然条件的影响，能保证运行的经常性和持续性；计划性强，比较安全、准时；运输总成本中固定费用所占的比重大（一般占 60%），收益随运输业务量的增加而增长。

缺点：始建投资大，建设时间长；始发与终到作业时间长，不利于运距较短的运输业务；受轨道限制，灵活性较差，必须有其他运输方式为其集散客货；大量资金、物资用于建筑工程，如路基、站场等，一旦停止营运，不易转让或回收，损失较大。

1. 铁路与国家政治和国民经济的重要关系

我国社会经济是在特定的地域、资源分布、人口、民族环境中发展的。虽然我国铁路营业里程在总量上尚处于短缺状态，路网结构对国土的覆盖性尚有较大差距，但在这一特定环境中，铁路运输仍然为我国社

---

① 林毓铭：《道路交通的应急功能分析与技术支持——以高速公路为例》，《科技管理研究》2011 年第 9 期。

会经济发展提供了强有力的支持（王慧炯等，2000）。

（1）联结全国和国民经济的纽带。我国国土面积居世界第三位，东西跨度 5400 千米，南北纵贯 5200 千米，是典型的大陆性国家；四大直辖市、各省会城市之间的直线平均距离 1400 千米。铁路运输以其运距长、连续性强、规模集约等性质，将全国和国民经济有机地联结起来，突破了地域辽阔对国家和国民经济整体性与联系性的空间阻隔。

（2）改变我国资源分布和工业布局非均衡性的大动脉。我国中西部、北部地区资源丰富，仅山西、陕西、内蒙古西部即"三西"地区的煤炭储量和产量目前就占全国的 59% 和 32%；木材一半以上产于东北，石油和矿冶材料多分布于东北、中部与西部地区。而东部地区工业发达，资源蕴藏稀缺，因而形成了东部能源、原材料的需求带与东北、中部、西部地区的能源、原材料供应带的经济格局。这一经济格局产生了大量的重质长途货流，铁路运输承担了我国重质长途货流的绝大部分市场份额。如目前我国每生产 1 万吨煤，其中由铁路输送的有 6000 吨左右；每生产 1 万吨钢，铁路要承运冶炼物资 3.5 万吨；每亿元工农业产值产出的相关物资运量，铁路承担 3.3 万吨；每亿元基本建设投资，铁路需运送 4 万多吨矿建材料。铁路所承担的长距离的北煤南运、两煤东运、北木南运、北油南运、西油东运，以其不可替代性克服了我国资源分布和工业布局非均衡性对国民经济发展造成的制约。

（3）改善我国地区间社会经济发展非均衡性的重要手段。由于历史和自然因素，我国存在许多经济发展较落后的地区。而经济落后地区的共性之一就是交通不便，导致缺乏与外部经济的联系，使这些地区的资源和产品无法在全国范围内与其他地区形成正常的交换和交流。我国若干经济落后地区一旦被铁路运输所覆盖或辐射，往往使其在更大空间范围内融入国民经济发展的整体，可以在与外部经济的联系中加快自身经济发展的进程。铁路对落后地区经济发展的带动，对缓解地区间社会经济发展的非均衡性发挥了极为重要的作用。

（4）旅客不同运距、不同层次运输需求的重要载体。无论是跨地域的长距客运，或中距离的城间客运，或是短距离的城市周边客运，铁路都以其安全、舒适、便利、速度的运输优势，满足了旅客不同距离的旅行需求。由于我国目前发展阶段所决定的收入水平普遍较低，铁路客运提供的不同档次、不同价位的运输工具，往往成为大多数人首选的出行方式，满足了不同收入和消费层次旅客的旅行需求。

我国近年来大量农业人口迅速由农业转向其他产业，这是中国由农业社会向工业社会转型的主要标志之一。这种转向往往伴随着农业人口跨地域、大范围的转移，铁路客运成为这种农业人口转移的主要运输工具，为中国由农业社会转型为工业社会做出了重要的贡献。

（5）为少数民族地区社会经济的发展提供了有效的支持。我国少数民族多聚居于国土的周边地区，或是交通难以通达的地区。这种在地理上与内地形成的天然阻隔，极大地限制了少数民族地区与内地的经济往来，成为少数民族经济发展的重要障碍。我国重点修建的若干条联结少数民族地区与内地的铁路通道，不但沟通了少数民族地区与内地的经济联系，极大地促进了少数民族地区的经济发展，而且成为带动少数民族进入现代文明社会的重要因素之一，加速了少数民族地区的社会进步。

（6）为社会、经济、政治稳定提供了重要保障。我国铁路承担并高效地完成了大量重点物资，因各种需要而必须紧急调运物资，救灾物资，国防以及国土开发的运输任务，在支援国家重点经济建设、增强抵御与救治自然灾害能力、保证国家稳定、加强国防边防、巩固国家的政治统一等方面发挥了极为重要的作用。

综上所述，铁路运输仍将是我国综合运输网络的主框架，工业化初期是货运为主的时代，且初级产品为主的大宗货物是主要运输货种，加之我国幅员辽阔，矿产、能源集中于西部，加工业集中于东南沿海地区，决定了铁路在相当长的时间内仍将是客运方式的主力，如果高速铁路和磁悬浮列车技术有所突破，其商业化运营将使这一趋势增大并加快。

2. 铁路的作用

铁路对我国市场经济有很好的支持作用。

（1）促进我国统一市场的形成。开放、发达的统一市场是市场经济体制的基本要求之一，而交通运输则是促进各区域市场交换以形成统一市场的必要条件。在市场经济体制的建立过程中，各区域的多种生产要素市场和消费市场的发展趋于深化，市场体系正在逐步形成，区域间的市场交换愈加频繁。在地域辽阔这一地理背景中，铁路所拥有的大通道、大网络运输优势，促进各类要素在一国范围内的流通与交易，从而有力地促进了全国统一市场的形成。

（2）促进资源空间形态的优化配置。市场经济的规定性之一是分工经济，分工的专业化与协作性导致了资源更高效率的配置。分工既有产业部门的分工，也有区域间的分工，而区域间的分工便产生了资源空间位移的需要。我国在市场经济体制的建立过程中，区域间的分工协作日益发达。铁路在中长距离且呈规模性的运输中所具有的不可替代的特点，使得资源位移突破了狭窄地域的限制，实现了在一国范围内的空间配置最大化。铁路运输为资源在更广阔的空间范围内优化配置提供了最为有效的载体。

（3）促进了市场广度的开拓和深度的开掘。市场的广度是与交通运输的通达程度成正比的。各种要素通过铁路运输进入不同地域的市场往往会有不同的价值与使用价值表现。某些要素在一个市场中仅表现为简单的、低程度的使用价值，而在其他地域的另一市场中却会表现为多样性的、高程度的使用价值。这一状况又决定了某些要素在一个市场中只能获得较低的价格，而在其他地域的市场则会获得更高的价格，从而使经济主体得到更高的收益。

（4）为经济主体的市场活动提供了低社会成本基础。在市场活动中，一个经济主体的经营成本决定了自身的收益程度，因而降低经营成本是任何经济主体市场活动的理性选择。而经济主体经营成本的降低是通过多种途径实现的，交通运输费用构成了经济主体现代市场活动的主要内容之一。铁路运输价格相对低廉，为经济主体运输成本的有效降低提供了最佳选择。铁路运输产品具有公共产品的性质，因此经济主体对铁路运输产品的选择会降低社会经济的整体运行成本，从而为社会福利最大化创造了一个有效的前提。[①]

（三）航空

随着经济建设的高速发展、社会生活节奏的不断加快，以高科技为基础的航空运输得到了前所未有的迅速发展。航空运输体系包括飞机、机场、空中交通管理系统和飞行航行四个基本部分。在空中交通管理系统的协调控制和管理下，这四个部分有机结合，分工协作，共同完成航空运输的各项业务活动。

1. 航空运输的优点

航空运输之所以能在短短半个多世纪内得到快速的发展，与其自身

---

① 王慧炯：《我国交通运输可持续发展的研究框架》，《经济研究参考》2000年第4期。

的特点是分不开的。与其他运输方式相比，航空运输的主要优点是：

（1）速度快。这是航空运输的最大特点和优势。现代喷气式客机，巡航速度为 800—900 千米/小时，比汽车、火车快 5—10 倍，比轮船快 20—30 倍。距离越长，航空运输所能节约的时间越多，快速的特点也就越显著。

（2）机动性大。飞机在空中飞行，受航线条件限制的程度比汽车、火车、轮船要小得多。它可以将地面上任何距离的两个地方连接起来，可以定期或不定期飞行。尤其对执行灾区的救援、供应、边远地区的急救等紧急任务，航空运输已成为必不可少的手段。

（3）舒适、安全。喷气式客机的巡航高度一般在 1 万米左右，不受低空气流的影响，平稳舒适。现代民航客机的客舱宽畅，噪声小，机内有供膳、视听等设施，旅客乘坐的舒适程度较高。由于科学技术的进步和对民航客机适航性严格的要求，航空运输的安全性比以往有了很大的提高。

（4）基本建设周期短、投资少。要发展航空运输，从设备条件上讲，只要添置飞机和修建机场。这与修建铁路和公路相比，一般说来建设周期短、占地少、投资省、收效快。据计算，在相距 1000 千米的两个城市间建立交通线，若载客能力相同，修筑铁路的投资是开辟航线的 1.6 倍，铁路修筑周期为 5—7 年，而开辟航线只需 2 年。①

2. 航空运输的主要缺点

飞机容积和载重量都比较小，载运成本和运价比地面运输高，也给相关设备的生产厂家提供了广阔商机。航空技术属于高新技术领域，航空运输的发展，促使新的、更安全舒适的民航客机机型不断出现，也使通信、导航、监视等设备与技术不断更新完善。

3. 航空运输拥有巨大的发展潜力

我国的航空运输业在新中国成立以后，特别是改革开放以来，得到了快速的发展。航空货物运输总周转量 1978 年为 0.97 亿吨千米，2011年为 129.8 亿吨千米，年均增长 18.3%；航空客运周转量 1978 年为 27.9亿人千米，2011 年为 3578.8 亿人千米，年均增长 18.3%，分别比同期世界的航空运输总周转量和客运周转量年均增长率高出一倍左右。

---

① 沈志云、钱清泉：《京沪高速铁路建设》，《中国工程科学》2000 年第 7 期。

我国航空运输在国内运输系统中的地位也不断提高。1978—2011年，铁路、公路、水路和航空四种运输方式所完成的旅客周转量年均增长8.9%，其中铁路6.6%、公路12.3%、水路11%、航空17.2%，航空客运周转量增长速度最快。30多年来，我国运输结构发生了很大变化。以客运周转量为例，1978年铁路、公路、水路、航空运输完成的旅客周转量占总量的百分比分别为62.7%、29.9%、5.8%和1.6%，到2011年分别为33.3%、50.8%、2.38%和13.5%。目前，航空运输在我国的绝对量还是比较小的，但它在我国运输体系中具有特殊地位并拥有巨大的发展潜力。

（四）水路

水路运输是交通运输的重要组成部分。从水路运输方式看，水路运输可分为内河运输和海洋运输两大类。海洋运输又可分为沿海运输和远洋运输两大类。水路运输系统由船舶、港口、各种基础设施与服务机构等组成。

1. 船舶与港口

船舶是水路运输的主要运输工具，各类船舶根据其运输对象的不同，在船舶结构和性能方面各具特色。随着船舶技术的提高和水上运输业的发展，船舶正向大型化、自动化、高速化、专业化方向发展。

港口是水路运输的重要环节。第一代、第二代港口业务主要是调配和集散货物，第三代港口是资源的配置中心。现代港口是具有仓储运输、商业贸易、工业生产和社会服务功能的现代化、综合性的工商业中心和海防空联为一体的立体交通运输枢纽。港口作为国民经济发展的基础设施，具有规模大、投资大的特点，为水上运输提供货流、客流中转流通的保障，以服务于国民经济和社会发展为宗旨的特征。

2. 主要基础设施

港口的水工建筑和港口水域及陆域设施是水上运输必不可少的基础设施。港口水工建筑主要有防护建筑物、码头建筑物和护岸建筑物三类，海港的防护建筑物主要是为了防止波浪对港口的冲击而建造的，它通常建于港口水域外围的深海中，在港口工程中被称为外海防护建筑物。码头建筑物是港口的主要水工建筑物的第二个组成部分，它是由码头主体结构和附属设备两部分组成的。主体结构包括水上部分（码头面上胸墙、梁、靠船构件等）和水下部分（墙身、板桩、桩基等）；附属设备包括系船柱、护木、系网环等，使船舶靠高码头与装卸作业安全可靠。水工建筑物的第三个组成部分是护岸建筑物，其作用是对码头的岸边进行加固，确保码头泊位岸线的稳定。最常见的护岸建筑物有护坡和护墙两种。

3. 船舶经营者和各种代理业

船舶经营者是指以自有或租用的船舱从事客货运输的公司、单位或个人。船舶租赁业、制造业及其他产业部门密切相关，更与金融业、保险业密切相连。它的发展为经济贸易起服务保障作用，促进了国民经济的发展；它的发展同样为国民经济有关行业创造了就业机会，为国民经济积累做出了重要贡献。

内河将得到进一步发展。随着可持续发展的观念深入人心，低能耗、低污染的水路运输将再度受到重视，随着旅游出行所占份额逐年加大，水运在观光出行中具有不可替代的优势，结合内河水运资源，水路货物运输周转量的比重保持在 55% 以上。出于集装箱的迅速发展，水路货物运输量也会略有增加。

4. 水运对国民经济增长具有重要的促进作用

水运是国家战略性基础产业。远洋运输是我国外贸运输的主力，约占外贸总运量的 85%；沿海运输是我国东部地区南北物资运输的大通道，为沿海地区的经济、社会发展提供运输保障；内河航运对沟通沿海与内地、东部与中西部起着重要的纽带作用，也是远洋和沿海运输的主要集疏运方式之一。水运除具有交通运输共有的作用外，还具有一些对我国社会经济发展的特殊作用，显示了它在国民经济发展中的特殊地位。

（1）水运是加入经济全球化的战略通道。从 18 世纪末到 20 世纪初，英国被称为"日不落帝国"，有赖于其强大的海运业在工业化过程中称霸世界；日本经济的腾飞，在于其把发展海运业作为其立国的三大支柱之一；20 世纪六七十年代，亚洲"四小龙"的崛起与其高度重视海运业的发展紧密相关。实践表明，一个国家或地区在其工业化进程中，要想保持国民经济以较高的速度发展，必须大力开拓国内、国外两个市场，外贸增长速度一般应比经济增长速度快。目前，世界海运量约占外贸总运量的 85%，海上运输业已成为支持经济全球化和本国或本地外贸事业发展的"生命线"。为满足国民经济发展的需要，我国每年需进口大量能源和原材料，同时为适应环境保护和社会可持续发展，需大量进口液化气，这些资源为我国经济发展、人民生活水平提高发挥了重要作用。为保证经贸发展和进出口战略物资的运输，防止国际风云变幻对我国对外贸易运输的影响，我们必须建立一支强大的海运船队，形成一个安全、便捷、高效的国际贸易海运通道，在世界上以一个政治、经济大国的地位独立行使自己的政策。

（2）水运可带动经济发展。由于船舶运量大，运输成本低，在世界工业化过程中，大都选择沿江、沿海进行工业布局。综观世界，无论是美国的密西西比河、欧洲的莱茵河、俄罗斯的伏尔加河，还是西北欧、美国和日本等国的沿海地带，都是借助于便利的水运条件和运价低廉的优势，形成了本国最早、最发达的经济走廊和冶金、电力、炼油、化工等沿海、沿江工业区和开放地带。中国长江三角洲、珠江三角洲和沿海地区经济的兴起，同样得益于舟楫之利。同时港口的功能也发生了根本变化，由 20 世纪 60 年代以前的第一代港口，发展为 80 年代后期的第三代港口，表现出商业化的发展态势，成为物流的重要节点和国际贸易运输中心。这种贸易港口作为与其他运输方式转运的必需过渡点的作用逐渐减弱，作为组织外贸的战略要点的作用日益增强，成为综合物流链中必不可少的一部分。[①]

三　交通建设的重要性

（一）交通建设意义重大

为促进贵州省的经济发展，党中央、国务院作出决定并下发国发 2 号文件，确定以邓小平理论和"三个代表"重要思想为指导，深入贯彻落实科学发展观，紧紧抓住深入实施西部大开发战略的历史机遇，以加速发展、加快转型、推动跨越为主基调，大力实施工业强省和城镇化带动战略，着力加强交通、水利设施建设和生态建设，全面提升又好又快发展的基础条件。交通基础设施建设就是其中一项重要内容。这是中央从战略和全局高度作出的一项重大决策，对于克服当前困难和保持长远发展都具有重大意义。

1. 交通建设是深入学习实践科学发展观的内在要求

改革开放以来，交通发展取得了显著成绩，但仍面临着一些突出矛

---

① G. Scemama, Glaire: An Independent AI – Based Supervisor for Congestion Management, Traffic Engineering and Control, 1995.

盾和问题。要把交通建设和发展作为学习实践科学发展观的重要载体，牢牢抓住发展这个第一要务不动摇，抢抓发展机遇，加大投入力度，加快建设步伐，着力解决制约交通发展的突出矛盾和问题，努力提高交通对经济社会发展的适应度，满足人民群众的需求，以新一轮跨越式发展促进经济的平稳较快发展。

2. 交通建设是应对当前严峻经济形势的迫切需要

交通兼具基础产业和现代服务业双重职能，对扩大投资、启动内需至关重要。1998年，为应对亚洲金融危机，以公路为主的交通基础设施建设有力地拉动了国民经济增长。因此，面对当前国际金融危机，加大交通投资仍是拉动内需的重要选择。据测算，平均每千米高速公路将消费钢材500—1500吨，消费水泥4000—12000吨，消费沥青1900吨。同时，在建设周期内，每亿元公路建设投资带动的社会总产值接近3亿元，相应创造国内生产总值4000万元，为公路建筑业创造2000个就业机会，为公路建设直接和间接提供产品的各部门相应就业机会是公路建筑业的2.43倍。因此，加快交通设施建设，对于带动相关产业需求、扩大社会就业，必将起到十分显著的作用。

3. 交通建设是推进经济文化建设的有效途径

交通建设，既是建设经济文化的重要内容，又能够为建设经济文化发挥重要的支撑保障作用。通过建立布局合理、能力充分、快捷高效的现代化交通网络，可以有力地推进一体两翼和海洋经济战略的实施，进一步加强各大经济板块之间的有机连接，促进生产要素在区域间的合理配置与快速流动，推动区域经济东西融合、南北展开、协调发展。

4. 交通建设是构建现代综合运输体系的必由之路

从目前情况来看，建设综合运输体系的任务十分艰巨，公路、铁路、水路、航空、管道等运输方式之间尚未实现有效对接，距离客运"零换乘"、货运无缝衔接的目标还有相当大的差距。交通要积极做好与铁路、航空发展的衔接，进一步修改完善"十一五"和"十二五"交通发展建设规划，明确交通发展的新任务和总框架。要坚持用综合运输的观念指导交通发展，统筹交通与其他运输方式的协调配合，构建现代化立体交通网络，加快建立资源共享、合理分工、有效衔接、快速高效的综合交通运输体系，努力开创交通发展新局面。

总之，交通建设，既是贯彻落实中央决策部署的一项重要政治任务，也是交通行业在新起点上实现新跨越的又一重大机遇。我们一定要认清形势，抢抓机遇，争分夺秒，快速启动，迅速掀起一场交通建设和发展的新高潮。

（二）交通建设对扶贫开发的重要性

改革开放以来，特别是西部大开发以来，贵州省经济社会发展取得长足进步，城乡面貌发生巨大变化，脱贫致富步伐不断加快，纵向比成效显著。但横向比，与西部各省、市、区的差距还在不断拉大。党中央、国务院高度重视贵州省扶贫开发工作，多次做出重要批示，强调贵州省能比较快地富裕起来，既是西部和欠发达地区与全国缩小差距的象征，也是国家兴旺发达的标志。交通建设对扶贫开发的推进有着非常重要的作用。

（1）交通建设对贫困地区经济发展起着巨大推动作用。长期以来，贫困地区由于受到基础设施建设的制约，其经济发展速度十分缓慢，首要原因是公路建设的发展滞后导致了贫困地区的通电难、通水难、通邮难、看病难、读书难、婚配难等一系列社会性难题。交通困难，一难变万难。尤其是各项基础设施建设，运进运出的物资多，运输量大，采取人工运输，既不能保证时间，又无形地增加了建设投资。交通建设使贫困地区的经济得到迅速发展，各项社会事业得到长足进步，新农村建设已初步形成。

（2）交通建设对改善贫困地区生产生活环境、加速群众的思想转化起着巨大促进作用。市场经济离不开商品流通，而商品流通必须依靠交通来实现。因此，没有交通的发展，发展市场经济也是一句空话，更谈不上贫困地区生产生活环境的改善。

（3）交通建设为贫困地区与较发达地区的沟通与发展起到了桥梁与纽带作用。贫困地区由于长期受到交通的制约，造成了当地群众信息不灵、沟通不畅，使得对外界的事物知之甚少，掌握和运用新知识、新技术的能力十分有限。公路的修通，从很大程度上加强了贫困地区与城镇的沟通与交流，无论是物质上还是精神上，都使贫困地区的群众对知识、信息的获取量进一步得到增强，对外界事物的了解程度进一步得到扩张，对生产生活资料的交换进一步得到畅通。交通建设在贫困地区经济发展中的地位日益显现。

因此，交通基础设施建设是扶贫开发工作的重点。"要想富，先修路"，这一发展定律长期以来铭刻在广大贫困地区干部群众的心里，这也是广大贫困地区人民群众脱贫致富奔小康的迫切愿望。实践证明，修通了公路的乡村经济发展速度明显高于不通公路的乡村，公路建设已经成为贫困地区经济发展的先导，大力抓好以公路为重点的基础设施建设，是培植贫困地区农民脱贫致富的支撑点，是着力推进农业现代化进程的有效载体。

第十章 贵州省城市化与产业集聚

第一节 导论

一 研究背景与意义

（一）研究背景

进入 21 世纪，随着经济全球化进程的不断加深，产业集聚与城市化逐渐成为影响一个国家和地区发展的重要因素。产业集聚和城市化推动着城市经济社会的快速发展，越来越多的国内外学者关注并研究产业集聚、城市化现象以及两者的互动协调关系。20 世纪 50 年代，产业集聚与城市化之间已经存在微弱的关系。简言之，市场经济条件下产业集聚是工业化发展到一定阶段的必然产物，产业集聚形成的产业竞争力对城市化发展有着重要影响。"二战"以后，产业以大规模集聚的形式在一定地理范围内出现，比较有代表性的如美国硅谷的高新技术产业集聚、德国法兰克福的汽车产业集聚、意大利米兰的时装产业集聚，还有我国台湾新竹地区的工业产业集聚等。这些产业的发展都提升了本地区的综合竞争力和经济发展，促进了该地区的城市化发展。进入 20 世纪 80 年代，我国较发达的东部沿海地区也逐渐出现产业集聚现象，如长三角江浙沪城市圈、珠三角港澳深城市圈以及环渤海京津唐城市圈。这些地区产业集聚的发展吸引了农村剩余劳动力，提高了城市化发展水平，推进了我国城市化进程。20 世纪 90 年代后，贵州省一些学者也开始对城市化及相应的产业政策进行研究，但研究成果对政府政策制定的影响仍十分有限，至今尚未见到城市经济中对贵州省产业集聚与城市化协调发展的系统性研究。

（二）研究意义

研究意义包括三方面：（1）满足贵州省经济社会快速发展的需要。（2）满足贵州省产业结构转型和城市化进程加快的需要。（3）有助于完善关于城市化和产业集聚的理论，为该理论在贵州省的实际运用提供参考。贵州省是我国的欠发达地区，城市化水平低于全国平均水平，产业结构不够合理，导致产业集聚过程中出现了很多的问题。通过本书的研究，力求探寻产业集聚与城市化之间的互动关系。结合贵州省发展的特殊情况，提出促进贵州省产业集聚和城市化在同一层面上互动发展的政策建议，将有利于促进贵州省产业集聚的发展和城市化进程，特别是提高城市化的质量，加快贵州省城市化的进程，为政府及有关部门提供决策参考和实践运用，对促进贵州省国民经济发展和社会协调发展及和谐社会的全面实现具有重要且深远的意义。

二 研究思路与基本内容

（一）研究思路

本书围绕贵州省城市化与产业集聚发展的主题，通过对所涉及相关理论综述，寻找研究的理论依据；从分析黔中城市圈的区情着手，对贵州省城市化与产业集聚发展及其内在的变动规律等做出深层次的较为细致的分析。试图探索性地构建贵州省城市化与产业集聚协调发展模式。

（二）基本内容

本章的基本内容包括：（1）导论：背景与意义；研究目的、方法与重点难点；研究的思路、结构与内容。（2）城市化与产业集聚的研究综述：城市化、产业集聚的概念；国内外关于城市化理论；产业集聚理论的研究概述；产业集聚与城市化相关性论述。（3）城市化与产业集聚互动关系的机理分析：产业化与工业化的关系；工业化与城市化的关系；产业集聚对城市化发展的影响；城市化对产业集聚发展的影响。（4）贵州省城市化与产业集聚的基础研究：贵州省的经济社会状况；贵州省现阶段城市化现状及特征；贵州省现阶段产业集聚现状及特征。（5）贵州省城市化和产业集聚的互动关系分析：贵州省产业集聚对城市化发展的影响；城市化对产业集聚发展的推动作用。（6）贵州省城市化与产业集聚的问题研究：贵州省城市化问题；贵州省产业集聚问题；贵州省城市化与产业集聚协调发展问题。（7）贵州省城市化和产业集聚协调发展的战略选择：加快贵州省城市化进程的路径选择；促进贵州省产业集聚的对策措施；保障贵州省城市化与产业集聚协调发展机制的构建。

三　研究目的、重点难点与方法

（一）研究目的

通过研究产业集聚与城市化之间的关系，分析贵州省产业集聚与城市化的发展现状以及存在的问题，探索适应贵州省产业集聚与城市化协调发展的途径，以此来促进贵州省经济与社会协调全面的发展。

（二）重点与难点

贵州省城市化与产业集聚作为促进贵州省发展中的内在机制，两者之间存在互动机制。

（三）研究方法

以科学发展观为指导，从进一步西部大开发和生态城市、生态文明以及生态经济、绿色经济的视角出发，在研究方法和技术路线上力争做到"五个结合"：（1）理论研究和实证分析相结合；（2）自然科学、技术科学、经济科学和社会科学相结合；（3）宏观分析和微观分析相结合；（4）定性分析和定量分析相结合；（5）归纳和演绎相结合，归纳为主，演绎为辅。在本书写作过程中，还采用调查研究、文献研究、会议研究、预测研究、专家咨询等研究方法及形式，对贵州省近三年的城市化与产业集聚发展现状进行摸底调查。统计数据涵盖贵州省城市化与产业集聚范围内可统计汇总的单位。查阅近三年贵州省统计年鉴及相关政府文件，收集大量数据。对各种数据进行对比分析，确保数据的真实可靠。查阅大量的国内外城市化与产业集聚发展研究文献，借鉴各学者关于城市化与产业集聚发展的研究方法，多次对课题设计方案、数据进行对比分析和指标设计、课题结构进行反复论证、分析。在研究上，以时间序列为维度，采集影响贵州省城市化与产业集聚发展变化的各种指标，采用多因素综合和多元回归等多种计量模型方法。

第二节　城市化与产业集聚的研究综述

一　城市化的概念及相关研究现状

（一）城市化的概念

对于城市化概念的界定，不同的学科从不同的角度进行分析。从人口学角度看，城市化是一个人口由农村逐渐向城市转移的过程，具体表现为农村人口逐渐减少，城市人口占总人口的比重逐渐增加；从地理学角度看，城市化是一个空间移动过程，即人口和经济活动布局的空间集聚过程；从经济学角度看，城市化是农业经济向非农经济转变的过程，是工业化进程中的必然结果；从社会发展学角度看，城市化是农村人口文化素质的提高、价值观念的转变、生活方式逐渐向城市生活方式的转变，进而提高农村地区整体的生活水平和生活质量，促进社会整体水平的发展的过程。综上所述，城市化是整个城市社会经济不断发展的过程，主要表现为在工业化发展的推动下，社会生产方式发生改变，农村人口逐渐向城市转移，并出现产业、人口的集聚，社会经济结构和城乡结构逐渐从多元向二元转变的过程。

（二）国内外关于城市化理论的研究现状

1. 国外城市化的相关研究

（1）中心地理论。德国区域学家克利斯泰勒通过对德国南部城市空间模式的研究，在杜能的农业区位论和韦伯的工业区位论的基础上提出了中心地理论。他认为，城市具有商业、文化、娱乐、教育等服务功能，且为它所在区域的居民提供服务。每个城市都处在它所服务区的中心位置，并在空间上形成一种经济力，这种经济力促进区域的发展。后来，克利斯泰勒还分析了中心地的形成条件。他认为，市场最优原则、交通最优原则、行政最优原则往往影响着城市等级系统的形成，同时，社会分工和商品交换的发展促使城市成为商业和服务机构的集中分布地。① 在克利斯泰勒中心地理论的基础上，廖什对其进一步分析并将中心地理论应用于工业区位的研究，他将市场网络按照经济法则排列而成的经济分布空间等级序列称为经济景观，认为在自然条件相同、人口分布均匀的情况下，按照三角形工业、聚落和城市分布及六边形市场区，形成一个区域、一个国家甚至整个世界的经济景观，即所谓的廖什景观。中心地理论是在匀质区域的假设上提出来的，但是现实生活中的区域并不是匀质的，区域间的人口密度、自然条件、交通条件、生产者和消费者的行为都存在差异。所以，针对此现象，艾萨德研究了在人口分布不均匀条件下的中心地模式。他认为，在大部分地区人口的空间分布是不均匀的，

---

① ［德］阿尔弗雷德·韦伯：《工业区位论》，商务印书馆1997年版。

而且不同的人口密度对中心地模式中市场区的大小有着重要影响。在人口密度较高的中心区，人口对于产品和服务的需求较大，较小的市场区面积就能满足企业的高销售量，所以人口密度较高的中心区市场区面积小，中心地较多；反之，人口密度较低的外围区市场区面积较大，中心地较少。[①]

（2）刘易斯—费景汉—拉尼斯的二元结构论。刘易斯在 1954 年发表的《劳动力无限供给条件下的经济发展》一文中最先提出二元经济结构理论，他把经济行业划分为两个部门：农业部门和非农部门。在农村地区，当人口的增长速度大于农业生产的增长速度时，就会出现大量的剩余劳动力，边际生产力几乎为零，该种现象会促使农村劳动力转移，进而为非农业部门提供无限的劳动力供给，而非农业部门只需支付与传统农业维持生存相应的工资。因此，农业剩余劳动力的非农化转移能够促使二元经济结构逐步消减。1961 年费景汉和拉尼斯对刘易斯二元结构理论进行了重要的补充和修正。刘易斯理论的缺点在于不重视农业在经济发展中的作用和地位，低估了农业对于非农产业的贡献和作用。费景汉、拉尼斯强调了农业对于非农产业的贡献不仅在于提供无限的劳动力，而且还为非农产业的扩张和发展提供了必要的剩余劳动力，形成了刘易斯—费景汉—拉尼斯模型。

（3）人口迁移理论。人口迁移理论中比较典型的是唐纳德·博格在 20 世纪 50 年代提出的推—拉理论。该理论认为，迁出地的推力因素和迁入地的拉力因素共同作用下才促使了人口迁移行为的发生。在人口迁出地，存在一种起着主导作用的推力，如自然资源的枯竭、生产成本的增加、剩余劳动力产生的失业、就业不足现象，这些都促使原住居民迁出；同时在迁入地，存在一种起主导作用的拉力，如较好的就业机会、较好的受教育机会、较好的生活环境等因素形成一种拉力，吸引人口的迁入。推—拉理论认为，人口从农村向城市转移既可能是因为城市有利的经济发展造成的，也可能是因为农村不利的经济发展而产生的。如东印度农民迁往加尔各答，主要是因为农村状况的日益恶化，而不是因为加尔各答有特别多的就业机会。

（4）城市化进程的研究。美国学者诺瑟姆认为，城市化的发展往往

---

① 张敦富：《区域经济学导论》，中国轻工业出版社 2013 年版。

会呈现出一定的规律——"S"形曲线，即城市化进程会经历三个阶段：初始阶段，城市化水平较低、发展速度较慢，处于传统的农业社会状态；加速阶段，农村人口向城市的迅速聚集，工业化进程加快，经济结构发生变化，并开始出现郊区城市化现象；稳定阶段，城市化水平较高，城市人口比重的增长呈现趋缓慢甚至停滞的趋势，城乡差别越来越小，区域空间一体化，并开始出现逆城市化现象。但是其研究仅仅反映了城市化发展水平的快慢，不能全面反映城市化的整体发展状况，因此存在一定的局限性。美国芝加哥大学社会学家沙森在其著作《世界城市》中认为：都市化是一个过程，包括两个方面的变化：一是人口从乡村向都市运动，并在都市中从事非农业工作；二是乡村生活方式向城市生活方式的转变，这包括价值观、态度和行为等方面。第一方面强调人口的密度和经济职能；第二方面强调社会、心理和行为因素。实质上这两个方面是互动的。美国学者弗里德曼（J. Friedman）将城市化过程区分为城市化Ⅰ和城市化Ⅱ。前者包括人口和非农业活动在规模不同的城市环境中的地域集中过程、非城市型景观转化为城市型景观的地域推进过程；后者包括城市文化、城市生活方式和价值观在农村的地域扩散过程。因此，城市化Ⅰ是可见的、物化了的或实体性的过程，而城市化Ⅱ则是抽象的、精神上的过程。

2. 国内关于城市化理论的研究

（1）城市化动力机制的研究。孔鹏、陈铭恩（2007）的思路是将政府政策作为一个特别重要的影响因素，分别探讨不存在政府干预和政府干预条件下的城市化动力机制模型。不存在政府干预的模型主要是通过对专业化水平、分工程度、交易效率及交易费用的分析，得出城市在产业集聚与人口集中两大变量共同推动之下经历着形成、扩展不断演变的历程；政府干预条件下的动力机制模型阐述了政府变量发生作用的机制在于其通过对资源配置方向的直接干预以及通过一系列制度措施的设计对微观经济主体的选择决策施加影响。[①] 郑文晖（2008）指出，产业结构的转换力、科技进步的推动力、国家政策的调控力、城乡之间的相互作

---

① 孔鹏、陈铭恩：《城市化：理论与框架》，《长江论坛》2007 年第 5 期。

用力也被许多学者认作为城市化的动力机制。[1] 顾朝林、吴莉娅（2008）认为，我国学者受西方城市化经典动力机制理论影响，人口迁移理论、经济学解释、交通通信理论、政策与制度被视为中国城市化的主要动力机制理论。新自由主义经济学、新制度经济学、新经济地理学等学科的研究进展和全球政治、经济格局的变化，又使市场经济、制度变迁、经济全球化等被引入中国城市化动力机制研究中。具体来说，产业结构的演变、工业化（城市工业化、农村工业化）及农村劳动力的结构转移逐渐成为工业化这一动力机制研究的主流。此外，就业结构转换、人口迁移，交通、通信的发展及其基础设施建设，对外开放、新国际劳动分工与经济全球化，资源、环境，制度和政府作用等方面，都对城市化起着巨大推动作用。[2] 周毅（2009）指出，城市化的动力机制是推动城市化发生和发展所必需的动力机理，以及维持和改善这种作用机理的各种经济关系、组织制度等所构成的综合系统的总和。城市化动力机制随着生产力的发展水平而不断变化，不同时代及不同发展阶段的地区具有不同的动力结构，并从历史纵向演变和地区横向演变对其进行分析。[3] 陈明星、陆大道（2009）认为，城市化的动力机制应包含两个层次：第一层次主要指推动城市化发生和发展的各种动力因子；第二层次则强调各种因子对城市化进程的作用机制都是动力机制研究很好的切入点，可结合进行分析。其中，动力因子分析是理解作用机理的前提和基础。作者通过熵值法对数据进行运算，分析得出中国快速城市化的动力因子呈现多元化，市场力是最主要的驱动力，后面依次是内源力、行政力和外向力。从阶段上看，市场力、外向力、行政力的影响呈上升趋势，而内源力的影响系数呈下降趋势。[4] 王桂新（2013）认为，农村农业部门劳动力的大量盈余抑制了农业劳动生产率的提高，使农业劳动力长期以来只能获得仅等同于其最低生存水平的收入。在这种情况下，城市工业部门（或非农产业部门）长期以来也就相应以低工资雇用农村迁入劳动力。低工资雇用

① 郑文晖：《改革开放以来中国城市化理论研究与讨论概述》，《科学决策》2008 年第 10 期。
② 顾朝林、吴莉娅：《中国城市化研究主要成果综述》，《城市问题》2008 年第 12 期。
③ 周毅：《城市化理论的发展与演变》，《城市问题》2009 年第 11 期。
④ 陈明星、陆大道：《中国城市化水平的综合测度及其动力因子分析》，《地理学报》2009 年第 4 期。

形成的资本积累，较高劳动生产率的产业属性，一定的集聚、规模效益，以及人口和非农产业活动集中所带来的城市扩大和公共基础设施的建设，就使城市创造出越来越多的就业机会。城市工业部门不断增加的就业机会，吸收农业部门劳动力源源不断地从农村迁入城市，推动城市化的发展。①

（2）城市化与产业的关系的研究。很多学者现在都认识到，城市化水平与第一产业呈负相关关系，而与第二、第三产业呈正相关关系。钟水映、李晶、刘孟芳（2003）通过比较发达国家经验后得出，结构单一，不具备产业支撑的城市，其发展空间必会受到制约。②洪银兴（2003）更是认为，城市化所聚集的产业只能是主导产业，聚集的要素只能是先进的生产要素。一个城镇的发展除了主导产业外，还要积极发展农业产业化和富有吸引力的第二、第三产业。实际上，城市化与产业的发展是相互的，既可以相互促进，也可能相互制约，这主要取决于它们之间的协调方式。产业的发展、产业结构的升级有利于城市化进行，有利于城市化率提高；而城市化加速和城市化率的提高既可以带动产业结构的优化和升级，又可能挖掘出符合低碳经济条件下新产业的产业化。③

（3）城市化发展模式的研究。城市化发展理论有小城镇发展论、中等城市发展论、大城市发展论和协调与多元发展论。小城镇发展论：自1980年全国城市规划工作会议提出"控制大城市规模，合理发展中等城市，积极发展小城市"以后，小城镇发展道路成为学者热捧的对象。学者费孝通（1996）提出，我国城市化的发展可以通过小城镇的发展来推动，从中国的实际国情出发，具有投资少、见效快、管控灵活等明显优势的小城镇，可以更好地吸收农村剩余劳动力，促进第一产业以外的其他产业在农村快速发展，连接城乡之间的供给需求市场，提高农民的规模收益。④这种既符合政府方针又切合乡镇企业发展的城市发展理论，自然得到了社会的快速响应。中等城市发展论：学者刘纯彬（1988）提出城市化发展可以采取一种折中主义的思路，他认为人口激增、交通拥堵、

---

① 王桂新：《城市化基本理论与中国城市化的问题及对策》，《人口研究》2013年第37卷第6期。

② 钟水映、李晶、刘孟芳：《产业结构与城市化：美国的"去工业化"和"再城市化"现象及其启示》，《人口与经济》2003年第2期。

③ 洪银兴：《城市功能意义的城市化及其产业支持》，《经济学家》2003年第2期。

④ 费孝通：《论中国小城镇的发展》，《中国农村经济》1996年第3期。

失业率上升、环境污染等诸多因素已经成为国内"大城市病"的突出表现。而前一阶段蓬勃发展的小城镇也相继出现耕地闲置、资源浪费、生产率下降等现实问题。以快速发展期的中等城市为战略突破口，既可以规避大城市病，又可以优化小城镇，既可以缓解大城市压力，又可以有效吸纳农村人口，是现阶段中国的最佳选择。[①] 大城市发展论：学者杨重光（1987）主张发展大城市，在其《论大城市的成长机制及规模控制理论》一文中详细阐述了大城市形成的外部规模经济和产业集聚效益是中小城市不可企及的。此外，大城市所具备的高度专业化、市场化、社会化为第二产业和第三产业的发展提供了一个良好平台，是现代化和工业化的有效推手。[②] 而且，学者们还对"大城市病"做出了必要的论证，认为城市规模的大小与资源环境的协调发展没有必然联系。协调发展与多元发展论：学者夏振坤、秦尊文（2005）提出，城市化道路选择没有最适合的单一发展规模，而是应该综合起来协调发展。因为城镇体系本身就是建立在大中小各级城市基础上的，不能孤立地看待问题。大城市道路固然有利于形成外部效益，但中小城市发展也是由国内的实际情况决定的。所以，要调整战略眼光，在建立特大城市核心轴线来辐射区域经济的同时统筹大中小城市共同发展。[③]

（4）全域城市化。李珊、张弘（2011）提出了全域城市化这个概念，全域城市化以城市文化论、政治经济学说和城市发展动力学说的理论为依托，进行城市功能空间的重组、地方政府行政体系改革，以及农村居民生活方式的城市化变迁的社会实践。该理论融合了城市文化学说、马克思主义城市政治经济学理论以及创新型城市发展动力学说三大理论的现实实践，其区别在于西方学者认为以人口流动为主因的城市化发展阶段论，是城市发展规划的具体方向，在全球城市体系中，是以建设创新型城市为目标的具有中国特色的城市发展模式。[④] 李宪坡、高宏良（2011）指出了全域城市化的基本特征：外在形态表征不一，但必须具有"城市化的经济"；农业高效多样且三次产业并存发展；发展不等于增加

---

① 刘纯彬：《中国城市化要以建设中等城市为重点》，《财经科学》1988 年第 7 期。
② 杨重光：《大城市的成长机制及规模控制理论》，《城市问题》1987 年第 4 期。
③ 夏振坤、秦尊文：《小城镇在中部崛起中大有可为》，《小城镇建设》2005 年第 5 期。
④ 李珊、张弘：《全域城市化的理论解析和实践探索》，《大连海事大学学报》2011 年第 5 期。

开发用地，应重视土地整理，坚持集约发展。理论基础是英国霍华德的田园城市理论；芬兰沙里宁的有机疏散理论。核心问题是"钱从哪里来，人往哪里去"。推进全域城市化，无论在时间、区域和空间，都会面临大批农村富余劳动力"向现代部门转移"的问题，即城市化成本。总体方略是空间整合、资源集约、体制创新。[①]

（5）新型城市化。曾万涛（2008）认为，新型城市化是科学城市化，新型城市化的新概念包括有形城市化、无形城市化、外延城市化、内涵城市化、人口转移型城市化和结构转换型城市化等。他还提出了走新型城市化道路，并说明都市圈化、大都市区化与大中小城市与小城镇协调发展三个提法并不矛盾，而且都是科学的。新型城市化道路的具体形式，既可以是大中小城市与小城镇协调发展，也可以是大都市区化、都市圈化等。[②] 檀学文（2012）认为，城市化质量的研究主要有两个共同特点：第一，用城市化的后果，即与城市化过程相伴生的城市发展、经济发展、社会和谐以及城乡关系等多维度指标表征城市化质量。这在很大程度上其实可以看作城市化背景下的一般性发展质量。第二，城市化质量指标体系中仅包含城市化水平等少量城市化特征变量和城市化过程指标——例如城市化速度、人口迁移特征等，并没有成为城市化质量的主要指标。此外，与城市化速度相对应，用人口学指标提出了城市化过程的描述，可以将城市化质量具体定义为稳定城市化，即农村劳动力及其家庭成员在城镇稳定就业和共同生活基础上呈现出来连续的、无障碍的、不可逆的城市化过程。[③]

二 产业集聚的概念以及相关研究现状

（一）产业集聚的概念

19 世纪，英国新古典经济学家马歇尔开始关注并研究产业集聚现象。他从生产联系的角度来界定产业集聚的概念，同时他从外部性经济角度对产业集聚现象的进行研究，认为相同背景下的企业为了获取外部规模经济而在一定的地域空间上集聚起来。其研究方法及成果对后续研究产生了重要影响，但他的研究是初步的、不完全的，对产业集聚的功能、

---

① 李宪坡、高宏良：《全域城市化：理论与实践》，《城镇化研究》2011 年第 2 期。
② 曾万涛：《新型城市化研究综述》，《湖南文理学院学报》2008 年第 4 期。
③ 檀学文：《稳定城市化——一个人口迁移角度的城市化质量概念》，《中国农村观察》2012 年第 1 期。

度量和效应等问题均未触及。① 与马歇尔不同，波特从竞争优势的角度来理解产业集聚，他认为集聚是产业获取竞争优势的组织基础，一国的优势产业往往在地理上形成集聚。并提出"产业集聚指在某特定领域中，一群在地理上邻近、有相互关联性的企业和相关机构，并以彼此的共通性和互补性相联结。"②

国内学者对于产业集聚的研究起步较晚。从 2000 年开始，才逐步对此现象进行研究分析。他们大多通过借鉴和运用国外已有的产业集聚理论来分析研究我国的产业集聚现象，进而提出自己的观点。在波特对产业集聚概念研究的基础上，仇保兴（1999）进一步进行分析认为，产业集聚是指一些独立自主又相互关联的企业根据专业化分工和协作关系在一定地理空间上的集聚的产业组织。③ 曾忠禄（1997）也认为产业集聚是一些相关联的企业在地理位置上的集中。④ 目前，学术界对产业集聚现象持有不同的看法。比如"区域集聚""企业集聚""区域产业群""新产业区""产业综合体"等，没有形成统一的界定。综合上述理论，可以将产业集聚定义为：在特定区域中，具有竞争和合作关系且具有关联性的企业、金融机构、厂商等在地理上的集中。

产业集聚的定义中应包括以下几个方面的内容：（1）由一群彼此独立自主但相互之间又有特定关系的企业和机构组成；（2）在这一特定关系中存在专业化分工和协作的现象，其协作即为集聚中企业间的互动行为，从而获得马歇尔所说的外部经济；（3）这类互动行为包括企业间的交换与适应；（4）交换行为的功能是为了有效地获取外部资源、销售产品和劳务、促进知识和技术的尽快积累，而适应则是为了谋求企业间的关系能长期维持并及时解决成员间的不一致性和环境的不确定性，与此同时，适应也意味着集聚组织结构具有一定可塑性，即有动态化的特点；（5）集聚中存在企业间的互补和竞争关系。

（二）国内外产业集聚理论研究综述

国内外关于产业集聚理论的研究主要包括以下几个方面。

---

① ［英］阿尔弗雷德·马歇尔：《经济学原理》（上卷），商务印书馆 1964 年版。
② ［美］迈克尔·E. 波特：《簇群与新竞争经济学》，《经济社会体制比较》2000 年第 2 期。
③ 仇保兴：《小企业集群研究》，复旦大学出版社 1999 年版。
④ 曾忠禄：《产业群集与区域经济发展》，《南开经济研究》1997 年第 1 期。

1. 产业集聚的形成

对于产业集聚形成机制的研究可追溯到亚当·斯密，他在其《国富论》中就提出专业化分工和外部规模经济可促使产业集聚。接着马歇尔（1890）在其《经济学原理》中进一步阐述了，企业在地理空间上的集中所产生的外部经济性和规模经济是产业集聚形成的最基本动力。随后，在1909年，德国经济学家韦伯从企业的区位选择角度来研究产业集聚形成，在其著作《工业区位论》中提出了决定企业工业区位选择的最小成本原理，即运输成本和劳动成本是影响工业区区位选择的两大要素，企业决策者根据集聚所带来的经济利益与因迁移而追加的运输成本和劳动力成本的大小，来决定企业的区位选择，进而影响产业集聚的形成。[①] 胡佛（1990）通过细分运输成本，修正了韦伯的理论。他认为，内在的规模报酬、本地化经济、都市化经济是产业集聚形成的主要原因。[②] 波特从竞争优势角度进一步分析产业集聚的形成，认为集聚有利于企业竞争力的提高，竞争又加剧产业的集聚，同时提出"钻石体系"，即生产要素、需求条件、企业结构与同业竞争、相关产业和支持产业的表现四个要素。他列举了产业集聚的大量例子以说明相互强化国家竞争力的产业都会出现集聚，其原因通常是因为在一个国家的钻石体系中，每个关键因素都具有地理集中的含义。国内学者根据国内产业集聚的实际状况，从不同的角度对其形成机制进行了研究。仇保兴（1999）从专业化分工的角度并结合市场结构、产品、要素市场、产权以及人文环境等因素，全面系统地探究了企业集聚、集聚的形成机制及其发展过程中的制约因素，并分析预测了企业集聚的未来发展趋势。[③] 张仁寿、查志强（1999）认为，区域经济的发展和企业制度政策的变化在某种程度上影响产业集聚的形成。[④] 梁琦（2004）在韦伯的区位集聚论基础上，进一步阐述了企业的选址模型与产业集聚因素的关系。他将成本因素纳为企业选址的考虑因素之一，并通过成本因素这个媒介，把产业集聚的几大因素与企业选址联系起来，即企业在选址时在考虑成本问题的前提下会选择区域的集聚，

---

① ［德］阿尔弗雷德·韦伯：《工业区位论》，商务印书馆1997年版。
② ［美］埃德加·M. 胡佛：《区域经济学导论》，商务印书馆1990年版。
③ 仇保兴：《小企业集群研究》，复旦大学出版社1999年版。
④ 张仁寿、查志强：《浙江城市化：滞后状况·主要原因与发展思路》，《浙江经济》1999年第2期。

进而形成产业集聚。① 王缉慈（2004）基于韦伯的工业区位理论，系统概括了产业集聚理论和新产业区理论，并对我国的高新技术产业开发区进行调查研究，指出增强区域竞争力的关键是要培养具有地方特色的企业集聚，而增强区域竞争力又是强化区域经济实力的关键。②

2. 产业集聚现象

克鲁格曼从新经济地理学角度对产业集聚现象进行解释，他在垄断竞争分析模型基础上，以规模报酬递增、不完全竞争的市场结构为假设前提，提出企业的规模报酬递增和运输成本、生产要素流动在市场中的相互传导作用促使产业集聚的形成，他认为，产业集聚的外部性主要来源于三方面：劳动力共享、专业化服务以及知识和信息的外溢。③ 熊彼特将技术创新与产业集聚的发展结合在一起进行研究，他认为产业集聚有助于创新，创新并不是孤立存在的，它存在于一个集聚环境中，需要企业之间相互合作和竞争才得以实现。同时，创新甚至不是随机地分布于整个经济系统，而是倾向于集中在某些部门及其邻近部门。国内方面，刘斌（2004）从产品竞争优势的角度，对产业集聚现象进行了实证分析，从而得出了较为条理化的理论分析。④

3. 产业集聚效应

胡佛提出产业集聚具有最佳规模效应，一定的空间范围内集聚的企业数量太少或者太多，则达不到产业集聚的最佳规模，从而使得集聚区的整体效应下降。20世纪50年代，法国经济学家帕鲁提出的增长极理论以及保德威尔（1996）对增长极理论的发展，认为一个地区依靠国家政策形成推动性产业的集聚，并通过集聚所产生的极化效应和扩散效应来带动当地经济的发展。强调了推动性产业的重要性和政府在增长极形成、发展中的作用。关于产业集聚效应方面，国内学者也进行了相关论述。张元智（2001）认为，产业集聚对提高生产率有重要的影响。相关企业在地理空间的集聚，可以使这些企业以更高的效率来生产产品或提供服务，相比集聚区以外的企业更具有竞争优势；⑤ 梁小萌（2000）指出，产

① 梁琦：《产业集聚论》，商务印书馆2004年版。
② 王缉慈：《关于中国产业集群研究的若干概念辨析》，《地理学报》2004年第1期。
③ ［美］保罗·克鲁格曼：《地理与贸易》，北京大学出版社2000年版。
④ 刘斌：《产业集聚优势竞争的经济分析》，中国发展出版社2004年版。
⑤ 张元智：《产业集聚与区域竞争优势探讨》，《国际贸易问题》2001年第9期。

业集聚有助于企业实现外部规模经济和内部规模经济，进而对产业竞争优势的获取有促进作用；① 丁云龙和李玉刚（2001）认为，产业集聚有助于企业创新能力的提高，包括创新机会的增多、创新成本和创新风险的降低。②

4. 对产业集聚进行实证分析

张宇、蒋殿春（2008）首先对 FDI、东道国产业集聚和技术进步的关系进行了简要的理论分析。在此基础上，通过构建产业集聚的 HHI 指数，在面板数据模型中分析了外商直接投资与我国产业集聚的关系，再利用 DEA 分析方法和面板数据模型检验了产业集聚对我国相关产业全要素生产率的影响以及 FDI 在其中的作用。检验结果显示，FDI 有力地促进了我国产业的地理集聚，并由此推进了相关行业的技术进步。③ 陈建军、胡晨光（2008）通过向量误差修正模型（Vector Error Corrected Model，VECM）和协整分析，在借鉴新古典增长分析框架基础上，提出了垄断竞争增长的分析框架，从宏观增长的视角，以长三角次区域 1978—2005 年的数据为样本，对产业在既定空间中心—外围式的集聚给集聚地区带来的经济发展、技术进步和索洛剩余递增三类集聚效应进行了理论和实证分析。④ 陈建军、黄洁和陈国亮（2009）基于长三角地级市企业数据，在产业和空间两个层面上用 E－G 指数测算了长三角两位数产业的集聚程度、三位数产业间集聚的分工状态以及与此相关的区域溢出效应，从中揭示了产业间集聚分工对整合离散的产业集聚，形成长三角地区竞争优势的内在机理。⑤ 刘振灵（2009）提出了使用主成分分析、集成产业集聚测度指标对产业集聚进行测度的方法，并以我国辽宁中部城市群为分析对象，使用标准差系数、绝对集中指数、相对集中指数、熵指数、H 指数和区位商指数，基于 2001 年和 2004 年的统计资料，对其产业集聚变化

---

① 梁小萌：《规模经济和产业集聚及区域协调》，《改革与战略》2000 年第 5 期。
② 丁云龙、李玉刚：《从技术创新角度看产业结构升级模式》，《经济学家》2001 年第 8 期。
③ 张宇、蒋殿春：《FDI、产业集聚与产业技术进步——基于中国制造行业数据的实证检验》，《财经研究》2008 年第 1 期。
④ 陈建军、胡晨光：《产业集聚的集聚效应——以长江三角洲次区域为例的理论和实证分析》，《管理世界》2008 年第 6 期。
⑤ 陈建军、黄洁、陈国亮：《产业集聚间分工和地区竞争优势——来自长三角微观数据的实证》，《中国工业经济》2009 年第 3 期。

状况进行了实证研究。① 汪秋明、陶金国（2011）构建了一个以环保产业集聚绩效为被解释变量，集聚企业内部能力、集聚网络特征、产业环境等几组变量为解释变量的计量模型，并选取宜兴环保产业集聚区的 60 家企业进行问卷调查获得样本数据，运用统计分析、因子分析和回归分析等方法进行定量实证研究。我国环保产业集聚的发展应当重视配套服务能力的加强和吸收创新能力的培育，并且强化弱关系主导产业集聚绩效的作用机制。② 胡志勇、梁新潮（2013）对厦门、漳州、泉州产业集聚进行实证比较分析，将测度与这三地的核心价值网络指标、中围支撑网络指标、外围推动网络指标对比进行产业集聚测度研究。③ 王凯、易静（2013）利用基尼系数、E－G 指数、行业地区集中度等产业集聚指标以及产业利润率、就业系数、劳动生产率等产业绩效衡量指标，基于 2010 年的截面数据，探究中国旅游产业集聚化发展及其与产业绩效之间的关系。结果表明，整体旅游产业的集聚程度较低，但产业内部各行业的区域集聚特征明显；旅游产业集聚程度的区域差异与区位条件差异具有较高的一致性；旅游产业集聚总体上对产业绩效的提高具有积极影响，其中，旅游产业集聚对产业利润率和劳动生产率的提高有显著的正向影响，但是对于就业机会的增加影响甚微。④

5. 对产业集聚的分类比较

马霞、张玉林（2009）从增强微观企业竞争力的角度，提出了一种新的产业集聚分类方法。这种新的分类以其主要形成条件为依据，包括五种类型：基于产业发展必需的特定基本条件或基础设施而形成的产业集聚；基于基础性资源进行深度开发和综合利用而形成的产业集聚；基于产业链而形成的产业集聚；基于技术创新创业溢出而形成的产业集聚；基于规模经济而形成的产业集聚。⑤ 杨洪焦、孙林岩（2008）对我国 18 个制造行业在 1988—2005 年的聚集度进行了测定，并考察了各制造行业

① 刘振灵：《产业集聚演变的集成化测度方法研究》，《技术经济》2009 年第 7 期。

② 汪秋明、陶金国：《环保产业集聚绩效影响因素的实证研究——基于宜兴市环保产业集聚企业调查问卷数据》，《中国工业经济》2011 年第 8 期。

③ 胡志勇、梁新潮：《厦漳泉产业集聚实证分析》，《集美大学学报》2013 年第 4 期。

④ 王凯、易静：《区域旅游产业集聚与绩效的关系研究》，《地理科学进展》2013 年第 3 期。

⑤ 马霞、张玉林：《一种新的产业集聚分类方法及其在江苏特色产业集聚中的应用研究》，《科技管理研究》2009 年第 1 期。

聚集地的变化态势。结果表明，我国制造业聚集地的分布极不平衡，主要集中在江苏、广东、山东、浙江和上海 5 省市，中西部区则远远落后，两极分化严重，并呈强化趋势。① 盖晓敏、张文娟（2011）通过对新经济地理学的中心—外围模型加以改造，用以解释我国目前的产业集聚格局，并预测我国产业集聚的未来发展演变趋势。得出的基本结论是我国东部地区的一部分运输成本低且主要使用普通劳动力的劳动密集型制造业将向中西部地区转移，而运输成本高或密集使用资本、技术、高技能劳动力的制造业将仍然布局于东部地区。同时中西部地区应不断完善自身条件，以承接东部地区的产业转移，嵌入全球价值链。② 曹国圣（2014）在系统分析比较国内外典型高新技术产业园区如硅谷、中关村与新竹科技园的产业集聚路径模式的基础上，针对南京市新城科技园的实际特点，重点分析新城科技园的产业集聚路径选择思路，并提出具体实施产业集聚路径的模式。③

三 产业集聚与城市化相关性的理论综述

（一）国外研究概述

1. 产业区位集聚与城市化

马歇尔（1964）较早开始研究产业区位集聚与城市化间的关系。他指出，由于产业区内具有提供协同创新环境、配套辅助性工业、提供专门化的劳动力市场、平衡劳动供求关系、促进区域经济健康发展和便于顾客选择等一系列的好处，因此产生了外部规模经济，从而吸引工业在这个产业区内集聚，进而促使城镇产生、发展。他认为，地方性工业因为企业相对规模小，对城市化的需求不是特别强烈，所以它促使的是分散式城市化或"未城市化"，是专业化村庄、小城镇的形成、发展。④ 而威廉姆森和马斯滕（2008）主要从企业成本的角度来阐述产业集聚与城市化的关系。通过分析劳动过程中的集聚经济、生产联系等方面，总结了产业区位集聚的特点，进而建立起与城市化发展的联系。他把有交易

① 杨洪焦、孙林岩：《中国制造业聚集度的演进态势及其特征分析》，《数量经济技术经济研究》2008 年第 5 期。
② 盖晓敏、张文娟：《中国产业集聚发展演变趋势探讨——基于"中心外围"模型的分析》，《山东大学学报》2011 年第 6 期。
③ 曹国圣：《产业集聚模式路径选择的实例研究》，《经济研究导刊》2014 年第 4 期。
④ ［英］阿尔弗雷德·马歇尔：《经济学原理》，商务印书馆 1964 年版。

网络关系连接的、空间集聚的产业综合体称为"原始城市形态"。①

2. 工业化与城市化

工业是城市经济的重要组成部分，与城市化发展有着密切联系。工业化发展不仅促进了产业集聚的发展，而且带动了城市化发展，加快了城市化进程。美国经济学家钱纳里主要从数量关系的角度阐述工业化与城市化间的关系，他通过分析 9 个准工业化发展中国家的统计数据，建立了世界发展模型。根据人均国内生产总值，将经济发展进程划分为三个阶段和六个时期，并指出产业结构的优化升级和城市化进程的加快源自人均收入水平变动的推动。他认为，工业化与城市化发展存在一定的相关性，在城市化发展的初期，工业化的增长速度要快于城市化，但当两者都基本达到 13% 之后，城市化将开始快速发展，超过并带动工业化的发展。西蒙·库兹涅茨（2015）认为，各国经济增长随着人口增长和结构的变化而变化，并概括了工业化进程与城市化进程，他指出城市化过程就是城市与乡村人口所占总人口的比重发生了变化，工业化过程就是资源和产品的来源和用途从农业生产活动转为非农业生产活动，总结出工业化与城市化二者的发展存在一定的相关性。②

3. 规模、集聚经济与城市化

胡佛（1990）认为，外部规模经济的存在促使企业在某一地区集中与合作，形成产业集聚，进而促使城市的发展。他提出了在城市化经济的作用下，各种工业部门向这些地区集中，随着城市的发展，它吸引大量市场指向型工业和劳动力指向型工业在集聚区内集中。尽管城市生产费用以及租金标准很高，但相对容易找到质量较高的劳动力，这些企业还是愿意在此集中，从而促进了城市化。③ 英国经济学家巴顿（1984）综合分析了城市发展的各类因素，认为集聚经济效应是企业在集聚区内集中的主要原因，对城市化发展也有着重要影响。正是由于集聚经济的存在，产业集聚与城市化呈现出相互促进的发展趋势。综上所述，国外学者并没有从产业集聚与城市化的直接联系角度阐述两者的关系，而是通

---

① ［美］奥利佛·威廉姆森、斯科特·马斯滕：《交易成本经济学——经典名篇选读》，人民出版社 2008 年版。

② ［美］西蒙·库兹涅茨：《各国的经济增长：总产值和生产结构》，商务印书馆 2015 年版。

③ ［美］埃德加·M. 胡佛：《区域经济学导论》，商务印书馆 1990 年版。

过产业区位聚集、工业化和规模、集聚经济等中间变量来论述两者之间的发展关系。①

　　(二) 国内研究概述

　　1. 产业集聚对城市化的作用

　　杨婉月 (2006) 认为，产业集聚是城市化的基础，是形成城市竞争力的必要条件。产业集聚的发展必须依托中心城市，充分利用城市化经济效应，促进产业集聚的优化与升级。从泉州产业集群和城市化的现状及发展过程，进一步探索产业集聚与城市化两者互动发展的关系。主要表现在如下四个方面：产业集聚推进城市化进程；产业集聚促进城镇区域的扩张；产业集聚促进城市基础设施的进一步完善；城市化发展对产业集聚效应作用。同时也指出了产业集聚与城市化尚未真正形成相辅相成、互相促动良性循环机制，其中存在以下四个问题：粗放型的产业集聚对城市化带动作用较小；产业集聚过程中给环境带来的影响；中心城市规模小，集聚与辐射能力较弱；城市化发展滞后于工业化发展。② 朱智文 (2006) 认为，城市化是经济社会发展的必然产物，它涉及社会系统、产业结构、生态系统、城镇系统诸多方面。在城市化这一大系统中，产业集聚处于非常重要的位置。只有强大的产业支撑，城镇才能成为核心，才能增强集聚和辐射能力，促进生产要素集聚和流动。产业集聚不仅可以形成新城市，而且可以提升原有的城市的竞争力、降低城市化成本、使城市化在空间上扩张，从而对城市化产生强大的推动作用。③ 张文婧 (2006) 分析得出，产业集聚有效地促进了产业的专业化分工，形成企业的内部和外部规模经济、外部范围经济，促使区域内劳动力需求增加；主要体现在可以靠集聚地区的知名度来为每个企业开拓市场；节省了搜索交易对象的费用，并且大大降低了买卖双方因质和量的信息不对称造成的成交失败的概率。同时，专业化生产模式对劳动力具有不同层次的需求，如初级加工可以应对低成本劳动力、规模生产可对应熟练劳动力，而品牌营销则对应高素质设计与营销人才，这样对各个层次的劳动力都有需求。产业集聚会产生许多辅助性的服务并形成规模性和集中性的需

----

① ［英］约翰·巴顿：《城市经济学》，商务印书馆 1984 年版。

② 杨婉月：《推动泉州城市化与产业集聚互动发展》，《区域发展》2006 年第 11 期。

③ 朱智文：《基于产业集聚的城市化和城市化过程中的产业集聚》，《开发研究》2006 年第 6 期。

求，因为第三产业及其设施本身就有很高的规模要求，从而带来集聚经济效益。这些行业都具有很强的吸纳各层次人才就业的能力。[①] 马方正（2007）认为，产业集聚产生城市，是城市化在空间上扩张的动力。集聚经济为城市化提供直接动力、推动城市形成，并使之不断膨胀的根本力量，在于利润最大化动机下的经济活动具有一种空间集中的向心力。产业集聚有利于提升城市竞争力、推动城市化进程；产业集聚使企业布局的集中，形成了一个高效的专业化分工协作体系，从而使企业的成本优势明显，尤其是环境成本的降低；产业集聚的专业化分工优势有效地推动了城市生产与生活功能的分离，提高了城市规划的科学性、布局合理性。他还提出，产业集聚也会促进空间结构演变与城市制度创新。[②] 顾朝林、吴莉娅（2008）指出，人口增长速度、数量、密度，人口迁移，社会经济发展，政治制度创新，城市规划，生态文化因素等都是中国城市化过程的影响因素。其中土地制度改革、产业政策和主导产业选择非常重要。[③] 吴丰林、方创琳（2010）认为，产业集聚区建设是新时期城市要素的重新组合、区位选择和集聚，不仅有利于实现城市产业升级和布局调整，而且有利于实现城市密度、布局、形态的优化。其对城市发展的影响主要体现在对城市进程的驱动、城市空间效益的提高以及强化城市经济—社会空间极化演变这三方面。[④] 邓磊（2011）认为，产业集聚对城市化的推动作用表现在三个方面。第一，只有通过发展产业集聚，同时推动伴随产业集聚的专业化市场的发展，才能形成人口的集聚和农村劳动力向第二、第三产业的转移，城市化才有源源不断的动力。第二，产业集聚以它巨大的经济优势为城市化提供支持。产业集群内部高效的专业分工体系、良好的创新氛围、企业之间彼此的信任与合作以及公共设施的共享等，都使地区显示出强大的竞争力。地区竞争力的提高又必然会加速劳动力、资本等生产要素的集聚，从而与城市化形成良好的互动。第三，从空间角度上看，产业集聚也为城市化扩展了空间。许多集聚大

① 张文婧：《基于产业集聚的城市化与农业富余劳动力转移关系分析》，《学术纵横》2006年第11期。
② 马方正：《城市化与产业集聚互动研究》，《产业经济》2007年第35期。
③ 顾朝林、吴莉娅：《中国城市化研究主要成果综述》，《城市问题》2008年第12期。
④ 吴丰林、方创琳：《城市产业集聚动力机制与模式研究进展》，《地理科学进展》2010年第10期。

量企业的工业园区都成为城镇新区。同时由于相同的区位指向或是经济关系带来的产业集聚的发展都对城市化的推进方式和扩张形态产生了巨大的影响。① 孙洪哲、刘琦（2011）认为，产业集聚促进城市化的作用机理是产业集聚通过促进人口流动与汇集、产业发展、城市空间结构变化、制度创新等方面来提高城市化的质量。大量的企业和产业在城市区域内集中，进而引起人口的汇集以及相关企业进入。同时，基于专业化分工的产业集聚有利于推进产业结构转换，提高产业对外竞争力，为城市化提供了物质基础，最终又加快了城市化进程。② 孙雪、牛林林、刘凯（2013）提出，产业集聚主要通过要素向城市集中、促进城市产业结构优化、推动空间结构演化这三方面对人口城市化产生影响。③

2. 城市化对产业集聚的影响

朱华兵（2004）指出，城市化是县域经济新一轮发展的重要载体。城市化的过程实质上是一个要素集聚的过程。城市化过程是与城市工业区位形成同时开始的。城市化的原因在于非农区位的点状聚集。因此，城市化是产业空间聚集必不可少的要素，将不断地促进和推动产业空间聚集。④ 朱智文（2006）指出，城市对产业集聚有拉动作用。在城市发展进程中，过去形成的人口和经济活动的分布会影响到现期的区位选址决策。此外，他还认为，城市经济是一个开放系统，而不是一个封闭系统，这种城市系统的开放性以及中心城市经济的溢出效应，一方面使城市与域外空间发生广泛的经济贸易联系，并不断加强产业的空间集聚；另一方面使劳动力流动、资本流动、技术扩散和信息传播可自由进行，有利于各种要素向城市导入，减少了产业集聚的障碍，这种状况随着城市化水平提高呈强化之势。⑤ 马方正（2007）认为：首先，城市形成以后，城市化水平的提高会进一步强化产业集聚；其次，随着城市化水平的提高，

---

① 邓磊：《城市化与产业集聚》，《现代营销》2011 年第 7 期。
② 孙洪哲、刘琦：《城市化与产业集聚互动机制研究》，《中国青年政治学院学报》2011 年第 2 期。
③ 孙雪、牛林林、刘凯：《区域人口城市化与产业集聚互动发展研究》，《经济研究导刊》2013 年第 13 期。
④ 朱华兵：《加快人口与产业集聚推进城市化进程》，《安徽农业大学学报》2004 年第 4 期。
⑤ 朱智文：《基于产业集聚的城市化和城市化过程中的产业集聚》，《开发研究》2006 年第 6 期。

向城市集聚的产业内容也发生相应变化。① 中国经济增长与宏观稳定课题组（2009）认为，城市化是由农业为主的传统乡村社会向以工业和服务业为主的现代城市社会逐渐转变的过程，具体包括人口职业的转变、产业结构的转变、土地及地域空间的变化三个方面。随着城市化水平的提高，从事第一产业的劳动力逐步转向效率更高的第二产业和第三产业，使要素的配置更趋优化，从而使经济持续增长。城市可以提供良好的基础设施条件，较完善的生产、金融、信息、技术服务，规模集中的市场，并且会由于企业和人口的集中而在技术、知识、信息传递、人力资本贡献等方面形成溢出效应，因而产生较高的经济效益。但同时，随着城市规模的扩大，其外部成本也会上升，包括由于人口密集导致的居住、交通、生产成本和管理成本的增加，生存环境恶化等，为此需要付出巨额的公共基础设施投资及环境治理成本。② 吴丰林、方创琳（2010）认为，城市化进程主要在资源禀赋、研发能力、区位条件三方面对产业集聚产生影响，具体如下：城市化进程为产业集聚提供诸如支柱产业、人力资源、技术支持、完善的服务体系等资源要素；城市基础设施的数量和质量影响其对外来企业投资的吸引力；产业集聚的形成和发展必须以通畅、快速的物流、信息流作为保障。城市化的进程使基础设施特别是交通、运输、通讯集中建设，为产业的空间集聚提供良好的外部条件；产业集聚作为一种企业网络，其形成和发展都需要根植于当地的网络和制度环境中，城市化质量的提高、城市的快速发展能为产业集聚的发展创造适宜的制度文化环境。总之，城市化的发展可以为产业发展提供各种生产要素以及适宜的制度文化环境，从而极大地促进产业集聚的速度。③ 孙红哲、刘琦（2011）分析得出，城市集聚的规模影响着产业发展的结构及规模，城市化主要通过促使产业的发展及带动整体区域的发展而推动产业集聚，城市本身的物质基础以及无形力量对产业的发展起着重要的作用。这种作用大致可以分为两类：一类是对产业本身的影响；另一类是

---

① 马方正：《城市化与产业集聚互动研究》，《产业经济》2007 年第 35 期。
② 中国经济增长与宏观稳定课题组：《城市化、产业效率与经济增长》，《经济研究》2009 年第 10 期。
③ 吴丰林、方创琳：《城市产业集聚动力机制与模式研究进展》，《地理科学进展》2010 年第 10 期。

对城市自身的影响。两者最终都会促进产业的集聚。① 孙雪、牛林林、刘凯（2013）认为，城市化为产业集聚提供技术研发支持与制度法规保障。② 王晖（2014）提出，城市为了能够提供产业集群更好的资源与节约成本，除了不断吸引更好更多的技术、资本、产业和人口，还需要继续优化和完善城市各个基础设施建设、提供各种优惠政策等，再推进产业聚集到一个更高水平基础上。在产业集聚过程中，由于产业集群发展所需要素受城市发展水平的影响，不仅导致城市经济集聚效应无法得到相应力度的发挥，而且对产业集群发展的外部环境（相关制度和优惠政策环境等）造成极大影响。③

3. 城市化与产业集聚的耦合关系

朱智文（2006）分析得出，城市化的动力机制研究应放在产业集聚与城市化的互动关系中来考察。因此，政府在推进城市化的进程中要兼顾产业集聚的发展，大力推进城市化进程，同时为产业集聚创造条件。④ 马方正（2007）指出，产业集聚有利于提高城市的竞争力，而城市竞争力的提高会促进城市化进程。城市竞争力的提高对城市的吸引、控制资源能力将更强，可以为城市居民提供更多的福利。这样，各种要素与人口将不断地流向竞争力强的城市，在达到一定的城市规模之前，这个过程是良性循环的：城市竞争力的提高带动了城市的经济增长，而经济的增长使城市能够提供更多的就业机会与福利，从而吸引更多的劳动力进入。产业集聚与城市化存在时间与空间上的互动关系。城市化实质上是产业集聚与人口集聚协调发展的最终产物，这两个阶段不能完全分割。城市化与产业集聚在空间上的良性互动能够促进区域经济的快速增长和发展。⑤ 中国经济增长与宏观稳定课题组（2009）从理论上分析了城市化的积聚效应和成本上升对产业竞争力的影响，并对中国城市化与产业竞争力的关系进行了实证研究，得到基本结论：城市化的积聚效应对工业

① 孙洪哲、刘琦：《城市化与产业集聚互动机制研究》，《中国青年政治学院学报》2011 年第 2 期。

② 孙雪、牛林林、刘凯：《区域人口城市化与产业集聚互动发展研究》，《经济研究导刊》2013 年第 13 期。

③ 王晖：《城市化进程中的产业集群可持续发展研究》，《现代商业》2014 年第 27 期。

④ 朱智文：《基于产业集聚的城市化和城市化过程中的产业集聚》，《开发研究》2006 年第 6 期。

⑤ 马方正：《城市化与产业集聚互动研究》，《产业经济》2007 年第 35 期。

和服务业竞争力产生正向效应，工资成本对工业和服务业竞争力产生负向效应，住房成本对服务竞争力产生了负向效应。为了保持中国经济的可持续增长，应减少城市化成本的过快上升，转变城市化模式，以促进工业化和城市化的协调发展。[①] 吴丰林、方创琳（2010）认为，产业集聚多发生在城市区域，与城市发展关系密切，因此也可称之为城市产业集聚。城市的要素组成直接决定产业的空间布局，是产业集聚的风向标，产业都倾向于在要素条件优越的城市集聚。产业的空间集聚，尤其是以产业集聚区的形式，对城市的空间结构和社会、经济发展都产生直接影响。关于产业集聚与城市发展关系的研究，是伴随着产业集聚的快速发展而得到广泛开展的。[②] 陆根尧、罗晓华（2012）设立了两个计量模型，一个分析产业集聚通过要素集聚、产业结构、城市化成本、城市竞争力等因素对城市化的影响；另一个则分析城市化通过要素禀赋、基础设施、制度环境、社会需求等因素对产业集聚的影响。运用此模型，他们对全国进行了检验，得出以下结论：产业集聚与城市化之间存在相互促进的关系。同时还提出了资源环境制约下城市化与产业集聚的问题及未来出路。[③] 孙雪、牛林林、刘凯（2013）的研究成果主要包括三个方面：一是产业集聚带动城市化效应研究；二是城市化进程对产业集聚的促进作用研究；三是产业集聚与城市化间的相关关系和互动作用研究。[④]

第三节　产业集聚与城市化互动关系的机理分析

　　随着社会经济的发展，产业集聚与城市化之间的关系越来越密不可分。产业集聚是促进一个地区经济发展的重要途径，其发展程度对城市化进程的推进有着重要影响。在城市化发展的初期，人口、资金和技术

　　① 中国经济增长与宏观稳定课题组：《城市化、产业效率与经济增长》，《经济研究》2009年第10期。

　　② 吴丰林、方创琳：《城市产业集聚动力机制与模式研究进展》，《地理科学进展》2010年第10期。

　　③ 陆根尧、罗晓华：《资源环境约束对产业集聚与城市化互动发展的影响研究——以浙江省为例》，《中国区域经济》2012年第6期。

　　④ 孙雪、牛林林、刘凯：《区域人口城市化与产业集聚互动发展研究》，《经济研究导刊》2013年第13期。

等生产要素通过产业集聚在某地区集聚起来，促使产业结构的优化升级，带动该地区的经济发展，进而促进城市化的发展。当城市化发展到一定阶段，城市发展不能单单依靠本地的资源要素，还需具备集聚资本、技术和劳动力等要素的能力。与此同时，城市化水平的提高对产业集聚的发展也有着重要影响。城市化水平的提高，城市基础建设和服务体系不断地加强与完善，为产业集聚的形成与发展提供一个良好的社会环境。所以说，产业集聚和城市化在很大程度上来说是相互促进和相互影响的。

一　产业集聚与工业化的关系

工业化是一个生产力概念，指工业在国民生产总值中所占的比重不断上升，而农业在国民收入和劳动力就业中所占的比重逐渐减少的过程。在这一转变过程中，大量农村劳动力向第二产业和第三产业集聚。同时，这也是科学技术不断发展的结果，科学技术引起产业革命，产业革命使原有的生产关系与生产方式都发生了根本性的变化，建立了机器化大生产方式。这种生产方式，一方面提高了劳动生产效率，促进了生产力的快速发展，第二产业得到不断发展，且在国民生产总值中的比重不断提高，并有力地带动了就业，同时第二产业的发展也为第三产业的发展提供了有利的条件。另一方面它促使大量劳动力和生产资料向第二、第三产业集聚，第二、第三产业的不断发展促进了城市产业结构的优化升级。所以说，产业集聚和工业化是密不可分的，产业集聚是工业化形成和发展的基础，同时工业化的发展也促进了产业集聚的进一步发展。

二　城市化与工业化的关系

工业化既是影响城市化进程的一个重要因素，也是城市化发展的动力来源。工业化过程中产生的集聚促进了城市的形成和不断发展，进而加速了城市化进程，也可以说，城市化是工业化发展的必然结果。工业化在不同的发展时期对城市化的形成与发展起着不同的影响。工业化发展的初期，对城市化的发展起到了较大的促进作用。生产方式的变革促进了生产力的发展，提高了工业占国民生产总值的比重，同时也促使大量劳动力和企业在某一地区的集中，使产业集聚得到进一步发展，工业和产业集聚的发展为城市化的形成和发展奠定了经济基础。当工业化发展到一定程度，不仅直接促进城市化的发展，还通过城市经济各要素之间的连锁反应间接地促进城市化的发展。生产方式的变革不仅带动了第二产业的发展，而且促进了第三产业的发展，进而优化了城市产业结构。

随着第二、第三产业的不断发展，就业结构也随之变化，促使大量农村剩余劳动力向城市转移和集中，人口和各种生产要素的集中又会对城市基础设施建设和交通提出更高的要求，促使城市进一步完善基础设施和交通网络，而交通运输的便利和新的基础设施在一定程度上整合了城市资源，为城市化发展奠定了良好的社会基础。因此，工业化是促进城市化形成和发展的根本动力。

三 产业集聚对城市化发展的影响

（一）城市产业集聚能够吸引大量的就业人员，从而提高城市化水平

在城市化进程中，人口流动是影响城市化发展的重要因素。随着产业集聚效应的增强，产业结构的优化升级，第二、第三产业的发展提供了大量就业机会，不仅满足了城市人口的就业需求，而且促使大量农村劳动力流向城市，加速了人口的集中化进程，为城市化发展提供量的基础。

（二）产业集聚为城市化提供产业支持

产业集聚的形成，不仅提高了企业的生产效率，降低了生产成本，而且为企业提供了生存发展的机会。许多原本没有市场生存能力或无法生存的企业，因参与到产业集聚中，得到了生存机会，也促进了产业集聚整体的竞争力增强。产业集聚使产业的有效需求和供给不断增加，与其相关的企业也随之产生，形成了新的企业；知识、人力资源以及公共设施也得到了有效的交流和利用；集聚区域的整体竞争力进一步提高；城市化的发展也获得了产业支持。由于产业集聚区的企业越来越多，企业间的交流、分工和合作越来越便利和频繁。三大产业间的结构比重关系及变化促使产业结构的转换和演进。而作为城市化的实质，第二产业和第三产业的集聚，即产业结构的优化决定了城市化的发展。在产业集聚刚刚产生的时候，各种相关企业、人口和资源相继集中，第二产业随之快速发展。伴随企业规模的不断扩大，相关人口在城市的数量不断增加，人们的物质文化需求也随之增加，为了满足人们不断增长的生活、生产需求，第三产业随之产生并不断发展。产业集聚使产业结构的转换实现了优化，同时，第二产业和第三产业也得以发展壮大，产业结构的高级化与合理化越来越明显，进而提高城市化水平和质量。这是因为城市化的不断发展就是产业结构的高级化与合理化的过程，而工业和服务业以及与其相关的消费区域的形成、集聚和发展就是城市化的过程。总

而言之，产业集聚不仅提高了产业的竞争力，还促进了产业结构的合理高效转换，进而为城市化提供了强有力的产业支持。①

（三）产业集聚对城市空间结构的影响

产业集聚的形成和发展影响着城市的集聚状况和城市空间结构的演变。随着产业集聚的发展，城市的集聚经济效应增强，会吸引更多的企业和人口进入该城市，促使城市用地的多样化，不断拓展城市空间。不仅如此，现代产业在城市空间的集聚还增强了城市持续演进的自增强动力机制，导致城市地域的外延与扩展，最终会形成具有网络性特征的城市经济区。这种城市经济区空间结构形成的途径有：一是大量现代产业在一定地域空间范围内的集聚。城市系统的开放性以及中心城市经济的溢出效应，使得城市与域外空间发生广泛的经济贸易联系，并不断加强产业的空间集聚。二是城市内外交通运输系统影响和改变着城市的空间结构。随着产业集聚发展到一定程度，相关人口和产业便会有目的地向同一地理位置集聚，从而形成相应的居民区、商业区、休闲娱乐区等，原本无规则的土地利用变得更加科学合理，实现了城市化空间的演进，促进了城市空间结构的合理化布局。

（四）产业集聚有利于提升城市竞争力

产业集聚促使大量企业在一定空间范围内集聚，不仅增强了集聚区域内的企业竞争力，而且进一步增强了城市功能。一方面，产业集聚的发展提高了产业的竞争力，而产业竞争力的提高和自身发展为城市基础设施建设和交通运输的发展提供了经济支持，进而进一步增强了城市功能。另一方面，产业集聚促使大量企业和人口聚集在城市区域，会对城市功能和土地资源的利用提出更高的要求，产业园区与居民住宅区相分离，形成与住宅区相配套的商业区，进一步优化了土地利用结构，促使城市布局更为合理。同时，通过产业集聚的发展并基于当地的资源优势来发展特色经济，打造城市品牌效应，吸引更多的优质人才、资金和技术，创造更好的经济增长环境，进而有利于城市竞争力的提高。产业集聚提高城市的竞争力的同时，也推进了城市化进程。城市竞争力的提高带动城市经济的发展，为城市创造更多的就业机会和福利，从而吸引更多的人才、资金和技术的进入。在达到一定的城市规模之前，这个过程

---

① 蒙丹：《贵州省城镇化发展现状及对策研究》，硕士学位论文，西南大学，2007年。

是良性循环的。因此，产业集聚增强了产业竞争力，促进产业的发展，进而为城市化建设提供了经济基础，目前是我国推进城市化进程的重要途径。

（五）产业集聚推动城市创新体系的形成

创新是推动城市发展的不竭动力。产业要想保持自身的发展和生存能力，就必须具备创新能力和创新意识。改革推动了经济发展，创新引发改革，所以要想发展经济，就必须创新。由于产业集聚的形成，许多与集聚产业相关的企业也逐渐进入产业集聚区，这些企业既要竞争又要合作，产业要想保持自身竞争力与持续繁荣，必须运用已知的信息，不断突破常规，发现或产生某种新颖独特的、有别于他人的、具有社会价值或个人价值的新事物。这就说明，产业集聚的形成和发展，推动了创新体系的形成，并且反作用于产业集聚区，使集聚产业拥有了长久发展的动力，从而促进了城市经济的不断前进。创新思想将在产业集聚区内不断地扩散，逐渐建立城市化创新体系，形成良好的创新氛围，带动城市的发展。①

四　城市化对产业集聚发展的影响

（一）城市化为产业集聚的发展提供所需的要素条件

城市既是产业发展的载体，也是产业集聚发展的产物。产业集聚的发展受到相关要素的制约，如自然资源、相关产业、人力资源和基本公共设施等要素。而城市化进程的加快在一定程度上促进了城市经济的发展、城市人口素质的提高、完善了相关配套服务体系和公共设施，为产业集聚的更好发展奠定了基础。

首先，就自然条件而言，在城市发展过程中，不同自然环境会引起不同的城市建设开发成本，进而影响产业集聚的成本。如果一个地方自然环境恶劣，城市进行开发建设时则成本较高，相关企业进入难度较大，对优质的人才、资金和技术吸引力较弱，在此条件下，很难形成真正意义上的产业集聚。

其次，产业集聚的发展并不是该区域内企业数量的增加，而是逐渐形成一个完善的具有规模经济和关联效应的产业网络体系。一个产业的发展需要相关产业的支持与相互配合。一方面，需要与相关企业建立良

---

① 蒙丹：《贵州省城镇化发展现状及对策研究》，硕士学位论文，西南大学，2007年。

好的合作分工关系；另一方面，需要与上下游企业建立完善的产业链。因此，城市应具有一个能够容纳并支持众多产业相互合作、协调发展的系统，任何一个子系统发展不成熟或不完善，都会影响到产业集聚的发展质量和未来的发展潜力。

最后，一个城市的公共设施和服务体系的完善程度对产业的发展也至关重要，直接影响着产业集聚的形成和发展。随着城市化的不断推进，城市基础设施也会不断加强，能够有力地促进企业集聚的形成和发展，为产业集聚的发展提供良好的条件。对城市而言，城市化水平越高、公共设施的质量越高、服务体系越完善，对人口吸引力就越强，不仅能够吸引大量高技术人才和不同层次的人力资源，而且可以集中一批高校和科研机构，汇集大量人才的同时也为产业集聚的发展带来大量的科研成果。丰富的人力资源会对产业集聚的发展形成正向的反馈，带来资金及技术的集中和新的信息，创造新的商业机会。产业集聚的发展需要充足的资金支持，发展水平越高的城市，对资金的集聚能力就越强，就更能吸引投资者的目光。同时金融市场的发展程度的不断提高，能够为产业集聚发展提供充足而有力的资金支持，更加有利于产业集聚的发展。对企业而言，城市化水平的高低，公共设施和服务体系的完善程度不仅影响着人力资源、资金和技术的引入，而且直接影响着劳动力的生活福利状况和生活质量，进而影响着劳动效率。①

（二）城市化有利于产业集聚结构的优化

就城市化与产业集聚的关系而言，简单来说城市化就是产业结构主要以第一产业为主逐渐转变为以第二、第三产业为主，第二、第三产业在国民经济所占比重不断增加的过程。在城市化发展的初期，产业结构以第一产业为主，第二、第三产业所占比例较小。随着城市化水平的提高、城市的不断发展，产业结构也在逐渐改变，由于第二产业即工业的发展，促进城市经济发展的同时也带来了一系列环境问题，所以出于环境因素的考虑，一些环境污染较严重的工业和具有破坏性的重工业要逐渐迁出城市。而第三产业，如高新技术产业、房地产业和金融业等逐渐向城市集聚，进而形成更为合理的产业结构和集聚结构。

---

① 贵州省统计局：《贵州统计年鉴（2013）》，中国统计出版社 2013 年版。

（三）城市化为产业集聚的发展提供所需的制度文化环境

产业集聚作为一种空间的产业组织形式，其形成和发展都需要根植于当地的网络和制度环境之中。城市化水平的提高、城市的快速发展为产业集聚的发展创造了适宜的制度文化环境。

首先，城市化为产业集聚的发展提供了完善的制度环境。城市化水平越高，市场开放程度就越高。在产业集聚的发展过程中，较为开放的市场环境可以为企业发展提供公开、公平的竞争机制，同时政府也为其发展提供了良好的政策环境和法律保证，使各个企业能够以平等公正的地位来进行交易，促进企业间的分工合作，从而降低生产成本。此外，良好的制度环境可以吸引人才、资金的聚集。

其次，城市化为产业集聚发展提供了所需的文化环境。文化作为一种非正式的制度，强烈影响着人们的行为和生活。城市化的发展加速了不同区域的人口流动和聚集，由于不同的区域有不同的思想文化，所以随着人口的流动，就会出现不同地域文化的相互交流与碰撞，为产业集聚的产生和发展提供了所需的创新与合作文化。因此，在城市化进程中应该更加注重文化的建设，只有在多样性的创新文化氛围中，集聚区内的企业才会不断提高创新能力，实现可持续发展，这样才会不断促进产业集聚的发展壮大。①

第四节　贵州省城市化与产业集聚的现状及特征

一　贵州省社会经济概况

贵州省是我国西部多民族聚居的省份，既是全国唯一没有平原支撑的省份，也是贫困问题最突出的欠发达省份。贫困和落后是贵州省经济社会的主要现状，加快发展是贵州省的主要任务。贵州省发展既存在交通基础设施落后、生态环境脆弱、生产条件落后等因素制约，又拥有区位条件重要、能源矿产资源丰富、良好的生物多样性、文化旅游资源丰富等优势；既存在产业结构单一、城乡发展差距较大、社会事业发展落

---

① 彭澎、徐刘蔚：《基于城市化阶段性规律对推进贵州城市化进程的思考》，《经济问题探索》2007 年第 3 期。

后等问题，又面临着深入实施西部大开发战略和加快工业化、城市化发展的重大机遇；既存在大量程度较深的贫困地区，又初步形成了带动能力较强的黔中经济区，具备了加快发展的基础条件和有利因素，正处于实现历史性跨越的关键时期。

自改革开放特别是实施西部大开发战略以来，在国家政策的支持引导下，贵州省利用优势资源和机遇进行大力发展，经济社会发展取得了显著成就：一是基础设施的明显改善，把以交通和水利为重点的基础设施建设作为事关全局的重大战略任务，加快推进贵广快速铁路和贵阳与周边省城的铁路的发展；二是特色产业体系的形成，能源工业成为第一支柱产业，旅游、烟酒、民族制药、特色食品、高新技术等产业不断壮大；三是经济发展方式的转变，综合实力明显增强，水土流失得到有效遏制、生物多样性明显增加、生态环境得到改善。居民生活水平稳步提高，实施了农村居民最低生活保障制度，城乡差距逐渐在缩小。

二 贵州省城市化现状

(一) 贵州省城市化进程

由于贵州省的经济发展、特殊的地理环境和历史条件，贵州省的城市化发展经历了一个曲折的过程，在不同的发展时期呈现出不同的特点，大致可划分为以下六个阶段。

第一阶段，1950—1955 年，正常发展时期。在此期间，我国制定了优先发展重工业的"一五"计划，"一五"计划的完成，促进了我国城市化的发展。在全国城市化发展的大背景下，贵州省的城市化也得到了初步发展，设立了两个城市——贵阳和遵义，全省的城市非农人口由 1949 年的 110 万增加到 1955 年的 130.8 万，城市化水平从 7.12% 上升到 8.25%。

第二阶段，1956—1965 年，大起大落时期。在此期间，国内开始搞"大跃进"运动，促使贵州省城市化进程的快速发展，两年内城市非农人口猛增了 128 万余人，即由 1955 年的 130.8 万增加到 1958 年的 259 万多，年均增长 40 多万人，城市化水平从 8.25% 猛升至 15% 左右。而此时贵州省的经济基础发展薄弱，交通闭塞，城市公共基础设施较差，城市化进程的快速发展远远超过了经济发展的承受能力。由于三年自然灾害和工作失误，1960 年，国家调整了相关政策，动员城市人口回乡进行农村建设，并调整了城市规划。

此时，贵州省的城市非农人口由最高峰 1958 年的 259 万下降到 1963 年的 187.74 万，城市化水平下降到 11.02%。之后随着国民经济的恢复，城市人口又有所增加，到 1965 年增加至 218.98 万，城市化水平增加到 12.03%。1958 年贵州省新增设安顺和都匀两市，但在 1962 年撤销，1966 年又恢复，至此全省有贵阳、遵义、安顺和都匀四个建制市。

第三阶段，1966—1978 年，畸形发展时期。在此期间，我国开展"文化大革命"、知识分子"上山下乡"运动，大批城市人口进入农村接受改造学习，贵州省城市非农人口也发生了很大变化，城市化进程呈现畸形发展。1966 年，国家实施了"三线"城市建设政策，全国各地派遣各种专业人才到贵州省进行"三线"建设，促使贵州省城市非农人口增加至 305.89 万，城市化水平达到 12.59%。随着"三线"建设和省内区域基础设施的改善，全省建成了航空、航天、电子三大军工基地及大批工业骨干企业，形成了以铝、磷、煤为主的能源、原材料基础工业布局基本骨架，促进了一批市、镇的发展。1978 年年底，增加了六盘水市。

第四阶段，1979—1986 年，恢复时期。随着改革开放的推进和工业化、市场化的加快，贵州省的城市化出现恢复性发展。据统计，在 1978—1986 年的 8 年间，贵州省建制市由 5 个增加到 6 个（其中 1983 年增设凯里市）；建制镇发展较快，由 1983 年的 116 个，增加到 1987 年的 316 个，增加了 200 个，年均增加 25 个。城市人口由 1979 年的 314 万增加到 1986 年的 364 万，净增 50 万，年均增长 6.25 万。城市人口比例由 1979 年的 11.5% 提高到 1986 年的 12.16%，10 年间城市化水平仅提高 0.66 个百分点。

第五阶段，1987—1994 年，相对快速发展时期。在这 8 年间，贵州省城市由 1986 年的 6 个增加到 1993 年年底的 11 个（其中 1987 年增设兴义和铜仁市、1990 年增设赤水市、1992 年增设清镇市、1993 年增设毕节市），其中贵阳市的城市人口在 1993 年首次突破百万大关，成为全省唯一的特大城市。全省建制镇数量由 1986 年的 316 个增加到 1994 年的 675 个，年均增加 45 个，城市人口由 1987 年的 372.8 万增加到 1994 年的 453 万，净增 80 多万，年均增长 11.3 万，城市化水平由 12.16% 上升到 19.80%。

第六阶段，1995 年至今，稳定发展时期。从 1995 年起，贵州省的城市化进入了一个比较快的稳定发展时期。在此期间，全省新增建制市为两个，即 1995 年设立仁怀市，1996 年设立福泉市，同时在 1997 年改遵义市为省辖地级市，2001 年又升安顺市为省辖地级市，至此，全省共有建制市 13 个，其中贵阳、六盘水、遵义和安顺为 4 个地级市，建制镇 692 个。到 2004 年贵州省城市人口达到 1025.89 万，城市人口占总人口比例为 26.3%，一批中心镇纷纷崛起，成为地域开发的增长极，推动着贵州省经济和社会的发展。[①]

（二）贵州省城市化的现状

贵州省简称黔或贵，位于中国西南部云贵高原的东斜坡，东临湖南，南靠广西，西接云南，北与四川和重庆等省（区、市）相连，在西南地区处于承东启西、连接南北的重要地位，是西南地区南下出海的重要通道和陆上交通枢纽。贵州省自然资源富饶，种类繁多，分布广，藏量大，价值高。特别是能源、矿产、生物、旅游资源，优势突出，在全国占有重要地位。西部大开发战略实施以来，贵州省在国家西部大开发政策支持和自身努力的共同作用下，取得了可喜的发展成果，总体实力不断提升，实现了国民经济的快速健康稳定增长。

1. 城市化水平分析

城市化首先表现为农村人口转变为城市人口并逐渐向城市集中的过程，因而可以采用以下两种指标来衡量城市化水平：一是非农人口占总人口的比例；二是农业人口占总人口的比例。考虑到统计数据的可比性，主要采用非农人口占总人口的比重来分析贵州省的城市化水平。目前，大多数学者把人口城市化进程分为三个阶段：人口城市化水平小于 30% 为城市化的初级阶段；在 30%—70% 为城市化的中级阶段；在 70% 以上为城市化的高级阶段，基本实现城乡一体化。由此可知，贵州省的人口城市化水平还处于初级阶段。贵州省的城市化水平较低，2010 年年底，全省总人口 3474.65 万，其中城市人口 1174.78 万，城市人口所占比例为 33.81%，比全国的平均水平低了 18.79%。[②] 城市是产业发展的载体，城市化发展水平的高低，直接影响着产业发展的潜力。贵州省的城市化水平仍与全国的城市化水平有很大的差距。虽然贵州省政府相继出台了一

---

① 袁久和：《区域产业集聚与西部经济发展研究》，《桂海论丛》2005 年第 4 期。

② 邓玲玲：《民族地区城市化动力约束与机制完善——以贵州为例》，《贵州民族研究》2006 年第 8 期。

系列政策来加快城市建设，推进城市化进程，在一定程度上打破了户籍限制，推行市管县体制，城市人口稳步增加，但仍有很多因素制约着城市化的发展。

2. 城市数量、等级规模结构分析

贵州省的城市体系为：贵阳、六盘水、遵义、安顺 4 个地级市；毕节、铜仁 2 个地区，黔东南、黔南、黔西南 3 个自治州，下设凯里、都匀、铜仁、兴义、毕节、赤水、清镇、仁怀、福泉市 9 个县级市。整体看城市数量较少，占全国城市总数的比重不到 2%。按全国城市等级的一般划分标准：城市市区和近郊区非农人口达到 100 万以上的为特大城市；100 万—50 万的为大城市；50 万—20 万的为中等城市；20 万以下的为小城市。贵州省只有贵阳市的非农人口到达 100 万以上，其余 12 个市的非农人口都不足 50 万，即贵州省只有贵阳一个特大城市，在特大城市和中等城市之间缺乏大城市作支撑，出现大城市断层现象。在整个城市体系中，只有一个特大城市，没有大城市，中等城市数量少，大部分为非农人口不足 20 万的小城市，中小城市占绝对优势。因此，贵州省这种不合理的城市等级规模体系制约着城市化的发展，影响着城市产业转移效应和扩散效应的发挥。具体表现为以下几个方面：

首先，具有一定经济实力的建制市的数量过少，对周边地区的经济辐射带动作用有限，无法从整体上提高城市化水平。

其次，由于全省缺少大城市，且中等城市数量少，分布不均衡，大中小城市之间缺乏必要的有机联系，使贵阳市在区域经济中的核心和增长极的作用不能充分发挥。一方面，贵阳作为贵州省唯一的特大城市，在产业、资本、技术、人才、信息等方面形成了强大的聚集效应，但没有大城市的承接作用，无法很好地向中等城市和小城市扩散；另一方面，由于中等城市数量过少，分布不均匀，加之自身发展程度有限，无法起到很好的聚集和扩散作用，对小城市的带动作用有限，也很难通过小城市这些节点，进一步向更为广阔的经济腹地扩散，从而严重地影响了整个贵州省城市化发展。

最后，贵州省的建制镇的数量虽然不少，但规模太小，且几乎都是行政中心，经济发展水平甚至与农村无异，市场作用很弱，与城市缺少市场联系，从文化和习惯等方面看，这些小城市更多倾向于农村，而大城市对它们的态度，也是将其视作农村，因此这些小城市起不到一种过渡作用，无法发挥城市与农村的桥梁作用，造成了贵州省的城市化发展出现大中小城市脱节，进一步制约了其城市化发展。

3. 省内各地区城市化发展现状分析

从贵州省内部的空间分布看，根据各地区的城市化发展水平，可以将省内的城市分为五类：第一类，贵阳市作为贵州省的省会，既是全省的经济、政治、文化中心，也是全省城市化水平最高的城市。第二类，遵义市的城市化水平仅次于贵阳市，但与贵阳相比还是存在相当大的差距。第三类，六盘水市的人口城市化、空间城市化和经济城市化水平都较高，但其生活方式城市化和文明程度城市化水平都很低。出现这种情况的主要原因是六盘水市的城市化进程是在国家"三线"建设的政策推动下开始的，六盘水建市也正是在"三线"建设时期，由于国家的政策和六盘水自身的地理位置和资源特点，这里聚集了一批采掘、原材料加工和建材企业，成为贵州省一个重要的工业区。工业的发展带动了六盘水市经济的发展，推动了该地区的城市化水平，但是由于这些企业的产品结构特点及长期受各种社会因素的影响，这些企业与周边地区的联系非常薄弱，对周围地区的吸引力和辐射力也很弱，其自身的成长、发展对所处地域空间周边地区的发展难以起到重大的促进和带动作用，形成了类似孤岛般的城市经济，存在严重的城乡分割。同时，各企业各自为政，也限制了这一地区城市公共设施的建设，加之煤矿井、钢铁厂、水泥厂等的严重污染，这一地区的生活质量和生活环境都很差。第四类，包括赤水、凯里、都匀、福泉和铜仁五个市。这五个市的城市化水平在全省属于中等发展水平，经济发展水平较弱，没有什么特色产业和优势产业的支撑，除赤水外都属于少数民族地区，城市化的基础较弱。五个市中，除都匀外，其余都是在1987年以后才建市的，城市化发展的历程较短，但这类城市较为注重城市建设，体现在生活质量的提高和生活环境的逐渐改善。第五类，包括清镇、仁怀、安顺、毕节和兴义，这类城市的城市化水平是最弱的。

综上可以看出，省内各地区城市化发展严重不平衡，特别是东西部地区存在显著差异。一方面就工业发展水平而言，以贵阳为中心的西部、西北部地区（包括兴义市、遵义市、毕节市、清镇市、赤水市等）工业发展水平明显高于东部、东南部地区（包括凯里市、都匀市、福泉市等），并且东部地区以重工业为发展中心，轻工业较落后，造成就业机会较少，不利于经济的均衡发展，也不利于农村劳动力向城市的转移，阻碍了该地区的城市化进程。另一方面，从地理位置上看，以贵阳为中心的黔中城市圈主要集中在西部或西北部地区，而东部地区则缺少大型的具有经济实力的城市来带动该地区的发展。所以，要实现全省的均衡发展，就必须扩大中心城市圈的辐射带动范围，加快东部地区的工业化发展水平，特别是轻工业的发展。

（三）贵州省现阶段城市化的特征

1. 边缘性的空间特征

贵州省处于我国的西南地区，自然条件恶劣、经济基础薄弱、远离市场、基础设施和观念落后，这些因素形成的"马太效应"造成了经济增长、社会发展、形象地位和思想观念的边缘化，体现了明显的边缘空间特征。

2. 生态环境约束的环境特征

现实的城市化与水资源及生态环境保护之间存在着各种矛盾。一方面，贵州省城市化以脆弱生态、环境为发展基础，以资源开发为主体，具有旱生性特征，在发展过程中受到了水资源和周围生态环境的压力，并在不同程度上对城市本身及与水有相关的生态环境造成破坏；另一方面因水资源短缺和用水效益低下，本来就十分脆弱的生态环境受到破坏后，反过来又威胁城市发展规模，延滞城市化发展进程。水资源约束条件下城市化发展与整个环境保护之间形成的这种恶性循环怪圈，是导致城市化和工业化发展滞后的根本原因。

3. 民族性的人口与文化特征

少数民族居多，又集中在偏远地区，经济发展水平严重滞后，生活相当封闭，贫困问题突出。民族生活习惯、文化传统使少数民族地区城市发展难度远远大于其他地区，经济发展水平的滞后伴随着人口素质低下、思想意识守旧，加之农村人口迁移成本过高、风险过大、民族人口迁移黏性大，极大地制约了贵州省城市化的快速发展。

4. 外生型的动力组合特征

从其形成过程来看，贵州省现有城市化规模集中表现为人为外力作用的推动，属于外生型嵌入型城市，特有资源、地理位置和国家投资开发是其城市化的主要原因。由于大多数城市的形成不是内生性力量即自身市场发育所致，人为外力推动城市化就会造成城市功能单一，只有城市的"形"而无城市的"实",一旦外部力量枯竭,城市发展在没有新的外部力量注入或内生市场力量薄弱的情况下就会趋于停滞,难以进一步发展。[1]

三 贵州省产业集聚现状及特征

(一) 现状

贵州省的产业集聚受资源禀赋的影响较大,全省的资源禀赋结构呈现资本和技术相对稀缺、自然资源和劳动力资源相对丰富的特点。贵州省水能资源蕴藏量为 18745 万千瓦,居全国第六位,其中可开发量达 16833 万千瓦,占全国总量的 44%。煤炭资源储量居全国第五位,煤层气资源量列全国第二位,全省火电装机容量超过 2000 万千瓦。在国家政策和投入的导向下,贵州省依托这些优势资源来集中力量发展特色优势产业,做大做强支柱产业,实施"西电东送"工程,加快能源工业发展,进一步壮大铝、磷等优势原材工业,做大做强以烟酒为主的传统支柱产业,积极发展以民族制药、旅游商品、特色食品为代表的特色优势产业,加快发展装备制造业振兴步伐。

中缅天然气管道,全长 2806 千米,输气能力 120 亿立方米/年,经云南、贵州、广西三省区。随着天然气入黔,优质充裕的天然气能源供给,实现了能源多元化、清洁化发展,促进了发展以低能耗、低污染为基础的"低碳经济"。推动贵州省铝及铝加工、装备制造业等支柱产业的结构升级与产业链延伸,助推工业园区的发展,为烟酒、制药、食品等特色产业营造良好的可持续发展环境,极大地推动了贵州省产业集聚的持续快速发展。

2012 年 2 月,国务院出台《关于进一步促进贵州经济社会又好又快发展的若干意见》,明确提出贵州省要加快完善公共服务领域的信息化建设;2012 年 7 月,国务院印发《"十二五"国家战略性新兴产业发展规划》指出,要加快培育和发展新一代信息技术以及贵州省自身拥有的独特环境和资源优势。这些都为贵州省发展大数据产业打下了坚实基础,有利于打造具有战略地位的国家西部大数据聚集区、国家云计算产业的厚积薄发高地,成为贵州省经济发展后发赶超的强力引擎。

---

[1] 戴怡富:《工业生态化是我国新世纪工业发展的必然选择》,《生态经济》2001 年第 8 期。

虽然贵州省近年来也出现了产业集聚的雏形，如六盘水—攀枝花的煤炭—冶金工业基地的形成，以茅台酒、黄果树等名优品牌为代表的烟酒传统支柱产业的进一步巩固和提高，开阳磷化工产业集聚，装备制造业及电子信息产品制造业的发展，乌当高新技术产业集聚等。但是由于资金短缺、技术创新不够和相关制度的不完善，产业集聚规模不大，不够成熟，整体上处于落后状态。同时这些产业大多数是资源密集型和劳动密集型产业，初级的加工方式、不合理的产业组织结构都极大地限制了产业链的延长，导致产业分工层次低，产品附加值低，资本积累速度慢，自我发展能力弱，产业竞争力严重不足。区域内没有形成真正的专业化分工，也没有形成上、下游产业及支撑产业相互关联的互补作用效应，更缺乏既竞争又合作的创新动力，无法使企业借助群体的力量达成单一企业无法完成的目标。因此，并没有形成真正意义上的产业集聚。

（二）贵州省产业集聚的特征

1. 以国家计划为导向

贵州省经济发展较为落后，国家和政府在其产业发展过程中起主导作用，该地区长期贯彻执行带有明显计划性的产业发展规划。政府过度抑制了市场优胜劣汰的竞争机制，为了保护本地企业的利益，贵州省地方保护主义盛行，通过设置进入壁垒，阻碍其他企业进入本地开拓市场，并限制了生产要素的自由流动，逐渐削弱本地企业的竞争力。同时在利益的驱动下，地方行政部门大力新建地方加工企业，致使贵州省许多行业出现了过度竞争和生产能力的闲置，多数企业出现亏损。因此，政府政策的导向决定了贵州省产业集聚的特点，使该地区的社会资本难以进入，产业集聚无法自发形成。

2. 以资源密集型和劳动密集型为主

贵州省产业集聚的发展受资源禀赋影响较大，产业结构主要以资源密集型和劳动密集型产业为主。这些企业的产业链单一，生产方式多为初级加工，产品的附加值低；同时，粗放型的生产方式使企业在生产的过程中过度追求经济效益，不顾生产过程中废弃物排放对环境造成的污染，浪费生产资源的同时更是污染了周边的环境；没有实现预期的经济效益，却降低了原有的环境生态效益。此外，产业集聚的良性发展需要大量先进技术的投入，但是贵州省的高新技术产业发展滞后，无法对传统产业提供技术支撑，也就无法完成产业结构的优化升级。

3. 产业集聚的实际效率低下

在贵州省的产业发展过程中，产业间分工不明确，企业间缺乏相互协作，造成集聚的效率低下。贵州省产业趋同性明显，同质企业多，企业间竞争激烈，但由于兼并和重组不得当，缺乏龙头企业以形成规模经济，从而抑制了产业内的分工。贵州省多数企业仍停留在自成体系的发展阶段，企业之间协作关系不够，具有产业关联的企业没有联合发挥各自优势，而是相互逆向发展。[①]

第五节　贵州省产业集聚与城市化相关性实证分析

一　贵州省产业集聚对城市化发展的影响

(一) 产业集聚促进人口向城市的流动和集中

在城市化进程中，人口的流动是影响城市化发展的重要因素。随着产业集聚效应的增强，产业结构的优化升级，为第二、第三产业的发展提供了大量就业机会，不仅满足了城市人口的就业需求，而且促使大量农村劳动力流向城市，加速了人口的集中化进程，为城市化发展提供"量"的基础。2007 年，贵州省就业人数为 182.64 万，城市就业人数为 489.96 万；2012 年，贵州省就业人数为 1825.82 万，城市就业人数为 596.06 万。2007—2012 年，贵州省城市就业人数增加了 106.1 万，其中第一产业就业人数为 1189.04 万，增长率为 -0.4%；第二产业就业人数为 238.1 万，增长率为 10.3%；第三产业就业人数为 398.68 万，增长率为 4.2%。产业的集聚大大地促进了农村人口向城市的流动。产业集聚为农村剩余劳动力提供就业机会的同时实现了劳动力从第一产业向第二、第三产业的转移。从表 10 - 1 可以看出，2007—2012 年间，贵州省第一产业的就业人数逐渐减少，第二、第三产业的就业人数逐年增加；三次产业就业人数比重由 74.12∶9.2∶16.68 逐步变化为 65.12∶13.04∶21.84，而第二、第三产业多集中在城市地区，进一步促使大量农村劳动力向城市集中，使城市的常住人口不断增加，提高了贵州省的城市化水平。

---

① 陆大道：《区域发展及其空间结构》，科学出版社 1998 年版。

表 10 -1　　　　2007—2012 年贵州省三次产业就业人员及结构　单位：万人、%

年份	第一产业		第二产业		第三产业	
	就业人数	所占比重	就业人数	所占比重	就业人数	所占比重
2007	1388.02	74.12	172.31	9.2	312.31	16.68
2008	1350.32	72.32	180.73	9.68	336.15	18
2009	1299.29	70.54	197.6	10.73	345.03	18.73
2010	1209.55	68.3	203.52	11.49	357.82	20.2
2011	1194.39	66.62	215.86	12.04	382.55	21.34
2012	1189.04	65.12	238.1	13.04	398.68	21.84

资料来源：根据《贵州统计年鉴（2013）》资料整理计算而得。

（二）产业集聚为城市化发展提供产业支持

产业集聚通过优化贵州省的产业结构、提高其产业竞争力来促进产业发展，进而为贵州省城市化发展提供产业支持。

从表 10 -2 可看出，2007—2012 年，贵州省第一产业占 GDP 比重逐年下降，第二产业所占比重较大，而第三产业所占比重逐年呈增长趋势，一直维持在 47% 左右。在三次产业结构变动中，整体上第二产业仍占据重要地位。这是因为贵州省产业集聚雏形基本以第二产业为主，如六盘水—攀枝花的煤炭—冶金工业基地的形成，开阳磷化工产业集聚，装备制造业及电子信息产品制造业的发展，乌当高新技术产业集聚等。此外，第三产业近年来在贵州省发展较快，但整体集聚效益低，对城市化发展的带动作用不明显。因此，贵州省应加大第三产业的发展，继续推进产业结构的优化升级，提高产业的整体竞争力，为城市化发展提供有效的产业支持。

表 10 -2　　　　　　　2007—2012 年贵州省三次产业结构　　　　单位：%

年份	2007	2008	2009	2010	2011	2012
第一产业	15.5	15.1	14.1	13.6	12.7	13.0
第二产业	39.0	38.5	37.7	39.1	38.5	39.1
第三产业	45.5	46.4	48.2	47.3	48.8	47.9

资料来源：根据《贵州统计年鉴（2013）》资料整理计算而得。

（三）产业集聚优化城市空间结构

城市空间结构是城市化的表现形式之一，合理的城市空间布局有利于城市化的发展。贵州省产业集聚的发展促使城市发展空间不断向外扩展，优化了城市的空间结构和功能布局。一方面表现在城市面积的扩展，如表10－3所示，2007—2012年，贵州省城区面积不断扩大，其中城市建设用地面积扩展了94.79平方千米。另一方面表现为城市人口的增长，贵州省的城市人口密度由2007年的2331人／平方千米增长到2012年的2410人／平方千米。

表10－3　　　　　　　　2007—2012年城市空间结构的变化

项目	2007 年	2008 年	2009 年	2010 年	2011 年	2012 年
城区面积（平方千米）	4044.45	4042.50	4057.98	4103.09	4108.16	4543.60
城市建设用地面积（平方千米）	932.05	952.04	999.81	1002.15	1005.73	1026.84
城市人口密度（人／平方千米）	2331	2379	2440	2481	2579	2410

资料来源：根据《贵州统计年鉴（2013）》资料整理计算而得。

二　贵州省城市化对产业集聚发展的推动作用

（一）为产业集聚的发展提供技术、资金支持

随着城市化水平的提高，城市经济实力不断增强，政府的财政收入也随之增加，进而增强了对企业的技术支持。同时，城市自身所拥有的科研机构和科研人员也在不断地增加，还有一些高等学校，这些机构和人员都间接地为企业发展提供技术服务，进而促进企业的技术创新。2012年年底，国家级科技计划项目资金到位99722万元，同年新增产值为303254万元，净利润为40295万元；全省拥有332个科研机构，科技活动人员为64016人，比2011年增长了6%；政府属独立研究与开发机构有106家，科技活动人员为4626人，投入经费总额为198686万元，比2011年增长了12.9%。

城市化水平的提高促进城市配套服务体系的形成与完善，为产业集聚的发展提供更加专业化的服务保障，尤其是金融机构的建立完善，为企业投融资搭建了良好的平台。目前，贵州省有境内上市公司21家，境内上市公司总股本达到109.13亿元；拥有949家保险机构，保险从业人数达到11390人。

（二）为产业集聚发展提供所需的基础设施

城市化水平的提高促使城市的基础设施建设不断加强，市政建设也在不断发展。贵州省城市基础设施建设的加强改善了产业投资环境，包括排水、污水和生活垃圾处理等市政基础建设，推进防灾减灾体系建设，实施山体滑坡、泥石流等自然灾害避险搬迁工程等。到 2012 年年底，贵州省的实有道路面积为 7585 万平方米，人均拥有道路面积为 6.93 平方米，城市污水日处理能力为 173.0 万立方米（见表 10 - 3）。与 2007 年相比，城市实有道路面积不断扩大，增加了 1874 万平方米。人均拥有道路面积的增长不是很明显，但城市污水日处理能力有明显的提高，增长了116 万平方米。到 2012 年，全省运营线路网长度达到 6518 千米。与 2007年相比，贵州省的交通运营线路网长度增加了 5062 千米，交通运输的发展较为明显。城市园林绿地面积为 51081 公顷，建成区绿化覆盖率为25.06%（见图 10 - 1、图 10 - 2）。

表 10 - 4　　　　　　　　2007—2012 年贵州省基础设施建设

项目	2007 年	2008 年	2009 年	2010 年	2011 年	2012 年
年末实有道路面积（万平方米）	5711	5759	5972	6342	7054	7585
人均拥有道路面积（平方米）	6.06	5.99	6.03	6.23	6.66	6.93
城市污水日处理能力（万立方米）	57.0	66.0	93.5	170.5	170.5	173.0
运营线路网长度（千米）	1456	1527	3523	6056	6212	6518

资料来源：根据《贵州统计年鉴（2013）》、中国国家统计局资料整理计算而得。

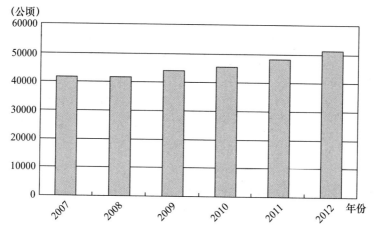

图 10 - 1　2007—2012 年贵州省城市园林绿地面积

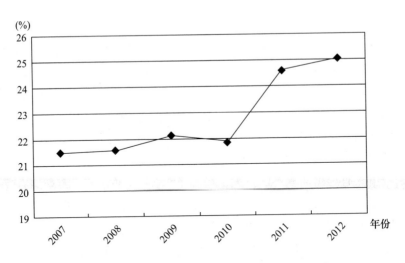

图 10 - 2   2007—2012 年贵州省建成区绿化覆盖率

（三）为产业集聚的发展提供良好的制度文化环境

产业集聚的发展离不开制度的保障和良好的文化环境。随着城市化的发展，市场竞争力就会逐渐增强，市场开放度逐渐提升，进而促使相关政策制度的完善。健全的政策法制和较为开放的市场环境可以为产业集聚的发展提供公开公平的竞争制度和法律保证。同时，随着城市化水平的提高，城市居民的整体素质也随之提高，形成丰富多彩的城市文化，为产业集聚的发展提供良好的文化环境。

1. 相关政策制度不断完善

国家对贵州省实行差别化的产业政策，在国家政策允许的范围内，适当地放宽贵州省具备资源优势、有市场需求的部分行业准入限制。对有条件的在贵州省加工转化的能源、资源开发利用项目，予以优先规划布局并优先审核批准。合理规定贵州省节能减排指标，加大中央财政对落后生产能力的支持力度。对重点煤炭资源开发项目，使用中央地勘基金、省财政出资的煤炭勘查项目以及国家明确的煤炭资源开发配套勘查项目等，优先审批设置探矿权；对页岩气、煤气层等非常规油气，优先保障当地居民用气和在当地的转化利用。上述政策既有利于贵州省发展特色产业，同时为其产业集聚的形成提供了基础性的保障。

2. 推进文化建设

在城市化进程中，每个城市都会形成自己独有的特色文化，进而为该地区产业集聚的发展提供了适宜的社会文化环境。贵州省可以依托多民族的文化资源，深入挖掘民族文化，建设一批文化产业基地和特色文化产业群。加强遵义、镇远、青岩古镇、西江等历史文化名城建设，大力发展红色旅游，并着力打造一批旅游区，如黄果树、荔波、梵净山、雷公山等景区，因此，贵州省应从多方面来营造适合产业集聚形成和发展的文化环境。

第六节　贵州省城市化与产业集聚问题

一　贵州省城市化问题

城市化进程与产业集聚的发展紧密相连，城市化依靠的不是某一产业，而是各种产业之间相互作用、共同促进。第一产业通常是城市化的原动力，第二产业是根本动力，第三产业是后续力量。但是在贵州省内各地各产业地位之间存在差异，各产业发展状况与城市化水平也不尽相同，需要各产业之间以及与城市化之间协调发展的局面，才能使经济更好、更快地发展。

（一）现有城市数量及规模较小

2017年，贵州全省仅有13个市，并且其中只有4个为地级市。第六次全国人口普查结果显示，2010年全省人口为3475万，平均每267.3万人拥有一个城市，全省县城也只有88个，与3000多万的人口相比，显得发展滞后。在城镇数量少、城市规模普遍偏小的前提下，城市化水平是很难提高的。城市数量少，造成了经济的总量比较小，吸纳农村剩余劳动力的能力比较弱，严重阻碍了城市化的进程。另外，在13个市中，2012年年末常住人口数量在500万以上的只有遵义和毕节两个城市，较小的城市规模不能够有效地发挥增长极的扩散效应，也很难带动周边小城镇的发展。各个城市的功能定位不明确，大多数是各地州的行政中心，城市间不能发挥联动作用，造成了不同城市间的差距不断扩大。

贵州省是典型的喀斯特地貌，山多平地极少，地表崎岖，城市的发展严重受到地形的制约。土地质量差、承受自然灾害的能力低、人口增长快、大规模地开垦土地，引起严重的水土流失，土地质量变得更差，导致土地单位产出量远远低于全国平均水平，农民生活更加贫困。农业生产率低下，城市与农村的收入差距进一步扩大，并且低农业经济效率不能推动劳动力很好地向工业转移，在很大程度上影响贵州省城市化的进程。

（二）城镇中的基础设施较差

在贵州省88个县中，整体的基础设施水平比较低，普遍存在供水不足、道路质量差、污水处理率低的现象。贵州省内绝大多数小城镇污水处理率和垃圾处理率基本上为零，城镇公厕数量仅达到国家标准的一半，许多城镇存在不同程度的道路失修、交通拥挤、供水紧张等问题，城市公共基础设施的建设不能满足城市居民的需求。基础设施的严重滞后，一方面将会导致城镇生态环境、投资环境、居民的日常生活环境差，严重影响社会、经济的正常运行和发展；另一方面将会降低城市的人口容量、经济的总容量，这样阻碍农村劳动力的转移，抑制了城市化的进程。另外，贵州省旅游资源比较丰富。但是省内的旅游业发展程度却远远比不上临界省份。通过比较可知，基础设施差是影响其发展的一个原因，硬件设施的缺乏不能使旅客很好地享受旅游资源，旅游业也不能很好地推动城市化的进程。

（三）城市中不平等的保障制度

农民大量进城，势必会给城市人口带来冲击。由于城市人口的增多，城市人均福利会降低，会引起城市居民的歧视，增加政府的执政压力。城市中存在城市人和外来务工的农民，这两种角色的福利待遇形成鲜明的对比。农村户口的人们迁移到城市之后，他们为城镇建设提供廉价的劳动力，但是却享受不到政府提供的种种福利待遇。如果他们在城市中长期居住，子女的教育问题成了他们最大的苦恼，他们往往面临的是大额的借读费，对于收入本身就低的务工人员来说，这无异于雪上加霜。户籍制度是农村人口转移到城市中难以逾越的障碍，它的存在大大削弱了农村人民进城的积极性。不合理的土地制度、劳动用工制度以及社会保障制度等同样也制约着城市化的发展。相关的政府职能部门在制定政策时，也要与时俱进地改进，不能太保守。

（四）边缘地区落后的民族意识

由于自然封闭的地形以及落后观念的长期影响，人们比较排斥外来文化，当地居民的价值观念不能很好地和市场经济相适应。在一些比较偏僻的山村，由于交通的不便利、通信设施的缺失，当地居民很少与外界联系，当地的生产力也普遍地极其落后，居民大多过着自给自足的生活，他们生产的目的仅仅是满足自己的消费，"养猪为过年，养牛为种田，养鸡为了换把盐"。在淡薄的商品经济观念约束下，他们不会将多余的产品变为商品，而是囤积在家中作为富有的象征。

由于农村人口的综合素质偏低，他们的创新意识以及创新观念不强，很多人安于现状，乐于享有，过着一种得过且过的生活。对于政府推广的新技术、农作物的新品种很少有人愿意去尝试，依然维持着传统低效率的耕种方法。这种保守甚至是僵化的思想传统，严重影响了后代子孙工作的积极性以及创新性，阻碍着城市化进程。如果不能从根本上改变这种落后意识，那么就很难发挥当地农民在城市化进程中的主动性。

（五）城市化的计量口径偏小

国际上度量城市化水平普遍采用的计量方法是人口指标法，即城镇人口占总人口的百分比。在我国没有直接的城镇人口数据，一直是利用非农业人口数据来代替，这样就造成了口径偏小的问题。非农业户口的变动主要反映了城镇自然增加的人口和农业户口转为非农业户口的人数。在当今高度信息化的社会下，人口流动非常频繁，再用非农业户口来代替城镇人数，就会不合时宜，必须建立起城镇人口数据指标。

此外，在建设生态文明社会的背景下，利用城镇人口占总人口的百分比作为测量城市化发展水平的指标，没有考虑到城市发展中的社会问题、生态问题等。[1]

二　贵州省产业集聚问题

在贵州省以往的城市化进程中，施行了以大城市为中心或者以小城市为中心的发展战略，但是在产业集聚的过程中两个战略均遇到了难题。

（一）城市产业结构不合理

城市化的核心是发展非农产业，为农民提供大量的就业岗位，一个地区第二、第三产业的发展程度决定着此地区城市化的进程。一般来说，农业是发展城镇化的初始动力，是最初的源泉；工业则是城市化的根本动力，是基石；服务业是城市化的后续动力，是第一、第二产业发展的必然结果。从整体状况来讲，贵州省城市化质量较低，城市间的产业聚

---

[1]　盛朝讯：《比较优势因素变化对我国产业结构调整的影响》，《经济纵横》2012 年第 8 期。

集效应很小。城市间的产业结构分布状况是第一产业产值偏小,第二、第三产业的产值偏大(见表10−5),且近年来,贵州省第一产业的比重不断下降,第三产业的比重不断上升,第二产业比重逐渐趋于平稳(见图10−3)。从表面数据来看,贵州省的产业结构是比较合理,且发展趋势良好,但是从各个产业内部来看,我们可以发现诸多问题。

表 10 − 5　　　　2013 年贵州省各城市 GDP 和三次产业产值的比重　　　单位:%

地区	贵阳	六盘水	遵义	安顺	毕节	铜仁	黔西南	黔东南	黔南	仁怀	威宁
总产值	2085.42	882.11	1584.67	429.16	1041.93	535.22	558.91	585.64	645.54	384.46	123.66
第一产业	81.52	58.06	207.88	60.99	196.60	136.13	88.46	111.97	102.04	15.42	42.83
第二产业	1155.26	503.79	744.14	164.45	449.75	155.00	205.60	179.99	248.55	264.15	32.34
第三产业	1155.26	320.26	632.65	203.72	395.58	244.09	264.85	293.68	294.95	104.89	48.49

资料来源:根据《中国统计年鉴(2014)》资料整理计算而得。

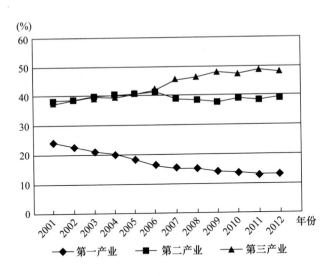

图 10 − 3　2001—2012 年贵州省各产业比重

　　在第二产业中,以采掘和原材料工业为主的重工业一直以来是贵州省最主要的产业结构特征。重工业的比例过大,没有形成链条式的产业,所生产的产品中最终消费品的比例非常低,这导致各个产业间的协调性差,产品的附加值很小,不能有效地吸引劳动力。以 2013 年的数据为例,当年全省工业总产值中轻工业和重工业的产值比为22：79，并且当年全省总工业增加值中轻工业和重工业的产值比为1：1.66，由此可见，在贵州省工业结构中存在重工业所占比重太大、轻工业所占比重太小的问题，并且这种产业结构的布局仍在不断地强化。经济学中的"木桶效应"表明，整体效益的大小并非取决于最长的那块木板而是决定于它的"短板"。在贵州整个经济体系中，其"短板"就是资源的深加工。由于产业结构和生产技术的不完善，所以并不能对当地的资源进行充分有效的加工利用，这样会导致产品的附加值以及消费者购买最终工业产品的资金都会从这个"短板"中流出。根据资本的有机构成原理可知，资本的有机构成越高，一定资本对劳动力的吸引力越弱，而重工业多属于资本密集型行业，其资本有机构成偏高，这样对于资本的需求高，对劳动力的需求低，因此这种重工业偏高的产业结构非常不利于农村劳动力的转移和经济的提升。第三产业中以餐饮、运输等为主的传统服务业占很大的比例，像金融、通信等现代服务业的发展幅度是有限的。

（二）城市空间布局存在缺陷

城市布局是指城市地域的结构和层次，城市内部各种功能用地的比重，其主要包括空间布局和功能布局两个方面，并且这两个方面是紧密相连、相互影响的。城市功能布局是城市交通布局的基础，而城市交通布局会约束和引导城市功能布局。① 研究城市的布局结构对于制定城市总体规划具有指导意义，城市规划应该从整体的、宏观的、长远的方面考虑，而不应该局限在一时的某个形成区域的规划。

城市空间布局是指按照城市的地域广度，在空间范围内讨论城市的设计规划，其主要包括城市的交通布局、城市的环境布局、城市之间的连接布局等。在所有范畴中城市的交通布局是最重要的。城市的交通布局决定了交通的可达性，而交通的可达性会影响微观区域经济的发展，为城市的空间功能发展提供技术前提。现存的城市交通布局模式有格网式和蛛网式两种模式。② 从目前情况来看，省内城市的交通模式主要是蛛网式的。蛛网式的交通布局是指根据需求不断建设环形的道路。首先在繁华中心建设一环，随着经济发展以及空间结构的向外延伸，一环道路

---

① ［美］埃德加·M.胡佛：《区域经济学导论》，商务印书馆1990年版。
② 陈佳贵、黄群慧：《中国工业化与工业现代化问题研究》，经济管理出版社2009年版。

压力不断增大，这时为了缓解一环的压力，开始修建二环。由于一环道路修建的时间最早，道路的最大容量以及其他设施条件不能满足飞速增长的经济的需要，导致最繁华的地段极易出现堵车等现象，而后来修建的二环、三环道路，普遍比一环道路容量设施好，但由于距离繁华中心较远，这就造成一定程度的浪费。这种现象在贵州省是非常普遍的。

（三）各个城市的功能布局定位不明确

贵州省各个城市一般是某一区域的政治中心和经济中心，各个城市间的发展方向和发展战略基本上都是同质的，而城市的功能布局应该根据自身的资源禀赋条件，发展具有自身特色的产业。具体来说，就是依据自身的区位条件、自然资源条件、贸易条件等因素发展成为功能不同或者说是功能互补的城市。例如，据自然资源来划分，凯里、安顺应该偏重于发展旅游业以及能够支撑旅游业发展的产业，而拥有丰富矿产资源的六盘水应该偏重于发展工业等；根据贸易功能来划分，贵阳应为大型的贸易城市，主要从事服务行业和最终产品的交易，六盘水等中型贸易城市应该着重于从事中间产品交易以及工业生产等。总的来说，各个城市的功能布局受众多因素的综合影响，发展的不同时间段的功能布局也可能不一样，每个城市间不同大小的区域间的功能布局也可能不一样。但是，贵州省的大多数城市间产业几乎没有差别，各个城市间的职能分工、性质定位、产业的发展方向不明确，没有很好地利用资源条件、区位优势等来体现城市特色，减少竞争压力，增强联动力。

此外，贵州省整体的定位不明确，在大多数人的眼中，贵州省是贫困落后的代名词，尽管近几年贵州省经济有了较快的发展，但是这一印象始终没有改变。西藏、云南的经济发展和贵州省相差无几，但是在人们的眼中西藏是个神圣的佛教圣地，云南是个浪漫的旅游之地。形成这种差别的原因在于贵州省没有明确区域形象的定位，没有注重城市形象的宣传，忽略了城市的品牌效应，以至于无法发挥文化内涵、精神气质等软实力的作用。

（四）与周围省份相比产业竞争力较弱

与贵州省毗邻的省份也先后实施了促进城市化进程的城市发展的规划，比如四川成都城市群、广西北部湾南北钦城市群、湖南长株潭城市群以及云南滇中城市群等发展规划。与他们相比，贵州省既缺乏成都、湖南一带的经济实力，又缺乏广西北部湾一带的沿边优势，这些城市群所在地政府也出台了一些政策措施来争取国家优惠的投资政策以及吸引东部产业转移，这就严重限制了贵州省城市的发展空间。因此，为了突破周边省份对贵州省经济发展的限制，黔中地区在采取各种战略前，必须准确定位，找到自身的发展优势，争取更多的东部产业专业。另外，这也对政府的工作效率提出了严格要求，政府要积极打造优越的投资硬环境以及软环境，吸引产业转移过来。①

三 贵州省城市化和产业集聚协调发展问题

城市化与产业集聚是一个双向互动的过程，他们之间相互促进、相互依赖。一方面，城市化加快了经济的发展，把人力资源、资本等生产要素集中起来，便于管理，使生产过程更富有效率，推动了产业的集聚；另一方面，产业集聚优化了城市的产业结构，促进城市的工业化，能够吸引劳动力、资本向城市的转移，从而推动了城市化进程。② 在实践过程中，保证城市化与产业集聚之间协调发展，才可能会相互促进，加快整个社会的经济发展。但是，在贵州省的经济发展过程中，城市化与产业集聚在相互协调上存在诸多的问题。

（一）城市制造业薄弱，难以集聚人口

贵州省的制造业大多集中在大中城市，比如贵阳、遵义等，一些中小城市制造业不发达。并且，大中城市中的制造业企业依旧处于"大而全、小而全"的封闭式自我服务阶段，造成低效率以及对生产性服务的低需求，这又会造成高价格、低供给。在对一些城市的农民进行实际考察时发现，有大量的农民做零工、临时工，并且他们经营的小商店、小餐馆的生意也是十分的惨淡。在20世纪30年代，美国的钢铁、汽车、矿产业发展迅速，当时美国的城市化率高达50%以上；到21世纪初，采矿等一些基础制造业衰退，靠这种产业生存的城市也逐渐衰退，后来高科技制造业取而代之又成为城市新的经济增长点，进一步带动了城市化的发展。可见，如果城市中没有能够容纳进城农民的制造业，进城的农民不会也没有能力在城市中长久地生存下去。③

贵州省国家级新型工业化产业示范基地有贵阳高新区产业基地、仁

---

① 洪明勇：《城镇化与工业化协调发展研究》，《贵州大学学报》2011年第6期。
② 李鸿：《贵州城镇化发展现状及对策研究——基于黔中城市群的SWOT分析》，《广西民族大学学报》2011年第33卷第3期。
③ 罗天勇：《贵州城市布局及城市群研究》，《贵州社会科学》2012年第1期。

怀名酒工业园、福泉市工业园等。但由于作为载体的工业园目前还处于建设初期,尚未形成规模集聚效应,还难以集聚人口。另外,农村的生产效率低、商品化水平低难以有效释放农业剩余劳动力,使人口难以转移到城市。

(二) 现有服务业难以对就业形成有效拉力

贵州省的一些城市中存在第三产业虚高的现象,第三产业就业量的比例大于第二产业。那么是否可以直接发展第三产业,跳过需要大量资本的第二产业?根据各个城市的实践经验得知,答案是否定的。第三产业(特别是传统服务业)超前发展会导致城市化与产业化发展失衡,转移到省内城市的农村剩余劳动力大部分进入了传统的服务行业,比如餐饮业、家政服务业甚至是零工、背篓族等。通过调查我们得知,他们在城市的收入是非常低的,生活也是极其贫困的。城市工业发展不足,就缺少就业机会,没有工业依托的服务业是不会正常发展的。

贵州省部分城市的旅游资源十分丰富,那么这些城市是否就可以跳过工业直接发展旅游业来推动城市化的进程?黔东南地区有西江千古苗寨、镇远等部分景区,黔东南的第三产业比例在全省众多城市中名列前茅,第二产业比例名次比较靠后,黔东南的城市化率也是比较靠后的。但是遵义第二产业比例在全省名列第二,它的城市化率在众多城市中也是名列第二。这就说明仅仅第三产业的发展是不能在很大程度上带动起城市化的进程的,旅游资源丰富的城市也不能跳过工业直接发展旅游业,城市化的根本动力还应该回归到第二产业上。

(三) 城市化发展水平滞后于产业化

2001 年和 2009 年贵州省的城市化率分别为 23.96% 和 29.90%,上升了 5.94 个百分点,平均每年上升 0.74 个百分点;贵州省工业化水平 2001 年和 2009 年分别为 33.84% 和 48.03%,上升了 14.19 个百分点,平均每年上升 1.77 个百分点。可以看出,贵州省工业化发展明显快于城市化。在城市化和工业化协调发展的过程中,贵州省遇到了诸多问题,比如说城乡收入差距过大、城市生活成本高、隐形制度约束农民转移等,但是贵州省应积极面对、解决这些问题,努力做到工业化和城市化协调发展,避免出现城市病、城市化陷阱等问题。

20 世纪 60 年代,美国的经济学家拉格纳·纳科斯在《不发达国家的资本形成》一书中提出了著名的贫困恶性循环理论。他从供给和需求两个角度阐述了此理论：在供给方面，发展中国家由于经济不发达，人均收入水平低下，人们把大部分收入用于生活消费，很少用于储蓄，从而导致储蓄水平低，储蓄能力小；低储蓄能力引起资本稀缺，从而造成资本形成不足；资本形成不足又会导致生产规模难以扩大，劳动生产率难以提高；低生产率造成低产出，低产出又造成低收入。这样，周而复始，形成了一个"低收入—低储蓄能力—低资本形成—低生产率—低产出—低收入"恶性循环。[①] 在需求方面，资本形成也有一个恶性循环。发展中国家经济落后，人均收入水平低下，低收入意味着低购买力和低消费能力；低购买力导致投资引诱不足；投资引诱不足又会造成资本形成不足；低资本的形成使生产规模难以扩大，生产率难以提高；低生产率带来低产出和低收入。这样，也形成了一个"低收入—低购买力—低投资引诱—低资本形成—低生产率—低产出—低收入"的恶性循环。以此理论为基础，我们可以总结出城市化滞后的恶性循环：低的城市化率意味着众多的人民生活在农村中，而农村的教育水平普遍落后，人们的综合素质普遍偏低。社会学家发现人口增长率与人口素质高低成反比，这样就导致了农村的高出生率，进而更加多的农村人口。又由于农村的低工业化率，耕地面积的有限性，农村人民更加贫困，他们消费低、储蓄低进而能够吸引的外来投资少，这样工业化发展就受到阻碍，最终导致城市化滞后。这样，也就形成了"城市化发展滞后—农村人口多—农民综合素质低—农村出生率高—贫困加剧—消费低，储蓄低—投资低、吸引外资少—工业落后—城市化发展滞后"的恶性循环。这时，需要通过构建有助于城市化与产业集聚协调发展的机制，来寻找经济发展的突破口，打破恶性循环的局面。

第七节　贵州省城市化和产业集聚协调发展的战略选择

　　通过对贵州省城市化和产业集聚问题的研究，我们可以看出，产业集聚和城市化之间必须协调发展，才能起到互相推动的作用。只有产业

---

① 于音：《低碳经济下的产业结构优化》，《企业管理》2013 年第 8 期。

在空间范围内聚集才会吸引人口转移到城市中来，而人口的转移又会带来丰富的人力资源、雄厚的资本、先进的技术，进一步促进产业的集聚，逐步地产生规模效应，促进经济发展。1975 年诺瑟姆总结出了各国城市化发展规律，即随着城市人口比例的增加，城市发展呈现"S"形曲线。在人口比例小于 10% 时，城市化水平增长缓慢；当人口比例超过 30% 时，城市化水平加速增长，此趋势一直持续到人口比例为 70% 左右；之后城市化增长进程又步入缓慢阶段。城市人口比例的大小反映着产业集聚的强弱，产业集聚是人口及其他生产要素集聚的动力。因此，如果产业集聚可以度量，则在城市发展的过程中，城市化增长速度与产业集聚之间也势必会呈现出"S"形曲线。现阶段贵州省城市化水平正处于高速增长的阶段，应把握住这关键时期，努力做好城市化与产业集聚之间的协调发展。为了促进贵州省城市化和产业集聚的良性互动，应从加快城市化进程、促进产业合理聚集以及推进城市化和产业集聚协调发展三个方面着手治理。贵州省应加快产业结构的转型、适度进行宏观调控、构建特色产业集群，来促进省内产业的合理集聚，促进城市化和产业化的协调发展。

一　加快贵州省城市化进程的路径选择

（一）加快贵州省中小城镇建设

贵州省大规模的城市稀少，扩大城市容量、发展中小城市极为迫切。城市是城镇化以及工业化的载体，空间的狭小导致土地租金上涨，进而会带动城市房价以及其他物价的上升，阻碍农民向城市迁移的脚步，阻碍城市化发展的进程。因此，应当采取妥善措施增加城镇的数量，以容纳更多的人口。另外，在城市发展的过程中，要注意基础设施建设，使基础设施的服务水平与城市发展进度相适应，特别要注重交通设施的发展，使交通的发展做到"点、线、面"相补充、相结合。在"点"的层次上要做到公平化，使整个市场充满竞争力，使不同层次的企业都有发展的机会；在"线"的层次上要做到差异化，因地制宜地发展每个城区；在"面"的层次上做到格网状的发展模式，为城市的长远发展做打算。

贵州省现有城镇中不足之处的表现之一就是经济整体发展水平滞后，自身的发展动力不足，基础比较薄弱。这就需要政府积极引导城镇发展，加快城镇规模建设、基础设施建设，通过内部投资为居民提供就业岗位，提高居民收入，加快城镇经济发展。加强城镇发展的政策力度主要表现在以下几个方面：一是加强建设经济强县工作，在实施省直接管理县财政改革基础上，选择一部分条件具备的县，探索扩权强县试点，力争使经济强县增加到 35 个左右，达到 40%。二是加强基础设施建设，加大城乡基础设施建设投入，重点解决城乡交通、水、供电等基础设施和教育、文化、卫生等公共设施建设，对于国家扶贫开发重点县的相关项目应取消项目建设资金的配套要求。三是大力发展县域特色经济，加快培育发展民营经济，推进土地使用权流转，提高土地的集约经营。四是着力增强沿边县市竞争能力。进一步加大政策支撑，注重周边县区之间的政策衔接，减少与外省邻县的政策"落差"，营造竞争合作的良好环境。引导和支持沿边县市互惠互利、深化合作，面向市场需求，发挥比较优势，主动参与周边区域经济的分工与合作。实现在优势互补中加快发展、在区域互动中实现共赢。①

（二）完善省内城市化评价体系

对城镇化水平的测度，李清娟提出两种方法：一是土地利用指标，计算一定时间内非城市性地域（农林牧野用地等）转变为城市性地域的比例；二是人口指标，用城市人口占总人口的比例来表示。还有就是对城镇化速度的判断。目前普遍采用城市人口与总人口之间的比重来评判城市化进程，但是人口流动性非常大，此比重指标不能正确反映出城市化的实际水平。在以后的评价工作中，应该考虑城市发展特性，建立起复合型的评价体系，由不同指标的复合指数来衡量城市化的整体发展水平，而不是仅仅把评价指标局限于人口要素上。就具体的实施方面来说，可以设计不同级别的评价指标，把经济、人口、环境等基础要素作为一级指标，把产业结构情况、人均住房面积、城市绿地覆盖率等要素作为二级指标等，从经济、社会、环境三大基础要素的综合情况来评判城市化的水平。一级指标主要反映城市发展水平高低，二级指标反映经济发展方式对于人们生活环境的影响，是不是一种可持续发展战略。

此外，在评价城市发展水平时，要考虑到城市化与产业集聚相互协调的程度，使城市化指标与产业集聚指标相结合起来。一方面，对于适合贵州省长期发展、生产效率较高、具有比较优势的产业要赋予较高权重；另一方面，科学估量出城市现阶段的发展是不是可持续的、有效率

的发展方式。

（三）放宽城镇建设的融资政策

贵州省城镇建设要改变过去落后的状况，主要途径在于从依靠财政性拨款与单一性的投资渠道向多元化、多渠道的投融资政策转变。进一步开放城镇基础设施和公用事业投资市场，打破垄断，放宽市场准入，鼓励外资、民资等社会资本采取独资、合资、合作、股份制等多种形式，投资城镇基础设施和公用事业建设，进行经营或参与管理。对城镇土地等存量资产，通过经营管理权出租、拍卖、托管、开发升值等途径和形式，增加城建投入，加快形成以政府资金为引导、多渠道投入、多形式投资的市政公用行业投资发展机制，实现投资主体多元化、融资渠道商业化。要大力推行特许经营制度，对城市供水、燃气、公交客运、污水处理、垃圾处理等国有自然垄断性行业，通过规定的程序，公开向社会招标选择经营者，鼓励有资质的企业通过公开竞标获得特许经营权。创新城镇建设体制，改革政府投资工程管理办法，确保政府投资效益的最大化。鼓励各地充分发挥城市建设投融资公司的作用，明确经济责任，实行项目从决策、设计、融资、建设、流转、再投资的全过程管理。

现阶段中国的金融服务行业发展较快，但是中小企业贷款难的问题一直没有解决。对于城镇建设来说，在建设过程中绝大多数参与者均为具有政府融资平台的公司，相对于没有政府背景的中小企业来讲，这些公司在融资上面具有很大的优势，但是由于竞争不激烈，生产效率一般比较低。政府应该以公平、公正的态度对待参与竞标的所有企业，为那些具有先进技术、生产率较高的企业提供宽松的融资政策，为以后的经济发展营造一个公平且充满竞争力的市场。在具有竞争性的融资环境下，扩大城市规模以及加强城镇基础设施建设等任务才能有效率地完成。

（四）普及农村文化及技能教育

贵州省教育水平与国内其他省份相比有较大的差距。现在国家普及实施九年义务教育政策，但是在贵州省的许多地区普及六年义务教育任务还很严峻。由于交通不便，师资力量短缺等因素，许多大山深处的孩子不能够接受正规教育，他们对于外面世界的认知度也是有限的。政府应该加大教育投资力度，加强师资队伍建设，为孩子们提供一个良好的硬件以及软件设施。

为了提高当地农民的就业水平，可以对他们实施技能教育，使他们掌握某种专业化技能，提升他们的生产效率。另外，应加强他们商品经济的观念意识，从根本上改变落后观念和意识，积极发挥当地农民在城市化进程中的主动性。

二　促进贵州省产业集聚的对策

（一）发展特色农业，促使农业产业化

在贵州省，毕节、黔东南、铜仁等地区产业结构中农业占有很大的比重，但是当地的生产力很低，农业不能很好地拉动城市经济的增长，为城市化提供原动力。贵州省的地理环境很特殊，如果种植普通的农作物，土地资源将会大大地限制农业生产力的提高。可以结合当地的土地结构，发展具有当地特色的农业以及生态畜牧业，提高资源利用率，促使农业产业化，为城市化提供原动力。

从世界城镇化历程来看，城镇化过程具有普遍存在的客观规律，即工业化推动着城镇化的历史进程，二者既相互促进又相互制约。工业是农业产业化的载体，农业产业化在本质上就是农业的工业化。由于产业化可以引起人口集中、产业聚集，从而产生空间聚集的规模效益和经济效益，进一步加剧人口、生产、贸易的高度集中，而这也正是农业产业化能推动城镇化发展的内在经济动力。因此，农业产业化是城镇化的根本原因和直接推动力。

对于农业产业化的定义在我国农业经济理论界也一直是众说纷纭，尚未达成共识。（1）农业产业化是指按产业来组织和发展。（2）农业产业化的实质就是农业自身的工业化。（3）农业产业化作为社会主义市场经济条件下发展农业经营的理论概括，可以把它界定为市场化、社会化、集约化农业。（4）农业产业化是以市场化、社会化和集约化为特征的农业纵向合作化过程，这种纵向合作化就是指农业实现产前、产中、产后相互联系、相互渗透的合作经济一体化过程。（5）农业产业化是以市场为导向，以效益为中心，对农业的支柱产业和主导产品，实行区域化布局、专业化生产、一体化经营、社会化服务、企业化管理，把供产销、贸工农、农科教紧密结合起来，形成"一条龙"的经营体制。即改造传统农业，使之与市场接轨，在家庭分散经营的基础上，逐步实现生产的专业化、商品化和社会化。（6）农业产业化经营是以家庭经营为基础的农业生产者为增强市场竞争力而走向集中与联合的一种经营方式，也是社会分工深化基础上农业与其关联的产前、产后部门相融合的一种必然

过程。（7）农业产业化是指围绕农业的产、供、销、贸、工、农一体化经营，其实质是通过现代市场经济中的契约、合同、入股、入社等形式，利用现代科学技术和经营管理以及国家的宏观调控，把现代工业、商业、金融、保险、信息咨询等有关部门同农业的种植、养殖、加工紧密结合而成的一种互惠互利的农业一体化的利益共同体。（8）农业产业化（农村经济产业化）是实现农业与相关产业系列化、社会化、一体化的发展过程。系列化是农业最主要的外部特征，社会化是范畴特征，一体化是最基本的内部特征，发展过程是动态特征。（9）农业产业化，就是要打破传统农业观念和小农经济的束缚，以开放的社会化大生产的观念和经营方式，改造传统农业，实行企业化生产、现代化管理和市场化运作，实现农业和现代市场经济的融合，使农业在市场竞争中获得产业优势和发展。

上述定义都从不同角度表述了农业产业化的内涵，尽管各有侧重，但其本质内涵都包括以下三点：一是农业产业化要以市场为导向。实际上，在市场经济条件下，对于任何产业的发展都要以市场为导向，这是前提。二是农业产业化就是实行现代企业管理制度。农业要产业化，就要实行农业的企业化规模生产、现代化的企业管理和市场化运作，政府要做到从宏观上对其实行法制化和信息化管理，微观上农业管理者做到企业化和自动化管理，也即对农业引入现代企业管理制度，要使其基本实现农业的企业化管理。三是农业产业化就是要形成一个一体化的生产经营体系，形成科研、生产、加工、销售一体化的产业链条。

贵州地貌类型多样有高原、山地、盆地、丘陵等地貌，他们对于农、林、牧等各业的适宜性不一样，这种条件适合发展特色农业。贵州省应该发展农业产业化、农业经济合作组织，依照地形划分农业区域，建设生态牧业、农业生产基地，提高农业生产的组织化程度，增加农业的生产效率，提高农民的纯收入，为工业化以及城市化奠定基础。① 在西方国家，一般农场主都是比较富有的，我们可以借鉴他们的经验，在贵州省设立农业、畜牧业以及林业等发展基地，把这些基地承包给个人，施行规模化生产，既能提高效率又能省出多余劳动力，这部分劳动力可以转移到城市，为城市发展工业化贡献自己的力量。

---

① 徐和平：《构建黔中地区城市圈的意义与对策》，《贵州财经大学学报》2006 年第 1 期。

（二）加快轻工业发展，改善产业结构

很多学者都认识到，城镇化水平与第一产业呈负相关关系，而与第二、第三产业呈正相关关系。通过比较发达国家经验，我们可得出：结构单一，不具备产业支撑的城市，其发展空间必会受到制约。[①] 有些学者更是认为，城镇化所聚集的产业只能是主导产业，聚集的要素只能是先进的生产要素。一个城镇的发展除了主导产业，还要积极发展农业产业化和富有吸引力的第二、第三产业。实际上，城镇化与产业的发展是相互的，既可以相互促进，也可能相互制约，这主要取决于它们之间的协调方式。产业的发展、产业结构的升级有利于城镇化发展，有利于城镇化率提高；而城镇化加速和城镇化率的提高又可以带动产业结构的优化和升级，有利于挖掘出符合低碳经济条件下新产业的产业化。

再者，根据前文所述的"木桶效应"和资本的有机构成原理，可以更加清晰地认识到改善产业结构的重要性。加快贵州省轻工业的发展，改善产业发展结构，不仅对于现阶段贵州省的发展意义重大，并且在未来也有深远的影响。

（三）发展省外互补产业，加大对外贸易量

贵州省引进外来资金和本地工业品的出口量较低。2012 年贵州省出口总额为 49 亿美元，同期全国的出口总额为 38667.6 亿美元，还远远不到全国水平的 1%，2012 年贵州省内全社会固定资产投资为 6220 亿元，其中只有大约 50% 的资金来源于自筹资金，这就说明贵州省经济的对外开放程度比较低。经济的外向型低，说明本地没能很好地吸引外资，不能利用外部力量发展省内经济，这样必然会导致生产要素的流动性弱，城市化的动力机制较弱，城市劳动力需求少，城市化进程慢，经济发展速度迟缓。

针对此类问题，可以从以下两个方面来增加贵州省对外贸易量：第一，扩大与东盟的合作与交流。从 2010 年起，中国与东盟货物贸易基本实现自由化，在服务贸易方面将实质性开放市场，将致力于建立一个自由、便利、透明及公平的双向投资体制，扩大与东盟国家的合作交流是贵州省对外开放的重点。与东盟国家的合作要充分利用贵州省比较优势。首先在能源矿产资源方面，贵州的能源结构主要是煤和电力生产，东盟

---

①　贵州省统计局：《贵州统计年鉴（2013）》，中国统计出版社 2013 年版。

能源结构主要是石油和天然气开采，双方合作前景广阔，贵州省可发挥勘探、开采、冶炼、加工等方面的生产技术优势，贵州省磷化工、煤化工产品在东盟国家很有市场，随着东盟经济发展加快，对磷化工产品的需求将呈上升趋势。其次在食品与医药保健产业方面。贵州省烟、酒和中药材加工最具有竞争力，具有与东盟国家合作的优势。再次在旅游业方面合作前景广阔。近年来，东盟与贵州省相互之间旅游观光的人数日益增多，应进一步加强合作，开辟客源市场、联合宣传促销、共建旅游环线、引进东盟旅游投资、实现旅游市场一体化。① 最后是农业方面。在粮食、畜牧产品和林产品方面，双方合作前景广阔，交流中可以互相汲取经验，协同发展。第二，深化与西南六省区域联动发展。整个西南地区存在着区域比较优势行业，比如说住宿和餐饮业、酒饮料和精制茶制造、非金属矿采选业等。随着"成渝城市圈""西南六省七方经济协调会""泛珠三角"等区域市场一体化平台的建立，整个西南地区的要素整合力度不断加强，各个省份政府应该加强联系、沟通，共同致力于区域合作机制的制定以及实施。西南地区的产业结构存在很大程度的同构性，在经济发展的过程中应该避免恶性竞争，积极促进区域合作，形成集聚优势、产生外部性，使整个区域共同发展。②

三　保障贵州省城市化与产业集聚协调发展的机制构建

（一）深化城市基本保障制度改革

城市化是产业与人口在空间聚集的过程。因此，对一切任何影响产业资源、要素流动与人口流动的制度安排都影响城市化及其与产业集聚的协同发展。构建贵州省城市化与产业集聚协调发展的机制，就要从影响产业化发展的制度安排、影响城镇化发展的制度安排来着手改革。

1. 积极落实贵州省户籍制度改革

2014年7月24日，国务院印发《关于进一步推进户籍制度改革的意见》（以下简称《意见》），《意见》指出建立城乡统一的户口登记制度，取消农业户口与非农业户口性质区分和由此衍生的蓝印户口等户口类型，统一登记为居民户口，体现户籍制度的人口登记管理功能。《意见》的出

---

① 宋周莺：《西部地区产业结构优化路径分析》，《中国人口·资源与环境》2013年第10期。

② 同上。

台，标志着进一步推进户籍制度改革开始进入全面实施阶段。

改革以前二元化的户籍制度严重制约着城镇化的进程，进城务工的农村户口持有者，在医疗卫生、教育、住房、社会保障等方面不能与城市居民享受同等待遇。据调查，贵州省农村人口中约有1/3进城务工者，他们为城市的建设做出了巨大贡献，但是由于各种福利待遇、保障制度的不同，他们中的绝大多数不能永久性居住在城市，这严重影响了城镇化的速度。《意见》指出，坚持统筹配套，提供基本保障。统筹推进户籍制度改革和基本公共服务均等化，不断扩大教育、就业、医疗、养老、住房保障等城镇基本公共服务覆盖面。此次户籍制度改革的意义不仅是户籍制度本身的变革，而且最重要的是教育、医疗、社会保障及养老等配套方案的变革，为农民进城后提供基本的生存和发展的条件。政府人员应该积极地落实这一改革，从实际行动上体现此次改革的成果。

2. 加快住房体制改革

当前特别要加大廉租住房建设力度，规范操作程序。目前，全省近4000万人口，城市人口不到30%，如果将城市化率提高到40%，则还需要解决城市近400万人口的住房需求。其中有一部分是不具备购买商品房能力的，需要政府通过廉租住房的形式帮助他们解决住房问题。"十二五"期间，要着力解决低收入家庭和中等收入家庭的住房困难，构建多层次住房供应体系，积极引导房地产市场持续健康发展。要加大廉租住房建设力度，通过新建和商品房小区按比重配建的方式，开工一批廉租房建设，加紧落实廉租住房保障资金，并积极争取国家专项补助资金。要积极推行廉租住房租售并举制度，完善经济适用住房的供应体系，多渠道建设面向低收入家庭的经济适用住房。启动"双限房"建设，解决中等收入家庭住房困难。采取经济适用住房小区、商品住房小区配建等方式，建设一批小户型的周转租赁房，解决收入较低的公务员、职工等群体的住房困难。制定城市低收入家庭资格认定办法，完善预算内投资对财政困难地区新建廉租住房项目支持办法，廉租住房、经济适用住房建设管理办法，廉租住房和经济适用住房建设、住房租赁税费支持政策，对廉租住房和经济适用住房建设的金融支持意见等相关配套政策。要采取积极措施，在条件具备的区（县）试点农村宅基地置换城镇住房的工作。

3. 深化市政公用事业改革

现行的城市公共事业普遍存在体制不健全、价格机制不健全、市场化程度不高等问题。国有供水、污水处理、燃气等企业要以建立现代企业制度为方向，采取整体改制、引资改制、切块改制、国有股减持等多种形式，引入社会资本，优化资本结构，组建一体化经营的城市水务集团公司、燃气集团公司、公交集团公司等；鼓励中小型企业采取改组、租赁、股份合作或出让经营权等多种形式放开搞活；推广以 BOT 方式建设县城污水处理厂的湄潭模式，鼓励国内外资本投资建设城市供水、污水、垃圾处理设施，实现投资主体多元化；加快推进市政公用服务价格调整，在市政公用事业产品和服务价格的审定和监管方面，既要充分考虑企业的成本和利润，又要充分考虑企业和居民的承受能力，在健全价格听证制度的前提下，逐步调整和理顺供水、燃气、公交、污水处理、生活垃圾处理等市政公用事业产品和服务价格；完善村镇公共产品供给体制，引导公共服务向农村延伸。

4. 完善社会保障体制，加强对农民工的社会保障

在城市务工的农村剩余劳动力转变为城市居民的过程中，原来在农村享有的种种优惠政策，应该得到延续和加强，特别是在农村社会保障得到很大改观的情况下，不能让转移群体成为城市新的贫民。要加强对农民工在卫生、教育、失业、劳动等方面的社会保障，在城镇逐步实现基本社会保障和服务的均等化。

5. 切实保障城市建设用地供给

按照有保有压的原则，优先保障发展条件好、速度快、用地集约化程度高、效益好的城市地区建设用地需求；建立城市（镇）总体规划与城市（镇）土地利用总体规划相衔接的长效工作机制，确保两个规划在城镇建设用地发展方向、布局、规模上的协调；城市建设用地要充分利用空置地和深挖本地土地的潜力，盘活存量，杜绝扩张，尽量利用荒地、坡地、劣地和闲置地等非耕地，少占耕地，科学合理地使用土地资源；要深入研究国家土地流转制度的重要改革，积极探索农村土地流转，并制定配套的政策，促进农村土地的规模、节约集约利用，解决农民转为城市居民后农村土地的归属问题。

（二）加快农村土地使用权的流转

城镇化发展的快慢，从某种视角上取决于城市对农村人口的拉力与

农村自身的推力，这种拉力与推力的强度则与土地制度的改革有关。农村土地制度的改革有利于实现农业的规模化、企业化经营和农业产业化发展；有利于农村人口向城镇的转移，推进城镇化。但是，我国农民一方面表现出对城市生活的强烈向往，另一方面对土地却又有着深深的依恋与依附。因此，农村土地制度改革与创新的出发点，就是如何建立一种农民既可以保留其土地承包权又可以不耕种而进城从事非农产业的制度，即建立和制定形成农村承包土地使用权的流转制度与机制。贵州省是全国唯一没有平原支撑的省份，山地和丘陵地貌占全省土地总面积的92%，许多坡耕地甚至坡度在 25 度以上的坡耕地都划为基本农田。2007年年末全省农村人均有效灌溉农田仅 0.46 亩，远远低于全国人均 0.8 亩的水平，耕地资源尤其可贵，人地矛盾极为突出，贵州省农民为不遗弃土地的机会成本是巨大的。可见，建立土地流转制度与机制，对推进贵州省农业的规模化、企业化经营与农业产业化发展，对转移农村剩余劳动力和加快农村社会经济具有重要的战略意义。

因此，可以采取以下措施来建立和促进土地流转以供参考：（1）从法律上明确农民对承包土地使用权有自主收益权和处分权，实行"一地一证"，对农民承包的土地发放使用权证明。（2）建立农村土地使用权流转市场，如通过拍卖确定土地使用权价格。在此基础上确定农民将土地使用权作为入股、抵押、出让、转包、出租等流转活动的依据。（3）政府从政策上支持鼓励土地规模化、企业化经营。其他农民可以以承包土地的转让、出租或入股的方式加入，这样既可以利用土地使用权转让，迁入城市的农业人口也可以受雇于农场，或是获得租金或者参与分红。（4）需要通过政府建立非营利性的土地管理公司以承接农民愿意转让的土地使用权，使土地供给与需求相对接。

中国农村土地制度改革是城市化加速的必然要求。与其他国家相比，我国城市化进程比较缓慢，原因之一就在于农民不愿放弃土地，土地是他们的一种保障，同时转让土地的收入又非常低，一年 1000 元左右。我国的户籍制度改革，为农民进城之后的生活增加了保障，让进城务工的农民没有后顾之忧。同时，鼓励农村土地使用权出租，这样既可以实现农业的规模化生产，提高生产效率，又可以使农民长久地居住在城市，从而推进城市化进程。

(三) 准确定位城市功能并发展优势产业

在大多数外界人的眼中，贵州省是贫困落后的代名词，尽管近几年贵州经济有了较快发展，但是这一印象始终没有改变。西藏、云南省份的经济发展和贵州相差无几，但是在人们的眼中西藏是个神圣的佛教圣地，云南是个浪漫的旅游之地。形成这种差别的原因在于贵州没有明确区域形象的定位，没有注重城市形象的宣传，其忽略了城市的品牌效应，以至于无法发挥文化内涵、精神气质等软实力的作用。

在今后的经济发展中应该明确贵州省的定位以及省内各个城市的功能定位，使其有目标、有方向性地发展。通过对省内外的发展环境分析，总结出贵州省应该着重发展的比较优势行业，有交通运输业、仓储和邮政行业、煤炭开采和洗选业、烟草制品以及医药制造业。在今后的发展中，应大力发展这些优势产业，使其成为本省特色的、具有竞争力的行业；另外，还需要通过要素整合等手段致力于区域市场的构建，把西南地区的区域优势行业发展为整个地区的优势特色产业，使整个区域共同发展，提高整个地区的对外竞争力，具体的区域优势行业有住宿和餐饮行业（主要为旅游业带动）、非金属矿采选业、酒饮料和精制茶制造、电力热力生产和供应业。[①]

在省内产业化发展方面：一是做强、做大烟酒业，重点是巩固提高以茅台集团等为龙头的酿造、烟草工业，扩大名牌产品规模。采取综合措施支持茅台酒厂发展，加大生态建设保护和国酒知识产权保护力度，充分发挥国酒茅台品牌的带动作用，推动传统名优白酒产业恢复发展。二是依托水火互济的资源条件，继续发展能源工业。三是振兴机械电器工业，重点发展以电池、电器、汽车配件为主的机电工业。四是加速发展冶金工业，重点发展以铝、铁合金、镁、锰为主的有色金属冶金工业和以钢绳生产为主的金属制品业，加快遵义国家新材料特色产业化基地建设。五是重点发展以有机化工原料、精细化工、煤化工为主的化学工业，加快绥阳重化工、桐梓煤化工等循环经济工业基地项目。六是重点培育以旅游为龙头的现代服务业，加快遵义会议会址、四渡赤水系列遗址、赤水风景区、乌江构皮滩库区、梵净山等旅游文化资源的开发，加

---

① 曹华、刘瑞：《区域联动发展的经济政策创新研究——以我国西南六省区市经济联动发展的政策创新为例》，《经济问题探索》2010 年第 2 期。

快无障碍旅游区建设，建成川渝重要休闲旅游目的地。

在区域合作方面：一是加强贵州旅游业与周边省份的区域合作与联动，发展特色区域旅游业。随着旅游业的发展，国际以及国内区域间的竞争日益激烈，我们要做到从客户的角度出发，为他们提供优质的"一条龙"服务。贵州、四川、云南以及广西均是旅游资源比较丰富的省份，他们有着各自的特色景区，贵州省可以整合出一条特色旅游路线，与周边省份联合促销，协调开发旅游资源。政府不应该被眼前的利益所困扰，应多支持鼓励跨地区旅游集团的发展、跨区域旅游公司的合作，与云南、四川共同研究更具有特色、更具有吸引力的旅游产业发展方向。二是在非金属采矿业等具有区域优势的制造业上要加强跨地区合作，扩大生产规模、形成规模经济，在区域内深化分工通过专业化生产来提高生产效率，要做到与整个区域共同发展。另外，要加大对外开放力度，通过优惠政策积极引进人才和资本，鼓励当地企业进行科技创新等。

第十一章 贵州省扶贫开发整村推进规划
（2011—2015）

第一节 背景和意义

一 取得的成效

进入 21 世纪以来，贵州省委、省政府高度重视扶贫开发整村推进工作，各级党委、政府把"三农"工作作为重中之重，坚持开发式扶贫方针，以整村推进、劳动力转移培训和产业化扶贫为重点，充分利用各级财政扶贫资金、部门资金和社会帮扶资金，努力改善贫困地区农村生产生活条件，提高贫困人口基本素质，增加农民收入。"十一五"期间，贵州省共投入 37.5 亿元财政扶贫发展资金，平均每村 48.3 万元，扶持 7761 个贫困村发展生产。2010 年年底农村贫困人口减少到 505.3 万人，比 2005 年减少了 272.4 万人，贫困发生率从 23.9%下降到 14.9%。已实施整村推进规划的贫困村，取得了较好的效果。一是生产生活条件明显改善。"十一五"期间，新增有效灌溉面积 725.55 万亩，人均有效灌溉面积提高到 0.64 亩，新增解决 1060 万农村人口的饮水安全问题，完成农村危房改造 60.17 万户。二是贫困村基本公共服务明显加强。全省96.7%的建制村通公路，"两基"工作通过国检，"普及九年义务教育"人口覆盖率达到 100%。实现农村医疗点的村级全覆盖，新型农村合作医疗农民参合率达到 96.28%；农村最低生活保障与扶贫开发两项制度有效衔接，其中 534 万农村困难群众纳入最低生活保障制度，平均保障标准提高到 1186 元。三是贫困人口自我发展能力明显增强。实施"雨露计划"，完成贫困地区农村劳动力转移培训 58.71 万人，转移就业 49.32 万人。四是生态环境建设成效显著。到 2010 年，森林覆盖率提高到 40.52%，累计治理水土流失面积 28116 平方千米，全省共实施农村清洁示范工程建设 98 个，惠及农户 7840 户。2006—2010 年对 31291 户人口，共 133100 人次实施了异地搬迁扶贫，促进了迁出区的生态保护与恢复。"十一五"期间，全省完成植树造林面积 100 万公顷，封山育林面积 53.14 万公顷。五是贫困人口收入快速增长。"十一五"期间，整村推进试点县利用 3900 万元财政扶贫贴息资金，撬动了 16 亿元信贷资金扶持 245 家从事农产品加工和销售的龙头企业，带动近 30 万户贫困群众增收。全省农民人均纯收入从 2005 年年末的 1877 元增加到 2010 年的 3472 元，50 个国家扶贫开发工作重点县农民人均纯收入从 1641 元增加到 3153 元，年均增长 17.7%，高于全省农民人均纯收入。

实践证明，整村推进依然是未来十年充分发挥专项扶贫、行业扶贫和社会扶贫合力，促进基本公共服务均等化，提高贫困地区、贫困人口自我发展能力的有效载体和重要抓手。

二　存在的困难和问题

实施整村推进，面临诸多困难和问题。一是巩固提高任务重。截至 2010 年年末，全省 13973 个贫困村中仍有 4294 个贫困村没有得到过财政扶贫资金扶持。二是建设任务重。根据国家统计局公布的新扶贫标准 2300 元，贵州省共有扶贫对象 1149 万人，所占总人口的比例居全国之首，占农村户籍人口的 33.4%。三是基本公共服务均等化历史欠账多。"十一五"以来，贵州省的农村交通、水利、信息等基础设施建设虽然步伐明显加快，但从总体上看，这些基础设施仍然滞后于农村社会经济发展需求，在一定程度上阻碍了整村推进工作目标的实现。此外，已经建设完成的教育、卫生设施质量不高，服务水平较低。规划内的 36877 个自然村，有 13095 个不通公路，194 个不通电，18144 个不通电话。规划内的 7639770 人平均受教育年限仅为 5.2 年，村卫生室仅 4027 处，地方病患病人数仍达 542027 人，仍有 2698877 人饮水困难，2365817 人没有安全饮用水。① 四是劳动力素质低，自我发展能力薄弱。虽然贵州省实施了义务教育，但总体来说，农村教育和科技投入少，在农业劳动力中，文盲半文盲劳动力、小学以下文化程度劳动力所占比重较大，规划区内学龄人口为 328510 人，在校生 298570 人，主要是在校中学生和小学生，辍

---

① 资料来源：根据贵州省扶贫办资料整理计算而得。

学人数达 29940 人。① 大多数农业劳动力未受过农业实用技术和非农职业教育培训，生产技术主要靠传统办法，就业结构主要从事传统农业，导致农业劳动生产率低、科技贡献率低、土地产出率低、农民收益低，直接影响农业技术创新和劳动者素质的提高。五是农民增收渠道少。产业扶贫是集中连片特殊困难地区贫困群众脱贫致富的主渠道，但贵州省大部分贫困村产业结构单一，农民收入主要依靠传统种养殖业，主要满足自给性需求。大部分贫困地区没有形成区域性特色支柱产业，产品规模小，商品率低，无龙头企业带动，农产品生产、加工、流通相互脱节，以农产品加工为重点的第二、第三产业发展缓慢，限制了贫困地区农民增收。六是贫困村生态环境脆弱，致贫返贫成因复杂。纳入"十二五"整村推进扶贫规划的贫困村，80%以上分布在武陵山区、乌蒙山区、滇桂黔石漠化区三大集中连片特殊困难地区，这三大区域自然条件差，生态环境脆弱，加之农村环境污染问题的日趋严重，限制了农村社会经济的发展。并且这些地区贫困问题、石漠化问题与民族地区发展问题相互交织，加之贫困村生产力发展水平低，社会事业发展滞后，经济区位较差，农民自我发展能力较弱，致贫因素复杂，因灾、因病或因市场风险的返贫压力大，整村推进工作任务十分艰巨繁重。

三　必要性和意义

整村推进仍然是新阶段扶贫开发工作的主要抓手、重要纽带和有效工作平台。作为扶贫开发工作的主要抓手，整村推进以贫困村为扶贫开发的基本单元，从完善基础设施、发展教育文化事业、改善公共卫生和人口服务管理、完善社会保障制度、重视能源和生态环境建设五个方面合力推进社会主义新农村建设。贫困村相对集中的地方，实行整乡推进、连片开发；作为扶贫开发工作的重要纽带，整村推进工作上联片区，下联贫困户，整村推进无疑是最佳衔接点和第一纽带，扶贫资源整合到贫困村，形成扶贫合力，实现贫困村、贫困户双脱贫；作为扶贫开发工作的主要工作平台，整村推进充分发挥专项扶贫、行业扶贫和社会扶贫合力，解决了财政扶贫资金"撒胡椒面"的问题，使财政扶贫资金相对集中、分期分批地投入到最需要扶持的贫困村，提高了财政扶贫资金使用效益，充分体现了"三位一体"的大扶贫格局的扶贫开发工作的新阶段

---

① 资料来源：根据贵州省扶贫办资料整理计算而得。

特征。为了达到"十二五"贵州省扶贫开发工作目标，推进贵州省"贫困地区综合经济实力、贫困人口生活水平和质量、生态环境保护和扶贫产业发展"上一个大台阶，须使贫困地区发展环境和条件明显得到改善、经济社会发展差距持续扩大的趋势得到有效遏制，自我发展能力明显增强。预计到 2020 年前基本消除绝对贫困现象，基本实现小康社会。因此，整村推进工作具有十分重要的意义。

第二节　思路和目标

一　指导思想

以党的十七届三中、五中全会及省委十届全会、省十一次党代会、中央扶贫工作会议、国发〔2012〕2 号文件《国务院关于进一步促进贵州经济社会又好又快发展的若干意见》及贵州省贯彻落实 2 号文件的实施意见等相关精神为指导，深入贯彻落实科学发展观，体现大扶贫的要求；以加速发展、加快转型、推动跨越为主基调；以贫困群众增收、脱贫奔小康为目标；以提升贫困户自我发展能力、改善贫困群众生活条件、培育特色优势产业、提高农民劳动力素质为重点。坚持基础设施与产业发展相结合、人居环境改善与自然生态修复相结合、产业发展与社会事业配套相结合，统筹规划，通过水、电、路、气、房、科、教、文、卫、计（生）、保、环境整治及生态建设全面治理，大力实施整村推进工程，逐步改变贵州省农村经济、社会、文化的落后状态，促进其物质文明、精神文明、政治文明与生态文明的协调发展。

二　基本原则

（一）因地制宜，分类指导，科学规划

根据贫困村地域特点、自然条件和经济发展基础，对有一定发展基础、具备开发条件的农村，着重加大产业开发和生计建设；对发展基础差、经济落后的农村，着重抓好基础条件的改善；对地处偏远，需要异地扶贫、整体搬迁的农村，纳入扶贫搬迁规划实施，各贫困村需根据各自的特点和条件进行科学合理的规划。

（二）先难后易，瞄准目标，突出重点

在国家和省扶贫开发重点当中，根据贫困程度，利用两项制度有效衔接试点的成果，科学选择扶贫村。针对最突出的制约因素，采取最有效的治理措施，集中攻坚，区分轻重缓急，把有限的资金投入到重点项目建设上，解决最突出、最迫切的问题，做到"产业第一、能力至上、基础先行、社会发展、脱贫到户"。

（三）分级负责，地方为主，注重实效

分层级编制规划，各县充分发挥基层组织和网络的作用，密切关注人民群众对重大决策的意见和建议，结合当地的实际情况，负责编制县、乡（村）实施规划，逐级审核报省汇总形成省级详细规划，再报中央汇总，以便形成全国总体规划，各级要加强指导村级扶贫规划的编制。

（四）集中连片，统筹兼顾，长短结合

在国家和省确定的重点县内，以乡（镇）为单元优先对贫困程度较深、自然相连的贫困村，统一规划，统一实施，做到专项扶贫、行业扶贫、社会扶贫"三位一体"，统一解决水、电、路、气、房和环境整治等问题，以利于整合资源，加强基础设施建设，提高基本公共服务水平；统一进行区域性的产业布局，以利于形成特色支柱产业、精品名牌产品，提高贫困村产业发展的比较效益、集群效益，连片推进。同时兼顾相对分散、单个零星的贫困村，高效解决目前存在的突出问题，提升贫困村长远发展能力。

（五）全面动员，群众参与，公开透明

动员群众酝酿讨论，组织贫困群众参与规划的编制、组织实施、评估验收和后续管理全过程，最大限度地发挥群众的主动性和积极性，接受群众和社会的监督，增强群众对项目规划的知情权、选择权、决策权和监督权，做到公开透明。

（六）高度重视，整合资源，加大投入

对接落实各单位部门在制定政策、分配资金、安排项目的实际情况，高度重视资金渠道，将财政扶贫资金、部门行业资金、社会帮扶资金和群众自筹资金等整合到整村推进中来，提高整村推进投入力度。

三 总体目标

以实施整村推进项目为目的，加快贫困村（乡）经济、社会、生态全面发展为目标，通过5年（2011—2015年）的努力，力图使得贫困村的基础设施、村容村貌有明显改善；村内特色增收产业基本形成；

农民健康生活水平、综合素质和自我发展能力明显提升；贫困村人均收入增幅达到或超过该县的平均水平，村级领导班子建设明显加强，到2015年实现30个重点县和500个贫困乡"摘帽"，贫困人口减少一半。确保到2020年，整村推进贫困村的水、电、路、气、房和社区环境等基本生产生活条件有明显改善，农民人均纯收入增长幅度高于当地平均水平，贫困地区和贫困人口自我发展能力明显增强，基本消除绝对贫困现象，扭转发展差距扩大趋势，为建设社会主义新农村打下坚实的基础。

四　重点任务

（一）整村推进产业化扶贫

以整村推进的建设内容为重点，推进产业化扶贫，因地制宜，注重特色，优化结构，提高效益，积极培育发展特色增收和防灾减灾产业，加快推进贫困地区农村农业产业化、现代化进程。到2015年，力争实现1户1项增收项目。初步构建当地特色养殖种植业、手工业和零售业、加工业、市场物流业、旅游资源开发和服务等支柱产业体系。

（二）解决贫困村民生问题

以贫困片区、贫困村内基础设施建设为突破口，着重解决贫困村的行路、饮水、用电、就学、就医、住房、公共文化等民生问题，使贫困村基本民生状况有明显改善。到2015年实现以下目标：

第一，实施农村通达通畅工程，加快通村公路和村内道路修建，提高贫困地区县城通二级及以上高等级公路比重，所有行政村通沥青（水泥）路，稳步提高贫困地区农村客运班车通达率。通村公路修建4833.30千米，村内道路修建20378.17千米。

第二，贫困村饮水安全问题基本得到解决，贫困地区县、乡、村延伸，实现通村水利设施建设及改造10373216.84亩基本农田，确保农村500万人饮水安全，解决大牲畜引水困难2604.88万头。

第三，全面解决贫困地区电网供点能力不足的问题，确保农村居民生产生活用电，大幅度减少偏远地区电力不足问题。

第四，贫困村学前三年教育毛入园率达到60%；巩固提高九年义务教育水平，巩固率达到85%，大力推进义务教育学校标准化建设；鼓励贫困少数民族村寨小学开展"双语"教育，加强民族文化进校园工作，高中阶段教育毛入学率达到63%；保持普通高中和中等职业学校招生规模大体相当，加快建设一批国家示范性职业院校；高等教育毛入学率达到27%，提高农村实用技术和劳动力转移培训水平；扫除青壮年文盲，建设维修学校及幼儿园1834个。

第五，贫困地区县、乡、村三级医疗卫生服务网基本健全，县级医院的能力和水平明显提高，每个乡镇政府举办的卫生院功能完善，每个行政村有卫生所，新型农村合作医疗参合率稳定在90%以上，门诊统筹全覆盖基本实现；逐步提高儿童重大疾病的保障水平，重大传染病和地方病得到有效控制；每个乡镇卫生院有1名全科医生。卫生室建设及卫生设施改善3784个。

第六，完成农村困难家庭危房改造15.34万户，适当提高中央补助标准，全面改善困难农户居住条件。

第七，基本建立广播影视公共服务体系，实现已通电20户以下自然村广播电视全覆盖，基本实现广播电视户户通，农家书屋、文化资源共享、力争实现每个县拥有1家数字电影院，每个行政村每月放映1场数字电影；行政村基本通宽带，自然村和交通沿线通信信号基本覆盖。

（三）控制人口数量、提高农民收入、完善社会保障

加强人口和计划生育服务体系建设，实施"少生快富"工程，确保人口出生率和自然增长率实现双降。到2015年，力争重点县人口自然增长率控制在8‰以内，妇女总和生育率在1.8‰左右。加大贫困村农民从事农业生产和外出务工技能培训，通过大力发展劳动密集型产业、服务业和小型企业，多渠道增加就业岗位。到2015年，农村最低生活保障制度、"五保"供养制度和临时救助制度进一步完善，实现新型农村社会养老保险制度全覆盖。

（四）坚持完善贫困村综合治理，促进精神文明建设

通过挖掘村情工作，了解并掌握当地村况特点以及民风民俗，采取有针对性的措施，丰富当地村民文化生活，促进精神文明建设，做到"一村一特色，村村有亮点"，同时，加强贫困村乡风文明和村级班子建设，村容村貌整洁美化工作，以环境促进生态文明建设为基础，全面推动贫困村文化发展建设。

第三节　布局与计划

一　整村推进规模

贵州省"十二五"扶贫整村推进规划覆盖9个地州市，84个县（市区）、1161个乡镇、3800个贫困村、36877个自然村，主要分布在武陵山区、乌蒙山区、滇桂黔石漠化区三大集中连片特殊困难地区和片区外其他地区，涉及人口7639770人，其中，农业人口为7257780人，少数民族人口3449140人，妇女3692670人，农村贫困人口300.4722万人。

二　整村推进布局

"十二五"期间，整村推进扶贫规划中贵州省贫困村在武陵山区有2个市16个县（区）、乌蒙山区有2个市10个县（市区）、滇桂黔石漠化区有6个州（市）40个县（区）、其他地区有7个州（市）18个县（市区）。具体为：

（一）武陵山区［2个市16个县（区）、622个村］

铜仁市：碧江区、玉屏县、万山特区、江口县、石阡县、思南县、印江县、德江县、沿河县、松桃县。

遵义市：道真仡佬族苗族自治县、务川仡佬族苗族自治县、正安县、湄潭县、凤冈县、余庆县。

（二）乌蒙山区（2个市、10个县、818个村）

毕节市：七星关区、黔西县、大方县、织金县、纳雍县、威宁县、赫章县。

遵义市：桐梓县、习水县、赤水市。

（三）滇桂黔石漠化区［5个市（州）、40个县、1465个村］

安顺市：关岭布依族苗族自治县、平坝县、普定县、西秀区、镇宁布依族苗族自治县、紫云苗族布依族自治县。

黔东南州：岑巩县、从江县、丹寨县、黄平县、剑河县、锦屏县、雷山县、黎平县、麻江县、榕江县、三穗县、施秉县、台江县、天柱县、镇远县。

黔南州：长顺县、独山县、贵定县、惠水县、荔波县、龙里县、罗甸县、平塘县、三都水族自治县、瓮安县。

黔西南州：安龙县、册亨县、普安县、晴隆县、望谟县、兴仁县、贞丰县。

六盘水市：六枝特区、水城县。

（四）其他地区 [7 个市（州）、18 个县、895 个村]

贵阳市：花溪区、开阳县、南明区、清镇市、息烽县、修文县。

遵义市：红花岗区、汇川区、仁怀市、绥阳县、遵义县。

黔西南州：兴义市。

黔南州：都匀市、福泉市。

黔东南州：凯里市。

毕节市：金沙县。

六盘水市：钟山区、盘县。

三 整村推进方式

整村推进扶贫要以贫困人口集中的贫困村为重点。以村为单位制定和实施扶贫开发规划，做到统一规划、分期实施、整合资源、整村推进。实施扶贫规划，从改善贫困地区生产生活条件和生态环境入手，立足当地资源，培育特色支柱产业，带动村民脱贫。

四 年度实施计划

全省"十二五"期间规划实施 3800 个贫困村的整村推进，具体年度实施计划是：2011 年实施 680 个，涉及人口 104.47 万，投资总额 232623.2059 万元；2012 年实施 782 个，涉及人口 164.0756 万，投资总额 232623.2059 万元；2013 年 778 个，涉及人口 162.7938 万，投资总额为 232623.2059 万元；2014 年 780 个，涉及人口 164.0756 万，投资总额为 232623.2059 万元；2015 年 780 个，涉及人口 168.562 万，投资总额为 232623.2059 万元。

第四节　建设内容与投资估算

一 主要建设内容及规模

本规划建设内容以 3800 个规划村的发展目标为基础，根据区域资源与环境承载能力、省相关发展规划、功能区定位，结合开发强度、发展潜力，在规划贫困村以整村推进为载体，按照分门别类的原则，以基础设施类项目、产业化扶贫类项目、改善民生类项目、素质提升类项目四大类为主体，实施综合扶贫开发。

（一）基础设施类项目

全省规划实施基础设施项目 7 项，以基本农田建设及改造、农村道路建设、住房（危房改造）、水利设施建设、农村安全饮水建设、电力能源建设、贫困地区信息数字化建设等为主要内容，从根本上改善贫困地区群众生产生活条件，为推进贫困村又好又快发展奠定良好基础。

1. 基本农田建设及改造

以土地整理、水土保持为中心，按照有条件的地方人均拥有 0.5 亩以上高产稳产基本农田的要求，因地制宜地进行坡改梯、旱改水、中低产田改造，计划建设及改造基本农田 2.29 万亩。

2. 农村道路建设

实施农村通达通畅工程，加快通村公路和村内道路修建，确保到2015 年规划区内所有行政村通沥青（水泥）路。具体规模为：通村公路改造和新建 4833.30 千米，村内道路改造和新建 20378.17 千米。

3. 农村住房（危房改造）

加大农村危房改造力度，适度提高补助标准，全面改善困难农户居住条件。农村住房（危房改造）的主要建设内容是对贫困户现有危房进行改造或重建，具体规模为 15.34 万户。

4. 水利设施建设及改造

水利设施建设及改造要以《贵州省水利建设生态建设石漠化综合治理规划》为指导，统筹考虑水利建设、生态建设和石漠化综合治理。推进大中型灌区续建配套与灌排泵站改造工程，推进节水改造和小水窖、小塘坝、小堰闸、小泵站、小渠道等"五小"微型农田水利工程建设，发展高效节水灌溉农业，提高农田灌溉保证率。大力新修水源工程，通过水资源的合理开发、高效利用和优化配置，确保水资源可持续利用。规划期内计划修建、改造农村水利设施 1037.32 万延米。

5. 安全饮水

推进规划区内饮水安全工程，按照集中供水为主、分散供水为辅的原则，因地制宜采取多种方式，切实解决规划区内人畜饮水安全问题，实施安全饮水入户工程，规划期内要解决 5.28 万户的人畜饮水困难。

6. 农村能源建设

结合新一轮农村电网改造升级工程，统一规划、因地制宜地推进新农村电气化建设，加强不通电自然村的电网建设和贫困村电网改造，规划期内建成覆盖全部乡镇的完善、高效、安全的电力运输网络，解决农村电网供点能力不足的问题，确保农村居民生产生活用电。具体规模是规划期内行政村电网改造率达到85%以上，实现自然村全部通电，城乡用电同网同价。积极开发风能、太阳能、生物质能、地热、浅层低温能等新能源，推动贫困地区能源消费结构升级。

7. 农村数字信息化建设

加大农村信息网络建设和改造升级力度，进一步提升区域信息传输能力和网络覆盖率。围绕第四代移动通信、下一代互联网和数字电视等未来网络建设重点，加强光纤宽带网络建设，促进贫困村地区电信网、互联网、广电网三网融合。不断提高贫困村地区信息入户率，建立信息交换和共享机制，普及和提升电子政务、电子商务、远程教育、远程医疗、科技信息、"三农"信息等服务能力。继续推进广播电视村村通工程，规划期内实现农村广播电视覆盖率达到100%。

（二）产业化扶贫类项目

全省规划实施产业化扶贫类项目5项，以种植业、畜牧业、乡村旅游业、市场物流业、手工业和零售业为主要内容。产业化扶贫要充分发挥贫困地区生态环境和自然资源优势，通过扶持贫困户发展支柱产业，培育壮大一批特色优势主导产业，促进产业结构优化升级，推动规划村贫困群众尽快脱贫致富。

1. 种植业

充分发挥贫困地区自然资源和生态环境优势，因地制宜地发展特色种植业，不断推动产业结构调整和区域性扶贫开发特色支柱产业的形成。在保障粮食安全的前提下，以提高贫困地区农业综合生产能力、抗风险能力和市场竞争力为目标，优化农业生产结构，立足区域特色，巩固发展马铃薯、油菜等传统优势农产品，积极推进核桃、中药材、油茶、茶叶等特色农产品种植。完善农业产业化布局，形成以"东油西果南药北茶中蔬面上牛羊"的产业化扶贫布局。规划期内发展增收特色种植业393.817万亩。

2. 畜牧业

以发展现代畜牧业为目标，利用贵州省丰富的草山草坡资源，结合各地丰富的优良畜禽品种，科学合理制定畜禽品种的区域布局和发展规划，大力发展种养结合的循环经济产业。一是加快调整优化畜牧业结构，按照畜牧业资源和经济条件的地区差异性，特别是根据饲料生产状况、饲养水平和畜禽生产水平等不同特点，充分挖掘潜力，广辟饲料资源，发展具有本地特色的畜牧业。二是进一步完善育、繁、推、养良种推广网络，加快畜禽良种引进步伐。开发和推广畜禽优良品种，提高畜产品质量，增加名特优新畜产品，增强全省畜产品竞争力。三是以家庭经营为基础，大力发展养殖小区，推动畜产品走上以质量和效益为中心的轨道，向专业化、市场化和现代化转变。积极推行以"公司＋基地＋农户"为主的产业化经营模式，做大做强龙头企业。四是加强畜牧业保障体系建设，特别是畜禽良种繁育体系和疫病防治体系建设，对全省范围内饲养的畜禽实行强制免疫和计划免疫，建立健全兽药、饲料监察机构，完善工作责任制，制定配套法规，确保畜产品生产的安全。五是多渠道增加畜牧业投入，鼓励全社会参与和支持畜牧业发展，促进投资主体多元化，逐步形成以政府投资为引导，金融机构贷款，农民和企业投资、引进外资相结合的多元化投融资体系。规划发展以牛、羊、猪、小家禽为主的各类养殖 17.46 万羊单位。

3. 乡村旅游业

一是大力实施乡村旅游扶贫倍增计划，紧扣多彩贵州乡村游、抓好旅游促增收主题，充分发挥革命老区、民族地区红色资源和原生态民族文化资源丰富、生态良好的优势，因地制宜明确主体地位，其中以遵义市为主，突出历史转折、出奇制胜主题大力发展红色旅游；以黔东南州、黔南州、黔西南州为主，突出民族风情、"醉美贵州"主题，大力发展民族风情游，在全省范围内突出生态休闲、健康人生主题发展生态休闲游。二是依托乡村旅游扶贫产业，加快形成种类丰富、特色鲜明、功能配套、服务规范的多元化乡村旅游扶贫产业体系，拓展扶贫开发领域。按照突出重点、打造亮点、到村到户、尽量直补、利益联结、股份合作、滚动发展的要求，通过竞争入围开展乡村旅游扶贫试点，实施乡村旅游扶贫品牌战略，打造一批在国内外有影响力的乡村旅游扶贫示范区，培育一批乡村旅游扶贫龙头企业。到 2015 年形成 10 个具有较大影响力的省级乡村旅游扶贫示范区、20个地级乡村旅游扶贫示范区和100个各具特色的县级乡村旅游扶贫示范点，新建1373个旅游资源开发和服务产业。

4. 市场物流业

完善贫困地区农村市场流通体系建设，大力发展市场流通业。稳步推进农村物流工程建设，依托已有的港口、铁路和公路货站、机场等交通运输设施，选择重点村镇和综合交通枢纽，建设一批具有特色和规模的农产品批发市场、产地批发市场和农贸市场，并在有条件的地区布局跨区域大型批发市场和区域性交易中心，实现农村市场基本流通服务设施的均衡布局。

5. 工业和零售业

规划发展小型手工业和零售业企业29537个。

(三) 改善民生类项目

全省规划实施改善民生类项目包括农村教育、医疗卫生、文化事业、人居环境改造、生态建设5项。民生类项目建设主要是进一步改善贫困地区群众居住、教育、医疗卫生条件，建立健全基层组织。

1. 农村教育

加大经费投入力度，完善贫困地区教育办学条件，实施中小学校舍安全工程，消除贫困村小学校舍安全隐患；推行义务教育学校标准化建设，配套完善寄宿制学校设施建设，新建、改建、扩建一批农村寄宿制学校学生生活用房、教学用房及附属设施；高度重视学前教育，切实解决贫困村幼儿入园难的问题；在边远特困地区推进远程教育工程；优先落实学生生活费补助政策，切实解决农村贫困家庭子女因贫辍学问题；大力开展贫困地区农村教师素质提升工程，加强教师培训和交流，继续实施好农村义务阶段教师特设岗位计划和政府安排的培训计划。具体为规划期新建、改扩建和维修村级学校（幼儿园）1834个。

2. 医疗卫生

全面落实深化医药卫生体制改革各项任务，加快推进贫困地区农村医疗卫生事业。一是加强建设贫困地区农村医疗救助体系，建立以县级医疗卫生单位为龙头、乡镇医疗单位为枢纽、村卫生室为基础的新型城乡卫生服务体系，到2015年基本建立预防、医疗、保健、康复、健康教育、计划生育技术指导"六位一体"的农村社区卫生服务网络。二是实施乡镇卫生院改造提升工程，建立城乡医疗机构结对帮扶制度，提高贫困地区医疗卫生服务能力。三是加大农村地区医疗卫生队伍建设力度，通过订单定向培养、转岗培训等途径培养一批乡镇卫生院、社区卫生服务中心全科医生，开展特岗医生计划，力争到 2015 年实现每个乡镇卫生院和社区服务中心有两名以上特岗医生。四是加快建设农村医疗急救网络，健全疾病预防控制体系，加大重大传染病、地氟病等地方病防治力度，提高突发重大公共卫生事件处置能力。"十二五"期间，规划新建、改扩建卫生室及卫生设施 3784 个，确保每个行政村有 1 个以上村卫生站（室），卫生站（室）设备配备达到国家规定标准，群众看病难、看病贵的问题得到有效解决。

3. 文化事业

大力发展公益性文化事业，构建公共文化服务体系。一是深化农村地区文化体制改革，鼓励社会资本投入到农村地区公益性文化事业。二是加强农村文化基础设施建设，以开展广播电视村村通、农村数字电影放映工程、农家书屋建设、文化资源共享等文化惠民工程为契机，推动农村地区文化活动室、图书室、民族文化博物馆、民族艺术培训中心等文化基础设施建设。三是积极发展具有地方特色、民族特色的文化产业，加强少数民族文化遗产保护力度，加快推进民族地区村落文化景观和文化遗产百村保护工程，支持申报一批国家级、省级重点文物保护单位和国家级省级民族非物质文化遗产名录。四是加强民间艺人的发掘和培养，收集整理民间手工技艺，设立专项资金资助少数民族文化传承事业发展。"十二五"期间，规划新建、改扩建各类村级组织活动中心 2585 个。

4. 人居环境改造

加大农村人居环境整治力度，加快实施农村清洁工程，不断提高农村居民生活质量。大力推动乡镇和农村生活垃圾收集处理设施建设，使农村生活垃圾定点存放清运率达到 100%，生活垃圾无害化处理率达到 80% 以上。加大农村污水管网建设，在人口相对集中，水环境容量相对较小的地区建设污水处理站、地埋式微动力生活污水处理设施，"十二五"期间使农村生活污水处理率达到 75% 以上。积极开展改水、改路、改房、改厕、改灶等工作。从根本上治理农村柴火乱垛、垃圾乱倒、污水乱流、禽畜乱跑、粪土乱堆的脏乱差现象。具体规模为：规划期内实施人居环境改造 4.83 万户，村内垃圾及污水处理工程 15640 个。

5. 生态环境建设

加强生态环境建设力度，继续稳步推进退耕还林及退牧还草工程。逐步扭转水土流失恶化趋势，改善贫困地区群众生存环境，坚持生态与经济、社会效益的协调统一。因地制宜，适地适树，乔、灌、草结合，多林种、多树种搭配，将改善生态环境与促进农民脱贫致富有机结合，在坡度相对较缓、立地条件较好的地区进行以果林为主的经济林布局，在生态脆弱地区或立地条件较差的地区布局生态林。严格执行退耕还林（草），封山绿化，以粮代赈，个体承包和验收发证、兑现粮款的有关政策措施。具体规模为：规划期内实施退耕还林及退牧还草1.77万亩。

继续加强天然林保护建设。以天然林资源保护建设为主要目标，为贵州省社会、经济持续发展和两江中下游构建重要生态屏障。科学规划，统一组织，在全省功能区划的基础上，对具有重要生态功能的区域要全面停止区内天然林采伐，对区内林地、灌木林地和未成林造林地进行全面有效管护。具体规模为：规划期内开展天然林保护1.48万亩。

（四）素质提升类项目

全省规划实施素质提升类项目包括劳动力转移培训、农民专业合作组织建设、示范户培育、农村科技人才培训4项。素质提升类项目建设主要是积极提升贫困地区群众就业能力和致富能力，引导群众向城镇、集镇转移，从事非农产业，积极开辟农村剩余劳动力就业渠道。

1. 劳动力转移培训

加大劳动力转移培训力度，以政府为主导，社会积极参与的方式，大力实施"雨露计划""阳光工程"等劳动力转移培训工程，不断提高贫困劳动力非农技能，增强自我发展能力，推动贫困地区劳动力就业素质提升和就业渠道的拓展。一是引导和鼓励贫困家庭未升学的初中、高中毕业生继续接受高等、中等职业教育或一年以上的技能培训，提高新增劳动力的就业能力。二是依据市场需求，积极开展农村贫困家庭劳动力转移就业培训，拓宽农村剩余劳动力就业渠道。三是出台优惠政策，完善服务体制，组织创业培训，积极引导农民工返乡创业。具体规模是：劳动力转移培训2.68万人，其中转移就业人数2.41万人。

2. 农民专业合作组织建设

规划期内建设各类农民专业合作组织4510个。

3. 示范户培育

以提高科技素质、职业技能和经营能力为核心，通过集中培训和现场指导，在规划贫困村培养一批专业种养大户和农村经纪人，引领当地特色产业发展，带领贫困人口发展生产、参与市场竞争、共同致富增收。具体规模是：培育各类示范户 5364 户。

4. 农村科技人才培训

积极开展农村科技人才培训，提高农户生产能力和工作效率。一是围绕贫困地区草地生态畜牧业、茶叶、蔬菜、油茶、果药竹等主导产业，开展种植、养殖实用技术和农业产业化技能培训，提高实施产业扶贫致富工程的效益和水平。二是加强适用技术技能培训，以新型农民培养工程为重点，建立科技人员直接到户、良种良法直接到田、技术要领直接到人的培训机制，采取"手把手""面对面""一对一""一帮一"等培训模式，推动先进农村科技成果在规划村的普及和推广。

二　投资估算及资金筹措

（一）资金需求

全省整村推进规划建设投资，按照 84 个县 3800 个贫困村规划的项目内容、建设规模、技术标准和投资进行投资概算。2011—2015 年全省整村推进规划建设估计需要总投资 1163116.03 万元。从资金投入结构上分析，需要中央财政扶贫资金投入 171061.39 万元，占 14.71%；需要地方财政扶贫资金投入 12328.74 万元，占 1.06%；需要行业部门资金投入 940551.54 万元，占 80.86%；需要社会帮扶资金投入 908.31 万元，占 0.08%；需要信贷资投入金 861.44 万元，占 0.07%；需要群众自筹及投工投劳资金投入 27074.27 万元，占 2.33%；需要其他资金投入 10330.34 万元，占 0.89%（见图 11 - 1）。从资金用途上分析，需要 135876.17 万元用于增收产业培育，占规划总投资的 11.68%；需要 955835.64 万元用于基础设施建设，占规划总投资的 82.18%；需要 35598.76 万元用于环境与生态建设，占规划总投资的 3.06%；需要 35805.46 万元用于社会事业建设，占规划总投资的 3.08%（见图 11 - 2）。

1. 基础设施建设项目

全省基础设施类建设项目总投资 955835.63 万元。其中：基本农田建设及改造 7685.54 万元，占 0.80%；通村公路修建 758519.96 万元，占 79.36%；村内道路修建 92839.03，占 9.71%；通村水利设施建设及改造

29874.03 万元，占 3.13%；农村安全饮水 19984.83 万元，占 2.09%；住
房（危房改造）46932.24 万元，占 4.91%（见图 11 - 3）。

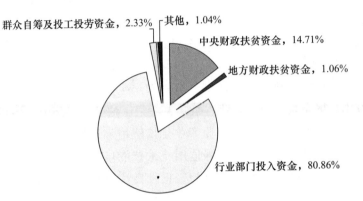

图 11 - 1　2011—2015 年贵州省扶贫开发整村推进资金需求状况

注：因四舍五入，百分比合计不为 100%，下同。

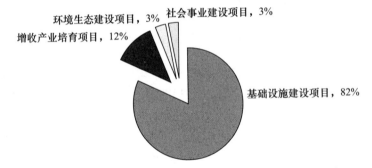

图 11 - 2　2011—2015 年贵州省扶贫开发整村推进项目投资情况

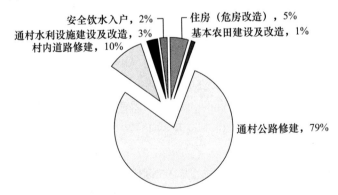

图 11 - 3　2011—2015 年贵州省扶贫开发整村推进基础设施建设项目投资情况

2. 增收产业培育项目

全省增收产业培育类项目总投资 135876. 18 万元。其中，种植业 117452. 67 万元，占 86. 44%；养殖业 2125. 93 万元，占 1. 56%；旅游资源开发与服务 5586. 57 万元，占 4. 11%；手工业和零售业 10711. 01 万元，占 7. 88%（见图 11 - 4）。

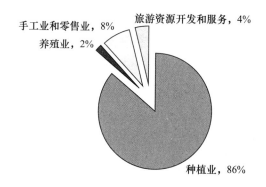

图 11 - 4　2011—2015 年贵州省扶贫开发整村推进增收产业培育项目投资情况

3. 环境生态建设项目

全省环境与生态类建设项目总投资 35598. 76 万元。其中，人居环境改造 17917. 12 万元，占 50. 33%；退耕还林及退牧还草 6583. 94 万元，占 18. 49%；天然林保护 5344. 51 万元，占 15. 01%；村内垃圾池及污水处理工程 5753. 19 万元，占 16. 16%（见图 11 - 5）。

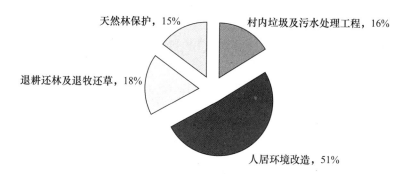

图 11 - 5　2011—2015 年贵州省扶贫开发整村推进环境生态建设项目投资情况

4. 社会事业类建设项目

全省社会事业类建设项目总投资 35805.46 万元。其中，学校及幼儿园建设维修 11478.41 万元，占 32.06%；卫生室建设及卫生设施改善 6789.52 万元，占 18.96%；村级组织活动中心建设 911.49 万元，占 2.55%；劳动力转移培训 9869.9 万元，占 27.57%；农民专业合作组织建设 1789.43 万元，占 5.00%，示范户培育 2035.34 万元，占 5.68%。

（二）资金来源

全省扶贫投资来源于行业（部门）专项扶持资金、中央和地方各级财政安排的财政扶贫资金（包括发展资金、以工代赈资金、少数民族发展资金等）、群众自筹及投工投劳资金、金融机构的扶贫贷款贴息资金、社会帮扶资金和其他扶贫资金。

1. 行业（部门）专项扶持资金

与整村推进相关的行业部门资金主要有住建部门的农村危房改造资金、水利部门的农村安全饮水工程、教育部门的中小学危房改造工程以及有关费用减免补助资金、交通部门的乡村公路建设资金、林业部门的退耕还林及退牧还草、天然林保护资金、农业部门的产业开发建设类项目资金和农业综合开发资金等。根据各县的项目规模，初步预算整合涉农部门（行业）专项扶持资金为 940551.53 万元，具体到各部门的投入为：

住建部门：预计可投入行业资金 33620.4 万元，主要支持农村危房改造；

国土资源部门：预计可投入行业资金 2500.55 万元，主要支持贫困村基本农田土地整治和低丘岗地改造；

农业部门：预计可投入行业资金 13644 万元，主要支持贫困村建设设施农业，发展种植业、养殖业；

交通部门：预计可投入行业资金 812165 万元，主要支持贫困村通村道路和村内道路建设；

水利部门：预计可投入行业资金 38208 万元，主要支持贫困村通村水利设施建设及改造，安全饮水入户工程；

林业部门：预计可投入行业资金 4836 万元，主要支持贫困村退耕还林及天然林保护工程；

卫生部门：预计可投入行业资金 5080.52，主要支持贫困村村级卫生室建设及卫生设施改善；

环保部门：预计可投入行业资金11871万元，主要支持村内垃圾及污水处理工程和人居环境改造；

教育部门：预计可投入行业资金7911.15万元，主要支持贫困村学校及幼儿园建设与维修；

其他部门：预计可投入行业资金6872万元，主要支持贫困村示范户培育、旅游资源开发、劳动力转移培训等。

2. 中央财政扶贫资金（含以工代赈资金）和地方财政扶贫资金

中央财政扶贫资金（含以工代赈资金，下同）和地方财政扶贫资金是国家和省帮助贫困人口改善生产生活条件，促进贫困地区经济发展和社会进步，达到脱贫致富目的专项资金。中央财政扶贫资金和地方财政扶贫资金是实施整村推进规划的重要资金来源之一。本规划计划投入财政扶贫资金183390万元，其中中央财政扶贫资金投入171061.39万元，地方财政扶贫资金投12328.74万元，财政扶贫资金村均投入48.26万元。

3. 群众自筹及投工投劳资金

创新扶贫开发参与机制，充分调动县市镇乡和农民的积极性，全面参与贫困村整村推进建设。积极引导农民投资投劳。根据"十一五"期间贵州省整村推进工作每1万元财政扶贫资金可带动1万元左右农民投资投劳折算，全省概算2011—2015年需要群众自筹及投工投劳资金约为27074.27万元。

4. 社会帮扶资金

贵州省社会扶贫资金累计总共28.02亿元。其中，深圳、宁波、大连、青岛四个对口帮扶城市累计向贵州省捐赠现金15.58亿元；中央统战部、新华社、民革中央、民进中央、农工民主党中央、全国工商联、国家林业局、国家旅游局、中国科学院、华夏银行、中国航空工业第一集团公司、国家开发投资公司、招商局集团有限公司、香港中旅（集团）有限公司、中国经济技术投资担保有限公司、中国电子信息产业集团公司、中国旅游商贸服务总公司、华联发展集团有限公司、华侨城集团公司、中国黄金总公司、北京有色金属研究总院、中国唱片总公司、国旅集团23个中央直属机构累计向贵州省贫困地区投入资金3.35亿元，实施扶贫项目487个。预计2011—2015年需要社会扶贫直接投入贫困村的资金为5178.07万元。

5. 扶贫信贷资金

贵州省已利用 3900 万元财政扶贫贴息资金撬动 16 亿元信贷资金，扶持 245 家国家级、省级、地级龙头企业，从事辣椒、茶叶、粮油、中药、蔬菜、养殖等农产品加工和销售，带动近 30 万户贫困群众增收。根据贵州省用于整村推进贫困村信贷的需求测算，2011—2015 年估计需要扶贫信贷资金 861.44 万元。

三 扶贫资金投入重点

(一) 产业化扶贫基地建设项目

1. 山地生态畜牧业产业化扶贫项目

到 2015 年，草地建设项目投资为：人工草场建设投资 27 亿元、冬闲田土种草投资 27 亿元、改良天然草地投资 20 亿元；秸秆饲料资源利用，投资 9 亿；畜产品加工厂建设项目投资 6.5 亿元；沼气工程项目投资 10 亿元；畜产品交易市场，投资 3.5 亿元；疫病防控项目投资 17.5 亿元；畜产品质量检测项目投资 4 亿元；科技创新与服务项目投资 2.5 亿元；基础设施建设项目投资 38 亿元。

2. 茶产业化扶贫项目

总投资 92.294 亿元。其中，财政扶贫资金 10.816 亿元（财政扶贫资金补助标准按《关于印发〈贵州省财政扶贫资金产业化项目建设投资补助标准（试行）〉的通知》）（黔开办〔2010〕154 号）测算。若政策调整，总投资也随之变化，整合资金 74.748 亿元，企业投资 2 亿元，农民投工投劳及自筹 4.23 亿元，其他不可预测投入 0.5 亿元。

3. 优质核桃生产基地项目

"十二五"时期发展 1000 万亩优质核桃生产基地，按现行每亩 346 元的补助标准，860 万亩需投入 29.756 亿元。分年度安排：2012 年完成 200 万亩，投入财政扶贫资金 6.92 亿元；2013 年完成 220 万亩，投入财政扶贫资金 7.612 亿元；2014 年完成 220 万亩，投入财政扶贫资金 7.612 亿元；2015 年完成 220 万亩，投入财政扶贫资金 7.612 亿元。

4. 药材产业化扶贫重点品种建设项目

总投资 200.868 亿元。其中，财政扶贫资金（主要用于种苗、化肥、药等补助投入，不含技术培训等）为 16.725 亿元。整合资金（基础设施、基本农田整治）为 81.975 亿元。信贷扶贫资金（企业深加工投资贷款、流动资金贷款、农民贷款等）为 83.625 亿元。企业投资（农民专业合作社、协会）为 8.43 亿元。① 农民自筹（投工投劳、农家肥等）为 4.733 亿元。其他资金（不可预测投入）为 5.38 亿元。

（二）农民素质提升项目

1. "阳光工程"项目

以农村劳动力转移培训为目的的"阳光工程"已大规模在贵州省范围内展开。已培训农村劳动力 28 万人，其中引导性培训 20 万人、职业技能培训 8 万人，转移就业 6.4 万人以上。培训内容以短期职业技能培训为重点，辅助开展引导性培训，培训时间一般为 15—90 天。根据国家职业标准和就业岗位要求，安排培训内容，设置培训课程。贵州省各示范县开设了电工车工、手工缝纫工、农机驾驶员、沼气池建设工、建筑工、竹品制作工、家政服务员、酒店服务员、锅炉工、制砖工、铁合金生产工等 20 余个专业，开办培训班 145 个，完成培训 8597 人，其中获结业证书 2694 人，获职业技能鉴定证书 3715 人，转移就业 6153 人。转移去向主要是深圳和贵阳、遵义及当地工矿企业，实现了稳定就业和增加收入。

2. "雨露计划助学工程"项目

"雨露计划助学工程"是根据贵州省"十二五"规划扶贫开发工作规划，以农村贫困家庭应往届初中、高中毕业生为对象，通过全日制教育培训，培养具有中专学历和中级职业技能的人才，有组织地实现转移就业，达到提升贫困人口素质、稳定增加经济收入、带动家庭脱贫致富的目的。全省探索多部门开展农村贫困劳动力职业技能培训新路，提升农村贫困劳动力转移就业的质量和效果。

3. 扶贫贷款贴息项目

扶贫到户贷款贴息方式的改革，是指中央财政在每年预算安排的扶贫贷款贴息资金总量中，按每个试点县 50 万元贴息资金，地方又将贴息资金直接核补给贷款贫困农户或发放到户贷款的金融机构。改革的目的就是研究对最困难农户的扶持措施，通过试点，总结经验，提出全国性到户贷款运作方案。国务院扶贫办每年给贵州省 50 个国家扶贫开发工作重点县 50 万元贴息资金，共计 2500 万元，按国家贴息 5% 计算，可贷 5 亿元。贵州省财政每年拨出 2000 万元专项贴息资金，分解到 84 个有扶贫

---

① 注：制药工业与"大中药"相关产业企业的产品研究开发、加工生产、市场营销等投资未予列入。

开发工作任务的县（市、区），可向金融部门贷款 4 亿元。而根据贵州省整村推进规划估算，2011—2015 年共需投入贴息贷款 31604.75 万元，能够实现需求目标。

第五节　效益预测与分析

一　经济效益

（一）种植业项目预期收益

规划实施期间，393.82 万亩种植业增收产业基地建成投产后，根据 2011 年《贵州统计年鉴》的统计数据，以及平均每亩种植面积可带来收入 1897 元概算，预计年总收入在 7.47 亿元左右，按平均收益率 20% 计算，可增加农民收入 1.49 亿元，人均年增收 205.85 元左右。

（二）养殖业项目预期收益

"十二五"时期，养殖业以羊、牛为主设定发展目标。到 2015 年年末，存栏羊 1000 万只，出栏羊 1000 万只，出栏率提高到 100%，羊肉产量达到 20 万吨。存栏牛 700 万头，出栏牛 210 万头，出栏率提高到 30%，牛肉产量达到 34 万吨。按 2011 年平均价牛肉 40 元/千克、羊肉 50 元/千克计算，实现牛羊肉产值 236 亿元，其中牛肉 136 亿元，羊肉 100 亿元。覆盖农户 100 万户左右，其中贫困农户 50 万户以上。项目农户户均纯收入 1 万元以上，农民人均纯收入 600 元以上。

（三）基本农田（水利设施）建设改造预期收益

规划实施后，通过 2.29 万亩基本农田建设改造和水利设施建设，按每亩增产粮食 50 千克计算，五年可增产粮食 5725 吨。

（四）贫困劳动力转移培训预期收益

规划实施后，五年转移就业贫困劳动力 2.41 万人，按农民工人均收入 2290 元计算，预计劳务收入 5518.9 万元以上。

对规划基期内四类项目预期收益测算，贫困人口人均纯收入年增加 500 元左右。

二　社会效益

本规划的实施，有利于增加就业机会，减少社会压力；有利于调整农业产业结构，培植优势产业；有利于增加农民收入，推进社会主义新农村建设；有利于提高农业科技创新和创新服务能力，有利于培植龙头企业，增加农民的组织化程度；有利于保障市场供给，提高人民群众生活水平。规划的项目启动和全面实施，将充分发挥广大群众参与扶贫开发的积极性，深层次挖掘贫困村的资源潜力，有效改善村民的生产生活条件和生态环境，提高村民素质，增强科技意识、市场竞争意识和自我发展能力，群众的经济文化和生活水平显著提高。扶贫开发整村推进工程的实施，不仅可使农村贫困人口大幅度下降而且使生产生活条件和社会事业显著改善。采取开发式、救助式、搬迁式三类扶贫措施，分类扶持不同贫困群体，使农村贫困人口在扶贫标准不断上调的情况下持续减少。

三　生态效益

2011—2015 年规划在 3800 个村涉及退耕还林及退牧还草 1.77 万亩、天然林保护 1.48 万亩、人居环境改造 4.83 万户、村内垃圾及污水处理工程 15640 个。规划项目的实施，有利于环境保护；可以有效避免因此带来的农业面源污染和土地退化，有利于生态建设；有效增加绿地面积和牧草覆盖率，不仅有利于美化环境，同时可以减少水土流失，达到石漠化治理和保护生态环境的目的；有利于变废为宝，节约其他能源的消耗；有效减少灌溉用水和化学肥料使用，避免对环境带来污染，有利于节水和保护环境。本规划的实施将进一步夯实农业基础，实现土地资源的合理配置，既可加快农业生态环境向良性化方向发展，又可为实现农业可持续发展奠定坚实的基础。整村推进项目建成后，基础设施水平得到提高，农民不再通过扩大面积来增收粮食，而会更多地去考虑通过如何改善环境和调整农业结构，来提高农产品的质量和农业生产的科技含量，明显改善生态效益。实施生态环境建设工程，将改善贫困地区生态环境，加快农业生态环境向良性化方向发展。

第六节　组织实施管理

一　组织领导

（一）各级党委、政府必须充分认识整村推进扶贫开发工作的重要性

为切实抓好整村推进，各级党委、政府必须充分认识整村推进扶贫

开发工作的重要性。一是认真落实中央、国务院和省委、省政府关于新时期扶贫开发的有关指示精神，把扶贫开发作为第一民生工程来抓，解放思想，转变作风，增强使命感、责任感和紧迫感，切实加强对扶贫开发工作的领导，强化并落实扶贫工作责任制。二是完善党建扶贫工作方式，着力提升贫困地区基层党支部在扶贫开发工作中的组织保障作用。三是按照省负总责、地区衔接、县抓落实、乡镇实施、部门配合的总体要求，完善扶贫开发工作目标责任制，一级抓一级，层层抓落实，并将扶贫开发工作的成效作为衡量贫困地区各级干部政绩考核和提拔任用的主要依据。四是把做好扶贫开发的整村推进和构建和谐文明新村的工作纳入部门与本地区的国民经济和社会发展规划，紧紧围绕统筹城乡发展大局，为建设生产发展、生活富裕、乡风文明、村容整洁、管理民主的社会主义新农村打好基础。

（二）加强贫困村村级组织及干部队伍建设

整村推进必须加强以村党支部为核心的贫困村村级组织建设，充分发挥贫困村党组织的战斗保护作用，把整村推进与基层组织建设有机结合起来。一是采用走出去、请进来的办法，选派年轻、能力强、文化程度高、肯干事、会创新的优秀年轻干部、高校毕业生到贫困村任职，切实优化村级班子的年龄结构、知识结构，提高班子战斗力和凝聚力。二是稳定扶贫开发工作重点县、乡（镇）干部队伍，对扶贫任务重的乡（镇），配备扶贫专干，提高工作能力和服务水平。三是强化村干部管理措施，普遍推行以村为主、集中坐班、分片负责、限时解答的工作机制。四是加强村干部的作风建设，督促村干部认真履行职责，扎扎实实为群众办好事实事。五是加强干部培训，采取挂职锻炼、干部交流等形式，加大教育培训力度。六是重视和加强少数民族干部和人才队伍建设，为民族地区加快发展提供有力的人才支撑。

（三）充分发挥村级组织的作用

在加强村党组织、村委会的基础上，健全共青团、妇代会等村级组织，并充分发挥其作用，为村里的发展贡献力量，实现内增凝聚力、外增吸引力、提高向心力、发展生产力的目标。并不断创新农民组织形式，大力扶持农民专业合作组织，把发展农民专业合作社和建立农村专业服务队作为提高农民组织化程度、推进农业产业化经营的重要抓手，以及增强农民认识市场和把握市场的能力。

二　工作措施

（一）创新完善扶贫开发机制

创新完善扶贫开发机制，确保整村推进战略顺利实施。坚持政府主导、社会参与，完善扶贫开发体制机制，初步构建起专项扶贫、行业扶贫和社会扶贫有机结合的大扶贫格局。大扶贫格局的构建，形成了全社会共同关心和帮助贫困地区和贫困人口的良好氛围，搭建起政府部门、企业和社会各界广泛参与扶贫的合作平台，有助于整合和协调扶贫开发的各种资源和力量，聚集社会各界大量的资金和技术资源，不断加大扶贫开发的投入力度，创新和完善扶贫开发的方式方法，形成扶贫攻坚的强大合力，推动今后贵州省扶贫开发的深入实施。

培育专业合作组织，发展合作组织带动型模式；培育经济能人，发展能人带动型模式；培植专业市场，发展市场带动型模式，提高贫困农户组织化程度，推动扶贫产业由小规模向大群体、产业化转变。同时，鼓励大型企业直接投资农村，建立生产基地，增强龙头企业辐射带动功能，带领贫困群众增收致富，履行社会扶贫责任。

（二）积极争取中央财政扶贫专项资金、支农资金的支持

抢抓实施新一轮扶贫开发纲要和西部大开发的政策机遇，积极争取中央财政扶贫专项资金、支农资金等的支持。完善财政扶贫资金稳定增长机制，进一步加大省级财政扶贫专项资金投入力度，完善财政扶贫资金投入机制，突出统筹兼顾、突出重点、资源整合、集中使用的导向，发挥财政扶贫资金的黏合剂作用，引导各种金融资金、社会资金、地方财政资金、其他部门资金和以奖代补资金多元投入，引导涉农资金、信贷资金和社会资本进入扶贫开发领域。

（三）创新融资机制并积极发展小额信贷

大力开展农村互助资金试点，探索并完善互助资金存入金融机构、金融机构放大贷款比重、农户联户联保承贷承还、扶贫资金贷款贴息的融资机制。加大定点帮扶、对口帮扶、外资扶贫力度，多层次、多渠道筹措扶贫资金。农业银行、农村信用合作社等金融机构按照有关规定和要求，积极稳妥发放小额扶贫到户贴息贷款和扶贫贴息贷款和扶贫贴息项目贷款，通过支持基地建设和农副产品加工项目，推动产业化发展。全面落实农村妇女创业小额信贷优惠政策。对返乡农民工、自主创业的贫困群众、应届高校毕业生等提供小额扶贫担保贷款贴息。加强创业培训与小额担保贷款、税费减免等扶持政策的衔接。强化创业培训与小额担保贷款相互促进良性机制，为创业培训合格人员优先提供小额担保贷款支持。

（四）建立扶贫资金有偿使用、滚动发展机制

可采取以物放贷、借资还资、借物还物、借物还资、再收再借、滚动发展等方式，扶持投入少、见效快、多样性的辅助产业扶贫项目，最大限度地提高扶贫资金的使用效益，确保贫困农户尽快增收。辅助产业项目采取政府主导、村委会或合作经济组织运作、示范户牵头联户经营等形式组织实施。县扶贫部门要指导项目实时地村委会或合作经济组织与扶贫对象签订合同或协议，明确各自责任，约定资金回收方式。

（五）大力实施多层次、多方式的农民实用技术培训

着力培养贫困地区农村特色产业示范带头人、科技种植养殖能手、农民经纪人等。围绕草地生态畜牧业、茶叶、蔬菜、油茶、果药竹等主导产业，开展种植、养殖实用技术培训。

围绕乡村旅游、交通运输、建筑、服务业等开展需求量大、服务面广、就业面宽的劳动技能培训和农业产业化技能培训，提高实施产业扶贫致富工程的效益和水平。围绕农产品加工业所需人才，开展实用技能培训。大规模开展农村劳动力就业技能培训、岗位技能提升培训和创业培训，实现门口办班、就地培训、出门就业。力争建立覆盖对象广泛、培训形式多样、管理运作规范、保障措施健全的职业培训工作新机制，努力实现培训一人、转移一人、就业一人、脱贫一户的目标。

（六）加强基层农业技术推广体系建设

大力推广种养结合、良种良法、林下经济等成熟的农业实用技术，提高技术成果运用率、良种良法覆盖率、先进技术普及率、实用技术掌握率。抽调有关部门专业技术骨干组成技术指导组，不定期深入田间地头进行技术指导和技术咨询服务，及时发现问题和解决问题。利用电视、报纸、网络等宣传工具大力宣传新技术、新品种、新成果。

三 考评管理

（一）建立扶贫开发项目库

坚持实行竞争入围的扶贫项目申报方式，严格按照《贵州省"整乡推进、连片开发"和产业化扶贫开发项目管理竞争入围暂行办法》（黔开

办〔2010〕193 号）申报项目。由地、县负责审批实施的项目，必须实行项目立项备案制，对于不符合规划投向、政策投向、补助标准的项目，应将调减该项目资金。

（二）强化扶贫资金项目管理机制

强化扶贫资金项目管理机制，如资金管理报账制、项目管理合同制、审计体检介入制、扶贫资金项目公开、公示制。

严格执行扶贫项目资金财政专户管理制度、国库集中支付项目直达管理制度、报账管理制度、资金运行情况中期评估、年底绩效考评制度，对项目验收方式进行改革，实行第三方评估为主、系统内自查为辅的考评。加快开发建设贵州省扶贫系统电子政务平台，逐步建立覆盖全省的远程监控与实地核查相结合的资金项目监控平台。

（三）建立健全监测机制

要将实施整村推进的村、扶持的农户、建设的项目、实现的效果等情况建档立卡，实行全程动态监测管理，准确及时掌握有关信息，制定科学规范、符合实际的动态监测方案，做好有关信息的采集、整理、反馈和交流，采取多种方法全面、系统、客观地反映贫困人口的收入水平和生活质量的变化、贫困地区经济发展和社会进步、扶贫资金的管理和扶贫项目的实施情况，疏通反馈机制和建立返贫预警机制等。

（四）推行扶贫工作激励机制

每批重点村扶持期满、验收结束后，召开总结表彰会，表彰扶贫开发先进村和先进个人。完善扶贫开发激励机制，鼓励有条件的扶贫开发重点县"减贫摘帽"，加快脱贫致富步伐。制定"摘帽不摘政策"的办法措施，采取"减贫摘帽"不减政策、以奖代补、几年不变的办法，对脱贫"摘帽"的贫困县、乡给予奖励。

参考文献

[1] 聂华林、王成勇：《区域经济学通论》，中国社会科学出版社 2006 年版。

[2] 吴传清：《区域经济学原理》，武汉大学出版社 2008 年版。

[3] 马国霞、甘国辉：《区域经济发展空间研究进展》，《地理科学进展》2005 年第 2 期。

[4] 梁琦、刘厚俊：《空间经济学的渊源与发展》，《江苏社会科学》2002 年第 6 期。

[5] 李小建：《经济地理学》，高等教育出版社 1999 年版。

[6] 周起业、刘再兴：《区域经济学》，中国人民大学出版社 1999 年版。

[7] 张文忠：《经济区位论》，科学出版社 2000 年版。

[8] 郭腾云、徐勇、马国霞、王志强：《区域经济空间结构理论与方法的回顾》，《地理科学进展》2009 年第 1 期。

[9] 陆大道：《关于"点—轴"空间结构系统的形成机理分析》，《地理科学》2002 年第 1 期。

[10] 卢现祥：《新制度经济学》，武汉大学出版社 2003 年版。

[11] 张苏：《论新国际分工》，博士学位论文，中国人民大学，2005 年。

[12] 孟庆民、李国平、杨开忠：《新国际分工的动态：概念与机制》，《中国软科学》2000 年第 9 期。

[13] 冼国明：《跨国公司与当代国际分工》，南开大学出版社 1994 年版。

[14] 孙久文、叶裕民：《区域经济学教程》，中国人民大学出版社 2010 年版。

[15] 朱明春：《区域经济理论与政策》，湖南科学技术出版社 1991 年版。

[16] 安虎森：《区域经济学通论》，经济科学出版社 2004 年版。

[17] 张可云：《区域经济政策》，商务印书馆 2005 年版。

[18] 储东涛：《区域经济学通论》，人民出版社 2003 年版。

［19］李京文：《走向 21 世纪的中国区域经济》，广西人民出版社 1999 年版。

［20］陈映：《区域经济发展阶段理论评述》，《求索》2005 年第 2 期。

［21］荼洪旺：《区域经济发展的第三种理论》，《学术月刊》2008 年第 10 期。

［22］赵晓晨：《动态比较优势在实践中的发展》，《经济经纬》2007 年第 3 期。

［23］徐林清：《中国劳动力市场分割问题研究》，经济科学出版社 2006 年版。

［24］单晓娅：《贵州省城镇劳动力资源可持续发展研究》，贵州人民出版社 2007 年版。

［25］罗润东、刘文：《区域发展与人力资本的关系》，经济科学出版社 2009 年版。

［26］吕亚非：《我国就业与人力资源开发面临的教育制约》，《经济学动态》2004 年第 6 期。

［27］张晓梅：《中国农村人力资源开发与利用研究》，中国农业出版社 2005 年版。

［28］许文兴：《农村人力资源开发与管理》，中国农业出版社 2006 年版。

［29］李兴江：《中国农村扶贫开发的伟大实践与创新》，中国社会科学出版社 2005 年版。

［30］张燕：《新农村建设背景下延安市农村人力资源开发模式研究》，硕士学位论文，西北大学，2008 年。

［31］国务院：《国家中长期科学和技术发展规划纲要（2006—2020 年)》，2006 年。

［32］陈栋生：《对中部地区城镇化的思考》，《当代财经》2010 年第 12 期。

［33］谢松：《贵州农民收入增长与城镇化发展的关系》，《贵州农业科学》2010 年第 10 期。

［34］中国科学院可持续发展战略研究组：《2010 中国可持续发展战略报告：绿色发展与创新》，北京科学出版社 2010 年版。

［35］陈常亮、成吟：《贵州一、二、三产业对城镇化率的拉动分析》，《华东经济管理》2007 年第 3 期。

[36] 安树伟：《近年来我国城镇体系的演变特点与结构优化》，《广东社会科学》2010 年第 6 期。

[37] 陈森良：《贵州省"十五"时期科技进步状况及其对经济社会发展作用研究报告》，贵州省长基金项目,2008 年。

[38] 《贵州省中长期科学和技术发展规划纲要（2006—2020 年）》，2006 年。

[39] 单晓刚、王诗煌：《基于城乡规划视角的贵州城镇化》，贵州民族出版社 2009 年版。

[40] 贵州省科学技术厅：《科技简报》2010 年第 14 期。

[41] 范新刚：《城镇化与村镇建设动态监测系统设计与研究》，《软件导刊》2010 年第 9 期。

[42] 苏维词：《贵州山区城镇化发展的科技瓶颈及化解对策》，《中国科技论坛》2007 年第 1 期。

[43] 苏维词等：《贵州城镇化发展的科技支撑体系研究及典型示范》，贵州省喀斯特资源环境与发展研究中心，2010 年 9 月。

[44] 翁清光、伍世代：《依靠科技进步提高城镇化水平的对策研究》，《科技情报开发与经济》2006 年第 21 期。

[45] 张利华、何革命：《科技进步与地方社会经济发展》，中国科学技术出版社 2004 年版。

[46] 刘燕华：《中国城镇化与村镇建设科技发展战略》，北京科学出版社 2010 年版。

[47] 倪瑛、赵清源：《贵州城镇化建设的问题及对策研究》，贵州民族出版社 2009 年版。

[48] 国家科委综合计划司主编：《加拿大科技指标和统计方法》，北京科学技术文献出版社 1993 年版。

[49] 单晓娅：《贵州少数民族地区人才资源开发研究》，中国经济出版社 2010 年版。

[50] 孟庆红：《区域经济学概论》，经济科学出版社 2003 年版。

[51] 冯之浚：《区域经济发展战略研究》，经济科学出版社 2002 年版。

[52] 叶彭姚、陈小鸿：《雷德朋体系的道路交通规划思想评述》，《国际城市规划》2009 年第 4 期。

[53] 赵亮：《欧洲空间规划中的"走廊"概念及相关研究》，《国际城市

规划》2006 年第 1 期。

[54] 张晓、康灿华:《英国一体化交通规划实践及其对我国的借鉴》,《当代经济》2009 年第 11 期。

[55] 张晓:《国外一体化交通规划及对我国的借鉴意义》,硕士学位论文,武汉理工大学,2009 年。

[56] 樊进超:《ITS 在高速公路的应用及其评价研究》,《中国交通信息产业》2008 年第 3 期。

[57] 许焱:《奥运智能交通系统规划研究》,博士学位论文,北京工业大学,2006 年。

[58] 易汉文:《美国智能交通 10 年发展规划》,《国际城市规划》2009 年增刊。

[59] 杨雪英:《更加绿色的未来——英国低碳交通发展思想》,《交通建设与管理》2010 年第 11 期。

[60] 胡垚、吕斌:《大都市低碳交通策略的国际案例比较分析》,《国际城市规划》2012 年第 5 期。

[61] 陆礼:《建设一个清洁和公平的运输系统——绿色交通的国际考察》,《常州大学学报》(社会科学版)2010 年第 10 期。

[62] 池德振、刘冲、张娟敏:《基于协调理念的快速发展区域交通规划理论研究》,《中国工程咨询》2007 年第 6 期。

[63] 伍石生、王小忠:《论公路建设与可持续发展》,《长安大学学报》(自然科学版)1997 年第 2 期。

[64] 过秀成、胡斌、陈凤军:《农村公路网规划布局设计方法探讨》,《公路交通科技》2002 年第 2 期。

[65] 陆文:《2008 年中国铁路成就显著》,《铁道知识》2009 年第 1 期。

[66] 张晓莉:《城市轨道交通发展模式研究》,中国铁道出版社 2010 年版。

[67] 李南:《中国港口建设发展述评与趋势展望》,《综合运输》2008 年第 2 期。

[68] 《交通社会学》研究课题组:《交通的内涵和社会意义》,《武汉理工大学学报》(社会科学版)1999 年第 1 期。

[69] 张帆、赵金涛:《交通需求控制:缓解城市交通压力的策略选择》,《城市问题》2002 年第 1 期。

[70] 刘南：《交通运输学》，浙江大学出版社 2009 年版。

[71] 任宁：《公路交通建设与社会经济发展的关系分析》，《现代经济信息》2010 年第 3 期。

[72] 林毓铭：《道路交通的应急功能分析与技术支持——以高速公路为例》，《科技管理研究》2011 年第 9 期。

[73] 王慧炯：《我国交通运输可持续发展的研究框架》，《经济研究参考》2000 年第 4 期。

[74] 沈志云、钱清泉：《京沪高速铁路建设》，《中国工程科学》2000 年第 7 期。

[75] 张敦富：《区域经济学导论》，中国轻工业出版社 2013 年版。

[76] 孔鹏、陈铭恩：《城市化：理论与框架》，《长江论坛》2007 年第 5 期。

[77] 郑文晖：《改革开放以来中国城市化理论研究与讨论概述》，《科学决策》2008 年第 10 期。

[78] 顾朝林、吴莉娅：《中国城市化研究主要成果综述》，《城市问题》2008 年第 12 期。

[79] 周毅：《城市化理论的发展与演变》，《城市问题》2009 年第 11 期。

[80] 陈明星、陆大道：《中国城市化水平的综合测度及其动力因子分析》，《地理学报》2009 年第 64 卷第 4 期。

[81] 王桂新：《城市化基本理论与中国城市化的问题及对策》，《人口研究》2013 年第 37 卷第 6 期。

[82] 钟水映、李晶、刘孟芳：《产业结构与城市化：美国的"去工业化"和"再城市化"现象及其启示》，《人口与经济》2003 年第 2 期。

[83] 洪银兴：《城市功能意义的城市化及其产业支持》，《经济学家》2003 年第 2 期。

[84] 费孝通：《论中国小城镇的发展》，《中国农村经济》1996 年第 3 期。

[85] 刘纯彬：《中国城市化要以建设中等城市为重点》，《财经科学》1988 年第 7 期。

[86] 杨重光：《大城市的成长机制及规模控制理论》，《城市问题》1987 年第 4 期。

［87］夏振坤、秦尊文：《小城镇在中部崛起中大有可为》，《小城镇建设》2005 年第 5 期。

［88］李珊、张弘：《全域城市化的理论解析和实践探索》，《大连海事大学学报》2011 年第 5 期。

［89］李宪坡、高宏良：《全域城市化：理论与实践》，《城镇化研究》2011 年第 2 期。

［90］曾万涛：《新型城市化研究综述》，《湖南文理学院学报》2008 年第 4 期。

［91］檀学文：《稳定城市化——一个人口迁移角度的城市化质量概念》，《中国农村观察》2012 年第 1 期。

［92］仇保兴：《小企业集群研究》，复旦大学出版社 1999 年版。

［93］曾忠禄：《产业群集与区域经济发展》，《南开经济研究》1997 年第 1 期。

［94］梁琦：《产业集聚论》，商务印书馆 2004 年版。

［95］王缉慈：《关于中国产业集群研究的若干概念辨析》，《地理学报》2004 年第 1 期。

［96］张仁寿、查志强：《浙江城市化：滞后状况·主要原因与发展思路》，《浙江经济》1999 年第 2 期。

［97］刘斌：《产业集聚优势竞争的经济分析》，中国发展出版社 2004 年版。

［98］张元智：《产业集聚与区域竞争优势探讨》，《国际贸易问题》2001 年第 9 期。

［99］梁小萌：《规模经济和产业集聚及区域协调》，《改革与战略》2000 年第 5 期。

［100］丁云龙、李玉刚：《从技术创新角度看产业结构升级模式》，《经济学家》2001 年第 8 期。

［101］张宇、蒋殿春：《FDI、产业集聚与产业技术进步——基于中国制造行业数据的实证检验》，《财经研究》2008 年第 1 期。

［102］陈建军、胡晨光：《产业集聚的集聚效应——以长江三角洲次区域为例的理论和实证分析》，《管理世界》2008 年第 6 期。

［103］陈建军、黄洁、陈国亮：《产业集聚间分工和地区竞争优势——来自长三角微观数据的实证》，《中国工业经济》2009 年第 3 期。

[104] 刘振灵：《产业集聚演变的集成化测度方法研究》，《技术经济》2009 年第 7 期。

[105] 汪秋明、陶金国：《环保产业集聚绩效影响因素的实证研究——基于宜兴市环保产业集聚企业调查问卷数据》，《中国工业经济》2011 年第 8 期。

[106] 胡志勇、梁新潮：《厦漳泉产业集聚实证分析》，《集美大学学报》2013 年第 4 期。

[107] 王凯、易静：《区域旅游产业集聚与绩效的关系研究》，《地理科学进展》2013 年第 3 期。

[108] 马霞、张玉林：《一种新的产业集聚分类方法及其在江苏特色产业集聚中的应用研究》，《科技管理研究》2009 年第 1 期。

[109] 杨洪焦、孙林岩：《中国制造业聚集度的演进态势及其特征分析》，《数量经济技术经济研究》2008 年第 5 期。

[110] 盖晓敏、张文娟：《中国产业集聚发展演变趋势探讨——基于"中心外围"模型的分析》，《山东大学学报》2011 年第 6 期。

[111] 曹国圣：《产业集聚模式路径选择的实例研究》，《经济研究导刊》2014 年第 4 期。

[112] 杨婉月：《推动泉州城市化与产业集聚互动发展》，《区域发展》2006 年第 11 期。

[113] 朱智文：《基于产业集聚的城市化和城市化过程中的产业集聚》，《开发研究》2006 年第 6 期。

[114] 张文婧：《基于产业集聚的城市化与农业富余劳动力转移关系分析》，《学术纵横》2006 年第 11 期。

[115] 马方正：《城市化与产业集聚互动研究》，《产业经济》2007 年第 35 期。

[116] 吴丰林、方创琳：《城市产业集聚动力机制与模式研究进展》，《地理科学进展》2010 年第 10 期。

[117] 邓磊：《城市化与产业集聚》，《现代营销》2011 年第 7 期。

[118] 孙洪哲、刘琦：《城市化与产业集聚互动机制研究》，《中国青年政治学院学报》2011 年第 2 期。

[119] 孙雪、牛林林、刘凯：《区域人口城市化与产业集聚互动发展研究》，《经济研究导刊》2013 年第 13 期。

［120］朱华兵：《加快人口与产业集聚推进城市化进程》，《安徽农业大学学报》2004 年第 4 期。

［121］中国经济增长与宏观稳定课题组：《城市化、产业效率与经济增长》，《经济研究》2009 年第 10 期。

［122］王晖：《城市化进程中的产业集群可持续发展研究》，《现代商业》2014 年第 27 期。

［123］陆根尧、罗晓华：《资源环境约束对产业集聚与城市化互动发展的影响研究——以浙江省为例》，《中国区域经济》2012 年第 6 期。

［124］蒙丹：《贵州省城镇化发展现状及对策研究》，硕士学位论文，西南大学，2007 年。

［125］贵州省统计局：《贵州统计年鉴（2013）》，中国统计出版社 2013 年版。

［126］彭澎、徐刘蔚：《基于城市化阶段性规律对推进贵州城市化进程的思考》，《经济问题探索》2007 年第 3 期。

［127］袁久和：《区域产业集聚与西部经济发展研究》，《桂海论丛》2005 年第 4 期。

［128］邓玲玲：《民族地区城市化动力约束与机制完善——以贵州为例》，《贵州民族研究》2006 年第 8 期。

［129］戴怡富：《工业生态化是我国新世纪工业发展的必然选择》，《生态经济》2001 年第 8 期。

［130］陆大道：《区域发展及其空间结构》，科学出版社 1998 年版。

［131］盛朝讯：《比较优势因素变化对我国产业结构调整的影响》，《经济纵横》2012 年第 8 期。

［132］陈佳贵、黄群慧：《中国工业化与工业现代化问题研究》，经济管理出版社 2009 年版。

［133］洪明勇：《城镇化与工业化协调发展研究》，《贵州大学学报》2011 年第 6 期。

［134］李鸿：《贵州城镇化发展现状及对策研究——基于黔中城市群的 SWOT 分析》，《广西民族大学学报》2011 年第 3 期。

［135］罗天勇：《贵州城市布局及城市群研究》，《贵州社会科学》2012 年第 1 期。

［136］于音：《低碳经济下的产业结构优化》，《企业管理》2013 年第

8 期。

[137] 张文涛：《贵州与周边省市经济联动发展战略研究》，《特区经济》
2010 年第 3 期。

[138] 徐和平：《构建黔中地区城市圈的意义与对策》，《贵州财经大学
学报》2006 年第 1 期。

[139] 宋周莺：《西部地区产业结构优化路径分析》，《中国人口·资源
与环境》2013 年第 10 期。

[140] 曹华、刘瑞：《区域联动发展的经济政策创新研究——以我国西南
六省区市经济联动发展的政策创新为例》，《经济问题探索》2010
年第 2 期。

[141] 张霞：《贵州从工业文明向生态文明跨越的机遇和挑战》，《北方
经济》2008 年第 20 期。

[142]《环保总局通报贵州独山县重大水污染事件查处情况》，《环保总
局网站》2008 年 1 月 23 日。

[143] 刘久峰、肖克：《保住青山绿水也是政绩——贵州大力开展生态文
明建设纪实》，《农民日报》2008 年 4 月 28 日。

[144] 赵国梁：《一个资源富集县的发展之痛——晴隆县黄金开采乱象调
查》，《贵州日报》2008 年 6 月 30 日。

[145] 杨昌儒：《加快城镇化建设，着力推动少数民族发展》，《贵州民
族研究》2011 年第 5 期。

[146] 赵建世：《可持续发展的人口承载能力模型》，《清华大学学报》
2003 年第 2 期。

[147] 单晓娅：《贵州生态文明建设的探索与实践》，光明日报出版社
2010 年版。

[148] 郭静利、郭燕枝：《我国生态文明建设现状、成效和未来展望》，
《农业展望》2011 年第 11 期。

[149] 杨名：《在经济发展的视域中探析生态文明及其建设途径》，《理
论界》2008 年第 12 期。

[150] 韦晓宏：《生态文明建设提出的经济学背景分析》《社科纵横》
2008 年第 6 期。

[151] 薛冰：《关于生态文明的若干基本问题研究》，《生态经济》2012
年第 11 期。

［152］ 苏维词、朱文孝：《贵州喀斯特生态脆弱区的农业可持续发展》，《农业现代化研究》2000 年第 4 期。

［153］ 崔治龙：《生态文明建设的新制度经济学分析》，《发展》2008 年第 7 期。

［154］ 钟志奇：《生态文明建设中的生态经济发展——从自然观的视角分析》，《社会科学家》2010 年第 5 期。

［155］ 王如松：《绿色城市的科学内涵和规划方法（摘要）》，《中国绿色画报》2008 年第 11 期。

［156］ 中国城市科学研究会：《中国低碳生态城市发展战略》，中国城市出版社 2009 年版。

［157］ 张尔薇：《从国外经验看我国的绿色城市之路》，《城市环境设计》2008 年第 3 期。

［158］ 丁成日、宋彦、纳普：《城市规划与空间结构：城市可持续发展战略》，中国建筑工业出版社 2005 年版。

［159］ 卢风：《论生态文化与生态价值观》，《清华大学学报》（哲学社会科学版）2008 年第 1 期。

［160］ 廖国强：《中国少数民族生态文化研究》，云南人民出版社 2006 年版。

［161］ 简新华、钟水映：《人口、资源与环境经济学》，北京科学出版社 2005 年版。

［162］ ［美］迈克尔·E. 波特：《簇群与新竞争经济学》，《经济社会体制比较》2000 年第 2 期。

［163］ ［美］保罗·克鲁格曼：《地理与贸易》，北京大学出版社 2000 年版。

［164］ ［美］埃德加·M. 胡佛：《区域经济学导论》，商务印书馆 1990 年版。

［165］ ［美］迈克尔·波特：《国家竞争优势》，华夏出版社 2002 年版。

［166］ ［美］查尔斯·金德尔伯格、布鲁斯·赫里克：《经济发展》，上海译文出版社 1986 年版。

［167］ ［美］桑福德·格罗斯曼、奥利弗·哈特：《所有权的成本与收益：纵向一体化和横向一体化的理论》，《政治经济学杂志》1986 年第 4 期。

[168] ［英］格里·约翰逊、凯万·斯科尔斯:《公司战略教程》,华夏出版社 2002 年版。

[169] ［德］阿尔弗雷德·韦伯:《工业区位论》,商务印书馆 1997 年版。

[170] ［英］阿尔弗雷德·马歇尔:《经济学原理》,商务印书馆 1964年版。

[171] ［美］奥利佛·威廉姆森、斯科特·马斯滕:《交易成本经济学——经典名篇选读》,人民出版社 2008 年版。

[172] ［美］西蒙·库兹涅茨:《各国的经济增长:总产值和生产结构》,商务印书馆 2015 年版。

[173] ［英］约翰·巴顿:《城市经济学》,商务印书馆 1984 年版。

[174] Do Duc Dinh, *Complementarily*: *A New Trendin the International Division of Labour*, UNESCO, 1993.

[175] Hanink, *The International Economy*: *A Geographical Perspective*, New York: John Wiley and Sons, 1994.

[176] G. Scemama, GLAIRE, "An Independent AI – Based Supervisor for Congestion Management", *Traffic Engineering & Contr*, No. 1, 1995.

后 记

本书由贵州财经大学理论经济学学科专项资金资助出版。

具体负责书稿撰写与整理的是：序言（单晓娅、李旻峰）。书稿第一部分区域经济理论：第一章区域经济发展理论（单晓娅、王岭会、王芳）；第二章区域经济空间理论（单晓娅、陈卓、滕文）；第三章区域经济关系理论（单晓娅、闫朝阳、于海奇）；第四章区域经济政策理论（单晓娅、李旻峰、杨春晓）。

书稿第二部分区域经济实践具体负责撰写的是：第五章贵阳市劳动力、就业与失业分析（单晓娅、王翠，贵阳市第六次人口普查重点研究课题2012年7月至2012年12月）；第六章贵州省农村人力资源研究（单晓娅、高琳琳）；第七章贵州省实施城镇化带动战略中的科技支撑（单晓娅、张冬梅、钟良晋、潘丽群，2011年贵州省省委委托项目2010年12月至2011年6月）；第八章进一步扩大融资促进贵州省经济社会发展的对策研究（单晓娅、韩允豪，2012年贵州省省委委托项目2011年12月至2012年10月）；第九章交通建设理论与实践（单晓娅、张冬梅、彭娇婷、吕世勇、吕君）；第十章贵州省城市化与产业集聚（单晓娅、王梦南、王婷、李荣荣，贵州省教育厅高等学校人文社会科学研究基地项目JD2013119，2013年11月至2016年5月）；第十一章贵州省扶贫开发整村推进规划（2011—2015）（单晓娅、潘康、徐海、张冬梅、彭娇婷、吕世勇、吕君、朱艳飞、潘丽群、王翠，贵州省扶贫开发办公室2011年3月至2012年5月）。各章具体负责书稿整理的是李政、周祖玲、安新春、黄军结、张建威、高雨晨、马竞天。

全书由李旻峰、滕文、周祖玲、李政负责校稿。

本书除了主要作者，参加研究的人员还有贵州财经大学副教授廖加固博士、贵州理工学院硕士张伊。

由于各位的辛勤劳动，本书达到现有的水平。

　　本书得以完成，还得益于许多老师、领导、同事的指导和帮助，在此，我要表示深深的谢意。感谢我的朋友们为研究提供的便利；感谢我的家人对我的学习、工作的支持；感谢我已故的父母以及西进父辈们对我的督促和鼓励。

　　借此机会，向支持和帮助本书研究的有关个人、单位以及写作过程中参阅研究成果的专家、学者表示诚挚的感谢。由于本书涉及内容广而深，且本人水平有限，尚有许多不足之处，希望大家提出宝贵意见，并恳请广大读者见谅。

单晓娅

2017 年 4 月